JN314949

現代心理学
［事例］事典

中島義明［編］

朝倉書店

まえがき

　本事典は,『現代心理学[理論]事典』(2001年,朝倉書店刊)の文字どおりの「姉妹編」である．その企画を実施する作業は,「理論事典」の刊行後ただちに開始された．しかし,諸般の事情により,仕切り直しを重ねざるをえず,実現は長い年月を経た今日に至ってしまった．そのすべての責任は,編集を担当した中島の非力によるところである．本事典を刊行するにあたり,まず,執筆者や執筆予定者であった先生方をはじめ,この企画・出版にかかわった多くの方々に対して,心からのお詫びを申し上げたい．

　本事典は,「理論事典」で言及された理論/モデルの"適用事例"を解説・記述することを意図したものである．当初の企画においては,その際に,「理論事典」の構成に対応させた章構成をとり,可能であれば「理論事典」の各章の執筆担当者に,「事例事典」の当該章のほうも担当していただくことが計画された．

　残念ながら,ここに上梓した事典では,その計画は,結果的にいえば,十分にクリアされた域には至らなかった．しかしながら,当初の意図をできるだけ反映させたものとなっていることは,「理論事典」と照合してみれば明らかである．その意味で,ボリューム的には「理論事典」に及ばないにしても,本書は十分に「事典」としての条件を備えていると考えられる．それゆえ,計画どおりに,『現代心理学[事例]事典』と銘打つことにした．本書は,もちろん,「事例事典」として独立した1冊の機能を有するものではあるが,「理論事典」とセット的に利用することにより,両事典の内容の理解が相乗的に高められることが期待される．

　なお,本書のタイトルにある「事例」の意味については,以下のいずれの場合をも包含した,非常に"ゆるやかな"解釈が適用されている．

①「理論事典」の中で解説された「理論」を直接に支持する研究事例
②「理論事典」の中で解説された「理論」になんらかの意味で関連している

と思われる研究事例
③「理論事典」の中で解説された「理論」に関連していると思われるような，現代社会や日常生活における事象/現象例

　冒頭で言及したように，本書の刊行には結果的に長い年月を要してしまったことから，朝倉書店の編集部の方々には，言葉では表しきれないほどのご尽力とお世話をいただいた．心からのお礼と感謝を申し上げたい．また，昨今のきわめて厳しい出版事情の中で，本書のような"硬い"学術書を刊行する機会をいただいた朝倉書店に対して深甚なる謝意を表する．

　2012年3月

中 島 義 明

執　筆　者
(執筆順)

中 島 義 明	早稲田大学人間科学学術院，大阪大学名誉教授
菅 井 勝 雄	大阪大学名誉教授
吉 野 諒 三	統計数理研究所調査科学研究センター
杉 万 俊 夫	京都大学大学院人間・環境学研究科
日 髙 聡 太	立教大学現代心理学部
苧 阪 直 行	京都大学大学院文学研究科
柏 原 　 崇	自動車安全運転センター　安全運転中央研修所
東 山 篤 規	立命館大学文学部
川 﨑 惠 里 子	川村学園女子大学文学部
多 鹿 秀 継	神戸親和女子大学発達教育学部
唐 沢 か お り	東京大学大学院人文社会系研究科
赤 井 誠 生	大阪大学大学教育実践センター
石 井 　 澄	前名古屋大学教授
石 黒 広 昭	立教大学文学部
木 下 孝 司	神戸大学大学院人間発達環境学研究科
岩 立 志 津 夫	日本女子大学人間社会学部
倉 光 　 修	東京大学学生相談所
倉 戸 ヨ シ ヤ	大阪市立大学名誉教授・上智大学グリーフケア研究所客員研究員
三 木 善 彦	奈良内観研修所，大阪大学名誉教授，帝塚山大学客員教授
三 木 潤 子	奈良内観研修所
近 藤 喬 一	調布橋本クリニック

目　　次

I. メタ・グランド理論の［適用事例］

1. **メタファ論の［適用事例］** ……………………………〔中島義明〕…… 2
   1.1 心理学的理論/モデル/概念の発想とメタファ ………………………… 2
   　　a. 一般的に，メタファの存在が感じられる心理学的理論/モデル/概念　2
   　　b. とくに，認知心理学を覆う"メタフォリカル"な発想傾向　3
   　　c. 認知的概念とメタファ　4
   1.2 ペパーの世界仮説 ……………………………………………………… 7
   　　a. 四つのルート. メタファ　7
   　　b. 「個別（サブ）メタファ」と「ルート・メタファ」　8
   1.3 とくに一つのルート・メタファにウェイトがかかっていると思われる事例 ……………………………………………………………………… 9
   　　a. フォーミズム　9
   　　b. 機械論　10
   　　c. 有機体論　11
   　　d. 文脈主義　13
   1.4 むしろ複数のルート・メタファにウエイトがかかっていると思われる事例 …………………………………………………………………… 15
   　　a. フォーミズム×機械論—知能の因子構造論—　15
   　　b. 有機体論×文脈主義—順応水準理論—　15
   　　c. 機械論×文脈主義×フォーミズム—資源理論—　16
   　　d. フォーミズム×機械論×文脈主義×有機体論—最近の知能論—　17
   1.5 アルトマンとロゴフの「世界観」……………………………………… 18

2. パラダイム論の［適用事例］……………………………〔菅井勝雄〕…21
現代の発達心理学理論，ヴィゴツキーをめぐって
　　―パラダイムとルートメタファから― ……………………………21
2.1　ヴィゴツキー亡き後の教育への果敢な挑戦 ………………………22
　　a.　スキナーのプログラム学習への挑戦　22
　　b.　ピアジェの発達段階説への挑戦　24
2.2　ヴィゴツキー理論の特徴 ……………………………………………26
2.3　心理的道具による媒介の三角形
　　―ヴィゴツキーの古典理論のパラダイム― ………………………28
2.4　行動主義に対するヴィゴツキー・パラダイムの優位性 ……………30
2.5　人工物による媒介の三角形
　　―現代の文化・歴史的アプローチのパラダイム― ………………31
2.6　ピアジェに対するヴィゴツキー・パラダイムの優位性 ……………33
2.7　人による媒介の三角形
　　―現代の社会・文化的アプローチのパラダイムへ― ……………35
2.8　学習環境論の新たな課題とモデル …………………………………37
　　a.　「人による媒介の三角形」と共同注意の三項関係　37
　　b.　自然の学習環境と子ども（乳幼児期から）の発達論へ　39
　　c.　学習環境とコーディネーター　44
2.9　ま　と　め ……………………………………………………………49

3. 数理科学的理論の［適用事例］……………………………〔吉野諒三〕…54
3.1　心理学への科学的アプローチ ………………………………………54
　　a.　計量心理学と数理心理学　54
　　b.　計量心理学と数理心理学の歴史的発展　55
3.2　公理的測定理論―グランドセオリーとして― ……………………57
　　a.　歴史的背景―現代の測定理論のはじまり―　57
　　b.　科学的法則について―公理的尺度論からみた可能な法則―　62
3.3　数理心理学と計量心理学の融合したモデル構成の事例
　　―計量的文明論のためのsupercultureモデル― …………………65

  a. 文化多様体解析（CULMAN）　65
  b. superculture モデルの簡略な説明　66
  c. superculture モデルにおける分析事例　69

4. 社会構成主義的理論（グループ・ダイナミックス）の［適用事例］
                  〔杉万俊夫〕‥‥76
 4.1 理論の概要と本章の構成 ……………………………………………… 76
  a. グループ・ダイナミックスの理論　76
  b. 本章の構成　78
 4.2 ビジョンを描く技法 …………………………………………………… 79
  a. 活動理論　79
  b. ビジョンづくりへの適用　81
 4.3 過疎地域の活性化 ……………………………………………………… 83
  a. 大澤の規範理論　84
  b. 活性化運動にける贈与・略奪　87
  c. 規範理論によるセンスメーキング　92
 4.4 過疎から適疎へ——2次モード—— …………………………………… 94

II. 感覚・知覚理論の［適用事例］

1. 神経生理学的理論の［適用事例］ ……………………………〔日髙聡太〕‥‥98
 1.1 低次の視覚処理における神経表象 …………………………………… 99
 1.2 低次の視覚処理における神経表象の符号化 ………………………… 100
  a. 空間的側面　101
  b. 時間的側面　102
 1.3 高次の視覚処理における神経表象の符号化 ………………………… 104
 1.4 高次の視覚処理経路 ………………………………………………… 106
  a. 複側経路と背側経路の情報処理　107
  b. 情報の統合可能性　108

1.5　新たな処理経路と多感覚統合 …………………………………… 109
　1.6　ま と め ……………………………………………………………… 110

2. 精神物理学的理論の［適用事例］………………………〔苧阪直行〕… 113
　精神物理学理論　113
　2.1　フェヒナーの精神物理学の事例 …………………………………… 114
　　a.　測定例　115
　2.2　スティーヴンスの精神物理学の事例 ……………………………… 116
　　a.　マグニチュード推定法　117
　　b.　測定例　118
　2.3　信号検出理論 ………………………………………………………… 119
　　a.　感受性 d' と判断基準 β　121
　　b.　ROC 曲線　122
　　c.　測定例　122

3. 事象知覚理論の［適用事例］
　　──生態学的理論とドライビング──………………〔柏原　崇〕… 124
　3.1　移動の時代と自動車 ………………………………………………… 124
　3.2　知覚と行為の相互関係を示すドライビング ……………………… 127
　3.3　交通危険学 …………………………………………………………… 129
　3.4　自ら事故を起こさない，相手に事故を起こさせない運転 ……… 132
　　a.　車を運転するとは？　132
　　b.　GPS 運転者行動記録システム　133
　　c.　予備実験例　135
　　d.　混合交通型シミュレータ　137

4. 知覚的推理理論の［適用事例］………………………〔東山篤規〕… 139
　4.1　過去経験に基づいた類推 …………………………………………… 139
　　a.　幻　肢　139
　　b.　アリストテレスの錯覚　140

  c.　視覚の事例　141
  d.　エイムズのゆがんだ部屋　143
 4.2　斟酌理論―同一感覚モダリティ― ………………………………… 144
 4.3　斟酌理論―異種感覚モダリティ― ………………………………… 148
  a.　垂直水平錯視の実験　148
  b.　錯視量の決定の基準　149
 4.4　文　脈　効　果 ……………………………………………………… 151
 4.5　注意―意思の効果― ………………………………………………… 153
  a.　多義図形と断片図形　153
  b.　注意と図形知覚　155
 4.6　ま　と　め …………………………………………………………… 157

III.　認知理論の［適用事例］

1.　文章理解理論の［適用事例］ ……………………〔川﨑惠里子〕…… 160
 1.1　スキーマ理論 ………………………………………………………… 160
  a.　バートレット理論の現代的発展　160
  b.　スクリプト理論　162
  c.　物語文法　164
 1.2　キンチュのモデル …………………………………………………… 167
  a.　構成‒統合モデル　167
  b.　表象のレベル　170
  c.　文章の整合性と既有知識の効果　171
 1.3　状況モデル …………………………………………………………… 173
  a.　空間的状況モデル　173
  b.　イベントインデクス・モデル　175
  c.　知覚的シンボル理論　177

2. 問題解決理論の [適用事例] ……〔多鹿秀継〕…181
2.1 問題解決の心理学的研究の流れ …………………181
  a. 問題解決過程の研究　181
  b. 熟達者−初学者研究　183
2.2 算数の割合文章題 ………………………………183
2.3 情報処理モデル ………………………………185
2.4 算数の割合文章題解決 …………………………186
  a. 割合文章題の理解過程　187
  b. 割合文章題の解決過程　191
2.5 アナロジーによる問題解決 ………………………192

3. 感情理論の [適用事例] ……………〔唐沢かおり〕…196
3.1 感情の生起に関する研究事例 ……………………197
  a. 認知的評価理論　197
  b. 多層評価理論　201
3.2 感情が認知に及ぼす影響に関する研究事例 …………205
  a. ムード一致効果に関する研究事例　205
  b. 感情と情報処理方略に関する研究事例　208

4. 認知的動機づけ理論の [適用事例] ……〔赤井誠生〕…212
4.1 認知的動機づけ理論の背景となる事例 ……………212
4.2 アトキンソンのモデルの事例 ……………………215
  a. 達成行動の動機づけに関する理論　216
  b. 失敗回避動機の導入　218
4.3 達成動機と行動の関係を示す事例 …………………218
4.4 道具性の理論の事例 ……………………………219
4.5 目標設定理論の事例 ……………………………221
4.6 内発的動機づけの事例 …………………………222
4.7 コンピュータ・ゲームを用いた内発的動機づけ研究の事例 ………224

5. 学習理論の［適用事例］ ……………………………〔石井　澄〕…227
　5.1 パブロフ型条件づけの理論の進展に影響した実験的事実………227
　　a. 無条件刺激の価値低減効果—古典的条件づけの連合構造—　227
　　b. 連合強度の進展を規定する条件—レスコーラ-ワグナーモデルとその後の獲得過程モデルをめぐる実験的事実—　228
　　c. 連合強度の獲得とは異なる過程の関与を示唆する事例　233
　5.2 道具的条件づけの理論的進展に寄与した事例………………238
　　a. 連合理論に基づく分析上の問題　238
　　b. 価値低減法による検討　239
　5.3 普遍的な学習過程の存在に対立する事例……………………241

IV.　発達理論の［適用事例］

1. 社会歴史的な発達理論の［適用事例］
　　——認知の社会的起源と発達の最近接領域——　………〔石黒広昭〕…248
　1.1 はじめに……………………………………………………248
　1.2 社会性とは何か—「自己中心的言語」論争を事例として………249
　　a. ピアジェとヴィゴツキーの対立　249
　　b. ヴィゴツキーの実験　250
　1.3 ヴィゴツキーの発達的方法……………………………………252
　　a. 行動の歴史的研究　252
　　b. 発生領域　253
　1.4 精神機能の根源的な社会性……………………………………254
　　a. 文化的発達の一般的発生法則　254
　　b. 母子によるパズル構成課題　255
　　c. 他者制御から自己制御への移行過程　261
　　d. 自己制御と根源的な社会性　268
　1.5 発達に対する社会歴史的アプローチの課題…………………269
　　a. 状況定義の社会歴史性　269

  b. 発達の最近接領域概念研究の課題　270

2. 認知発達理論の［適用事例］……………………………〔木下孝司〕…274
 2.1 ポストピアジェの認知発達理論………………………………274
 2.2 乳児期における初期知識………………………………………275
  a. 物理的世界の認知　276
  b. 行為主体性（agency）に関する認知　278
 2.3 認知発達研究の論争点─「心の理論」研究を事例に─………280
  a. 「心の理論」研究の概要　280
  b. 「心の理論」をめぐる論争　282
 2.4 認知発達の"溝"を埋めるために……………………………285
  a. 重なり合う波理論　286
  b. 1〜2歳児の問題解決方略　287
  c. 表象発生という古くて新しい問題　288

3. 言語獲得理論の［適用事例］……………………………〔岩立志津夫〕…293
 3.1 古典的言語獲得理論，文法記述研究理論に関連する事例……293
 3.2 知覚の方略理論に関連する事例………………………………295
  a. 文法の実在性に関する理論　295
  b. ベーバーの語順方略実験　295
 3.3 現代の言語獲得理論─生得的生成文法理論に関する事例─…297
 3.4 生得的生成文法理論に属さない言語獲得理論の事例…………298
  a. BRS理論とバイアス理論に関する事例　299
  b. 臨界期説の事例　302
  c. 社会認知理論の事例　303

V. 臨床的理論の［適用事例］

1. カウンセリング理論の［適用事例］——一つの統合的アプローチ——
   ....〔倉光　修〕....308
   1.1 はじめに..308
   1.2 事　　例..309
   1.3 面接過程..310
   1.4 考　　察..318

2. ゲシュタルト療法とエンカウンター・グループの［適用事例］
   ....〔倉戸ヨシヤ〕....320
   2.1 ゲシュタルト療法の場合..320
      a. 治療的招き　321
      b. 「図」と「地」　322
      c. 「今-ここ」でのかかわり　325
      d. 理論からの振り返り　327
   2.2 エンカウンター・グループの場合..329
      a. グループのはじめの模索を経験する段階　330
      b. 過去の経験の述懐　331
      c. 自己にとって意味ある事柄の探求　332
      d. グループにおける治癒力の芽ばえ　333
      e. 受講生の感想　336
      f. エンカウンター・グループの可能性　339

3. 内観療法の［適用事例］..................〔三木善彦・三木潤子〕....341
   3.1 事例1：「妻への謝罪文」..341
   3.2 事例2：内観で家庭生活と職場の人間関係を改善..344
   3.3 事例3：内観で摂食障害を改善..347
   3.4 事例4：子育て支援としての内観の効用..351

3.5　全体的考察 …………………………………………………… 358

4. **森田療法の［適用事例］**………………………………〔近藤喬一〕…360
　4.1　森田療法の対象 ………………………………………………… 360
　4.2　治療技法の変化 ………………………………………………… 360
　4.3　森田によるパニック障害の治療例 …………………………… 361
　4.4　筆者の外来治療の基本的枠組み ……………………………… 363
　4.5　自験例 I ………………………………………………………… 364
　　a.　前半の治療段階　364
　　b.　後半の治療段階　367
　　c.　治療段階の要約　368
　4.6　自験例 II ………………………………………………………… 369
　　a.　患者と治療歴の概要　369
　　b.　日記療法の概要　370

事項索引 ……………………………………………………………………373
人名索引 ……………………………………………………………………382

I

メタ・グランド理論の［適用事例］

第 1 章

メタファ論の［適用事例］

　本章では，『現代心理学［理論］事典』のⅠ部1章「科学論的理論—科学のメタファ論からみた現代心理学—」（菅井・中島，2001）で言及された内容の中から，とくに，個別のメタファ（サブ・メタファ）や，ペパー（Pepper, S. C.）の提唱したルート・メタファに関連が深いと思われる事例について取り上げる．すなわち，その発想の背後に，筆者の目にとって，それらのメタファの存在が感じとれるような，心理学的理論/モデル/概念の事例について考えてみたい．

1.1　心理学的理論/モデル/概念の発想とメタファ

a.　一般的に，メタファの存在が感じられる心理学的理論/モデル/概念

　心理学的理論/モデル/概念の背景に，「メタファ」の存在が感じとれる場合が多いことは，直観的にも十分に了解できることである．なぜなら，レアリィ（Leary, 1990）の指摘を待つまでもなく，メタファは，われわれの思考の方向性に少なからぬ影響を及ぼすからである．とくに，心理学のような人間の内面を対象にする主観科学においては，その理論/モデル/概念の発想において，客観科学のように直接的に接触可能なツールに乏しいため，「メタファ」の援用は欠かせざる要因となる．当然のことながら，この種の援用は意識的になされる場合もあろうが，意識にのぼらないことも多く，このような場合には，後になってから初めてその種のメタファの存在に気がついたり，その存在を感じたりするのである．

そもそも「メタファ」というものは，その「ベース」が人間の基礎的な経験であるような，いってみれば，ゆるい（？）「アナロジー」であろうから，「"アナロジック"な思考」と同じプロセスが内包されている．「"アナロジック"な思考」とは，ある1つの状況（「ターゲット領域」）を別のもう1つの状況（「ベース領域」）に置換して考えたり理解したりするプロセスのことであるから，この基本的構造はその明確さの程度差はあろうが「メタファ」にも存在しているのである．それゆえ，「メタファ」も「アナロジー」と同じようにターゲット領域とベース領域両者間の対応を見つけることによって理解されるのであり，ターゲット領域とベース領域両者が相互に離れるほどに，「アナロジー」というより，「メタファ」の性格がより強くなっていく傾向がある（Holyoak & Thagard, 1995）．

b. とくに，認知心理学を覆う"メタフォリカル"な発想傾向

心理学において用いられている諸変数の概念や諸モデル／理論の発想に，それが意識されているいないにかかわらず，「メタファー」が用いられていることは間違いない．

われわれは抽象的な概念を，抽象的なままで論理的に展開したり，推論したり，理解したりといった活動を行うことは決して得意ではない．それゆえ，結果的に見て，それらの活動がメタファに「乗って」なされていると推測されるケースは枚挙にいとまがない．

この事実は，心理学においても例外ではない．たとえば「認知心理学」の領域で考えてみればよい．認知心理学は，われわれの内的な情報処理活動に作用する諸変数（いわゆる認知変数）を仮定したり，これらの変数がかかわる処理過程のモデルを構築する．そのような構想は，われわれが直接に目で見たり手で触れたりできない世界に関するものであるから，本来は「抽象的」な世界に関するものであろうが，われわれは，あたかも，そこに具体的レベルの存在物があるかのようなオントロジカルなプラットフォームに立って発想活動を行っているのである．メタファを用いる行為は，いってみればトップダウン的な手続きをとるということである．それゆえ，認知変数のような直接に観察することが不可能な変数を仮定する「理論」構築には不可欠な手続きともいえる．

一般に，とくに論理実証主義的立場に立った研究者たちは，サイエンスというものは観察可能なデータにより築かれた，すなわち帰納的に導き出された法則に基づくべきであると考える．しかし，この考え方は，少なくとも「理論」というものの構築に関していえば真理ではない．実際のサイエンスの構築は，理論より導かれた仮説を用いることによって，効果的に進められているからである．

　同一の現象を説明する複数の理論が存在するときに，いかなる「基準」に基づいてこれらを評価したらよいのであろうか．サガード（Thagard, 1978）によれば，この種の基準として3つのものが考えられるという．1つ目は「融和性（consilience）」である．これは，いかに多くの異なる分類下にある事実を横断的に説明できるかということである．2つ目は「単純性（simplicity）」である．これは，異なる分類下にある複数の事実を横断的に説明するために必要とされる付加的な仮定は，それができるだけ少ないほうがよいということである．3つ目は「アナロジー（analogy）」である．これは，多くの人々によってよく知られたわかりやすいアナロジーに基づく理論のほうが，そうでない理論より，実用論的見地（たとえば，問題解決のツールとしての有効性や応用範囲の広がりなど）に立てばよりよいということである．

　この3つ目の基準は，メタファの果たす働きを考えるうえで重要である．なぜならば，ここで指摘されている実用論的見地には，いうまでもなく，ある領域における「理論」がもつアナロジカルな力を援用することによって，別の領域における理論の発見や構築が促進されることが含まれているからである．たとえば，音の領域の波動説が光の領域に mapping されることにより生み出された擬同型を有効に利用することにより，新しい領域である光の領域において作用する仮説の創出が，まったくのはじめからの出発ではなく効率的になされえたことはよく知られた事実である．いうまでもなく，この例に見られるような特性は，メタファが有する新しい概念の発想・理解・構築を生み出す力の延長線上にあるものとして位置づけられるべきである．

c． 認知的概念とメタファ

　いま，認知心理学でよく用いられている，われわれの内的過程において想定

されているいわゆる認知的諸概念の中から，代表的なものとして，① 注意，② 記憶という 2 種類の概念を取り上げ，これらの概念においていかなるメタファ（すなわち，source domain）が用いられている可能性があるのかについて検討してみることにする．

1) 注 意

注意に関するメタファにはさまざまなものがある．どのようなメタファが用いられていたかによって，構築された理論の特徴が決まってくる．それらの諸理論につき概説することは他書にゆずり，ここではそれら諸理論の背後に感じとれるメタファを列挙することにとどめる．代表的な例としては，次のようなものが考えられよう．

① フィルター（Broadbent, 1958）
② 減衰器（Treisman, 1964）
③ スポットライト（LaBerge, 1983 ; Erikson & Yeh, 1985 ; Erikson & St. James, 1986 ; Anderson, 1995）
④ サーチライト
⑤ 資源（Posner & Boies, 1971 ; Kahneman, 1973 ; Posner & Tudela, 1997）
⑥ 自動制御（Schneider & Shiffrin, 1977 ; Schneider et al., 1984）
⑦ 容器（容器モデル）
⑧ ボトルネック：ネックの位置により，初期選択モデル（early selection model）と後期選択モデル（late selection model）とがある．

2) 記 憶

記憶過程に関するモデルには多数のものが存在するが，これらのモデルもその背後にメタファの存在を認めることができる．いくつかの例をあげておこう．

a) 二重貯蔵モデル アトキンソンとシフリン（Atkinson & Shiffrin, 1968, 1971）によって唱えられた著名な「二重貯蔵庫」モデルでは，「加工」メタファが用いられている．たとえば，筆者なりに比喩的記述を工夫してみればこうなろう．手元に入荷された生の食材（入力情報）はそのまま置いておけば（短期貯蔵庫）すぐに腐敗（消失）してしまうが，なんらかの加工（リハーサルなど）を施せば長期保存（長期貯蔵庫）が可能となるのである．

b) 処理水準モデル　　クレイクとロックハート（Craik & Lockhart, 1972）の唱えた処理水準（levels of processing）という概念では，明らかに「空間」メタファが用いられている．たとえば，単語の「形態的」な処理と「意味的」な処理とでは「深さ」が異なり，前者に比べ後者のほうがより深い処理になっているというわけである．

このときの「深さ」という概念は，空間における方向的属性そのものである．われわれ人間はこの空間的属性を直接即時に理解かつ知ることができることから（Lakoff & Johnson, 1980），この種の「空間」メタファを用いることにより「処理の深さ」という抽象的概念をオントロジカルな次元で容易に理解することが可能となっているのである．

c) 体制化モデル　　タルヴィング（Tulving, 1962）の主張した記憶方略における「体制化（organization）」の考え方は，その背後に「整理棚」メタファの存在を感じる．すなわち，われわれが直接に観察する物体としての「整理棚」に，本とか書類が整然と"分類されて"保管されている姿である．タルヴィングのいう「主体的体制化（subjective organization）」とは，どのような基準に基づいた分類を行うかは，その人の「主観」に委ねられていることを意味している．

d) 精緻化モデル　　バウアーとクラーク（Bower & Clark, 1969）の実験や，イメージを利用して単語を結びつける単語リストを記憶する際に文やストーリーを作成することを求めたブゲルスキーら（Bugelski et al., 1968）の実験は，記憶における「精緻化」の働きに関する研究として知られている．この「精緻化」の概念は，当然のことながら「処理の深さ」の概念とお互いに連動していよう（Morgan et al., 1979）．すなわち，処理の深さが深くなるほど精緻化の程度は大となり，逆に精緻化の程度が大になるほど処理の深さは深くなろう．これらの概念を理解しようとする際に，われわれは無意識に「人間関係」メタファを利用していないであろうか．「人間関係」におけるつきあいの深さ（「処理の深さ」）と相手に関する情報の多少（「精緻化の程度」）の理解は，われわれの日常的経験から，直接即時になされうるものであるからである．

e) 「マルタ十字」のモデル　　記憶過程の全体像を表現しようとする試みにおいて用いられているメタファもある．その典型的なものはブロードベント

第 1 章　メタファ論の［適用事例］　　　　　　　　　　　　　　　7

図1.1.1　マルタ十字

(Broadbent, 1984) の「マルタ十字」（図 1.1.1）のモデルであろう．
　このモデルは，記憶過程を四つの構成要素からなるものと想定し，これらを処理システムを中心にしてマルタ十字状に配置したものである．これら四つの構成素のそれぞれが中心にある処理システムとの間で相互的に作用を及ぼし合うというものである．
　これら四つの構成素は，今風にいうならば，①感覚記憶，②短期記憶もしくはワーキングメモリ，③長期記憶，④反応出力貯蔵庫とでも表現できるものである．興味深いのは，このモデルを説明するに際してブロードベントが用いた比喩である．すなわち，オフィスで事務員が仕事をする際の状況である．机上の左側の箱には，いま届けられたばかりの未決の書類が入っており，右側の箱には決済済みの書類が入っており，目の前にはいま目を通しつつある書類が置かれている．そして背後のキャビネットには整理された書類が収納されており，必要に応じて参照できるようになっている．といった具合である．いうまでもなく，未決箱は感覚記憶，既決箱は反応出力貯蔵庫，目前に置かれた書類に目を通す作業はワーキングメモリ，背後の書類キャビネットは長期記憶の働きに相当しよう．こう見てくると，このモデルの背景には，「オフィス」メタファとともに，「内なる人」としての事務員という「人」メタファもまた存在していることがわかる．

1.2　ペパーの世界仮説

a.　四つのルート・メタファ
　『現代心理学［理論］事典』のⅠ部 1 章でふれたように，ペパー（Pepper,

1942)は『世界仮説（World Hypothesis）』という独創的な哲学書を著した．その中でペパーは，「ルート・メタファ（root metaphor, 根本隠喩）」という概念に言及している．

ペパーによれば，哲学，美学，価値などにかかわる分野におけるあらゆる世界観は，いくつかの基本的な隠喩に基づいて発想されているという．ペパーのこの考え方は，今日においてもその主張力を失っていないと思われる．

ペパーによれば，主要なルート・メタファとして，①フォーミズム（formism），②機械論（mechanism），③有機体論（organicism），④文脈主義（contextualism），という四つのものが考えられるという．ある理論やモデルを構築するということは，いってみれば，一種の「世界仮説」を構築することと同じと考えられる．

b. 「個別（サブ）メタファ」と「ルート・メタファ」

一つのルート・メタファの下には，いくつもの個別メタファ（サブ・メタファ）が包摂されていると考えられる．そして，これらの個別メタファのいずれもが，このルート・メタファの有する属性を共通に備えていることになる．それゆえに，「ルート・メタファ」は，"根本（ルート）"という冠を頭に戴いているのである．

両者の関係は，喩えてみれば，知能構造における，「特殊因子」と「一般因子/群因子」の関係に共通するものを認めることができる．この場合の「特殊因子」が「個別（サブ）メタファ」に該当し，「一般因子/群因子」が「ルート・メタファ」に該当すると考えてみるわけである．

ルート・メタファが複数存在する点からすれば，多くの「特殊因子」にかかわりをもつ単一の「一般因子」を想定したスピアマン（Spearman, 1927）の構想よりも，複数の「特殊因子」にかかわりをもつ複数の「群因子」（それぞれの適用範囲に制約が存在する一般因子）を想定したサーストン（Thurstone & Thurstone, 1941）の構想のほうが，より類似性が高い喩えになろう（図1.1.2）．

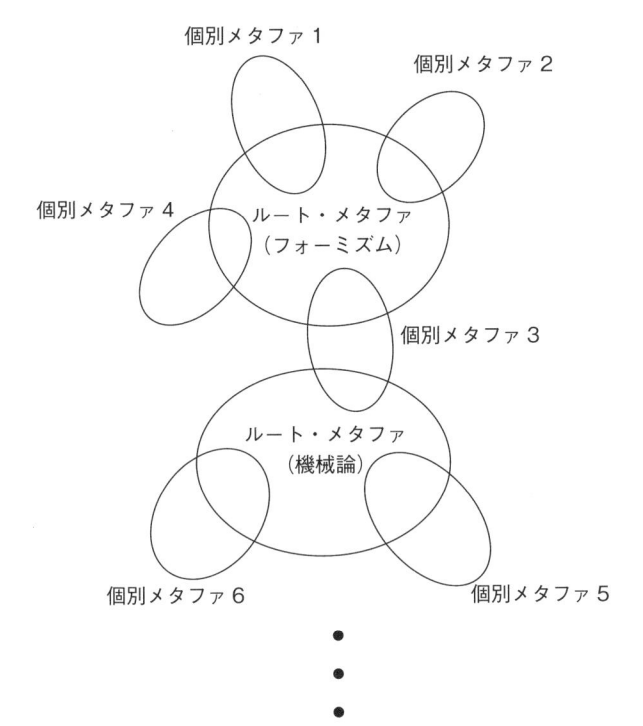

図1.1.2 「個別（サブ）メタファ」と「ルート・メタファ」の関係を示す模式

1.3 とくに一つのルート・メタファにウエイトがかかっていると思われる事例

a. フォーミズム

　これは，「各種の存在の間の類似性と差異性」（フォーム）に基づいて世界を構想する立場である．心理学の領域全般を見わたすならば，たとえば人格心理学の領域における「類型論」や「特性論」はこの種のルート・メタファに基づいて発想された典型的な理論であろう．これらの理論は，文字どおり，多くの人々を観察し，これらの人々の間に見られる性格上の「類似性」と「差異性」に基づいて構築されたものであるからである．

　「類型論」としては，クレッチマーの「"分裂気質"，"躁うつ気質"，"てんかん気質"の3分類」がよく知られている．また，「特性論」としては，シンプ

ルなものをあげれば，「"内向性"，"外向性"の2分類」が有名である．
　もう一つ例をあげておこう．「因子分析法」という研究法が多くの心理学の領域で用いられている．この方法は，いろいろな「アイテム」の測定値（変量）の「変動」を，リーズナブルなより少ないいくつかの「潜在的な変数」（因子）によって説明しようと目指すために開発された解析法である．考えてみれば，「変動」というものは，「類似性」もしくは「差異性」を量的に表現した一種の指標である．なぜなら，「変動」が小さければ「類似性」の程度が大ということになろうし，「変動」が大きければ「差異性」が大ということになろうからである．ということは，この「変動」を利用した「定量的」方法を用いて見出された「因子」（すなわち「特性」）に基づいて構築されるような諸理論は，すべて，フォーミズムの上に立っているといえることになる．

b. 機 械 論

　これは，さなざまな「機械」をモデルやアナロジーとして用いて世界を構想する立場である．この立場に立つ最も典型的な心理学的「学説」は，ヴント（Wundt, W. M.）の心理学であろう．ヴントの心理学は，経験科学を目指すところに一つの特徴がある．
　彼によれば，経験には2種類あるという．一つは観察者に私的に与えられるものであり，もう一つはその私的に与えられたものをもとにして間接的に構成されるものである．前者は「直接経験」と名づけられ，後者は「間接経験」と名づけられている．心理学の対象とするのは前者であり，後者を対象とするのが自然科学ということになる．直接経験を取り扱うことは意識過程を取り扱うことであるから，彼の立場は「意識主義」として特徴づけることができよう．
　意識過程を取り扱うためには，観察者が自分自身の意識的経験を自己観察するしか手だてがない．それゆえ，ヴントはこの「内観法」とよばれる方法を用いて，ちょうど化学者が物質を原子に還元するように，また，生理学者が生物を細胞に還元するように，種々の意識経験をそれ以上は分解できない「心的要素」に分析・還元しようとしたのである．
　彼によれば，このような心的要素には2種類のものがあるという．一つは，たとえば音とか光といったようなものに対するわれわれの感覚的側面を担う，

いわば客観的内容にかかわる要素であり，「感覚要素」と名づけられている．もう一つは，われわれの意識経験の内の感情的側面を担う，いわば主観的内容にかかわる要素であり，「単純感情」と名づけられている．われわれの種々の意識経験は，これらの「要素」の種々の結合により成立しているという．

すなわち，ヴントの心理学では，ちょうどあらゆる「機械」が「部品」から組み立てられているように，われわれのあらゆる「意識経験」（機械にあたる）もこれらの「要素」（部品にあたる）から組み立てられる（構成できる）と考えているのであるから（それゆえ，「要素主義」「構成主義」とよばれている），まさに「機械論」そのものといえよう．

c. 有機体論

これは，すべての事象は有機的プロセスと考え，「有機体」としての世界を構想する立場である．ここでいう「有機体」としての内容には二つのものがあるように思われる．一つは，全体の中に部分を位置づける際に，「有機体的構造」が志向されることである．もう一つは，「成熟」といったような「有機体的メカニズム」の存在が志向されることである．ピアジェの「"段階"を経て"成熟"に至るとする発達理論」の考え方，マズローの「自己実現」の考え方，ロジャースの「人格的成長」の考え方などは，後者の典型例であろう．

前者の例としては，認知心理学の領域で現在熱き議論がなされている「ワーキングメモリ」に関するバッドレーのモデルがあげられよう．このモデルでは，「ワーキングメモリ」という短期的記憶過程が，① 情報の受動的短期貯蔵と同時に，② 能動的な情報操作活動を行っている，とされている．

ワーキングメモリは，これまでのところ，少なくとも三つのサブシステムを有していると考えられている（四つ目の新たなサブシステムを提案している研究もある）．一つは「視空間スケッチパッド」とよばれており，視知覚や空間知覚に関連した課題の情報処理にかかわるとされている．その機能は，① 視覚的材料の短期的貯蔵と，② 空間的リハーサルによる貯蔵内容の再活性化である．もう一つは「音韻ループ」とよばれ，言語材料に関連した情報処理に関わるとされている．こちらの機能は，① 聴覚的メッセージの短期的貯蔵と，② 構音的リハーサル（実際に発声して行う場合と頭の中の内語で行う場合と

がある）による貯蔵内容の再活性化である（Baddeley & Hitch, 1974 ; Baddeley et al. 1975 ; Baddeley & Lieberman, 1980 ; Baddeley, 1986, 1990）．残りの１つは，「中央実行系」とよばれており，上述の二つのサブシステムを制御する働きをするとされる．

　ここで留意すべきは，たとえ短期的記憶過程であっても，たとえば「視空間スケッチパッド」に取り込まれた視覚的材料を符号化するためには，長期記憶に貯蔵されている物の見え方に関する「知識ベース」から，なんらかの知識を引き出し，これを利用せねば符号化の操作は実行できないという点である．同様なことは，「音韻ループ」に取り込まれた聴覚的言語材料についてもいえる．これらの材料を言語的に符号化するためには，長期記憶に貯蔵されている母国語や外国語に関する音韻的知識の利用が不可欠である．このような点は，ワーキングメモリの特性を考えるうえで非常に重要な指摘である．

　しかし，これとて，「視空間スケッチパッド」や「音韻ループ」の長期記憶との交流が常に「中央実行系」の媒介下になされると仮定する（Logie, 1995）のか，「中央実行系」を介さない直接の経路の存在も仮定する（Richardson et al., 1996）のかで，ワーキングメモリのサブシステムの中で「中央実行系」が果たす役割を考える際に，微妙な影響を及ぼしかねないのである．

　上述のワーキングメモリに関するモデルは，「人」メタファと大いに関連していると考えられる．なぜなら，このワーキングメモリのモデルには「内なる人」の存在を感じるからである．上述の視・空間スケッチパッドの働きは「内なる人の目」に相当しよう．また，音韻ループにおける聴覚的メッセージの短期的貯蔵の働きは「内なる人の耳」に相当し，構音的リハーサルによる貯蔵内容の再活性化の働きは「内なる人の口」に相当しよう．さらに中央実行系の働きは「内なる人の頭脳」に相当することになるという具合である．人間における目や口といった諸器官の働きは常に「頭脳」の働きに媒介されているというわけではなく，自動的反射的になされる活動も存在する．このことが，上述の中央実行系と他のサブシステムとの間の関係（経路）を考えていくうえで，メタフォリカルな役割を果たしている可能性はないのであろうか．

　認知心理学の領域から，ルート・メタファとして「有機体論」を用いていると考えられるもう一つの例をあげるならば，「メタ認知」がそれに該当しよう．

「メタ認知」とは,「心の中のもう一人の自分が自分自身の状態を認知し,活動がうまくいくように操作する心の働き」と考えられる.すなわち,自分の心の中に,自分の認知過程を認知するもう一人の自分を想定する考え方であるから,これも「有機体的構造」が志向された発想に基づいているといえる.

すなわち,われわれの心の中に「もう一人の私」の存在を仮定するような考えがとられるときには(いいかえれば,「人」メタファが用いられるようなときには),好むと好まざるとにかかわらず,結果的に,「小人化主義 (homunctionalism)」に相通ずることになってしまうのである.それゆえ,逆の言い方をすれば,「小人化主義」の構造的特性をもつ考え方がなされるときには,常にその背後に「有機体」というルート・メタファが存在していると考えられるのである.

d. 文脈主義

これは,「文脈」をなす事象の集まりとしての世界を構想する立場である.事象がたゆまず変化していくことにウェイトをおいている.すなわち,世界はこういった変化する事象の連なりで構築されているというわけである.極論すれば,「歴史的世界」はまさにこの典型例ということになろう.

心理学における例をあげれば,たとえば,臨床心理学の領域に「サイコドラマ」とよばれる集団精神療法がある.これは,10人前後のグループが監督の指示の下に即興のドラマを舞台の上で創っていく中で精神的な治療効果をあげる方法である.グループメンバーは,監督の指示により随時役者を演じたり観客にまわったりする.ドラマの内容の進行は,まさに「事象」が刻々と変化しながら「文脈」を形成していく過程であり,役者を演じるときのメンバーはこの「文脈」の中に否応なくはめ込まれることになり,この「文脈」に連なりうるなんらかの「演技」をすることが求められるのである.こういった経験を通じて,グループメンバーは自分のもつ問題を直視したり,自分の心の内面を見つめたり,他者との共感を得たり,といったことをごく自然に行うことが可能となるのである.この精神療法は,まさに,「文脈主義」のルート・メタファに基づいて発想され,開発されたものといえよう.

「認知」関連の例を考えてみよう.認知心理学における短期記憶 (short-term memory:STM)・長期記憶 (long-term memory:LTM) 理論は,たとえば,

アトキンソンとシフリンの理論（Atkinson & Shiffrin, 1968, 1971）を例にとれば，情報はまず感覚登録器に入り，選択的注意により選択されたものが次の処理文脈に位置するSTMに入り，さらに短期記憶内におけるリハーサル（rehearsal）機能によって，そのうちのあるものはその次の処理文脈に位置するLTMに転送されることになる．この種の時間軸にそった処理の流れを経て情報が質的に変化していくことを想定したり，STMの存在を示す根拠として「新近性効果」を考える発想は，ルート・メタファでいえば，「文脈主義」に立っているといえる．

「認知」関連の例をもう二つあげておこう．これらは最近の認知心理学で話題となっている一つのトレンドに属する考え方である．

人間における内的情報処理過程を想定せずに，われわれの認知というものを「日常の具体的生活場面における外界」（すなわち「状況」）との絶え間ない相互作用によって生ずるプロセスそのものであると考える，いわゆる『状況的認知論』とよばれる立場がある．この考え方に立てば，「状況」は認知活動の根幹を支えるものとなる．そして，ここでいう「相互作用する"外界"」は，「人」であり「動物」であり「機械」であり「もの」であり「自然」である．あるいはまた，これらを内包した，われわれをとりまく日常的「環境」のことである．

この，人間の認知活動における「状況」依存性を重視する考え方を徹底させるならば，いわゆる「"エスノメソドロジー"の認知心理学」の考え方と連結してこよう．すなわち，この立場では，研究者は人々の日常の活動（研究対象としている認知に関連している活動）に自らも参加することによって，これらの人々と相互作用しながら，生の観察・学習を進め，その活動にいわば埋め込まれている「認知」というものを理解しようとすることになる．

これら「状況的認知論」と「"エスノメソドロジー"の認知心理学」において共通しているのは，人間の認知活動の「状況」依存性を重視している点である．「状況」ということは「文脈」ということであるから，これら両者の考え方が「文脈主義」のルート・メタファに基づいて発想されていることはあらためて指摘するまでもあるまい．

1.4 むしろ複数のルート・メタファに ウェイトがかかっていると思われる事例

この種の事例には，ルート・メタファの組み合わせに応じたさまざまなタイプのものが考えられよう．しかし紙数の都合もあることから，以下においては，いくつかの事例をあげるにとどめる．

a. フォーミズム × 機械論―知能の因子構造論―

たとえば，知能心理学における「知能の因子構造論」は，ルート・メタファに関していえば，フォーミズムと機械論の両者に依拠して発想されているように思われる．この種の理論は，知能を構成する複数の「知能因子」を多くの「知的作業」の「類似性」と「差異性」に基づいて抽出することにより，知能の構成素である「因子」を特定することから出発している（フォーミズム）．

その意味では，特定される因子が「特殊因子」であろうと，スピアマン流の「一般因子」やサーストン流の「群因子」であろうと，同じことなのである．そして，これらの諸因子を組み立てることにより，われわれ人間の「知能」というものが構成されていると考えているのである（機械論）．

b. 有機体論 × 文脈主義―順応水準理論―

われわれの知覚的判断に関連した理論に，「順応水準理論」(Helson, 1959, 1964) とよばれる，よく知られた考え方が存在する．ヘルソンは，われわれが，たとえば広さや重さといったような，何かの刺激属性の大きさの判断を行う際は，一種の主観的尺度を用いていると考え，このような主観的尺度の中性点（neutral point）を「順応水準（adaptation-level：AL）」と名づけた．このようないわば判断の「基準点」ともいえる AL の決定は，判断に関与する「すべての刺激値をプーリングすること」によってなされ，刺激範囲の中央に向かう傾向を示すという．そして，このときの AL は，これら全刺激の加重対数平均でよく近似されるという．

この AL は，一種の「平衡水準（equilibrium level）」と考えられる．ヘルソンは，すべての行動が，この種の AL すなわち平衡水準をもたらす「行動的ホ

メオスタシス（behavioral homeostasis）」の影響を受けると考えている。この「行動的ホメオスタシス」は，有機体が生物学的／生理学的レベルで有する平均化機制を頭においた考えであろうから，この発想は，ルート・メタファでいえば，まさに「有機体論」に立ったものといえよう．

また，興味深いのは，ALの決定に際して，注意が直接に向かう焦点的な刺激要因のほかに，その背景や文脈をなす要因や，現在の刺激事態と交互作用をなす過去経験などの諸要因を斟酌している点である．この同時的および継時的な刺激事態間における相互作用「全体」を意識した発想は，ルート・メタファでいえば，まさに「文脈主義」に立っていると考えられる．

c.　機械論 × 文脈主義 × フォーミズム―資源理論―

「認知心理学」の分野における例を一つあげておこう．現在，研究者たちの大きな関心を引いている考え方の一つにいわゆる「資源理論」とよばれるものがある．「資源理論」は，人間は情報を処理するためには，何か「エネルギー」のようなものを必要とするという基本的な仮定に基づいた理論である．すなわち，これは，情報を処理する機構とは別個にこの機構を動かすためのエネルギー源（「資源」）が存在するという考え方であるから，いってみれば，「エンジン」と「ガソリン」の関係を前提としている．すなわち，ルート・メタファでいえば，「機械論」に立っているといえるのである．

そして，研究が次の段階に進めば，今度は，資源の種類というものが問題となろう．当初は，人間には限界のある資源が1種類だけ存在するという「単一資源理論」が提唱された．しかし，単一資源理論の予測に反する実験結果がその後報告されたため，これが修正され，今日では「多重資源理論」が提唱されるようになっている．多重資源理論では，単一資源理論とは異なり，特定の処理メカニズムに対し，特定の資源が存在すると仮定している．

これらの特定資源の切り出しには，「二重課題法」というパラダイムが用いられる．このパラダイムでは，実験参加者は二重課題すなわち異なる内容の2つの課題を同時的に遂行することが求められる．そのうえで，両課題の認知過程における相互的なかかわりが，「干渉効果」という指標により検討されるのである．この種の相互的影響に関心を傾斜させる発想は，ルート・メタファで

いえば,「文脈主義」に依存した態度と考えられるのである.

そして,このとき,干渉効果を示した課題があれば,これら両課題の遂行に対しては共通した資源が消費され,まったく干渉効果が見られなかった課題間では共通した資源の消費は行われなかった(すなわち,両課題で別種類の資源が消費された)と考えるのである.この発想は,ルート・メタファでいえば,「各種の存在の間の類似性と差異性」(フォーム)に基づいて世界を構想する「フォーミズム」の立場に立ったものといえよう.

d. フォーミズム × 機械論 × 文脈主義 × 有機体論——最近の知能論——

先のa.で言及されたように,知能心理学における伝統的な考え方である「知能の因子構造論」は,ルート・メタファに関していえば,「フォーミズム」と「機械論」の両者に依拠して発想されているように思われる.

因子構造の形態に関していえば,大きく分類して,以下のような三つの考え方が見られよう.

① 多くの「特殊因子」と,これらすべての特殊因子に共通してまたがる1つの「一般因子」とを想定したスピアマン流の考え方(Spearman, 1927)

② 多くの「特殊因子」と,これらの内のいくつかの特殊因子にまたがる部分的一般因子である「群因子」を,複数個想定したサーストン流の考え方(Thurstone & Thurstone, 1941)

③ 構造化された多くの「特殊因子」のみを想定したギルフォード流の考え方(Guilford, 1967)

しかし,これらのいずれの考え方も,知能の構成素である「因子」を特定していくという面では「フォーミズム」に,また,それらの諸因子からわれわれ人間の「知能」というものが構成されていると考える面では,「機械論」に密接に関連していることになる.すなわち,その点においては,これら三つの考え方は共通しているといえるのである.

ところが,最近の知能論の中には,これらのルート・メタファの上に,さらに「文脈主義」や「有機体論」のルート・メタファも加わるような考え方をとるものも現れてきている.すなわち,伝統的な知能論では,「知能」はむしろ「文脈」や「状況」から独立した,いってみれば「一般性」の高い能力が重視

されていた．しかし，最近は，それだけではなく，「経験というものをそのときの"状況"の中でいかに生かして用いるのか」といった考え方や，"状況"に応じて行動を調整する"社会的知能"」といった考え方の重要性が注目されてきているのである．これらの発想が，ルート・メタファでいえば，「文脈主義」に根ざしてなされていることは，改めて指摘するまでもあるまい．さらにいえば，これらの「文脈」や「状況」の認知能力における発達的変化を想定するのであれば，そこには，すでに，「有機体論」というルート・メタファも滲入してきていることになるのである．

1.5 アルトマンとロゴフの「世界観」

アルトマンとロゴフ（Altman & Rogoff, 1987）も，ペパー（Pepper, 1942）の一種の「世界構築原理」とでもいえるような考え方（世界仮説；world hypothesis）に類似した考え方（世界観；world view）を4種類あげている．アルトマンらの「世界観」は，「心理学」という舞台において，人間と環境との関係に着眼して構想されたものであるから，ペパーの「世界仮説」とは若干異なった誕生背景を有するが，結果的には両者の着地点はかなり重なったものとなっている．

〔中島義明〕

文　献

Altman, I., & Rogoff, B. (1987). World views in psychology : Trait, interactional, organismic, and transactional perspectives. In Stokols, D., & Altman, I. (eds.), *Handbook of environmental psychology*. New York : Wiley.

Anderson, J. R. (1995). *Cognitive psychology and its implications*. 4th ed. New York : Freeman.

Atkinson, R. C., & Shiffrin, R. M. (1968). Human memory : A proposed system and its control processes. In Spence, K. W. & Spence, J. T. (eds.), *The psychology of learrning and motivation : Advances in research and theory*. New York： Academic Press. pp.89-195.

Atkinson, R. C., & Shiffrin, R. M. (1971). The control of short-term memory. *Scientific American*, **225**, 82-90.

Baddeley, A. D. (1986). *Working memory*. Oxford, UK : Oxford University Press.

Baddeley, A. D. (1990). *Human memory : Theory and practice*. Hove, UK : Lawrence Erlbaum.

Baddeley, A. D., & Hitch, G. (1974). Working memory. In Bower, G. A. (ed.), *The psychology of learning and motivation*. Vol.8, New York : Academic Press. pp.47-90.

Baddeley, A. D., & Lieberman, K (1980). Spatial working memory. In Nickerson, R. S. (ed.),

Attention and performance, Vol.8, Hillsdale, NJ : Erlbaum. pp.521-539.
Baddeley, A. D., Grant, S., Wight, E., & Thomson, N. (1975). Imagery and visual working memory. In Rabbitt, M. A., & Dornic, S. (eds.), *Attention and performance*. Vol.5, London : Erlbaum. pp.295-317.
Bower, G. H., & Clark, M. C. (1969). Narrative stories as mediators for serial learning. *Psychonomic Science*, 14, 181-182.
Broadbent, D. E. (1958). *Perception and communication*. New York : Pergamon Press.
Broadbent, D. E. (1984). The Maltese cross : A new simplistic model for memory. *The Behavioral and Brain Sciences*, 7, 55-94.
Bugelski, B. R., Kidd, E., & Segmen, J. (1968). Image as amediator in one-trial paired-associate learning. *Journal of Experimental Psychology*, 76, 69-73.
Craik, F. I. M., & Lockhart, R. S. (1972). Levels of processing : A framework for memory research. *Journal of Verbal Learning and Verbal Behavior*, 11, 671-684.
Eriksen, C. W., & St. James, J. D. (1986). Visual attention within and around the field of focal attention ; A zoom lens model. *Perception and Psychophysics*, 40, 225-240.
Eriksen, C. W., & Yeh, Y. Y. (1985). Allocation of attention in the visual field. *Journal of Experimental Psychology ; Human Perception and Performance*, 11, 583-597.
Guilford, J. P. (1967). *The nature of human intelligence*. New York : McGraw-Hill.
Helson, H. (1959). Adaptation-level theory. In Koch, S. (ed.), *Psychology ; A study of a science, Vol.1 ; Sensory, perceptual, and physiological foundations*. New York : McGraw-Hill. pp.565-621.
Helson, H. (1964). *Adaptation-level theory*. New York : Harper and Row.
Holyoak, K. J., & Thagard, P. (1995). *Mental leaps ; Analogy in creative thought*. Cambridge, Mass : The MIT Press.（鈴木宏昭・河原哲雄（監訳）(1998).アナロジーの力──認知科学の新しい探求　新曜社）
Kahneman, D. (1973). *Attention and effort*. Englewood Cliffs, NJ : Prentice-Hall.
LaBerge, D. (1983). Spatial extent of attention to letters and words. *Journal of Experimental Psychology : Human Perception and Performance*, 9, 371-379.
Lakoff, G., & Johnson, M. (1980). *Metaphors we live*. University of Chicago Press.（渡部昇一・楠瀬淳三・下谷和幸（訳）(1986).レトリックと人生　大修館書店）
Leary, D. E. (1990). *Metaphors in the history of psychology*. Cambridge : Cambridge University Press.
Logie, R. H. (1995). *Visuo-spatial working memory*. Hove, U.K.: Lawrence Erlbaum.
Morgan, C. T., King, R., & Robinson, N. M. (1979). *Introduction to psychology*. 6th ed. McGrow-Hill.
中島義明 (2007).認知変数連結論──認知心理学を見つめ直す　コロナ社
Pepper, S. C. (1942). *World hypotheses : A study in evidence*. Berkeley : University of California Press.
Posner, M. I., & Boies, S. J. (1971). Components of attention. *Psychological Review*, 78, 391-408.
Posner, M. I., & Tudela, P. (1997) : Imaging resources. *Biological Psychology*, 45, 95-107.
Richardson, J. T. E., Engle, R. W., Hasher, L., Logie, R. H., Stoltzfus, E. R., & Zacks, R. T. (1996). *Working memory and human cognition*. New York : Oxford University Press.

Schneider, W., & Shiffrin, R. M. (1977). Controlled and automatic human information processing ; 1. Detection, search, and attention. *Psychological Review*, **84**, 1-66.

Schneider, W., Dumais, S. T., & Shiffrin, R. M. (1984). Automatic and control processing and attention. In Parasuraman,R. & Davies, D. R. (eds.), *Varieties of attention*. London : Academic Press. pp.1-27.

Spearman, C. (1927). *The abilities of man*. Macmillan.

菅井勝雄・中島義明（2001）. 科学論的理論――科学のメタファ論からみた現代心理学　中島義明（編）現代心理学［理論］事典　朝倉書店　pp.2-36.

Thagard, P. (1978). The best explanation : Criteria for theory choice. *Journal of Philosophy*, **75**, 76-92.

Thurstone, L. L., & Thurstone, T. G. (1941). *Factorial studies of intelligence*. University of Chicago Press.

Treisman, A. M. (1964). Monitoring and storage of irrelevant messages and selective attention. *Journal of Verbal Learning and Verbal Behavior*, **3**, 449-459.

Tulving, E. (1962). Subjective organization in free recall of "unrelated" words. *Psychological Review*, **69**, 344-354.

第 2 章

パラダイム論の［適用事例］

●現代の発達心理学理論，ヴィゴツキーをめぐって
―パラダイムとルート・メタファから―

　『現代心理学［理論］事典』のⅠ部1章「科学論的理論―科学のメタファ論からみた現代心理学」（菅井・中島，2001）では，主として，1980年代中頃までの心理学の諸理論を，パラダイムとルート・メタファの重ね合わせから整理してみる試みをした．

　その後，社会や文化，歴史の中における人間観を強調する，欧米を中心とするかつてのヴィゴツキー理論のとらえ直しと発展の試みが進み，今日，盛んな関連研究がなされるようになってきた．

　そこで本章では，かつてのヴィゴツキー理論から，現代の発達心理学理論としてのヴィゴツキー理論をとりあげ，パラダイムとルート・メタファの重ね合わせから明らかにしてみることにしたい．それにあたって，『現代心理学［理論］事典』の場合と同じく，クーンのパラダイム論（Kuhn, 1962）とペパーのルート・メタファ論（Pepper, 1942）などを援用する．

　また，今回は［事例事典］でもあるので，ヴィゴツキー理論に基づく，教育上の事例も数多くあるので，顕著と思われるものに絞って掲載したいと考える．

　周知のとおり，ヴィゴツキー理論は，ピアジェ理論と異なり，教育と直接かかわる発達理論であり，これも必要なものと考えるからである．

2.1 ヴィゴツキー亡き後の教育への果敢な挑戦

ロシアの発達心理学者，ヴィゴツキー（Vygotsky, L. S.: 1896-1934）は，1934年に若くして亡くなっているが，その後ヴィゴツキー学派の研究者らは，当時のソヴィエト心理学の中で，次のような挑戦を行った．

a. スキナーのプログラム学習への挑戦

ヴィゴツキーの後を継いだレオンチェフ（Leontiev, A. N.）は，独自の理論発展も試みるが，とくにガルペリン（Gal' perin, P. Ya.）とタルイジナ（Talyzina, N. F.）は，「知的行為の多段階形成理論」という教授理論を構築した．

1960年代に入って，米国のスキナー（Skinner, B. F.）によるプログラム学習が諸外国へ普及するようになると，ソヴィエトではこの理論を用いて，それへの挑戦を試みた．それはちょうどわが国の教育工学の創設期でもあり，ティーチング・マシンやCAI（computer-assisted instruction）の開発期でもあった．そこで筆者らは両プログラム学習を，理論のレベルを中心として対比してみたことがある（菅井・東，1977）．図1.2.1は筆者らがその「知的行為の多段階形成理論」を図式化したものである．

スキナーの刺激・反応理論に基づく学習では，動物の学習にとってならいざしらず，人間の知的学習にとって重要な思考や知識習得の過程が，いわば暗箱として見すごされ，学習制御がなされないので問題だとする．そこでヴィゴツキーの「思考と言語の研究」（1934）を土台に，思考に果たす言語の役割（外

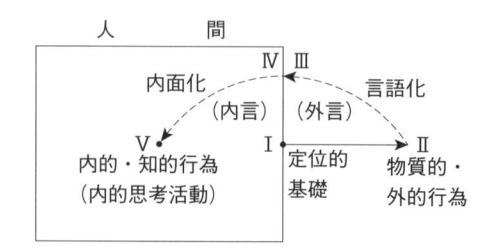

図1.2.1　知的行為の段階的形成の図式（菅井・東，1977）

言と内言）を利用して，知的行為を段階的に形成し，内的思考活動に至るように内面化させ，これによって明箱原理による認知的学習の制御を可能にすることが目指された．

　図1.2.1には，能動的な外的行為からはじめて，学習者の内的思考活動までの制御の全プロセス（I～V段階）が示されている．そこには，サイバネティックスの制御の思想が活用されてもいる．

　当時の認知心理学に先駆けて，人間の能動性を認め，その内的過程とかかわって，言語，思考，知識習得などを早い時期に問題としている点もあり，そこから生まれてくるプログラム法なども期待された．しかし当初から人間の知的学習に関する理論構築が先であるとして，ティーチング・マシンやCAIへの適用は，将来の課題だとしていたが，その後もこの方向への大きな発展はみられなかった．

　この点に関して，次に述べる二つのことを経験したことがある．一つは，大阪大学創立50周年記念の国際シンポジウム（1989年）に来日したダヴィドフ（Davydov, V. V.）氏の講演では，ペレストロイカ期のソヴィエトでも情報化への対応が図られ，思考の外化と内面化のうち，内面化のほうはあまり強調せず，コンピュータ学習で活用していく旨，述べていた（水越（編），1991）．

　その後数年たって，もう一つは，やはり大阪大学での日本教育心理学会の懇親会の席で，タルイジナ氏に会うことができたが，コンピュータの資金調達も兼ねて来日しているとのことであった．

〔理論上の検討〕

　ここでふれられている外化と内面化をめぐる問題は，理論上も重要である．この点に関して次に述べるような検討がなされた．

　図1.2.1に戻って眺めてみると，外化と内面化の過程に，定位的基礎にみられる定位の問題，また思考活動にみられる活動，知的行為にみられる行為，物質的・外的行為に含まれる操作などを目にすることができる．これらは，いずれもレオンチェフの仕事であり，今日では，その発展がめざましい活動理論の基礎をなす諸概念であること（行為の定位，活動→行為→操作という活動の階層構造）に気づくのである．あらためて「知的行為の多段階形成理論」は，ヴィゴツキーとレオンチェフに負うところが大きいことが確認される．

そこでその理論における外化と内面化をめぐる問題は，当時ソヴィエト内の研究者によっても批判された．それは言語を中心とした内面化の過程は扱うが，外化の過程，すなわち内的行為→外的行為へという内面化とは逆の過程，すなわち自主活動・創造活動などを保証すると考えられる過程が欠落していることの指摘である（メンチンスカヤ，1966）．

筆者らもスキナーのプログラム学習とこの理論とを対比して，その問題を取り上げ教育学的・倫理学的観点から，将来の問題として人間の内的思考活動まで，完全に制御・調節することを目指すような研究の方向性への危惧を述べた．このことは，いずれにしてもその教授理論に関してである．

その後，外化と内面化をめぐる問題では，外化の方向への強調がみられるようになってきた．というのは，1980年前後からのヴィゴツキー理論の見直しとその発展を図る欧米の研究において，内面化原理に対抗して，いわば外化原理に立つ主張が顕著にみられるようになってきたからである．それは一つに内面化モデルに対して，参加モデルが登場し，社会・文化的活動への参加が扱われるようになってきた．また外化による能動的な行為主体の文化（人工物）の創造の強調などにみられる（Daniels, 2001）．

この転換によって教育では，かつての教授理論，教授環境から大きく学習環境の方向が目指されてきているといえる．

さて最後になるが，「知的行為の多段階形成理論」において，ヴィゴツキー理論で最も重要な概念とされる「媒介」は，どのように用いられているのであろうか．当該理論では，その用語は見当たらないのであるが，今日の時点から探すと，次の点が見出せる．それは，行為の定位から外的行為で対象に働きかけるときに，学習者には学習アルゴリズムを示した指令カードとして「学習カード」が媒介としてさりげなく，用いられている．

b. ピアジェの発達段階説への挑戦

それに続いて，当時ピアジェ理論への挑戦も試みられた．それはダヴィドフやエリコニン（Elkonin, D. B.）によってなされた「知能のシンクロファゾトロン（加速器）計画」（1959年〜）とよばれ，モスクワの実験学校を中心に展開された．

そこでは，ヴィゴツキーの教育概念は発達に先行するものであり，そのとき教育は，最近接発達の領域に働きかけ，それを引き上げるという思想を根拠にして発展させ，子どもの知的発達を加速し，教育の可能性を追求した．

ダヴィドフらによれば，ピアジェの発達理論では，教育は発達に従属しているとみる．ジュネーブ学派のイネルデ（Inhelder, B.）が，「教授は，発達の法則に従属する」と述べている事実を指摘して，である．つまり，ピアジェ（Piaget, J.）は人間と環境との相互作用を唱えているが，もともと生物学者であったことから，生物学的色彩が強く，そのため発達の源泉を人間の内部に置く傾向がある．それに対し，ヴィゴツキーは，人間の知的発達の源泉は，人間の内部にあるのではなく，むしろ文化や歴史などを含む環境の側である外部にあるのだとする立場をとるからである．

そこでダヴィドフらは教育が発達に先行しなければならないとして，次のような実験教育プログラムを実施する．

ピアジェの知的発達段階における具体的操作期（7〜11歳）にある小学校低学年の生徒に，形式的操作段階（11〜14歳）の表現形式による知識を計画的に与えることを試み，その段階をこえて学習できるかどうかをみるのである．つまりはじめから形式的・一般的な記号の操作・変換に関することを中心に学習させるわけである．

具体的な教科としては，「数学」と「言語」が選ばれている．それらは新しい教科構成原理のもとに準備される．伝統的な教科構成原理は，機能的・経験的であるとし，それに対して新教科構成は，内容的・理論的であるとする．ここにピアジェの「具体→抽象へ」に代わり，「一般→具体へ」という教授のシーケンスが採用される．

この結果は，たとえば数学の学習では，小学校低学年の前操作段階から具体的操作の段階に入った児童が，形式的な記号表現を理解し，代数的な記号の操作・変換を縦横に行っていることなど，データ上で示されている．

しかしこの研究に対しては，国内外からの批判がなされた．ソヴィエト国内では，① 児童の生活経験からの遊離，② 教育すべきことと学習できることは別などの批判である．

またダヴィドフ氏は，「日本教育心理学会」（香川大学，1978年）での講演

で来日し,「ピアジェにこの研究を突きつけたところ,とても信じられない」とピアジェが述べたことを紹介し,それを皮切りに講演に入った.その際の日本側の研究者からの批判は,③創造的・自主的な学習に代わるアルゴリズム的・機械的学習の強化,④認知発達の偏重による情意面への影響,などである.

　筆者は当時,教育と発達との関連の問題は,研究はまだ一部についてなされているにすぎず,この結果だけから結論を導くのは,早計である旨述べた（菅井,1982）.

　ついでにふれるならば,ピアジェの発達段階説は,その後1980年代前後から,発達心理学の内部からも切り崩しがなされたのは,周知のとおりである.ダヴィドフらの仕事は,その先駆けの一つともいえようが,あまりに大胆すぎたようにも思われる.

2.2　ヴィゴツキー理論の特徴

　次に,ヴィゴツキー（Vygotsky）理論のパラダイムを科学論の観点から検討してみることにしたい.ヴィゴツキー理論の場合,その作業はかなり厄介な問題である.というのは,最近ロシアにおけるヴィゴツキーの古典理論に基づき発展させた「子どもの発達へのネオ・ヴィゴツキーアプローチ」が英訳で刊行された（Karpov, 2005）.

　そこには次の記述がある.

　　「ヴィゴツキー理論の多くが英訳されてきたのにもかかわらず,欧米の研究者は,その理論を誤読し,誤解している.ヴィゴツキーは,そのアイデアを十分に洗練しなかったことにも理由がある.もう一つの理由として,多くの欧米のヴィゴツキー理論のレビューなどにおいて,その理論を各々分離したアイデアの集合として取り扱い提示している（媒介,心理的道具,高次精神過程,最近接発達の領域,科学概念…などのようにである）.すなわち,それらのアイデアは,ヴィゴツキーの全体論的な理論の基本的構成要素として,相互に関連しあっているということを示さずに（もしくは理解することなしに）である.それゆえに,たとえばヴィゴツ

キーの最近接発達の領域の扱いにしても，媒介と心理的道具などのアイデアを考慮しないのであれば，それに賛同することはできない．そしてこのようなことは米国の教育心理学者によって発展させられた学習指導へのヴィゴツキー理論に基づくアプローチにしばしば起こっている．」

(Karpov, 2005, p12；筆者による訳)

　ここで「ヴィゴツキーの理論は，相互に関連しあって，全体をなしている」という指摘は，注目に値することである．ピアジェは多産な研究者であって，ほぼ一貫した発達理論を形成したが，その独特ともいえる文章の問題などで理解しにくい面があった．

　それに対して，ヴィゴツキー理論の場合，その理論の複雑性に加え，その理論の全体像を把握するのに困難があったからである．

　そのうち本章の目的とかかわる主要な2点を，ここでは取り上げてみることにしたい．それらはいずれも媒介の概念に関係している．

　まず最初にカーポフからの引用を読んでいただくだけでも，媒介という概念の重要性が理解されるように思われる．ところが，ヴィゴツキー死後のソヴィエトの統制時代のもとでは，媒介概念は非決定論的で好ましくないとされ，制限を受けてきたという (Daniels, 2001)．先にふれた，当時のソヴィエトが誇る教授・学習理論といわれた「知的行為の多段階形成理論」において，媒介概念が表面にでていなかったこともこれで納得される．

　次にヴィゴツキーには，まだ未公表のものが残っているようである．そのうち晩年に，人による媒介を考えていたことが近年明らかにされた．「人による媒介」がヴィゴツキー理論に含まれていなければ，理論上無理があるし，辻褄が合わない点もあっただけに，このことはきわめて重要なことである．というのは，媒介概念は，まさにヴィゴツキー理論の中心をなしており，他の重要な概念と相互に関連しあって，理論の全体を形成する源になるものであり，それに人による媒介が新しく加われば，理論全体を変えていくことは，必須のことと考えられるからである．

　さて以上を踏まえたうえで，ヴィゴツキーの古典理論のパラダイムとして，筆者は最初に次に示す「心理的道具による媒介の三角形」を検討することにしたい．

2.3 心理的道具による媒介の三角形
―ヴィゴツキーの古典理論のパラダイム―

まず最初にヴィゴツキーによって提唱された「心理的道具による媒介の三角形」は，図1.2.2 (a) のように示される (Vygotsky, 1978)．そこでは，人間の発達を研究する場合の基礎理論として，「道具とシンボル（記号）」を取り上げ，媒介のアイデアを提示している．

その議論の前提には，「人間は，動物と異なり，道具を作り，道具を使用する」および「人間は，動物と異なり，言語（シンボル）をつくり，言語（記号）を使用する」があるといえる．

そのアイデアを具体的に示すにあたって，ヴィゴツキーは，当時の行動主義のS-R理論との関連を例にとり記述している．ただしそこでは媒介のアイデアが示されるのであるが，心理的道具や高次精神機能との関係は，「心理学の危機」をはじめ，別のところでも議論されている（柴田他訳，1987）．そこでそれらも参照しながら図1.2.2を眺めていくことにしたい．

さて，行動主義のS-R学習理論では，主体-客体の関係のもとで，刺激Sが主体としての有機体に与えられるとすれば，そこに直接的な反応Rが生じるという，いわゆる単純なS-R図式を想定している．それに対してヴィゴツキーは，人間の場合，そうした自然科学的方法によって提起された，自然的な過程だけでは不十分であり，図のようにSとRの間を新たに間接的にリンクするXがあり，それによって人為的な過程がともなうことになり，このこと

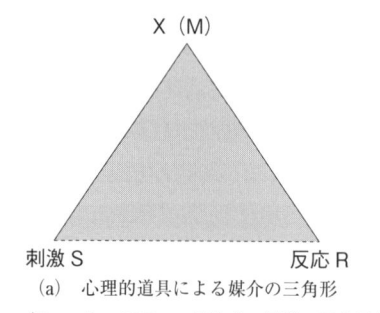

```
              X (M)
               /\
              /  \
             /    \
            /      \
           /        \
          /          \
         /_____\
     刺激S          反応R              刺激S          反応R
  (a)  心理的道具による媒介の三角形           (b)  行動主義学習理論
```
(Vygotsky, 1978；一部改変，原著の図を反転して示す)
図 1.2.2

が人間と動物を峻別する重要な特徴であるとする．

そしてそのXとして，ヴィゴツキーは記号および道具をあげ，それらが媒介（mediation：以後，Mと略す）であるとする．

かくして図1.2.2（a）に示す媒介の三角形が形成される．図1.2.2（b）の行動主義のS-R理論の図式と見比べても一段と複雑であることが一目でわかる．

それはSとRとの間に新たな関係をつくる媒介のリンクによるもので，ヴィゴツキーは，個人がそのようなリンクを確立するには能動的に携わる必要があると述べている．

そこで媒介Xが，記号の場合から考えてみよう．ヴィゴツキーがあげるその分析の例では，われわれ人間は記憶とかかわる補助的手段として能動的，人為的に「指に紐を結ぶ」という記号操作（sign operation）によってことにあたる．このことは，記憶術として文化や歴史にもみられることである．そしてこのことはまた，原理的な三角形の図において，記号は逆向きの行為という重要な性質をもっている．すなわち，それは客体である環境ではなく，主体である個人に作用すると述べる．これが媒介としての記号の機能の要点といえる．

それに対して，媒介としてのXが道具の場合はどうであろうか．この点に関して，ヴィゴツキーは人間の道具の使用もまた，記号の使用に劣らず，人間活動の全分野を媒介し，ともに原理的に新たな精神過程のレベルに導くことを論じ，道具と記号の問題を統合して，「心理的道具（psychological tools）」の概念を提出する．すなわち，記号は内部指向的であり，外部の対象を変化させず，主体に働きかけるのに対して，道具の機能は外部指向的であり，対象を変化させることに導くとする．

かくして「心理的道具」は，こうした両方の機能を併せもつことになる．そこでその心理的道具としてヴィゴツキーは次のものをあげる．「言語，数えることのためのさまざまなシステム，記憶術のテクニック，代数のシンボルシステム，芸術作品，文字，図式，図表，地図，設計図，あらゆる種類の慣習的記号」などを含む道具的側面を有するものである．

この「心理的道具」は，主体自身あるいは他者に働きかける手段であると述べられる．そのうち，心理的道具の媒介で，主体自身に働きかける例として，先にふれた「指に紐を結ぶ」という記憶術のテクニックが相当することになる

のはいうまでもない．それに対して，心理的道具の媒介で他者に働きかける例として，われわれは買い物に出かけるときなど，買う品物を記したメモ（記号）用紙を準備して，買うときにそのメモ用紙を店員に提示して用をすませる場合をあげることができよう．そのような場合，それは対人的（精神間）関係，社会・文化的関係の中にあるといえる．

こうした心理的道具の媒介によって，人間は問題の解決にあたり，一定の目的を達成する．それと同時に，人間の精神過程は，心理的道具に媒介されて，よりレベルの高い「高次精神過程」へと，文化的，歴史的，社会的に発達していくとする．

きわめて概略的に述べたが，このように「心理的道具による媒介の三角形」が示される．図 1.2.2 (a) における X は，いまや「心理的道具」と読みかえられるのである．

2.4　行動主義に対するヴィゴツキー・パラダイムの優位性

ここに確立されたヴィゴツキー理論のパラダイムは，図 1.2.2 (b) に示された行動主義学習理論のパラダイムと較べてみて優位である．というのは，行動主義の場合，そのパラダイムの研究枠組みは，S-R という「機械論」上の二項関係から成り立っているのに対し，ヴィゴツキーの場合，それの媒介項が加わる「S-X(M)-R」の三項関係から形成されていることがわかる．つまりヴィゴツキーの枠組み自体が，行動主義のそうした直線的な枠組みを包摂してしまっており，一段上のレベルにあるとみることができるし，また関係性の観点からすれば，二項関係でなく三項関係へその関係性を広げてもいる．それも今日必要とされる文化・歴史・社会などの相互の諸関係を，その三項関係からなる三角形に，いわば押し込める形でその理論構築が図られたのであり，その理論が複雑でかなり難解な特徴を示すのは当然と考えられる．

さて，ここでの「心理的道具による媒介の三角形」を示すのに用いているヴィゴツキーの原典の英訳書『社会の中の心』(Vygotsky, 1978) における「序論」で，翻訳者のコールは次のように述べている．ヴィゴツキーの理論と実験的研究法は，米国に 1930 年代に入っており，1950 年代には知られていて，と

くに言語などとかかわる複雑な研究を進めるのに，刺激 S, 反応 R という用語も同一であったことも手伝って，「S-X(媒介)-R」を行動主義の枠組みの中に誤解されて直接的に導入されたという．これは明らかに行動主義のパラダイムの末期になされた「媒介過程説」をさすのはいうまでもない．

こうした誤解ともいえる取り扱いを防ぐには，やはり科学のパラダイム的な取り扱いが必要なのである．そしてこの実例は，まさに行動主義に対するヴィゴツキー理論のパラダイムの優位性を示すものといえる．先に論じたヴィゴツキー理論に基づく「知的行為の多段階形成理論」が，スキナーのプログラム学習へ挑戦できたのは，パラダイム論上，以上の理由によると筆者は考える．

2.5 人工物による媒介の三角形
―現代の文化・歴史的アプローチのパラダイム―

次に「人工物による媒介の三角形」を眺めてみることにする．それは近年，「文化心理学」を構築する試みにおいて，米国のコールによって提示されたものである（図 1.2.3 (a)）(Cole et al. 1993)．そこではすでにみたヴィゴツキーによる「心理的道具による媒介の三角形」を，さらに発展させ一般化しているのが特徴といえる．すなわちその「人工物による媒介の三角形」は，人間の認識（認知）の基礎的構造を示すのだという．

そこで図 1.2.3 (a) において，その底辺をなす主体 S と客体（対象）の軸は，今や S-R 図式にみられる直線的な過程ではなく，主体（subject, S）と客体（object, O）の認知的相互作用の過程であるとする．そうだとすれば，生物学的諸概念を用いて，主体と客体である環境との相互作用を取り扱う中で提出されたピアジェの認知発達理論なども，まさにこの軸に沿ってなされたといえる（図 1.2.3 (b)）．

また図 1.2.3 (a) において，媒介として「人工物（artifact）」を用いているのが特色である．この人工物についての議論は，別のところでもなされている（Cole, 1996）．そこでそれらも参照しながら，また筆者の意見も少し加えながら，図 1.2.3 を考えていくことにしたい．

さてコールはヴィゴツキーも用いている「人工物」という概念を一般化し

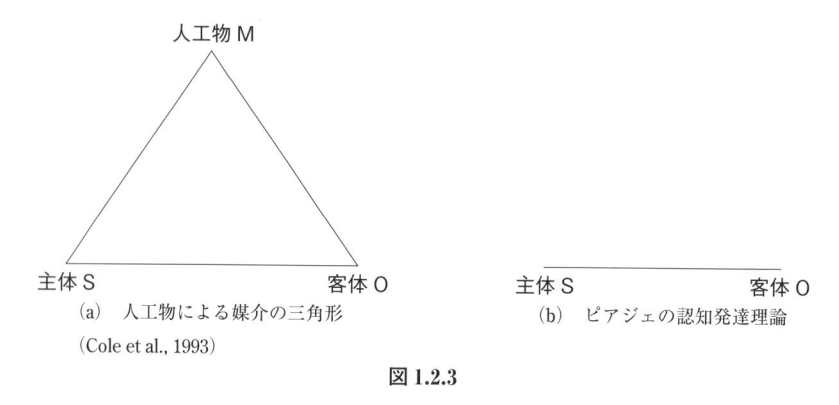

```
        人工物 M
         /\
        /  \
       /    \
      /      \
     /_____\
  主体 S      客体 O              主体 S          客体 O
 (a) 人工物による媒介の三角形      (b) ピアジェの認知発達理論
 (Cole et al., 1993)
```

図 1.2.3

て，その下位カテゴリーとして道具を位置づけることを提唱する．そして人工物は文化の基礎的な構成要素である．その人工物の例として，たとえば「道具と言語を含めて，斧，こん棒，針，筆記用具，パソコン，遠隔通信のネットワーク」などをあげている．こうした人工物は，すべて物質的であり，同時に観念的である．すなわち「人工物とは，すべて道具とシンボルの特性をもつ」とする．

そこで図1.2.3（a）において，個人である主体Sとその客体Oの環境との相互作用を人工物が媒介することになる．そしてこの認知の基礎的媒介の三角形で，その底辺にそって自然で無媒介的な過程が進行し，同時に人工物の媒介によって，文化的に媒介された過程が三角形の頂点を経て進行する．すなわち，ここに形成される「主体S-媒介（人工物）-客体O」という固有の三項関係は，人間の思考などにもみられ，それは経験の「直接的で，自然な系統発生的な」ルートと，「間接的で，文化的な」ルートという両ルートの統合によって生じ発達する．このことは，また人間の「意識」の二重性と呼ばれる思考の特殊性ともかかわるとする．

かくして人間は文化的人工物を媒介することによって，高次精神機能を発達させると同時に主体自身の目標を達成するのに，その補助手段（重要なことだが他の人々を含めて…，コールの強調）を行為に組み込み，自分自身とその環境を調整し，その目標をなしとげるのだとする．

以上，コールによる「人工物による媒介の三角形」について，きわめて概略

的に眺めてみた．そこでは「文化心理学」を体系的に構築するのにあたって，文化・歴史的な観点から「人工物による媒介の三角形」をこのように確立し，そこから論を展開するのである．

そこでその新たな三角形による提案に関して筆者は次の2点を指摘しておきたい．

まず第1に，たしかに「人工物」の概念はヴィゴツキーの提案を発展させ一般化して，理解しやすく，かつ用いやすくするのに貢献している．たとえば，本などを対象とする場合，本は人工物であり文化であり，それは道具であると同時にシンボルの特性をもつということで理解される．そこでこの人工物の下位カテゴリーとして，コールは明記していないが，① 先に論じた「心理的道具」の概念が位置づけられることが必要である．それというのも，本には挿絵，図，表，また写真，文字記号などが含まれているというように，「心理的道具」と参照して，分析していけるようにもなるからである．このように「人工物」の下位カテゴリーとして「心理的道具」を位置づければ，① の「心理的道具による媒介の三角形」と，② ここで論じた「人工物による媒介の三角形」は無縁ではなくこうした観点からも相互に関係づけられるのは，いうまでもない．

次に第2点として，文化としての人工物の媒介を中心としてコールは，その最小の基本構造，すなわちパラダイム（研究枠組み）を提示しているが，そこでは文化面は強調されているが，社会面が十分に関係づけられていない．この点を気にしてか，その論を閉じるにあたって，コールは，人工物もそれに媒介された行為も単独では存在せず，世界は人間の社会とも織り合わされているのであり，人工物による非人間的な世界への媒介と並んで，対人的な関係の媒介を含めることができなければならない旨，述べている．そこで後に眺めるが「人による媒介」を含んだコーディネータモデルを提示している．

2.6　ピアジェに対するヴィゴツキー・パラダイムの優位性

これはこれまでの発達理論の双壁といわれたピアジェ理論とヴィゴツキー理論のそれぞれのパラダイムに関する問題である．

さて，図1.2.3 (a) に示されたヴィゴツキー系理論のパラダイムは，図1.2.3 (b) に示されたピアジェ理論のパラダイムと較べて優位である．それというのも，先に論じた図1.2.2におけるヴィゴツキー理論のパラダイムと，行動主義理論のパラダイムの関係と，その構造はまさに基本的に同型であるといえるからである．

ピアジェ理論の場合，そのパラダイムは主体 (S, 子ども) と客体 (O, 環境) との相互作用 (interaction) 図式を採用している．この相互作用も関係性の観点からすれば，二項関係であるのはいうまでもない．

他方，コールによる図1.2.3 (a) のヴィゴツキー理論系においては，いまや同じ認知系の理論としてそうした相互作用の基盤の上に，媒介機能が位置づき機能する．

その点ではヴィゴツキーのパラダイムは，三項関係に立脚しており，パラダイム論上，二項関係に基づくピアジェのパラダイムよりもその研究枠組みが大きく，より上位にある．そして今日重要とされる文化，社会などの相互の諸関係をその認知の三角形で取扱い，その理論形成がなされている．

それに対してピアジェは，生物学に基礎をおき「有機体論」の立場から，能動的な主体と客体との対物的・自然的な相互作用を中心に発達を規定する態度をとり，そこから子どもの認知発達理論（発達段階説）を提出した．そこでは人間の文化や社会とのかかわりが十分に扱われていないという批判が，従来からなされてきた．

その発達段階説は，いわゆるラセン型カリキュラムや発達段階に合わせた指導などで，教育にも多大な影響を与えてきたが，その説の切り崩しの発端の一つとなったのは，まさに文化，社会の観点からである．

その例として，ピアジェの有名な「三つ山課題」がある．大小三つの山からなる模型を子どもの正面に置き，またその側面に人形をおいて，その人形から山の模型がどのように見えるかを質問し，多くの絵（または写真）から選択させると，7歳以下の子どもは自己中心的であって，自分が見ている景色を選んでしまうというものである．これに対して，ヒューズらは問題の論理的構造はまったく同じだが，それを文化的，社会的な「かくれんぼ課題」として提示してやると，4歳の子どもでもできてしまうことを，実験的に明らかにした

(Hughes & Donaldson, 1979).

　こうした一連の研究によって，ピアジェの発達段階説に大きな疑問が生ずると同時に，文化や社会性への重視など「文脈主義」的取扱いが発達研究においてみられるようになる．

　このように現代においては，ピアジェ理論を中心とする認知発達パラダイムは，かつてのヴィゴツキー理論の見直しを含む，そのパラダイムによって挑戦され，パラダイム論上ではいわば「パラダイム転換」が進んできたとみることができる．すなわち，ピアジェ理論からヴィゴツキー理論へのパラダイム転換である．

　このことはまさにピアジェ理論に対するヴィゴツキー理論のパラダイムの優位性に基づくものである．先に論じたヴィゴツキー理論を用いて，ダヴィドフらがピアジェ理論へ挑戦したのも，基本的にこの一環でなされたものと位置づけられよう．

2.7　人による媒介の三角形
―現代の社会・文化的アプローチのパラダイムへ―

　さて，それでは最後になったが，「人による媒介の三角形」を眺めてみることにする．

　その発端は，ヴィゴツキーが1932年に次のように書いていることが明らかにされたことによる．

　　「他者による媒介，大人による媒介を通して，子どもは活動にとりかかる．絶対といってよいほど子どもの行動のすべては，社会的関係の中にあり，そこに起源がある．かくして子どもの現実との諸関係は，始めから社会的関係であり，それゆえ新生児は最高度に社会的存在であるといえる．」
　　　　　　　　　　　　　　　　　　　　（Ivic, 1989；筆者による訳）

　このヴィゴツキーの「人による媒介」の考えを読んでみると，ヴィゴツキー理論でよく引用される次の命題は，これで難なく納得されるのである．

　　「子どもの文化的発達において，いかなる機能（精神過程）も，二度あるいは二つの平面で現れる．最初それは社会的平面で，それから心理的平面で現れる．最初それは人々の間に精神間カテゴリーとして，それから精

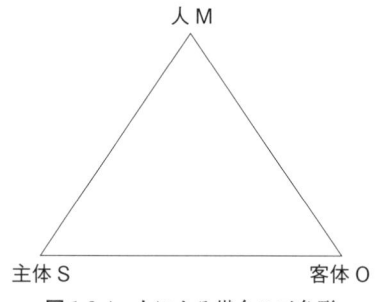

図1.2.4　人による媒介の三角形

神内のカテゴリーとして子どもの内部に現れる.」

(Karpov, 2005, p19；筆者による訳)

この命題は「文化的発達の一般的な発生論的法則」とよばれるが,「人による媒介」が入れば,きわめて素直に辻褄が合う形で理解される.

われわれが新生児として誕生したとき,そこには母,父,姉,兄などの家族構成員による社会的関係の中に,まさに最高度の社会的存在として出発し,そこから母親などをはじめとする相互の間のやりとりがなされ,やがて子ども自身の自己の発達に進むなどと考えただけでも,ヴィゴツキーのこうした見解は当然のこととして了解されることになろう.

さて,「人による媒介の三角形」は,これまでと同じように図1.2.4に示される.この図において人の媒介はどのように規定され機能するのであろうか.

これについてカーポフは,ロシアのネオ・ヴィゴツキー派としてすでに人の媒介を取り入れ,子どもの発達論を展開している(Karpov, 2005).その主要な考えは,次のように示されるであろう.

図1.2.4において,主体S（子ども）と客体O（対象ないし環境）との相互作用の過程の中に,今度は大人などの人の媒介Mが想定されることになる.

そこで「人による媒介の三角形」において,主体Sとしての子どもは,媒介者としての大人によって,「心理的道具」が与えられ,それを習得し内面化することになる.つまり,心理的道具が子どもの精神過程を媒介するのである.

これが人による媒介の基本的・原理的な考え方であるとする.たとえば,媒

介者としての大人が，言葉（言語）を用いて話しはじめるとき，それは「心理的道具」のそれに相当する言葉を子どもに与え，続いてその大人の音声スピーチを子どもは習得し内面化する．

それに対して，媒介者としての大人は子どもに本などを与えることもあろう．その場合は文化としての「人工物」が，子どもの精神過程を媒介することになる．

いずれにしても「大人による媒介」は，一般に子どもより上位にあり，すでにみてきた「心理的道具による媒介」や「人工物による媒介」を組織し与え，それらの媒介を機能的に重ね合わせるのである．これが「人による媒介」の最も基礎的な土台をなすとする．

そしてこのように大人によって媒介されて，子どもとの社会的・文化的相互作用の文脈で，子どもの精神過程は，高次精神過程へと社会的・文化的に発達していくとする．

かくして，「人による媒介の三角形」によって，現代の社会・文化的アプローチのパラダイムが提示されることになる．

なおここでの媒介の三角形にみられる，子どもと大人の関係は，最近接発達領域の最小構成であることも指摘しておきたい．

2.8 学習環境論の新たな課題とモデル

さて，ヴィゴツキー理論のパラダイムとして，「心理的道具による媒介の三角形」，「人工物による媒介の三角形」，「人による媒介の三角形」の三種類を検討してきた．それらはいずれも個人である主体が各々の媒介によって，その対象（客体）のもとでその目標の達成や一定の問題を解決したりするという行為の分析枠組み，分析単位でもある．

そこでここではそれらを援用して，そこから新たに提出されてくる学習環境論の課題とモデルを考えてみていくことにしたい．

a. 「人による媒介の三角形」と共同注意の三項関係

その作業にあたって，本章において最も目新しく重要となるのは，「人によ

る媒介の三角形」であるのはいうまでもない．そこで，すでにふれた「人による媒介の三角形」と関連して，近年めざましく台頭し，今日注目されている共同注意をめぐる研究を先にみておくことにする．

図1.2.5には，「人による媒介の三角形」における「共同注意（joint attention）」が示されている．この共同注意現象は，近年われわれ人間の発達の初期，つまり乳幼児期からの言語習得の研究などによって，その解明が進んできた．その研究のスタート期の1970年代に，視覚的な共同注意（joint visual attention）の先駆的な研究により共同注意研究を推進したブルーナーは，1995年には次のように述べるに至っている．

　　「人間の本能のどこにも，注意を向けた対象を他者と共有することの必
　　要性が述べられていないのは皮肉なことである．」（Bruner, 1995）

それは人間の本能に匹敵するといえるほど，人間の共同注意の能力は，基礎的・本質的なものであることを述べている．ちなみに，その訳書では「ジョイント・アテンション―心の起源とその発達を探る」となっており，その副題が示すとおり，最近共同注意の理論は，発達における「心の理論（theory of mind）」などとも結びつき始めていることも示唆されているように思われる．

ブルーナーはまた，そこで大人の共同注意も議論しながら，人間の共同注意の発達的移行について展望している．つまり乳幼児の頃の共同注意などからはじまり，やがて言語が確立すると共同注意がより表象性を帯び，さらに専門的な意味共同体での共有された共同注意へと移行するというようにである．そしてその共同注意は文化などを形成するのにも貢献する．このように，人間の共同注意の能力は，乳幼児，幼児，児童期ばかりでなく成人などに至るまで発達

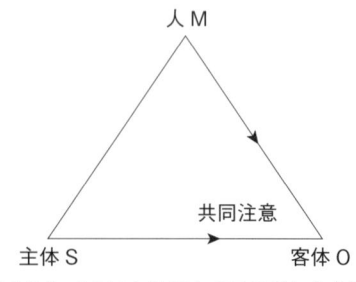

図1.2.5　「人による媒介の三角形」と共同注意

するのだという展望である．

　さてブルーナーは，ヴィゴツキー理論の影響を受けている面がみられるのであるが，欧米のヴィゴツキー理論の見直しと発展を目指す研究者らが，共同注意を扱うにあたっては，三項関係や三項図式という用語を用いている (Tomasello, 1999)．すなわち「子ども-社会的パートナー-対象」といい三項関係であり，図 1.2.5 に示されている「人による媒介の三角形」の枠組みである．

> ＊1　最近，前言語期の子どもの言語習得の研究では，ここで述べた「共同注意の三項関係」と関連して，記号論からのアプローチもなされるようになった．記号論における「指示の三角形」では，「子ども-社会的パートナー-指示対象 (referent)」という三項関係が用いられる．これは，共同注意の場合と基本的にほぼ同型の三項関係である．
>
> 　この「記号論の三項関係」では，子どもと社会的パートナーという 2 名の対話者が，指示対象をめぐって，互いに意図的な指示によりコミュニケーションを展開し，その指示対象を同定していくことになる．
>
> 　その場合，その「コミュニケーション」は，記号・表象・シンボルなどの概念群によって，記号論的に扱われる．この新たなアプローチにより，従来の記号論の取り扱いに加え，子どもの発達における表象の発生から，象徴（シンボル）の形成までを明らかにすることが目指される．
>
> 　このように，「記号論の三項関係」とも関連させることができるということは，理論上興味があることであり，また重要なことであると考えられる．

　さて，もちろんカーポフは，ロシアのネオ・ヴィゴツキー派の立場から，図 1.2.5 の「人による媒介の三角形」の中に，共同注意を位置づけている．

　この図 1.2.5 の三角形において，主体 S と媒介としての人は，客体 O に対して共同で注意をむけるのである．この主体と媒介の人の両者が，ともに客体に共同で注意をむける活動を対象中心の共同活動 (joint object centered activity) とよぶ．

　かくして「人による媒介の三角形」は，いまや人間の共同注意という基礎的・本質的な能力との関連でも取り扱われることになる．

　そこでここでは，先の基礎的な「人による媒介の三角形」と共同注意をめぐる「人による媒介の三角形」の両方に基づいて論を展開していくことにする．

b.　自然の学習環境と子ども（乳幼児期から）の発達論へ

　これまでの発達論において，子どもの自然環境での学習・発達を取り扱った

ものは，少ないように思われる．たとえば，ブロンフェンブレンナーの「人間発達の生態学」においても社会・文化的発達が対象とされ，生態学の理論といえど，自然環境での発達はほとんど見当たらない（Bronfenbrenner, 1979）．

ヴィゴツキー理論からのアプローチの検討

ヴィゴツキー理論の場合，やはり文化，歴史，社会との関連を強調することもあってか，これまで子どもの自然環境での発達は，関連の著名な研究も見当たらず，この点では不十分であったように思われる．

ただし，いまやヴィゴツキーではそれを取り込むことができる余地があると考える（菅井，2007）．そこで，次にその検討を進めてみよう．

〔人工物による媒介モデルの場合〕

それには，図 1.2.6（a）と（b）に示す媒介の三角形の客体（対象）の項を「自然世界」とすればよいからである．そうすれば子どもと自然世界との相互作用において，前者の（a）では人工物が媒介することになる．その場合，子どもの自然環境においてまずは媒介の三角形で直接的なルートが機能する．それによって，さまざまな昆虫や花などの植物で満ち溢れている自然環境の中を，子どもが自由に遊び探索活動をして，それらを「直接的に」自然観察したり，手で触れてみたり，また花の香りを嗅いでみたりすることができる．続いて，その「人工物による媒介の三角形」では，「間接的な」文化的人工物による媒介のルートが待機して機能するのである．

その際，人工物として，たとえば昆虫図鑑や植物図鑑，その関連の電子辞書をはじめ，観察用に昆虫を捕まえる網や対象を拡大してみせる虫メガネなどが考えられよう．たしかに子どもがこうした文化的人工物を媒介として用いることができれば，手では捕まえられない空中を飛んでいる昆虫を網で捕まえたり，虫メガネで詳しく実物観察しながら昆虫図鑑や電子辞書などで調べ，その絵や写真と参照して，昆虫の名称と説明を読み自然世界の理解を進めていくことができる．

だが図 1.2.6（a）の「人工物による媒介の三角形」モデルでは，子どもはいわば一人立ちして，それらの人工物を媒介として用いることができなければならないことになる．

そのためには，子どもは一定の発達水準，少なくとも児童期から学童期であ

る必要があろう．それと同時に,「人による媒介」がどうしても必要となる場面が生じるように思われる．

図鑑類を用いる場合，文字の読みの指導が先行する必要があるのはいうまでもないが，網を用いて昆虫を捕まえる場合，網の用い方や蜂を捕まえるときには注意すること，とくにスズメ蜂などは危険なので避けること，虫メガネの用い方，虫メガネで太陽を見ないこと，野外のフィールドの中で危険な場所には近づかないことなど，いずれもが「人による媒介」が必須であることを示している．

〔人による媒介モデルの場合〕

そこで次に，図 1.2.6 (b)「人による媒介の三角形」モデルに目を移してみることにする．

この図において社会的認知としての共同注意が示されている．つまり，通常子どもは大人（母親や養育者，以後母親で表記）を媒介として，母子が互いに同じ対象へ注意を向けあい，世界に対する意図的なかかわりを共有していることに両者が気づいている．そしてそうした対象中心の共同活動を展開する中で，母親と子は意図的な主体どうしとして，互いに相手の意図を理解し相互調整しあうことになる．

このような共同注意の能力は，いわゆる「9ヵ月革命」の時期に成立し，1歳すぎには一般的にみられるようになり，その種類は次のように示される (Tomasello, 1999)．

① 指さし（pointing）

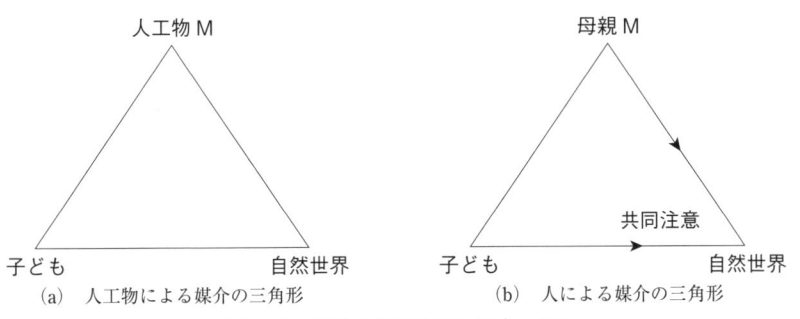

図 1.2.6 自然の学習環境と媒介モデル
(a) 人工物による媒介の三角形 （人工物 M ― 子ども ― 自然世界）
(b) 人による媒介の三角形 （母親 M ― 子ども ― 自然世界，共同注意）

② 視線追従（gaze following）
③ 共同活動（joint engagement）
④ 社会的参照（social referencing）
⑤ 模倣学習（imitating learning）
⑥ 提示（showing）

以上の6種類である．

したがって自然環境での子どもの発達はこれらが出そろった時期からであるとすれば，1歳代の前言語期からといえそうである．

その発達年齢期は，生後いわゆる「2ヵ月革命」を迎えて，母親と子どもが二者（二項）関係のもとに，お互いに見つめあい（eye to eye contact），微笑みあって過ごす時期からやがて子どもが自分の周りにある対象（客体）に関心をむけるようになる時期である．同時に子どもは母親を基地として，周囲の対象を探索活動する時期でもある．

〔共同注意による母子の共同活動の展開〕

そこで自然環境の中で，母子は自然そのもの，すなわち自然の実物，本物に共同で注意を向けあいながら，その共同注意の三項関係のもとに，それこそ対象中心の共同活動に従事することになる．

そのような場合，その共同注意のうち，最も注意すべきなのは，社会的参照であろう．美しい花や植物が咲き誇る庭園の中で，子どもは小さなアリなどが行列して素早く動きまわっているのを見つけると，その初めての見知らぬ物を前にして子どもは母親の表情を見上げ，そのときに母親の微笑反応を参照できれば安心してそれに近づいて観察して遊ぶことを続ける．それに対して，大きなクモなどが子どもに近づいてくるような場合，母親が恐怖の表情を示せばそれを参照して，子どもはそれが近づくのを避ける行動をする．このように社会的参照では，新奇なものへの自分の反応を導くために子どもは，他者である母親の情動表出などを社会的参照点として利用し，それに適合する形で新しい状況に対応する．それによって危険などを避けることができる．

もちろん子どもが，真っ赤できれいなバラの花に見入り，その手が葉や茎のトゲのほうに移動したとき，母親はとっさに「危ない！」と声を出し，思わず駆けより抱き上げることもあろう．

このように重要なのは人（母親）を媒介とする場合，共同注意の社会的参照や母親の配慮によって，子どもと母親は自然環境の中で安全に共同で遊び，学習し発達していくことができる．

　これに対して，ピアジェの発達理論ではこうした危険回避を取り扱う余地が含まれていないようである．とくにその感覚運動期（0～2歳）において，子どもは感覚・運動器官を駆使して，環境を探索して知能を発達させるといっても主体（子ども）と環境との相互作用図式では，理論上いわば子どもが一人で環境を探索することを前提とするからである．

　続いて次に注目すべきなのは，母子で対象中心の共同活動を展開する際，やがて子どもはネオ・ヴィゴツキー派によれば，「ビジネス中心（business-oriented）」のコミュニケーションをするようになるという（Karpov, 2005）．子どもはあたかも自分のビジネスや用件を中心にするかのように，しばしば対象と大人との間で自発的・能動的に注意を交互に向けたり，子ども自身の注意を，大人と対象とに活発に配分し調整して，比較的長時間のやりとりができるようになる．またその共同遊びの間には，大人に対して自発的・能動的にせきたてられない注視がみられる．

　このように子どもは自分の用件やいわばビジネスを中心として，共同活動するようになり，いつでも大人を見ているわけではなく，いつでも共同で注意を共有しているわけでなく，何かに喜んだり，驚いたり，恐れたりなどするときに，大人を見たり，対象を指さしたりすることが知られている．

　さて3番目に注目すべきなのは，自然環境の中を母子で探索するとき，先に示した共同注意が縦横に駆使されることである．

　交互に指さしし合ったり，相手の見ているところを視線追従したり，相手の働きかけを模倣学習したり，相手にものを提示したり，社会的参照したり，共同活動がなされる．そしてこれらの共同注意現象は，子どもの言語習得の研究で見出されてきたことを思い出せば，個々の共同注意が単独で機能する場合もあろうが，子どもの初期の発話をはじめ母親の言葉，音声言語がともなうことが多いといえよう．

　それによって子どもは母親との社会的関係の中で，自然環境の中で自然の事物にふれ，その関連の言語を習得することになり，自然の学習環境での子ども

の発達理論が構築されていくように思われる．すでに眺めてきたように，少なくとも今日，そうした研究を可能とするような研究の理論的枠組みと概念装置がすでに準備されていると考える．

最後に，次の二点だけを述べておきたい．

一つは，「子どもの発達理論」の観点からすれば，図1.2.6「自然の学習環境と媒介モデル」において，(b)「人による媒介の三角形」が乳幼児期を扱い，(a)「人工物による媒介の三角形」は児童期から学童期を扱うとすれば，(b)が先行し，(a)はその後に続くということになる．

このことは，先に引用したヴィゴツキーの「文化的発達の一般的な発生論的法則」における「社会的平面から心理的平面へ」に基本的に適合するといえる．そしてまた，自然環境での発達もヴィゴツキー系理論では，文化的発達の範疇に入ることになるようである．

もう一つは，「自然の学習環境における子どもの発達論」を目指すのは，その今日的意義にある．というのは，近年の環境問題にみられる自然の破壊や異常気象などへの対応は，やはり子どもの早い時期から，自然そのものに触れる教育が不可欠であると思われる．

またメディアや情報通信技術による擬似環境に囲まれた情報ネットワーク社会において，自然の本物や実物を対象とし，親子関係をはじめとする社会的関係の中で，遊び，発達することは，今日必要とされる学習環境と考えられる．

c. 学習環境とコーディネーター

ヴィゴツキー理論で「人の媒介」が入れば，学習環境論のデザインなどに必要なコーディネーターの役割を位置づけることができる．

〔コールのモデル〕

このことに関して，コールはテキスト読みの場合を取り上げ，すでに一般的な学習環境のコーディネーターモデルとよべそうなものを提示している (Cole, 1993, 1996)．

図1.2.7に示すのが，そのモデルである．ここでは3種類の媒介のシステムがあげられている．最初には，「人による媒介」がとりあげられていることに注意しよう．そのしくみなどは述べられておらず，かなり常識的なレベルでそ

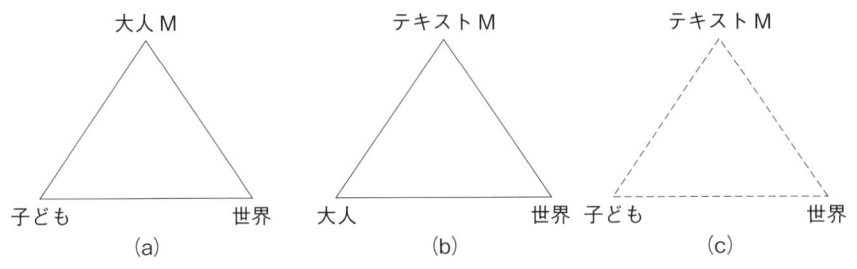

第 2 章　パラダイム論の［適用事例］　　　45

```
      大人 M              テキスト M             テキスト M
       /\                   /\                   /\
      /  \                 /  \                 /  \
     /    \               /    \               /    \
子ども─────世界      大人─────世界      子ども─────世界
     (a)                   (b)                   (c)
```

図 1.2.7　初心者がエキスパートから読むことを学習しはじめるときに存在する，コーディネートされるべき媒介の諸システム．

の機能は扱われている．

　そこで図のモデルでは，初心者である子どもの読みの学習・発達を可能とするのに，大人（エキスパート）がコーディネーターとして重要な働きをすることが示されている．

　その 3 種類の媒介のシステムの要点は，次のようになる．

(a) 「子どもは大人による媒介によって世界を知ることができる」．すなわち，子どもは大人を媒介として，世界との相互作用の経験を積んでいる．

(b) 「大人は，人工物のテキストを媒介として，世界を知ることができる」．すなわち，識字能力のある大人は，人工物であるテキストを媒介として，その相互作用の対象世界を知っている．

(c) 「子ども-テキスト-世界」の関係の形成が指導の目標となる．つまり，「子どもは自力でテキストを媒介として世界を知る」．

　ここで (a) と (b) においてはは，コーディネーターとしての大人（エキスパート）が，子どもの読みの指導を前にして，あらかじめ備えておくべき前提条件，能力などが示されている．その際，目標とすることは予見的に設定される．

　そして次に「読み」の学習指導に入るわけである．コールはもちろん示していないが，筆者はあえて図 1.2.8 を提示し注意を喚起しておきたい．

　実際の大人と子どものテキスト読みのプロセスを具体的に研究しようとすれば，通常ヴィゴツキー理論ではこの研究枠組み（モデル）で分析し解明することになろう．ただしこの指導の枠組みだけでは，大人と子どもとの共同活動に

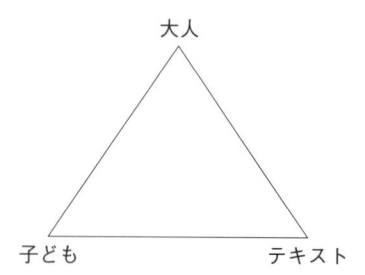

図 1.2.8　大人の媒介による子どもの読みの指導

よって，子どもの読みの習得や発達がなされる根拠と見通しは，必ずしも明らかではない．

　それに対して，コールはこうした問題に理論的・論理的に取り組んでいるといえる．それは図 1.2.9 によって示される．ここで用いられるのはやはり，ヴィゴツキーの「文化的発達の一般的な発生論的法則」である．つまり「諸機能は人々の間で共有される精神間の平面に最初に現れ，次に個人の精神内機能となる」を適用する．

　そこでこの場合，コーディネーターとしての大人（エキスパート）と子どもの相互作用の中に，成熟した読みの構造的な到達点があり，そしてそれは子どもの中に個人的な心理的機能として，また新たな活動の構造の必要条件として

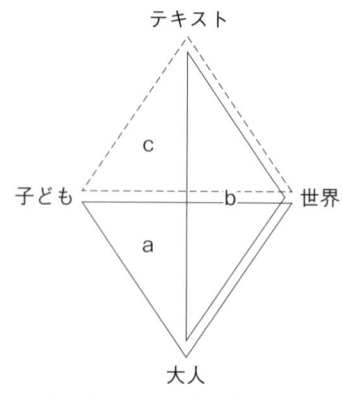

図 1.2.9　コーディネートされるべき既存の二つの媒介システム a,
　　　　　b と，形成されるべき媒介システム c からなるモデル

現れる.

　このように精神間から個人内機能への移行がなされる.
　そこで図 1.2.9 では，以上のことを図式的に提示している.
　そこではまず子どもの既存の媒介システム（図 1.2.9 の a）と目標とする将来発展されるべき媒介システム（図 1.2.9 の c）を並置する．続いて媒介システムの「精神間」の骨格構造を明らかにするために既存の大人のシステム（図 1.2.9 の b）を重ね合わせている．かくして「精神間」の媒介によって間接的にではあるが，読みの行為全体に関与するテキストを基礎にした情報と，既存の世界についての知識に基づく情報とのコーディネート（調整）をまさに可能にする二重のシステムを子どもにつくりあげることができる．こうして目標が達成される.
　これまで眺めたコールの仕事をめぐって，筆者は次の2点を述べておきたい.
　第1点は，ここで提案されたモデルは，フォダーによって「発達のパラドックス」（Fodar, 1983）と名づけられた，発達理論上の重要な課題へのコールによる一つの解決策として示されたものなのである.
　かつてピアジェとチョムスキーが「言語と学習」のテーマのもとに，シンポジウムで論争した折，チョムスキー側に立ったフォダーは，ピアジェ理論の学習や発達とかかわる「認知構造が，いかにして不十分な構造からより強力な構造を獲得させうることが可能なのか」，という疑問を提示し批判したことにその課題の起源がある（Piattelli-Palmarini, 1980）．その長年にわたるアポリア（難問）に対して，従来のヴィゴツキー理論に加え，コーディネーターとしての大人（エキスパート）という「人による媒介」が入れば，解決可能であることを理論上のモデルで明らかにした研究であると位置づけられる.
　第2点として，ここでのコールのモデルは，かくして学習環境におけるコーディネーターとしての大人（エキスパート）の役割の重要性を示している.
　このコーディネータ・モデルは，社会的関係としてグループを対象とするものではなく，コーディネータと子どもという二者関係，最小単位を扱うもので基本的である.
　ここでは，読みの指導を目的にして，人工物としては，テキストを媒介とす

る例で論じられているが，もちろん他の人工物の場合へと一般化できるであろう．

　たとえば，テレビ・メディアを人工物として幼児にテレビ視聴させるとき，いわばテレビに「お守り」させるようなやり方で，幼児一人で視聴させるのは，言語習得上も問題で，避けるべきであることが，研究者などによっても声高に叫ばれてきた経緯がある．やはり，視聴能力などのある大人が適切に寄り添って，共同して視聴することが不可欠であることを，ここでのコーディネータの理論モデルは，あらためて支持しているといえる．この問題への今後の対処として，幼児と大人のテレビ視聴を対象とする共同注意と言語習得に関する詳細な研究がなされる必要があるように思われる．それによって，コーディネータとしての大人の対応の方法が明らかにされ，それは幼児番組のよりよい作成にも貢献するであろう．

　さらに，それらの人工物は，情報技術のパソコンや情報通信技術のインターネットなどの場合にも発展させうる．

　そのような場合，コーディネータである大人（エキスパート）は，情報化の世界についての知識内容と，情報技術や情報通信技術の活用能力やスキルなどを身につけ，その適切な指導方法によって，学習者と人工物の媒介とのコーディネート（調整）をすることになる．すなわち，その学習環境においては，最初にコーディネータである「人による媒介」の社会的な過程が先行し，やがて「人工物による媒介」の過程へと進み，学習者は一人立ちして，それらの人工物（情報技術や情報通信技術）を活用できるようになり，学習にも役立てられるようになる．

　以上，眺めてみたように，ある人工物の媒介から別の人工物への媒介へと移るときには，コーディネータなどの「人による媒介」が新たに必要で，それによって行動の質的な再構成がなされ，発達が成し遂げられていくことになる．このように新しい方法で媒介することを，コールは「再媒介（remediation）」の概念で提案している（Cole, 1996）．

　学習環境のデザイン論において，この「再媒介」の概念は重要な原理であると位置づけられる．とりわけ「人による媒介」に基づく再媒介は重視されるべきであろう．

2.9 ま と め

最後に，本章のまとめを簡単にしてみよう．

本章では，ヴィゴツキー理論をめぐって，パラダイムとルート・メタファの重ね合わせから論じ，それらの特徴を明らかにする試みを行った．

そこで，表 1.2.1 の一覧表を参照しながら，その確認をしてみたい．

まず，この表を順に眺めていくことにすれば，次のようになろう．

表 1.2.1 ヴィゴツキー理論をめぐるパラダイムとルート・メタファの一覧表

	パラダイム	ルート・メタファ
①	**ヴィゴツキーの古典理論のパラダイム**	文脈主義
	（心理的道具による媒介の三角形）	
	道具と記号を統合，基礎的・原理的	文化・歴史・社会の文脈
	（パラダイムの特徴→三項関係）	
②	**現代-文化・歴史的アプローチのパラダイム**	文化・歴史の文脈
	（人工物による媒介の三角形）	
	すべて道具とシンボルの特性を有する，一般化・発展	
	（パラダイムの特徴→三項関係）	
③	**現代-社会・文化的アプローチのパラダイム**	社会・文化の文脈
	（人による媒介の三角形）	
	「文化的発達の一般的な発生論的法則」	
	「社会的平面→個人的平面へ」に関連	
	（パラダイムの特徴→三項関係）	
④	**ピアジェのパラダイム**	有機体論
	主体・客体の相互作用	
	（パラダイムの特徴→二項関係）	
⑤	**行動主義のパラダイム**	機械論
	刺激・反応の結合	
	（パラダイムの特徴→二項関係）	

（1） 最初に，ヴィゴツキーの古典理論のパラダイムとして，ヴィゴツキー自身による（心理的道具による媒介の三角形）を取り上げ，論じた．それは，道具と記号を心理的道具として統合して扱うというアイデアからなり，そうした媒介による三角形の提示は，基礎的，原理的である．ここにみられる媒介の三角形は，ヴィゴツキー理論のパラダイムが，その後，三項関係から成り立つことを，最初に示したものといえる．

また，この心理的道具の媒介によって，人間は一定の目的を達成すると同時に，文化的，歴史的，社会的な文脈のもとに，発達していくのだとするわけで，ここにルート・メタファ論上の文脈主義と関連がつく．ここにそのパラダイムとルート・メタファの重ね合わせがみられることになる．ここで示された研究の枠組みは，近年でもネオ・ヴィゴツキー派によって，基本的に用いられているといえよう．

（2） 続いて，近年のヴィゴツキー理論の見直しと発展を目指す研究から登場した，現代のパラダイムに目を移す．まずは文化・歴史的アプローチのパラダイムとして，（人工物による媒介の三角形，―コールによる）を取り上げ，論じた．ここでは，先の「心理的道具による媒介の三角形」の考えを，さらに一般化し，発展させている．文化の基礎をなす人工物とは，すべて物質的であり，同時に観念的である，すなわち「人工物とは，すべて道具とシンボルの特性をもつ」としてである．しかも，ここで示される人工物の媒介は，先の心理的道具による媒介の場合，行動主義の刺激－反応の結合や連合の関係との比肩から導かれているのに対し，現代の認知心理学にみられる主体と客体の認知的相互作用の過程との関係で，機能するとされる．つまり，人工物による媒介の三角形やそのパラダイムは，かつての行動主義のレベルから，今日の認知心理学のレベルにシフトさせているのである．これによって，ヴィゴツキー理論は，一段と理解しやすくなると同時に，これまで認知発達心理学の双璧とされてきたピアジェ理論とも，対比するのが容易になったといえよう．

さて，人工物による媒介のパラダイムに基づく，文化・歴史的アプローチでは，その名称のとおり，文化・歴史の文脈が取り扱われるのは，いうまでもない．この点に関し，コールは，ルート・メタファ論（ペパーによる）の文脈主義の検討からはじめ，ともに織り込むものとしての文脈から，取り囲むものと

しての文脈を提出している．とくに，取り囲むものとしての文脈は，特定の出来事に関する全体を含む状況を，生態学的な同心円構造で示されるもので，この入れ子式・文脈アプローチによって，そのパラダイムのもとに，人間生態学的な取り扱いを取り込んでいる．

最近ではこのように，かつてのヴィゴツキー理論を，昨今必要とされる分野へとさらに発展させる積極的な努力がなされている．

（3）　それでは，最後になったが，現代におけるもう一つのパラダイム，社会・文化的アプローチのパラダイムとして，（人による媒介の三角形）を取り上げ，論じた．ここでは，とりわけ，近年見出された人による媒介という重要な概念を，社会・文化的アプローチのパラダイムにしっかりと据えたわけである．

それによって，対人的・社会的な関係が重視されることになり，社会・文化的アプローチにおいて，社会・文化の文脈が十全に機能することになろう．

というのは，ヴィゴツキーの命題，人間の文化的発達の一般的な発生論的法則にみられる通り，人間の発達は，最初は社会的平面から進み，やがて個人的平面の方向に進み，並行して文化的発達がなされることになるからである．

以上，現代におけるヴィゴツキーのパラダイムとして，②の文化・歴史的アプローチのパラダイムと，③の社会・文化的アプローチのパラダイムという二つがあることを示し，眺めてきた．そして，本章でも論じてきたように，なんらかの学習環境を考える場合，両者がともに必要といえる．とくに，近年盛んになってきた，乳幼児期からの母親や養育者との共同注意による言語習得の研究などにおいても，人による媒介に基づく社会・文化的アプローチがとりわけ重要となるのは，いうまでもないであろう．

ここで，表1.2.1に戻ることにすれば，ヴィゴツキー理論をめぐるパラダイムとルート・メタファの議論との関係で，対比的にふれた，④ピアジェのパラダイム（主体・客体の相互作用）とそのルート・メタファ（有機体論），および，⑤行動主義のパラダイム（刺激・反応の結合）とルート・メタファ（機械論）を，一応整理して，一覧できるようにしてある．それらについては，本文中にもふれており，また『現代心理学［理論］事典』I部1章にも詳しく論

じているので，それらを参照していただければ幸いである． 〔菅井勝雄〕

文　　献

Bronfenbrenner, U. (1979). *The ecology of human development.* Harvard University Press.
Bruner, J. S. (1995). Joint attention : Its origin of mind. In Moore, C., & Dunham, P. J. *Joint attention : Its origins and role in development.* Lawrence Erlbaum Associates.（大神英裕（訳）(1999). ジョイント・アテンション――心の起源とその発達を探る　ナカニシヤ出版）
Cole, M. (1993). A Cultural-historical approach to distributed cognition. In Salomon, G (ed), *Distributed cognitions.* Cambridge University Press.
Cole, M. (1996). *Cultural psychology : A once and future discipline.* Harvard University Press.（天野　清（訳）(2002). 文化心理学――発達・認知・活動への文化・歴史的アプローチ　新曜社）
Daniels, H., (2001). *Vygotsky and pedagogy.* Routledge Falmer.（山住勝広・比留間太白（訳）(2006). ヴィゴツキーと教育学　関西大学出版会）
Fodar, J. (1983). *Modularity of mind.* MIT Press.
Hughes, M., & Donaldson, M. (1979). The use of hiding games for studying the coordination of viewpoints. *Educational Review,* **31**, 133-140.
Ivic, I, (1989). Profile of educators : Lev. S. Vygotsky (1896-1934). Prospects, XIX (3) 245-258.
Karpov, Y. V. (2005). *The Neo-Vygotskian approach to child development.* Cambridge University press.
Kuhn, T. S. (1962). *The structure of scientific revolutions.* University of Chicago Press.（中山茂（訳）(1971). 科学革命の構造　みすず書房）
メンチンスカヤ，H. A.（著）天野清（訳）(1966)．教授・学習と精神発達，ソヴィエト心理学，**27**．
水越敏行（編）(1991)．ニューメディア，コミュニケーションそして教育（ニューメディア関連国際シンポジウム）　日本放送教育協会
Pepper, S. C. (1942). *World hypotheses : A study in evidence.* University of California Press.
Piattelli-Palmarini, M. (ed), (1980). *Language and learning : The debate between Jean Piaget and Noam Chomsky.* Cambridge, MA : Harvard University Press.
菅井勝雄 (1982). シーケンシング　東　洋（編）教育心理学講座 ①　教育の心理学的基礎　朝倉書店　pp.147-167.
菅井勝雄 (2007). 子どもの自然環境における学習・発達論にむけて―ヴィゴツキー理論の新展開　帝京平成フォーラム（特集子ども），**4**, 9-14.
菅井勝雄・東　洋 (1977). プログラム学習　東　洋・春日　喬・大村彰道・菅井勝雄・木村捨雄（共著）情報科学講座　教育のプログラム　共立出版
菅井勝雄・中島義明 (2001). 科学的理論――科学のメタファ論からみた現代心理学　中島義明（編）現代心理学 [理論] 事典　朝倉書店　pp.2-36.
Tomasello, M. (1999). *The cultural origin of human cognition.* Harvard University Press.
Vygotsky, L. S. (1978). *The mind in society : The development of higher psychological processes.*

Harvard University Press.
ヴィゴツキー, L. S.（著）柴田義松・森岡修一・藤本卓（訳）．(1987)．心理学の危機（ヴィゴツキー著作選集）　明治図書出版
ヴィゴツキー, L. S.（著）柴田義松（監訳）(2005)．文化的――歴史的精神発達の理論　学文社

第3章

数理科学的理論の［適用事例］

3.1 心理学への科学的アプローチ

a. 計量心理学と数理心理学

　近代科学の各分野では，その発展の程度が「数理的に厳格な体系の確立の程度」で量られることがある．物理学でいえば，ティコ・ブラーエ（Tycho Brahe）のデータからケプラー（Kepler, J.）が天体運動の数理的な経験法則を発見し，さらにニュートン（Newton）が古典力学の基本法則を自らが開発した解析学を用いて理論展開したことが，「成功した科学」のイメージとして多くの人々の念頭にあろう．これに追従するように，他の自然科学の分野のみならず，人文社会科学の分野でも数理的理論体系化が当該の学問の目標としてとらえられた時期もあった．それが妥当であったかは甚だ疑義がある．しかし，そのような流れの中で，「心は主観的な現象であるから科学的には取り扱うことなどできない」，つまり「心理学は科学ではない」という言明に対して，多くの研究者が，厳密に統制された実験や観測のデータを統計学的にも厳密に解析し，集積された知見を数理科学的に体系化することにより，科学的心理学が可能であることを実証してきたといえる．

　しかしながら，心理学一般における数学の利用は必ずしも統一的な思想やパラダイムの下になされているわけではなく，それぞれの場合にそれぞれの目的で使用されていて，数理モデルの意義や位置づけも多様である．

　心理学における数理科学的理論は，統計学を応用した「計量心理学」と数学

的モデル構成を行う「数理心理学」に分類できよう．前者は19世紀後半に欧州で登場した精神物理学の伝統があり，後者は米国において20世紀前半から学習理論の展開とともに数学理論やモデルの構成として登場し，やがて他の領域にも発展が見られ，この数十年ではコンピュータ・サイエンスと心理学の融合した「認知科学」への発展にもつながった．

b. 計量心理学と数理心理学の歴史的発展

「心理学の歴史は長く，そして短い」とは，実験心理学者エヴィングハウス（Ebbinghause, H.）の言葉である．心に関する研究は西洋では遅くともギリシア時代から続いているが，一方，近代科学的な心理学は19世紀の後半，フェヒナー（Fechner, G. T.）の精神物理学や，ヴント（Wundt, W. M.）の実験心理学の開始から考えても，それほど長い歴史があるわけではないという意味である．

この西洋流科学観は，産業革命以降の科学技術の偏重と密接に結びついていて，それは学問としては古典物理学や化学の分析的方法論の成功と結びついている．その是非はともかく，心理学の現代科学としての成功は，物理学や化学をモデルとしての，体系化へ求められるようになった．

その流れの中で，成功しうる心理学の分野は，まず精神物理学や周辺（生理心理学，官能検査，等々）のテーマであったろう．1860年頃，物理学者フェヒナーが，心理と物理の世界の対応関係を探求する学問として精神物理学を唱え，それが受け入れられるようになったことは，こういった世界の流れと無関係ではない．精神物理学の対象とする現象は，比較的厳密な統制条件の下で定式化しやすいものであり，一定の成功を見たのである．この流れは，計量心理学の展開へつながっていった．

20世紀初頭，スピアマン（Spearman, C. E.）が統計的解析により知能因子の研究を展開しはじめ，1935年には米国でPsychometric Societyが設立され，学術雑誌"Psychometrika"が創刊された．当初の精神物理学的実験データの統計解析の流れから，「計量心理学」とは心理学実験によって得られた実証データの統計解析や，そのための統計的モデリングであるというイメージを造った．

20世紀前半，米国では，「心」は科学的に観測可能ではないので，心理学を科学の一分野とするためには，対象を観測可能な「行動」にすべきであるという行動主義が台頭し，多民族社会の米国の複雑な状況や第2次世界大戦時の戦時プロジェクトとも絡み，とくに実験心理学によるデータ収集に基づく動物や人間の学習理論が発展を見た．この学習プロセスが定式化され，数理心理学的モデルとよばれるものに結びついた．同時期にコンピュータ・サイエンスの出現と急速な発展があり，これと融合する形で認知科学が誕生した．また，戦中から戦後，冷戦時の戦略研究と結びついたORや意思決定論が，ゲーム理論として発展することもあった．

そういった社会情勢，世界情勢と結びついたさまざまな展開がある一方で，その間に数理心理学者たちの手により厳格な測定理論が確立されていく．科学の一分野という立場が常に疑義をもたれかねない心理学にあっては，なによりもまず，「科学的測定」とは何かという問題に対して定義や方法論が確立されなければならなかった．そして，その後のさまざまな成功と失敗の経験を経て，今日の数理心理学の姿に至るのである．

分野としての数理心理学の登場は，1963年のルース（Luce, R. D.）らによる"Handbook of Mathematical Psychology Vol. I"の出版，1964年の"Journal of Mathematical Psychology"の創刊の頃である．現代心理学の初期の頃にも，ヘルムホルツ（Helmholtz, 1887）の感覚研究，サーストン（Thurstone, 1930）の学習研究など，例外的に統計学ではなく数理モデルを扱う業績もあったが，学習，記憶，概念形成などの心理過程を確率過程で表現する理論モデルが登場して，この流れが数理心理学の誕生へ結びついた．

統計学では現実のデータに対して理論（モデル）の適合，または乖離が問題とされる．しかし，数理心理学の数理モデルでは考え方がかなり異なる．心理学にあっては，どんな理論やモデルでもある条件下でデータに適合しても，多少の条件変化でまったく適合しなくなることを示すのは，それほど難しくはあるまい．初期の数理モデルはハル（Hull, C. L.）の学習理論のモデルで象徴されるように，条件をより複雑にするたびに，適当なパラメータを追加し，モデル自体を複雑化し，結局は，さまざまな事象は説明できるが，将来の予測にはあまり役に立たないものとなってしまった．

この初期の失敗を反省し，数理心理学は，心理現象や過程の特定の重要な側面に着目し，それをできるだけ単純化したモデルを「基準」として現実と比較し，現実の理解を深めることを目的とする．したがって，データへの数式当てはめのための統計モデルとは，かなり異なる．「比較基準」となる「ものさし（モデル）」は，単純なほうがよいのである．数理心理学におけるモデルとは，禅でいうところの「月をさす指」であり，そのとき，「月」という現実，本質を見ずして，その指ばかりを云々する愚は避けるべきなのである．

本章のテーマであるメタ理論やグランド・セオリーを論じるために，ここでは計量心理学と数理心理学における事例に言及しよう．なお，さまざまな意味で筆者の主観やバイアスにご留意願い，読者の方々はあくまでもこれを参考にして，ご自身の科学哲学を育てていただきたい．

3.2 公理的測定理論—グランドセオリーとして—

a. 歴史的背景—現代の測定理論のはじまり—

現代的測定論の基礎研究は，物理学者ヘルムホルツやヘルダー（Hölder）にはじまると考えられる．彼らの研究は，1930年代頃に心理学における測定の問題，すなわち，「人間の感覚も物理学的測定のように安定して測定できるのか」，あるいは，「そもそも人間の感覚の測定という概念が科学的に意味をもつのか」という論争につながり，スティーヴンス（Stevens, 1946）が測定の表現理論を発展させる先駆となった（吉野, 1989）．

その後，スコットら（Scott & Suppes, 1958）は，心理学の発展にともなって現れた「測定の表現理論」を定式化し，ファンツグル（Pfanzagl, 1968）はこの分野の新しい動向を示した．こうした研究が，やがて数理心理学者により，「抽象的測定論」あるいは「公理的測定論」とよばれる分野を発展させる流れを創造していったのである．

クランツら（Krantz et al., 1972）の著作"Foundations of Measurement"第1巻には，1960年代後半までのこの分野の多くの業績がまとめられていて，この分野の結晶とでもよぶべき画期的なものである．その続編（Suppes et al., 1989 ; Luce et al., 1990）も，時を経て出版された．ナレン（Narens, 1985）や

Falmagne (1985) も, この分野の重要な著作である. 基礎的解説は, "Handbook of Mathematical Psychology" (Luce, Bush & Galanter, 1963) 第1章や, "Mathematical Psychology" (Coombs, Daws & Tversky, 1970) 第2, 3章にもある.

この公理的測定論の一つの中心的役割を果たすのが, 科学的に意味のありうる測定量とそうではない測定量を区別する「有意味性 (meaningfulness)」という概念であるが, ナレン (Narens, 2002) は, この理論をさまざまな角度から展開している.

ここでは, 数理心理学の観点から, 現代の公理的測定論を一つのグランド・セオリーとして位置づけ, その一側面を具体例とともに概説しよう.

1) 尺度の表現理論:「数値的表現」の「存在定理」と「一意性定理」

現代の測定理論は, 19世紀末頃のヘルムホルツとヘルダーの研究にはじまるといわれる. 彼らは, 物理的属性の測定法について研究した. 彼らの測定論は, 重さにせよ, 長さにせよ, すべての基本的な物理的属性の測定は, 「測定対象に数値を対応させる共通の方法」に基づいていると考えることにより展開された. この共通の方法は, 拡張的測定論 (extensive measurement; 以下, E-測定と略す) とよばれた (詳細は, 吉野 (1989) 参照).

測定論をめぐる議論の発展は, 1932年には "British Association of the Advancement of Science" において, 測定の問題についての特別委員会の設置をもたらした (Stevens, 1946). 1932年に, この特別委員会は, 数学・物理学部門と心理学部門を代表して, 感覚の定量的測定の可能性について考察し, 報告する任務が課せられた. すなわち, 「一体, 物理学における測定のように, 人間の感覚を測ることができるのか?」という問題に回答することであった.

この委員会は7年間にわたり議論を重ねたが, 審議は混沌として, ことに「測定」という言葉の意味について議論が分かれた. 1940年の最終報告によると, この委員会は, 論争の共通基盤として具体的に, 感覚尺度の問題を考察するために聴覚を取り上げ, これが聴覚のソーン尺度 (sone scale) の構成につながった. しかしながら, ここに至っても, この委員会の議論は再び同じ道を逡巡するだけであった. 一つの大きな問題は, 「二つの刺激の感覚強度を加え合わすことの意味が明確にされない限り, 刺激と感覚の間のいかなる定量的法

則も無意味である」ということであった．

2) スティーヴンスの尺度

このような議論に動機づけられて，1946年，心理学者スティーヴンスは，その後，測定論に大きな影響を与えることになる見解を学術誌"Science"に発表した．その見解とは，実践上「測定」は，次の2項目より成立しているというものである．

① 測定対象全体に適正に数値を対応させる規則（ruler, ものさし）の集合の特定
② そのような規則と規則の間の関係の明確化

スティーヴンスは，上記①のような「規則（ものさし）の集合」を尺度（scale）とよんだ．ここで十分な注意が必要なのは，「適正な数値表現を与える規則の集合」が，①によりその存在定理が証明され，②により一意性定理が証明されたもとで，「尺度」とよばれるのであって，個々の数値表現を与える規則（ruler, ものさし）は尺度の表現または代表（a representation）となることである．したがって，たとえばキロ・グラム単位系は，それ自体が尺度なのではなく，重さの尺度の「一つの表現」または重さの尺度を代表しているものなのであって，その背景には，比例定数倍で互いに変換できる他の重さの表現のすべての集合（通常用いられているポンド単位系などに限らず，たとえばキロ・グラム単位系に正の比例定数倍で得られるすべての単位系の集合）があると考えるのである．この点を誤解すると，一見問題のないような測定や統計分析において誤謬やパラドックスを生じることもある．

結局，スティーヴンスは「科学的に意味のある測定とは何か」という問題を，「測定対象に適正に数値を対応させる規則の集合」，つまり「尺度」とは何かという問題に還元したといえる．前述のE-測定論の利点の一つは，測定対象物に数値を対応させる手続きがE-測定の定義によって直接に与えられる（構成的である）ことである．しかしながら，理論的視点からは，測定が構成的であるか否かという問題よりも，「尺度の構造」を特定することのほうが重要である．

尺度構造は，次のように特定できる．
$$X^* = \langle X, \geq, o \rangle$$

を前記の E-測定の構造とし,

$$N = \langle Re^+, \geqq, + \rangle$$

を X を表現する正の実数の集合 Re^+ の構造とする.尺度 S は,測定対象 X から,それを表現する数値構造 N への対応の集合として,次の条件を満たす.

(1) 尺度 S の各要素 ψ は,X より N への準同型写像である.つまり,任意の測定対象物 x と y に対して,$\psi(x \circ y) = \psi(x) + \psi(y)$ が成り立つ(これは,刺激の和 $x \circ y$ には,各刺激 x と y の各々に対応する数値の和が対応することを意味する).

(2) 尺度 S は,少なくとも一つの要素をもつ(これは,自明な場合を除くための方便である).

(3) 尺度 S の任意の二つの要素 ψ_1 と ψ_2 は,正の定数倍によって等しくできる.つまり,ある正の実数 r によって $\psi_1 = r\psi_2$ とできる(これは,単位量の調整で尺度の各要素は互いに変換できることを意味する).

(4) 尺度 S の任意の要素 ψ を正の定数で乗じた $r\psi$ は,S の要素となっている.

(この条件 (3) と (4) により尺度 S の各要素は,正の定数倍による変換によって同一となるものに限り,これら全体が一つの尺度構造をもつ.これは,現在「比例尺度」とよばれているものを特性づけている.)

　この定義が重要である点は,構成的な E-測定が可能ではない場合においても尺度の定義が可能であることである.この定義によって表される考えは,1950 年代後半以降,測定理論家に広く深い支持を得て,「測定における表現理論」とよばれている.また,前述のように,ある測定対象が尺度をもちうることを示す理論を「尺度の存在定理」といい,尺度の要素が複数存在する場合,各要素がどのような変換により,一方から他方に移されるかを示す理論を「尺度の一意性定理」という.端的に述べると,スティーヴンス流の測定の基礎とは,個々の実証的研究において,まず測定対象の尺度の存在定理と一意性定理を保証する公理系を構成することである.

3) 尺度の種類

　さて尺度の一般的特性が明らかにされると,次の問題は「尺度の種類」を分類することである.スティーヴンス (Stevens, 1946) は,尺度を測定対象全体

に数値を適性に対応させる規則の集合と考えたが,「そのような適正な規則とは何か」という問題については,必ずしも明確にせず,これは実践上の個々の研究対象に依存する問題と考えたようである.しかし,個々の状況で一旦,測定手続きが定まると,それに対応する尺度は,次の四つの種類のいずれかになると考えた.すなわち,「名義尺度」「順序尺度」「間隔尺度」「比例尺度」である(後に,さらに「絶対尺度」や「対数間隔尺度」が加えられた).これらの公理論的定義は,ナレン(Narens, 1985)や吉野・千野・山岸(2007)などを参照.

ここで十分な注意が必要なのは,「尺度の種類」は測定の対象にのみ依存するのではなく,むしろ「測定の手続き」に依存するということである.たとえば,温度の計測において,摂氏や華氏を用いれば間隔尺度で測定していることになるが,熱力学におけるケルヴィン度のように,物理的に最低温度として可能な「絶対零度」を 0K とし,かつ等分の目盛りをもつ温度計は比例尺度を与える.これは,「測定」というものが,「測定者」と「測定対象」,さらに「測定表現法」の相互規定によって得られるという深い認識論の一端を示している(吉野(2001)における「データの科学」の説明参照).

以上のように,スティーヴンスは上記の 4 種類の尺度を明示したが,これは科学の諸分野に登場した尺度を半経験的にまとめあげたもので,これらのみが理論的に可能な尺度であるのか,その他にも尺度がありうるのかに関しては明らかにしていない.この問題に対する解答は,ナレン(Narens, 1981a, b)やアルパー(Alper, 1987)らの研究が与えた.

現実には,「尺度」という言葉が scale ではなく,ある scale の代表としての数値表現(ruler,ものさし)と,エンジニア的な意味で,その場その場に応じて考案された指標(index)などと混同されてる場合も多いようであるが,ここで扱っているのは公理的測定論の立場からの尺度であることに注意する.

また,心理学的評定の 5 点,あるいは 7 点尺度などで,「5 点評定尺度での結果と 7 点評定尺度の結果がほぼ矛盾がない」ケースが報告され,あたかもどちらの尺度を用いてもよいかの議論がされることがある.しかし,これは,公理的尺度論での「尺度変換のもとでの不変性」と,データ解析上の「統計量の頑健性(robustness)」とを混同している議論であって,両者は明確に区別さ

れるべきである．

b. 科学的法則について─公理的尺度論からみた可能な法則─

本節では，公理的測定論のその後の発展のきっかけとなったルース（Luce, 1959）の仕事について，簡潔に説明を与えよう．

数理心理学における公理的測定論でスティーヴンスは，その初期から大きな貢献をしてきた．1957 年に "Psychological Review" 誌に発表されたスティーヴンスの 'On the psychophysical laws' という論文で，彼は精神物理学法則についての考察をまとめている．彼の理論によると，物理的属性（例：光の物理的強さ）x と対応する心理的属性（例：光の主観的明るさ）y の間には，$y=kx^b$ の形のべき乗法則が成立する．ここで，k は定数，べきの指数 b は実験から定まる定数である．

スティーヴンスは，クロス・モダル・マッチングとよばれる実験パラダイムを展開し，さまざまな感覚のモダリティの対（例：光の主観的明るさと音の主観的強さ）に対して，べき乗関数のべき指数を求め，その整合性を示したのであった．スティーヴンスの理論は，いわば半理論，半経験的な理論であった．

このスティーヴンスの仕事に続き，科学的な定量的法則における独立変数 x（物理量）と従属変数 y（心理量）の尺度の種類に関する考察が，ルース（Luce, 1959）によって，"Psychological Review" 誌に 'On the possible psychophysical laws' というタイトルで発表された．

いま，x と y の間に $y=f(x)$ という関数関係が成立しているとする．ここで，f は一対一の連続関数であるとする．ルースは，「科学的法則を考えるうえで合理的と思われる二つの原理」を考えた．

> **原理1**（実証理論と測定理論の一貫性）：「独立変数の許容される変換」は，実証理論を通して，「従属変数の許容される変換」のみを導く．
> **原理2**（実証理論の不変性）：許容される変換の中の独立変数が従属変数に及ぼす効果を現す「パラメターの数値」は別として，実証理論の数学的構造は「従属変数の許容された変換」とは独立となるべきである．

ルースは，これらの原理のもとで，独立変数と従属変数のそれぞれがどのよ

表 1.3.1 独立変数と従属変数の尺度の種類に応じた「可能な関数の形」

尺度の種類		可能な関数の形	備考
独立変数	従属変数		
比例	比例	$f(x) = ax^b$	b/x ; b/f
比例	間隔	$f(x) = a\log x + b$	a/x
		$f(x) = ax^b + c$	b/x ; b/f ; c/x
比例	対数間隔	$f(x) = c\exp(ax^b)$	a/f ; b/x ; b/f
		$f(x) = ax^b + c$	b/x ; b/f ; c/x
間隔	比例	不可能	
間隔	間隔	$f(x) = ax + b$	b/x
間隔	対数間隔	$f(x) = a\exp(bx)$	a/x ; b/f
対数間隔	比例	不可能	
対数間隔	間隔	$f(x) = a\log x + b$	a/x
対数間隔	対数間隔	$f(x) = ax^b$	b/x ; b/f

（表中，備考の b/x などの記号は，b が x の単位のとり方に依存しないことを表す．）

うな尺度の種類（順序，間隔，比例尺度）の組み合わせで測定されるかを場合分けし，各場合において「可能な法則の形」を数学的に特定した（表1.3.1）．たとえば独立変数と従属変数の両方が，比例尺度で測定されると考えられるときは，可能な法則の形は $y = kx^b$ べき乗関数に限られることを証明した（k は定数）．これは，先のスティーヴンスのべき乗法則を数学的に正当化したことになる．

しかし，このルースの結果は，多くの議論，批判をよんだ．そもそも科学的法則の形が，データを収集する以前に限定されているなどということがありうるのか？

その後，ルースは先述の「二つの原理」は強すぎる制限であることを認め，もはや原理とは考えてはいない．しかし，議論の中で「許容される（尺度）変換のもとでの不変性」，すなわち有意味性（meaningfulness）という概念の重要性については強調した．さらにその後，30年以上にわたる成果を再考し，別の形でべき乗法則を合理化する案を提出している（Luce, 1990）．しかし，いずれにせよ，当時提出されたルースの仕事が，その後の公理的測定論の発展

へつながったことは確かであろう．

　吉野（Yoshino, 1989a）は，このルースの仕事の延長上に力学系理論の「構造安定性」という概念を適用し，"The Journal of Mathematical Psychology" に発表した 'On the possible and stable psychophysical laws' の中で，「可能で，かつ安定して観測されうる法則の形」を特定し，スティーヴンスのべき乗法則でべき指数が特定の値域（0.3 から 3.5 程度）に限られているという，長年，実験心理学者には知られていたが理由は不明であった知見を，数学的に正当化した．さらに，吉野（Yoshino, 1989b）は，「安定性の度合い（degree of stability）」という概念を導入し，種々の法則を考察することを提案している．これは，ナレン（Narens, 2002）が，有意味性の理論の展開の中で，法則に課せられる数学的条件の強弱と「法則らしさの度合い（degree of lawfulness）」を考察していることからのアナロジーであった．

　ここではその後の展開の詳細は省くが，ルース（Luce, 1996, 1997）や，ナレン（Narens, 2002）の研究が参考になろう．数学的な理論では，フェヒナーの法則とスティーヴンスの法則を情報処理理論から止揚する研究を示したノルヴィック（Norwich, 1993）の理論の成果も興味深い．さらに，鷲尾・元田（2000）は有意味性の理論を人工知能研究に結びつけ，「法則発見手法」を試行している．具体的な尺度の発展に関するレビューについては，印東（1995）および，池田（1997）を参考にしていただきたい．また，尺度の技術的な発展の歴史については，高田（1970）が詳しい．

　将来の展望として，公理的測定理論を数理的な法則，モデルの形で，実験心理学へと結びつける仕事にも期待がある．しかし，公理的測定論をなんらかの形で直接の実践的応用へ結びつけることは，たとえ可能としても，これからも長い道のりがありそうである．それでもなお，公理的測定論が単に審美的であるだけにとどまらず，具体的に実践に貢献できるように発展されることを望みたい．そのためにも，次のギリシア時代の哲人プロタゴラス（Protagoras）の言葉をもう一度かみしめてみる必要があるのかもしれない．

　　　　　　　"人間は，万物の尺度なり．"

3.3 数理心理学と計量心理学の融合したモデル構成の事例
―計量的文明論のための superculture モデル―

a. 文化多様体解析（CULMAN）

ここでは，数理心理学の体系（公理体系）と計量心理学の手法（テストの項目反応理論の応用）を融合させた理論・モデル構成の事例として，計量文明論のための「superculture モデル」を説明しよう．このモデルは，1953 年以来，半世紀以上に及ぶ統計数理研究所の「日本人の国民性」調査と，1971 年以来の「意識の国際比較」調査研究から生まれたものである（歴史的背景は吉野（1994, 2001）や Yoshino（1992a），吉野・林・山岡（2010）などの文献を参照せよ）．

人々の意識調査において国際比較しようとする際，そもそも「国際比較可能性」が大きな課題となる．いきなりまったく地理的にも文化的にも離れた国々や社会集団の意識を比較しようとしても，異なる言語での「同じ」質問項目の調査を保障する点において疑義が生じ，場合によっては解析や解釈において誤解が生じる危惧がある．その点に鑑み，文化・歴史・人種や民族などの重要な属性において，ある程度の共通性が想定される国々や集団間の比較をはじめとして，徐々にその比較の連鎖を拡大し，やがてはグローバルな比較も可能となろう．

筆者たちは，このような考えを展開し，さらに「比較の連鎖」を，① 時系列的連鎖，② 空間的連鎖，③ 項目の連鎖という次元を考慮し，多様な項目に関して時系列的分析かつ国際比較を目指すという，「連鎖的比較の方法論」，さらに「文化多様体解析（Cultural Manifold Analysis：CULMAN）」というパラダイムを発展させてきた（Yoshino & Hayashi, 2002；吉野，2005；吉野・林・山岡，2010）．

ここでは，尺度の時間的安定性，国際比較でのさまざまな非標本誤差をともなう条件の下での安定した回答パターン解析法など，「適度に敏感で，かつ適度に鈍感な」尺度項目の設計とデータ解析法が求められ，その知見が蓄積されて社会で共有されていくことが肝要となる．

そして，このデータ解析では，次のような多重な意味での人文社会科学にお

ける「相補性原理（principles of complementarity）」が示唆される．
1) 理論と実践の相補性：データ収集の実践方法と理論は，相互補完し，正当化する．
2) 比較すべき国々や社会集団の範囲における相補性：広範囲を浅くカバーするか，狭い範囲を深く掘り下げるか．
3) 調査テーマの範囲における相補性：焦点を当てたテーマを深く分析するか，多様な側面を概括的に調査・解析するか．
4) 統計尺度や指標における相補性：1次元尺度構成か多次元データ解析か（Yoshino & Khor, 1995 参考）．

等々．

この研究の中で，「林の数量化 III 類」と「superculture モデル」というパターン解析法がしばしば用いられる．ここでは，メタ理論の側面とデータ解析の側面をもつ後者について，適用事例を含めて概説しよう（詳細は，吉野（1994, 2001）参照）．

b. superculture モデルの簡略な説明

superculture モデルを国際比較に適用する際に，取り扱うデータは，（大学入試センター試験のような）多肢選択式の質問項目群の各選択肢に対応する，複数の国民（社会集団）の回答比率の数値から得られる．詳細な比率の数値は不要で，各国民の代表的な回答が特定されていれば十分である．たとえば，データをモデルに適合させるために，各質問において各国の最多数が選んだ回答カテゴリー（モード）をその国の代表回答とみなし，これをモデルのためのデータとする．本来は，回答比率の詳細な数値が得られているわけだから，このデータの簡略化はかなりの情報損失に見えるかもしれないが，superculture モデルは各国の対ごとの回答の一致率に着目することによって，分析に有効な情報を抽出するのに成功している（Batchelder & Romney, 1988）．

このモデルの適用状況は，以下の三つの公理を満たすと想定される．

公理1．（共通性）　各質問項目 k において，superculture には固定された，唯一つの選択回答（対象となる国々の共通性を代表する考えられる回答）Z_k が対応する．（全質問数を M として，$k=1, 2, ..., M$.）

公理 2.（局所独立性） 各国の superculture に対する一致率（公理 3 のパラメターD_i）を固定したとき，各質問に対する回答は，質問項目ごとに独立である．すなわち，国の総数を N として，i 国の質問 k に対する回答の選択肢を X_{ik} ($i=1, 2, ..., N ; k=1, 2, ..., M$) とすると

$$\Pr[(X_{ik})_{N \times M} = (x_{ik})_{N \times M} \mid (Z_k)_{1 \times M} = (z_k)_{1 \times M}]$$
$$= \Pi_i \; \Pi_k \; Pr[X_{ik} = x_{ik} \mid Z_k = z_k]$$

公理 3.（質問項目の一様性：選択肢にバイアスのない場合） 各質問項目 k における回答の選択肢の数を S_k とする．このとき，質問項目に対する各国の回答は次式を満たす．

$$\Pr[X_{ik} = s \mid Z_k = z_k] = \begin{cases} D_i + (1 - D_i)/S_k & z_k = s \text{ の場合} \\ (1 - D_i)/S_k & \text{上記以外の場合} \end{cases}$$

ここで，D_i は各国 i の superculture に対する一致率を表し，$0.0 < D_i < 1.0$ である．

公理 1 はモデル適用のための前提で，対象とするすべての国に共通する superculture（あるいは平均イメージ）なるものを想定するのが妥当ではない場合は，このモデルを用いるべきではない．

公理 2 については，潜在構造分析や項目反応理論のなかで長年の議論が続いてきた．一つの結論としては，この種のパターン分析が潜在変数間の依存関係を調べることを目的としているゆえに，それらの変数を固定した場合の項目反応の独立性を仮定する必要があるということである．つまり，この局所的独立性は非現実的であるが，この種のパターン分析に必要な仮定である（Langeheine & Rost, 1988, p.2 を参照）．

公理 3 の意味は，テスト理論のアナロジーを用いるとわかりやすい．つまり，回答者が「正答」を答える確率は，問題の答がわかっている確率と，「正答」を当て推量で得る確率の和である．また，「正答」以外の回答をする確率は，問題の答がわからなくてでたらめに選択肢を選ぶ確率である．ここで，選択肢にバイアスがないことを仮定している．国際比較データの場合は，superculture の代表する回答がテストの場合の「正答」に対応し，各国の superculture に対する一致率のパラメータ D_i が，テストの問題の「正答」がわかっている確率に対応する（これらの公理を拡張したモデルについては Batchelder & Romney (1989) や Yoshino (1992b) を参照）．

回答データ $\{X_{ik}\}$ からパラメータ $\{D_i\}$ と $\{Z_k\}$ を推定するには，各国の対ごとの回答のマッチング率（国の i と j が同じ回答をした数の全質問数に対する比）$\{M_{ij}\}$ を利用する．結果だけ述べると，A を項目における選択肢数の逆数の平均値として，

$$M_{ij}^* = (M_{ij} - A)/(1 - A)$$

と定義すると，M_{ij}^* の期待値と D_i などの関係から

$$D_i^2 = E(M_{ij}^*) E(M_{ik}^*) / E(M_{jk}^*)$$

となるので，右辺の $E(M_{ij}^*)$ などを対応する観測値で置換して D_i の推定値を求めればよい．

上の方法はマッチング法とよばれ，推定バイアスがあまりない（Batchelder & Romney, 1989）．

$\{Z_k\}$ については公理3やベイズの定理などを用いて，各質問において各選択肢 s （ $= 1, 2, ..., S_k$）のうち

$$\Pr[Z_k = s \mid (X_{ik})_{N \times M}]$$
$$= \frac{\Pr[(X_{ik}) \mid Z_k = s] \Pr[Z_k = s]}{\sum_s \{\Pr[(X_{ik}) \mid Z_k = s] \Pr[Z_k = s]\}}$$

を最大にするものを Z_k の推定値として求められる．

測度 $\{D_i\}$ は superculture に対する一致率を表すが，二つの国どうしの関係は直接には表していない．各国の対の関係を表しているのは，マッチング率 $\{M_{ij}\}$ である．これらの変数を利用し，superculture と各国の関係，および各国間の関係を次のように表現する．

まず，3次元のXYZ座標平面で考えよう．X軸上の単位ベクトル $(1, 0, 0)$ で，superculture を固定して表示する．各国 i はベクトル (X_i, Y_i, Z_i) で表す．ここで，各国の superculture への一致率をベクトルの第一成分で表し，$X_i = D_i$ とする．さらに，各 Y_i と Z_i を適当に選ぶことによって，二つの国 i と j の回答のマッチング率 M_{ij} が表されるようにする．これには，M_{ij} が二つのベクトル (X_i, Y_i, Z_i) と (X_j, Y_j, Z_j) との間の角度の余弦で表される．つまり，二つの国の回答がすべての質問に対してまったく一致すれば，対応するベクトルは重なり，まったく異なれば，対応するベクトルは直交する．一致率が大きくなるにつれて，ベクトル間の角度は小さくなり，数式では次のようになる．

$$M_{ij} = (X_i X_j + Y_i Y_j + Z_i Z_j) / \{(X_i^2 + Y_i^2 + Z_i^2)(X_j^2 + Y_j^2 + Z_j^2)\}^{1/2}$$

以上の考えを，高次元へ拡張するのは難しくないが，実用上は3,4次元で十分であろう．

c. superculture モデルにおける分析事例

1) 「意識の国際比較」

次に，統計数理研究所を中心とした研究グループにより，1987年から1993年にかけて，日，米，英，西独，仏，イタリア，オランダにおいて遂行された国際比較調査の結果を用いて，これらの国の人々の意識様式を概観してみる．

質問は，「日本人の国民性」（水野ほか，1992）の意識調査に用いられてきた質問や，ドイツのALLBUS，フランスのCREDOCやアメリカのGSSなどの諸外国の著名な調査に用いられた質問を参考にして，各国民の生活全般にわたって比較するのが有意味であると思われる約100項目が選ばれた．

概略的に，① 生活状態，② 家庭や家族や家系，③ 仕事に関する考え，④ 価値観，⑤ 人生に対する考えや社会に対する態度，⑥ 政治，⑦ 男女の役割，⑧ 子供の教育，⑨ 自然と人間の社会，科学技術の進歩と人々の暮らし，⑩ 宗教，等々のトピックが含まれている．

supercultureモデルを適用すると，各国の相互関係は図1.3.1のように表される．

概括すると，まず英国が一番，7ヵ国の平均イメージ（superculture）に近い．米・英と伊・仏と独・蘭の各クラスターと，それから離れた日本の位置づけが見られる．われわれの経験では，一般意識調査では多少項目を入れ換えても同様のパターンが見られることが多い．日本は人間関係や人生観でドイツに近い傾向がある一方で，科学技術観などでかなり異なる（Yoshino, 1992a）．ここでは，これ以上深く議論しないが，イングルハート（Inglehart, 1977）の脱工業化社会とポスト・マテリアリズムとの関連研究のように，世界の発展と絡めて論じることができれば，より意義深くなるであろう．

この研究は，現在も文化の連鎖的比較の環を拡げつつ進められているところである．

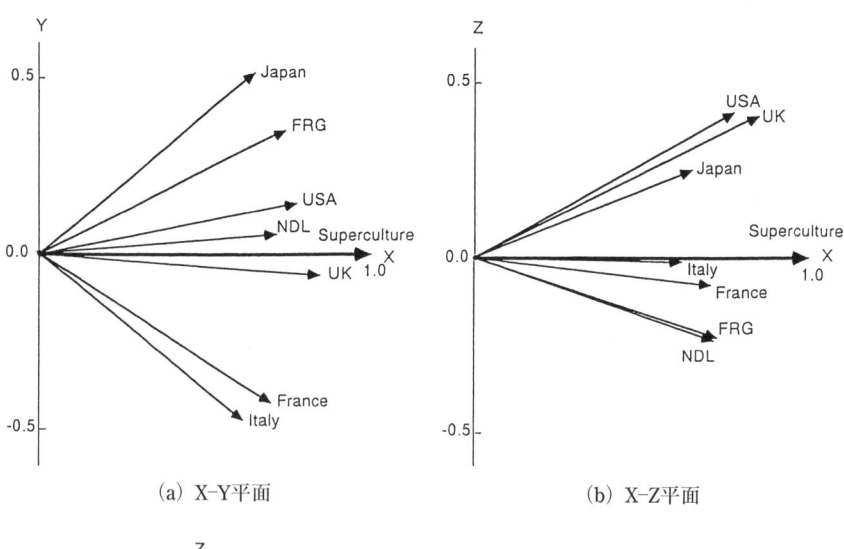

(a) X–Y平面

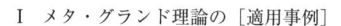

(b) X–Z平面

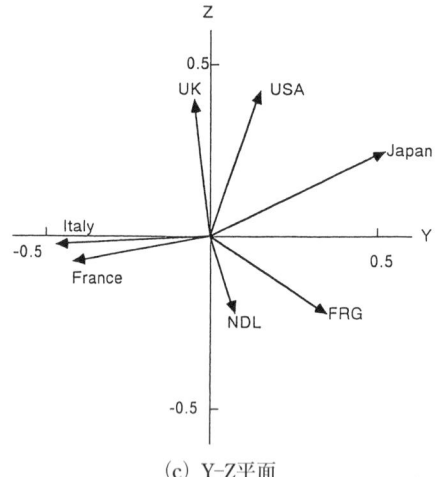

(c) Y–Z平面

図 1.3.1　一般的意識の日米欧7ヵ国国際比較（吉野，2001）
superculture モデルの適用により，英米，伊仏，独蘭，日本のクラスターに分かれる．地理的関係にもほぼ対応している．日本はドイツとは，社会的価値観などで類似な一方で，科学技術観などではかなり異なる．

2）バイリンガルの回答者による言語比較調査：偽造データの検出

　社会調査による国際比較の大きな問題点の一つは，質問の翻訳にある．一つの言語で表された質問文を他の言語に訳すとき，単純な逐語訳は必ずしも「同じ意味」の質問とはならない．各々の社会には，異なる歴史や文化が背景にあり，一方の社会で自然な質問が，他方の社会では，不自然に聞こえる場合もあ

る．通常は，当該の国々の言語に精通した複数のバイリンガルが独立に翻訳した文を比較検討したり，バック・トランスレーション（あるバイリンガルが翻訳した質問文を，別のバイリンガルが再び翻訳仕返し，これをもとの文と比較検討）を必要に応じ幾度もくり返し，一応，同じと想定される調査票を作成する．しかし，得られたデータの分析は，単純な数値の大小比較ではかたづけられず，特別の配慮が必要である．

　ここでは，同一質問を異なる言語で表現した場合の回答の影響を研究する目的で遂行された，アラビア語と英語のバイリンガル比較調査の分析結果に触れよう．

　この分析のために，米国やヨルダン，エジプトにおけるアラブ人のバイリンガルの学生を用いた一連の調査が行われた（黒田，1989）．しかし，この調査の中で，われわれが初めて直面することになったのは，「海外で他機関の収集した調査データの信憑性」の問題であった．この調査の最初のデータは，われわれのグループがUCLAのアラブ系の研究者に依頼し，当地のアラブ人留学生のバイリンガル・グループを対象とし，スプリット・ハーフ方式でアラビア語と英語による同一質問に回答してもらった結果である（と想定されていた）．

　当方ではアラブに関する知識は乏しいために，当初は，そのデータをありのままに受け入れる他なかった．しかし，他所において遂行された同様のバイリンガル比較調査データが収集され，最初のデータが種々の条件の差を考慮に入れても，かなり他とは逸脱したものではないかという疑惑が生じ，結局，偽造が判明したのであった．

　これらのデータにsupercultureモデルを適用してみると，図1.3.2のように，一目瞭然に偽造データ（図中の1と2）が他のデータとは著しくかけ離れているのがわかる．

　しかも，元の数値データ（単純集計）のみからは，必ずしも明瞭ではなかった英・アラビア語質問文による回答パターンの差もきれいにグループ分けされている（図3.2 (c)）．興味深いのは，偽造データも英・アラビア語のグループの分類に従っている傾向である．これは，偽造の際にも言語の影響が出たということなのか？

　偽造データを除いて，これらのデータとハワイにおける日・英語調査デー

(a) X–Y平面

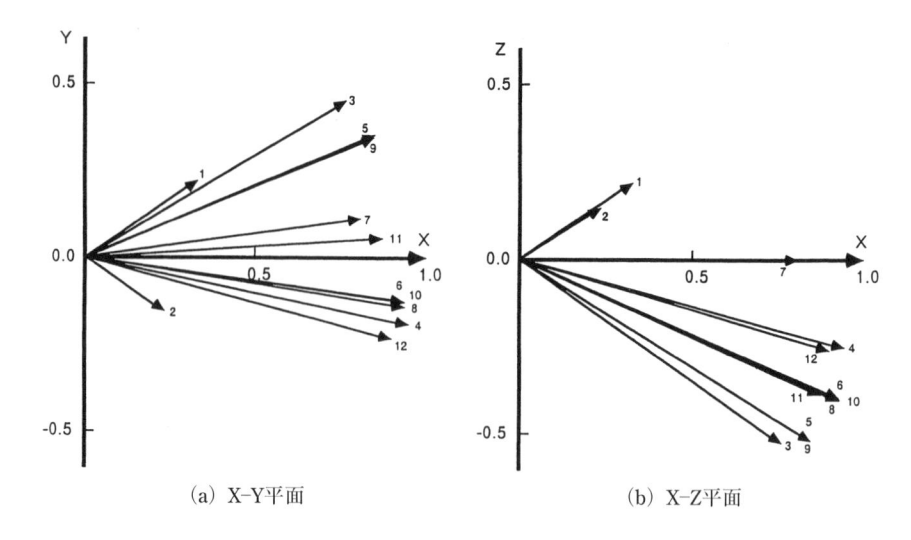

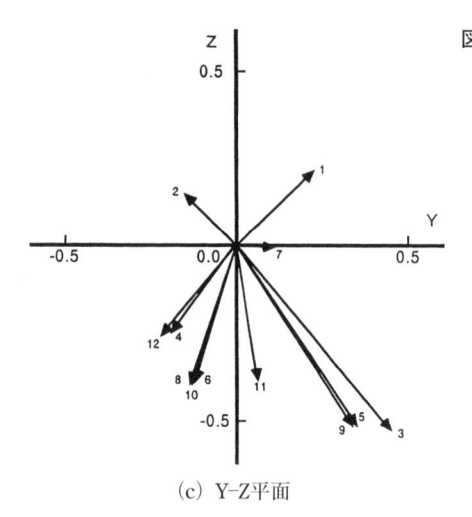

(b) X–Z平面

(c) Y–Z平面

図1.3.2 アラビア語・英語のバイリンガル比較調査のVA表示（吉野，2001）
表中偶数はアラビア語質問解答者のグループ，奇数は英語質問回答者のグループで1と2，3と4，…11と12が各々同一地点での調査の一対になっている．調査地点は1と2，3と4がアメリカ，5と6がアンマン，7と8，11と12がカイロ，9と10がヨルダンである．各地のアラブ人学生によるアラビア語・英語による同一質問に対する回答のパターンをVA表示すると，英語群はY軸成分が正，アラビア語群は負として，明瞭に分離されている．データ偽造の疑義がある1と2が他とは際立ってかけ離れているのがわかる．しかし，しれらのデータにおいても英語・アラビア語の区別が他の調査データに従っているらしいのは興味深い．

を含めた分析結果を簡潔に総括すると，以下のとおりであった．

　日本語と英語に比較して，アラビア語は中間的回答を避け，両極端の意見に走る傾向があることが判明した．日本語のもつ曖昧性というよりも，日本語でものを考えると考え方そのものが曖昧になるということもわかった．しかし，アラビア語と英語の相違は英語と日本語の差よりも少なく，また，回答者の国

籍よりも，用いる言語の影響のほうが重要であることもわかった．日本語の拘束力として，国籍や人種を問わず，日本語で話す人間を曖昧化し，大賛成や大反対というような極端な意見を避け，アラビア語と反対に抑制力をもつのがわかった．英語はその点アラビア語のほうに似ており，日本語との差は大きい．

〔吉野諒三〕

文　献

Alper, T. M. (1987). A classification of all order-preserving homeomorphism groups of the reals that satisfy finite uniqueness. *Journal of Mathematical Psychology*, **31**, 135-154.

Batchelder, W. H., & Romney, K. (1988). Test theory without an answer key. *Psychometrika*, **53**, 71-92.

Batchelder, W. H., & Romney, K. (1989). New results in test theory without an answer key. In Roskan, E, (ed.), *Advances in Mathematical Psychology*. Vol. II. Springer Verlag.

Coombs, C. H., Daws, R. M., & Tversky, A. (1970). *Mathematical psychology : An elementary introduction*. Englewood Cliffs, NJ : Prentice-Hall.

Eysenck, H., & Wilson, G. (1975). *Know your own personality*. London : Temple Smith.

Falmagne, J-C. (1985). *Elements of psychophysics*. Oxford : Oxford University Press.

林知己夫・鈴木達三・吉野諒三・三宅一郎・佐々木正道・村上征勝・林文・釜野さおり．(1998)．国民性7ヶ国比較　出光書店

Helmholtz, H. V. (1887). *Zahlen and Messen, erkennthis-theoretish betrachet. Philosophische Aufsatze Eduard Zeller gewidmet*. Engelmann, Leipzig, Germany. (Translated by C. L. Bryan, (1930). *Counting and Mesuring*. Princeton, Nj.: Van Nostrand.)

池田　央(1997)．心理・教育の理論と技術はいかに発展してきたか　応用社会学研究，**39**, 15-35．

Inglehart, R. (1977). *The silent revolution : Changing values and political styles among western publics*. Princeton University Press. (吉野諒三（訳）(2003)．国民性論　出光書店)

Inkeles, A. (1996). *National character*. New Brunswick, USA : Transaction Publishers.

印東太郎(1995)．尺度化の意義　行動計量学，**22**, (2), 135-154．

Krantz, D. H. Luce, R. D., Suppes, P., & Tversky, A. (1971). *Foundations of Measurement. Vol. I : Additive and polynomial representations*. New York : Academic Press.

黒田安昌(1989)．母国語の拘束と国際相互理解――アラブ大学生の現地調査　トヨタ財団1989年度研究助成研究報告書．

Langeheine, R., & Rost, J. (Eds.). (1988). *Latent trait and latent class models*. New York : Plenum Press.

Luce, R. D. (1959). On the possible psychophysical laws. *Psyhological Review*, **66**, 81-95.

Luce, R. D. (1990). "On the possible psychophysical laws" revisited : Remarks on cross-modal matching. *Psychological Review*, **97**, 66-77.

Luce, R. D. (1996). The ongoing dialog between empirical science and measurement theory. *Journal of Mathematical Psychology*, **40**, 78-98.

Luce, R. D. (1997). Several unresolved conceptual problems of mathematical psychology. *Journal of Mathematical Psychology*, 41, 79-87.

Luce, R. D., Bush, R. R., & Galanter, E. (1963). *Handbook of mathematical psychology*. Vols.1-3. New York & London : John Wiley & Sons.

Luce, R. D., Krantz, D. H., Suppes, P., & Tversky, A. (1990). *Foundations of measurement. Vol. III : Representation, axiomatization, and invariance*. New York : Academic Press.

水野欽司・鈴木達三・坂元慶行・村上征勝・中村隆・吉野諒三・林知己夫・西平重喜・林文 (1992). 第5日本人の国民性——戦後昭和期総集編 出光書店

Narens, L. (1981a). A general theory of ratio-scalability with remarks about the measurement theoretic concept of meaningfulness. *Theory and Decision*, 13, 1-70.

Narens, L. (1981b). On the scales of measurement. *Journal of Mathematical Psychology*, 24, 249-275.

Narens, L. (1985). *Abstract measurement theory*. Boston : The MIT Press.

Narens, L. (2002). *Theories of meaningfulness*. NJ : Lawrence Erlbaum Associates, Publishers.

Norwich, K. H. (1993). *Information, sensation, and perception*. NY : Academic Press, Inc.

Pfanzagl, J. (1968). *Theory of measurement*. New York : John Wiley & Sons.

Scott, D. & Suppes, P. (1958). Foundational aspects of theories of measurement. *Journal of Symbolic Logic*, 23, 113-309.

Stevens, S. S. (1946). On the theory of scales of measurement. *Science*, 103-677-680.

Stevens, S. S. (1957). On the psychophysical laws. *Psychological Review*, 64, 153-181.

Suppes, P., Krantz, D. H., Luce, R. D., & Tversky, A. (1989). *Foundations of Measurement, Volume II*. New York : Academic Press.

高田誠二 (1970). 単位の進化 講談社ブルーバックス

Thurstone, L. L. (1930). The learning function. *Journal of gen. Psychol.*, 3, 469-493.

鷲尾 隆・元田 浩 (2000). スケールタイプ制約に基づく科学的法則式の発見 人工知能学会誌. 15 (4). 681-692 (テクニカル・ペーパー)

吉野諒三 (1989). 公理的測定論の歴史と展望 心理学評論. 132 (2). 119-135.

Yoshino, R. (1989a). On the possible and stable psychophysical laws. *Journal of Mathematical Psychology*, 33 (1), 68-90.

Yoshino, R. (1989b). On the degree of stability of psychophysical laws. *Behaviormetrika*, 25, 49-63.

Yoshino, R. (1992a). Superculture as a frame of reference for cross-national comparisons of national character. *Behaviormetrika*, 19 (1), 23-41.

Yoshino, R. (1992b). The BIGHT model and its application to the analysis of free-answer responses in social survey. *Behaviormetrika*, 19 (2), 83-96.

吉野諒三 (1994). 国民性意識の国際比較調査研究——統計数理研究所による社会調査研究の時間・空間的拡大 統計数理. 42, 259-276.

吉野諒三 (2001). データの科学4 心を測る——個と集団の意識の科学 朝倉書店

Yoshino, R., & Hayashi, C. (2002). An overview of cultural link analysis of national character. *Behaviormetrika*, 29 (2), 125-142.

吉野諒三 (2005). 東アジア価値観国際比較調査——文化多様体 (CULMAN) に基づく計量的文明論構築に向けて 行動計量学. 32 (2), 133-146.

Yoshino, R., & Khor, D. (1995). Complementary scaling for cross-national analyses of national character. *Behaviormetrika*, **22** (2), 155-184.
吉野諒三・千野直仁・山岸侯彦（2007）．心理学の世界 専門編 16 数理心理学―心理表現の論理と実際 培風館
吉野諒三・林 文・山岡和枝（2010）．行動計量の科学 5 国際比較データの解析―意識調査の実践と活用 朝倉書店

第4章

社会構成主義的理論（グループ・ダイナミックス）の［適用事例］

4.1 理論の概要と本章の構成

a. グループ・ダイナミックスの理論

　グループ・ダイナミックスの研究対象は，集合体（一群の人々とその物的・制度的環境の総体）の動き，すなわち，集合流である．また，グループ・ダイナミックスは，現場の当事者と研究者の協同的実践を通じて，現場をベターメント（改善・改革）する人間科学である．人間科学とは，自然科学に対する，もう一つの科学である．自然科学が論理実証主義をメタ理論とする諸科学であるのに対し，人間科学は社会構成主義をメタ理論とする諸科学である．

　集合流には二つの面がある．一つは観察可能な面であり，これを集合的行動とよぶ．もう一つは，直接的には観察できない面であり，規範・雰囲気がこれにあたる．いうまでもなく，集合的行動と規範・雰囲気は表裏一体の関係にある．

　グループ・ダイナミックスの理論には，大別して2種類ある．第1は，意思決定（decision-making）のための理論である．現場をベターメントするには，現場の現状・過去・将来を把握しなければならない．そのためには，観察可能な面，すなわち，集合的行動を十分把握することが必要であり，そのためにはどうしたらよいかを示してくれる理論が必要だ．いいかえれば，観るべきことを観るには，どのように観たらよいのかを教えてくれる理論である．

　第2は，現在までのことについて「腑に落ちる」（sense-making, センスメ

第4章 社会構成主義的理論（グループ・ダイナミックス）の［適用事例］　77

ーキング）ための理論である．過去から現在までの協同的実践について，「自分たちがやってきたことは，そういうことだったのか」と，過去形で腑に落ちるのに役立つ理論だ．そのためには，自分たちが無自覚のうちに自明視してきた規範や雰囲気を自覚化することが必要である．そこでは，集合流の観察できない面の理論，すなわち，規範・雰囲気に関する理論が重要になる．

　以上，2種類の理論に加えて，当事者と研究者の協同的実践のあり方を自省する理論，すなわち，方法論も必要である．具体的には，

① ユニバーサル（普遍的）な事実を探求する自然科学に対して，人間科学におけるローカル（局所的）な協同的実践はいかにあるべきか．

② 価値中立的な研究スタンスをとる自然科学に対して，なんらかの価値を担う協同的実践を旨とする人間科学は，価値の問題をいかにとらえておくべきか．

③ アプリオリな外在的事実を否定する社会構成主義に立脚する場合，客観的事実であるか否かもわからない事態において協同的実践を行うことなど可能なのだろうか．客観的事実であるか否かも決定不能な事態に対しては，傍観者を装うか，あるいは，ニヒリズムを決め込むしかないのではないか．もし社会構成主義が傍観かニヒリズムしかもたらさないとしたら，百害あって一利なし．では，どう考えたらよいのか．

　それに対する回答は，協同的実践を1次モードと2次モードという二つのモードの交替運動としてとらえるという研究スタンスだ．1次モードとは，素朴実在論的に，眼前の事実をそのまま事実として受け入れ，協同的実践を遂行するモードである．重要なことは，1次モードの協同的実践は，必ず，「気づかざる前提」に立っているということだ．「気づかざる前提」に立脚しない協同的実践など不可能である．その「気づかざる前提」に過去形で気づくモード，それが2次モードである．2次モードは，蓋然的にしか訪れない．

　では，1次モードを深化させ，2次モードへの進展可能性を上げるには，どうしたらよいのだろうか．

④ ローカルな協同的実践は，地点や時点を異にする他のローカルな協同的実践へと伝播する可能性を秘めている．そうなれば，ローカリティとローカリティを結ぶインター・ローカルな協同的実践が誕生する．では，

インターローカリティへの拡大は，どのようにすれば可能になるのだろうか．

⑤ 当事者と研究者の協同的実践において，研究者の研究者としての役割は何なのだろうか．それは，煎じつめれば，協同的実践の言説空間を豊かにすることである．概念，理論（という言語・言説）をわかりやすい形で現場に持ち込み，現場の言語的エネルギーを豊かにすること，これが研究者の使命である．そのような言語には，理論言語と観察言語がある（Gergen, 1994；第2章第5節）．理論言語の中には，数学言語や記号言語も含まれる．では，協同的実践の言説空間を豊かにするには，どうしたらよいのか．

以上が，本書の姉妹編『現代心理学［理論］事典』V部6章（杉万，2001）に書いた内容に補足する形でまとめた，グループ・ダイナミックスの理論の概要である．噛み砕いた解説については，杉万（2012）を参照されたい．

b. 本章の構成

本章の次節（4.2節）では，上記の意思決定のための理論の例として，活動理論（Engeström, 1987：わかりやすい解説は，杉万（2012）を参照）をとりあげる．しかし，単なる活動理論の紹介ではない．活動理論を，中堅の看護師が自らのビジョン（夢）を描くツールとして使用した事例である．そのために，オリジナルの活動構造図を大幅に簡素化し，看護師たちが活用しやすくする工夫も施した（杉万，2012）．

4.3節では，腑に落ちるための理論の例として，大澤（1990）の規範理論をとりあげ，これによって，いかなるセンスメーキングが可能になったかを述べる．具体的には，筆者が20年以上にわたって関与してきた，ある過疎地域の活性化運動を紹介する（杉万，2006，第2章）．その運動は，20数年前，2人の人物が決起したのにはじまり，その苛烈ともいえる運動は，封建的体質を色濃く残す同地域に草の根の民主主義を育みつつある．しかし，現在，その草の根の民主主義に汗を流す人々にも，また行政（町役場）の職員にも，運動の創始者である2人に対する感謝の念は感じられない．それは，2人にとっても謎だった．その謎が，大澤の規範理論によってセンスメーキングされる．

第4章　社会構成主義的理論（グループ・ダイナミックス）の［適用事例］　　79

　本章の最後（4.4節）では，上記の1次モードと2次モードの例を紹介する．事例としては，4.3節で紹介する過疎地域の活性化運動をとりあげる．筆者が，同地域に行きはじめたころ，出会う人のすべてから異口同音に聞かれたのは，過疎化を嘆くセリフであった

　　「若者はどんどん出ていく，人口は減り続ける．20年後に，自分たちの村はどうなるのだろう．」

　それを聞く筆者も，同感だった．さらにいえば，活性化運動をはじめた2人でさえ，過疎化の不安を共有はしていた．彼らは，その過疎化を何とかしようと決起した点で，他の住民とは決定的に異なってはいたが，しかし，ある研究者が持参した1枚のグラフが，決定的な2次モードをもたらした．過疎は「適疎」に一変した．そして，新たなる1次モードに突入した．

4.2　ビジョンを描く技法

　本節では，意思決定の理論の例として活動理論を取り上げ，この理論を「ビジョン（夢）を描く」ツールとして使用した事例を紹介する．ビジョンを描くことが意思決定の一環であるのはいうまでもないだろう．だれもがツールとして使用するには，なるべく使いやすい簡単なツールであることが望ましい．以下，活動理論の紹介からはじめるが，そこで使用する活動の構造図は，オリジナルの活動の構造図を，ビジョンを描くツールとして使いやすいよう筆者が大幅に簡素化したものである．

a. 活動理論

　活動理論の最大の眼目は，一見個人の行動に見えるものを，その個人を含む集合体の活動としてとらえていくことである．注意してほしい…「活動」は集合体の活動，「行動」は個人の行動である．したがって，個人の活動という言葉は使わない．

　図1.4.1，しかも最初は，中央にある横線だけに注目してほしい．この横線は，「主体（だれか）」が，なんらかの「対象」に働きかけ，なんらかの「結果」を生み出すという個人の行動を表している．平たくいえば，「だれかが，

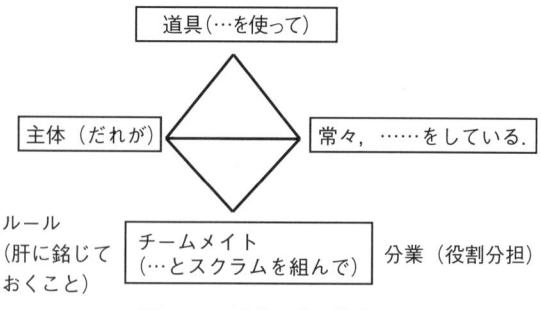

図 1.4.1　活動理論の模式図

（図中ラベル：道具（…を使って）／主体（だれが）／常々，……をしている．／ルール（肝に銘じておくこと）／チームメイト（…とスクラムを組んで）／分業（役割分担））

常々…をしている」ことを表現している．たとえば，Aさんという看護師（主体）が，ある孤独な患者（対象）に働きかけて，少しでも会話をする状態（結果）を常々生み出している，といった具合である．

　普通は，この横線で思考停止になりがちだ．そうなると，行動の「結果」がよい結果であろうとも，あるいは，悪い結果であろうとも，その原因を主体の内部（頭の中の知識，身につけたスキル，心の中のやる気など）に求めてしまう．「いい結果になるのは（主体に）能力があるからだ」，「悪い結果になるのは（主体に）熱意がないからだ」，など．

　確かに，主体の内部に原因があるとしか考えられない場合もある．しかし，同時に，実は，主体はなんらかの集合体の一員として動いており，その集合体のあり方を変えれば，主体の行動も変わるというケースも多い．いいかえれば，主体を一部として含む大きな集合体を視野に入れれば，主体の行動を変えるきっかけを見出せるという場合も多いのだ．

　大きな集合体に向かって視野を拡大するルートは二つある．第1のルートは，主体が使用している「道具」を視野に入れること（図 1.4.1 の上半分の三角形）．上に登場した看護師のAさんは，患者が大のプロ野球ファンであることを知っており，スポーツ新聞（道具）を2人で見ながら会話しているのかもしれない．新聞は物的道具の一例だが，物的道具以外に，もの的道具（制度，習慣，言葉など），知識，人脈なども「道具」として使用できる．

　なぜ，「道具」を視野に入れることが，大きな集合体を視野に入れることになるのか．理由は簡単，いかなる道具も決して天から降ってはこないからだ．

つまり，いかなる道具も，その道具を作り，維持し，利用可能にする人々がいてこそ，使用可能になる．「道具」の背後には，それを支える集合体あり．したがって，「道具」を視野に入れるということは，「道具」を支える集合体を視野に入れることになる．

大きな集合体に向かって視野を拡大する第2のルートは，主体が直接間接にスクラムを組んでいる人たちを視野に入れることだ（図1.4.1の下半分の三角形）．再び，Aさんは，同じ病棟で働く先輩ナースBさんのアドバイスを受けて患者に接しているのかもしれない．また，師長（婦長）のCさんとは，常にその患者について相談をし，励ましてもらっているのかもしれない．

第2ルートの視野拡大を行えば，もはや主体の行動は個人プレーではなく，スクラムを組んでいる人たちとのチームプレーの一部としてとらえられることになる．そのチームには，分業（チームメンバーの役割分担）と，ルール（チームメンバーが肝に銘じていること）があるはずだ．分業もルールもないのに，チームプレーなど不可能である．第2ルートの視野拡大の中では，主体のチームメイトを考えるだけではなく，チーム内の分業とルールも併せて考える．

こうして大きな集合体を視野に入れると，最初，個人の行動（中央の横線）のみに目を奪われていた段階とは比べものにならないくらい，手の打ち方が多くなる．もはや，主体の内部にだけフォーカスする必要はない．「『道具』を変えてみたらどうだろうか」，「あの人にもスクラムに加わってもらったらどうだろうか」，「少し役割分担を変えてみたらどうだろうか」，「今までの思い込みを捨てて新しいルールで動いてみたらどうだろうか」等々，発想の幅が一気に広くなる．

b. ビジョンづくりへの適用

ビジョンを描くために，活動理論をどのように使ったらよいか，その適用例を紹介しよう．以下の適用例は，ここ数年，大阪大学医学部附属病院の中堅看護師研修のために，看護部の方々とともに開発してきた手法である．

ビジョンづくりは二つのステップを踏んで行う．第1ステップは，活動理論の図（図1.4.1の菱形）を使って，「こんな活動を自分の職場に実現してみた

い」という夢の活動を描くステップである．ただし，中堅看護師研修では，自分個人の向上ではなく，リーダーとして職場全体に目配りできるようになることを目的としているので，あえて「主体」の項に自分（研修生自身）を記入するのは禁止している．

このように第1ステップは夢の活動（ビジョン）を描くわけであるが，これは同時に，職場の現状を描き，分析していることにもなる．なぜならば，第1ステップで描かれる活動の180度反対（あるいは，それに近い状態）が現状であるからだ．その意味で，第1ステップは，「前向きの職場分析」といってもよいだろう．

次の第2ステップは，第1ステップで描いたビジョンを実現するために，今度は自分（研修生自身）が「主体」となって着手する活動を描くステップである．ここでは，「主体」の項は最初から決まっている…「私」である．

第2ステップには三つの作業がある．その一つ目は，第1ステップの「道具」をつくるために自分が主体となって着手する活動を描く作業，二つ目は，第1ステップの「チーム」をつくるために自分が主体となって着手する活動を描く作業，三つ目，第1ステップの「主体」をつくる活動もある（たとえば，主体となる人の教育など）．

図1.4.2と図1.4.3は，以上2つのステップを踏んで作成された活動図の一例を示したものである．上では，説明の都合上，あたかも「第1ステップ→第2ステップ」と直線的に進むかのように述べてきたが，そのように直線的に進む

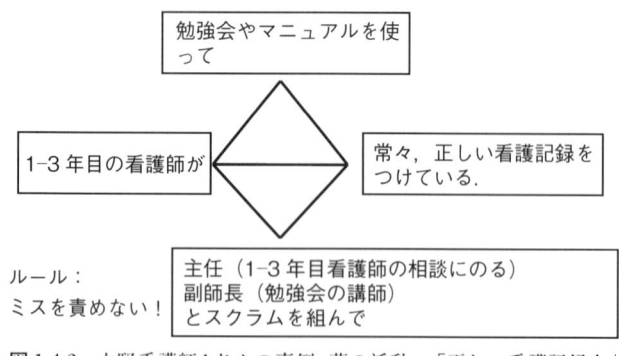

図1.4.2 中堅看護師Aさんの事例：夢の活動 …「正しい看護記録を」

第4章 社会構成主義的理論（グループ・ダイナミックス）の［適用事例］　　83

```
          ┌─────────────┐
          │オーディット用紙，事例，│
          │マニュアルを使って      │
          └─────────────┘
                 ◇
         ┌─────┐       ┌──────────┐
         │ 私が │       │ 常々，看護記録の勉強会 │
         └─────┘       │ を開催している．      │
                 ◇       └──────────┘
   ルール：        ┌──────────────┐
   勉強会後の反応  │主任（自分の相談相手）      │
   を確認する！    │副師長（看護記録勉強会の講師）│
                    │とスクラムを組んで          │
                    └──────────────┘
```

図1.4.3 中堅看護師Aさんの事例：夢を実現する活動（夢の道具づくり）

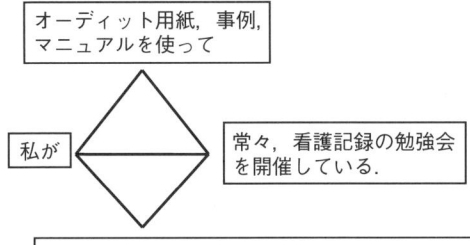

のはむしろ例外的である．たとえば，一応，第1ステップで活動ビジョンを描いたものの，第2ステップの「道具」づくりの活動を描く段階で立ち往生してしまい，再び，第1ステップに戻ってビジョンを描き直すというように，行きつ戻りつをくり返して，最終的な活動図に至るケースの方が圧倒的に多い．

さらにいえば，こうして研修期間内に描いた第2ステップの活動を，研修後に実現しようと動いてみたが，どうしてもうまくいかず，もう一度ビジョンを描き直す必要に迫られるといったケースも珍しくない．しかし，このような行きつ戻りつのプロセスは決して無駄ではない．むしろ，このようなプロセスを経験したほうが，より深みのあるビジョンをもたらしてくれると，筆者は考えている．

単なる夢想とビジョンは違う．他者に語ることができるのがビジョンだ．本章で紹介した活動理論は，その理論枠組みを職場や組織で共有するならば，職場や組織でビジョンを語り合うときの「言語」にもなるはずだ．

4.3　過疎地域の活性化

本節では，まず，センスメーキングのための理論の例として，大澤（1990）の規範理論を紹介する．次いで，ある過疎地域の活性化運動を紹介する．とくに，2人のリーダーを中心とする苛烈な運動の成果が，多くの住民や行政に受け入れられつつも，2人のリーダーに対する認識と感謝の念がほとんど見られ

ないことを述べ，その事実を，大澤の規範理論を用いて，いかにセンスメーキングしたかを述べる．

a. 大澤の規範理論

大澤の規範理論については，杉万（2012）によるわかりやすい解説もあるが，以下では，さらに平易な言葉を用いて，かつ，本章に直接関連する部分のみに限定して紹介する．

1) 規範の原初的形成

大澤の規範理論は，われわれがもっている常識的人間像から見ればオカルトにも見える状態から論をスタートする．そのうえで，いかにして，われわれが常識的人間像をもつに至ったのかも説明される．そのオカルトにも見える状態こそ，身体の「溶け合い」である．身体が溶け合うとは，たとえば，ある身体Aが頻繁に別の身体Bになり，身体Bも頻繁に身体Aになるような状態，すなわち，身体と身体の区別がない融合的な状態になることである（身体の溶け合いは，大澤（1990）における関身体的連鎖に相当する）．

まず，身体とは，それに対して固有の世界が現前する物質と定義される．決して，身体は「心を内蔵した肉体」ではない．そもそも，「心を内蔵した肉体」は，いかにわれわれの常識的人間像にはなっていようとも，廣松（1982）が精細に論じているように，その人間像は，われわれの素朴な日常経験とは矛盾さえしている．実際，イメージが「頭の中」に浮かぶ，「まぶたの裏」に浮かぶなど，言語的には，あたかも身体の内部にあるかのごとくに表現されるイメージも，素朴な経験では，身体の外部に現前する．

では，身体の溶け合いの前に，そもそも，ある身体が他の身体になるとは，いったいどういうことなのだろうか．ここでは，その例を一つだけ紹介し，あとは，大澤（1990）や杉万（2006）に登場する多くの例に譲りたい．たとえば，演劇を見ているとしよう．役者が崖っぷちに追いつめられる．その迫真の演技は，まさに演劇を見ている自分が崖っぷちに追いつめられているかのように感じさせる．思わず手に汗がにじむ．絶体絶命．しかし，ふと，「我に返る」．そして，自分は崖っぷちに追いつめられてはいないこと，観客席で演劇を見ているだけであることに気がつき，ホッとする．しかし，ふと「我に返

る」までは，自分は誰だったのだろう．ふと「我に返る」まで，自分は舞台の役者だったのだ．そして，ふと我に返った瞬間，観客席の自分に戻ったのだ．

「他の身体になる」ことが，複数の身体の間で相互に頻繁かつ濃密に生じる状態，これが身体の溶け合いである．三つの身体の間で，身体Aは何度も何度も他の身体B，Cになる．身体Bも，身体Cも同様．このような状態が，三つの身体の溶け合いである．

複数の身体の溶け合いは，身体（ポジション）による経験の違いよりも，経験の共通性をクローズアップする．芳香を放つバラを囲む三つの身体，しかも，溶け合う三つの身体には，各身体（ポジション）からのバラの見え姿の違いよりも，各身体（ポジション）に共通する芳香こそがクローズアップする．この共通経験が規範を生成させる．

ここで，「規範」という概念をきちんと定義しておこう．規範とは，妥当な行為群（あるいは，妥当な認識群）を指定する操作のことである．妥当な行為とは，そのような行為が生じることが想定できる行為のことである．道徳的に正しい行為，欲している行為という意味ではない．たとえば，授業中に私語をしている学生を，教師が大声で叱ったとしよう．この叱るという行為は，直接叱られた学生はもとより，他の学生にとっても，また，当の教師自身にとっても不愉快な行為である．しかし，いかに不愉快な行為ではあっても，学生も教師も過去に同じような行為を直接間接に経験しており，授業中にそのような行為が発生することは想定可能である．したがって，大声で叱るという行為は，妥当な行為ということになる．では，授業中に，突然，教師がカバンの中からワインとチーズを取り出し，「ちょっと休憩」と，ワインを楽しみだしたらどうだろうか．おそらく，学生たちは怒るも何も，それ以前に，「えっ，うっそー」と言葉を失うだろう．このような行為が想定外の行為，すなわち，非妥当な行為である．

身体の溶け合いに話を戻そう．身体の溶け合いは共通経験をクローズアップし，この共通経験から規範，すなわち，妥当な行為群が生成する．芳香を放つバラを囲んで互いに溶け合う三つの身体に対しても，規範，すなわち，妥当な行為群が生成する．その妥当な行為群には，「いい香りだね」という発言，思わず鼻をバラに近づける仕草，等々が含まれる．

規範の生成と「意味」の生成はパラレルである．上のような妥当な行為群が生成されれば，目の前のバラは，もう単なる「それ」ではない．それは，「いい香りを発するもの」としてのそれであり，「思わず鼻を近づけたくなるもの」としてのそれである．つまり，目の前のバラは，「いい香りを発するもの」，「思わず鼻を近づけたくなるもの」という意味を獲得する．

大澤の規範理論の大きな特徴は，規範が帰属される身体，すなわち，「第三の身体」という概念を軸に理論展開したところにある（第三の身体は，大澤（1990）における第三者の審及に相当する）．規範が，ある身体Xに帰属するとは，規範が，身体Xの「声」として発せられるかのようになることである．バラをめぐる規範（妥当な行為群）も，なんらかの身体に帰属される．「いい香りだね」という発言は，いかに特定の身体の口から発せられようとも，それは，身体Xの声を代弁しているだけなのだ．また，いかに特定個人が思わず鼻をバラに近づけようとも，それは，身体Xの声に操られているだけなのだ．

身体Xは，溶け合った三つの身体のいずれとも異なる，いわば4番目の身体であり，三つの身体のいずれにとっても，それは「他者」である．三つの身体（ポジション）からのバラの見え姿は，皆異なる．したがって，三つの身体の共通経験のみから生成した規範の声を発する身体は，三つの身体のいずれとも異なる，「第3」の身体（神のような身体）でなければならない．第3の身体は，三つの身体の共通経験を代表しながらも，三つの身体のいずれとも異なる身体である．

2) 規範の伝達

自らの溶け合いによって規範と第3の身体を生成し，生成された第3の身体の声を聞くようになった身体たちを，第3の身体の作用圏にあるという．当初は，溶け合いによって第3の身体を生成した身体だけが作用圏に属している．しかし，作用圏のすぐ外部には，作用圏には属さない身体，つまり，作用圏内部の妥当な行為群が通用しない違和的な身体が存在する．

このような違和的身体との接触によって，規範は大きな岐路に立つ．一つの道は，違和的身体と作用圏内部の身体の間に溶け合いが生じ，違和的身体が作用圏の中に繰り込まれるという道である（こうして，繰り込んだ側の規範が発達する）．もう一つの道は，想定外の行為を平気でとる違和的身体を前に，作

用圏自体が崩壊するという道である．規範は，違和的な身体と遭遇するたびに，「発達か，崩壊か」という岐路に立つことになる．

違和的身体との接触よりもドラスティックな事態は，異なる作用圏との接触によってもたらされる．この場合も，規範は発達か崩壊かという大きな岐路に立つことになる．崩壊ケースを先にいえば，接触した作用圏のいずれか，あるいは両方が崩壊する可能性もある．

しかし，ここに，「規範の伝達」が生じた場合には，大きな発達が可能になる．規範の伝達は，身体・事物・言語を媒介にして生じる．すなわち，規範の内実を色濃く担った身体・事物・言語が，ある作用圏から他の作用圏に伝達されるとき，規範が伝達される．

作用圏Aから作用圏Bへと規範が伝達されたとしよう．このとき，いかなる変化が生じるのか．まず，作用圏Aは，それまでの作用圏Bをも一部とするまでに拡大する．それにともない，作用圏Aの規範は，作用圏Bの身体たちにも通用する程度にまで一般化する．それと同時に，作用圏Bは作用圏Aの下位システムとして，作用圏Aに繰り入れられる．かりに，作用圏Bの身体たちが，それまでと同じ行為をしていたとしても，その行為は，作用圏Aの規範によっても妥当とされるように，新しい意味を獲得する．

では，作用圏Aから作用圏Bへと伝達された規範が，さらに作用圏Cにも伝達されたらどうなるか．作用圏Cは，もはや作用圏Aの下位システムになった作用圏Bの，そのまた下位システムに繰り入れられる．ここに，さらに大きくなった作用圏Aの内部に作用圏Bがあり，その作用圏Bの内部に作用圏Cがあるという入れ子構造が形成される．

このような伝達の連鎖がさらに続けば，作用圏Aの規範は，より多くの身体たちを作用圏の内部に包含することになる．いうまでもなく，その規範は，多くの身体たちに通用する一般的な内容に改訂される．こうして，当初の小さな作用圏の内部でしか通用しなかった規範は，大きな作用圏をもち，一般性を有した規範へと発達していくのである．

b. 活性化運動における贈与・略奪

本項では，地域の保守性・閉鎖性・有力者支配に抗して展開されてきた地域

活性化運動の事例を紹介しよう．それは，鳥取県智頭町において20数年にわたり展開されてきた活性化運動の事例である（岡田ほか，2000；杉万，2000，第2章，2006，第2章；Sugiman, 2006）．

1) 智頭町

鳥取県智頭町は，典型的な中山間過疎地域である．鳥取県の東南部に位置し，西と南は岡山県に隣接する（図1.4.4）．周囲は千メートル級の中国山地の山々が連なり，その山峡を縫って流れる川が智頭で合流し，千代川となり日本海に注いでいる（図1.4.5）．面積は225km²，その約93％を山林が占める．江戸時代から杉の植林が盛んであった．

しかし，1960年代に著しく進行した人口流出に加え，折からの林業不況も重なり，町の活力は著しく低下していった．この結果，1955年には，14000人以上あった町の人口は，2008年1月1日現在では，約8700人に減少．高齢化率も約33％と全国平均を大きく上回る．

智頭町には89の集落がある．一つの集落は，十数戸から数十戸の世帯からなっている．一つの集落の家々は，軒を並べて，あるいは，一つの明らかなまとまりをもって並んでいる．それは，昔ながらの村落共同体を想像させる風景である．

従来，集落は，文字どおり一つの共同体として機能してきた．道、田，畑，山林などの維持・管理や，祭り，結婚式，葬儀などは，集落総出で行われた．

図1.4.4　鳥取県智頭町の位置

第 4 章　社会構成主義的理論（グループ・ダイナミックス）の［適用事例］　　89

図 1.4.5　鳥取県智頭町

　それは，総事（そうごと）とよばれた．そこには，単に，村人総出で作業をするというだけではなく，日々の生活を営むうえで欠くことのできない集落の存在，住民が一体感を分かち合える集落の存在があった．

　しかし，戦後の経済成長の過程で，集落は村落共同体としての性格を失っていった．過疎化が進行する中で，集落に住み続ける人々も，近郊都市（智頭の場合は，約 40km の距離にある鳥取市など）や町の中心部に通勤するようになり，いわゆる兼業農家が増えた．いまや，集落は，所得を得る場としても，また，人間関係を得る場としても，以前のような重みをもたなくなった．確かに，現在でも，いくつかの総事は続いている．しかし，その総事は，副次的な地位に格下げされた集落の総事にすぎない．昔ながらの「一軒一人役」（各世帯から 1 人が総事に参加しなければならないとするルール）も，その義務感だけが重くのしかかる．

このような集落の現状に，くさびをうちこみ，集落をよみがえらせようとする運動こそ，「ゼロ分のイチ村おこし運動」である．集落の能動性を再生させようという運動といってもよい．ちなみに，「ゼロ分のイチ」とは，筆者を智頭に導いてくれた岡田憲夫教授（京都大学防災研究所）が考案した標語であり，無から最初のイチを創出すること，すなわち，無限の跳躍を意味している．

2) ゼロ分のイチ村おこし運動

「日本ゼロ分のイチ村おこし運動」（以下，ゼロイチ運動）は，住民自治を育む運動である．具体的には，同町の最小コミュニティ単位である集落ごとに，住民が10年後の集落ビジョンを描き，住民が汗と智恵と金を出し合ってビジョンを実現しようとする運動だ．行政（町役場）は，あくまでも脇役として運動をサポートするのみ．智頭町内にある89集落のうち15集落がゼロイチ運動に参加した．

ゼロイチ運動には，
① 地域経営： 地域を経営の眼で見直し，地域の宝をつくる
② 交流： 集落外，町外，海外と積極的に交流する
③ 住民自治： 行政や有力者への依存から脱し，住民が自ら計画を立て，実行する

という3本の柱がある．そこには，保守性・閉鎖性・有力者支配という旧来からの地域体質を打破しようという意図が込められている．すなわち，① 地域経営によって保守性を打破する，② 交流によって閉鎖性を打破する，③ 住民自治によって有力者支配を打破する，という意図が込められている．

ゼロイチ運動の最大の特徴は，住民主導による徹底したボトムアップの運動であるという点にある．まず，ゼロイチ運動には，1984年にさかのぼる10年以上の前史がある．すなわち，1984年以来，2人のリーダーを中心に，旧態依然の地域体質に対する苛烈ともいえる挑戦が展開され，杉の高付加価値化，国内外との交流など，目を見張る実績が積み重ねられた．ゼロイチ運動の企画は，それまでの2人を中心とした活動を，集落ベースの運動として拡大・浸透させるために，2人によって作成され，行政に突きつけられた．それに対して，「ものいわぬ住民」を好む行政も，「ものいわぬ住民と行政の間で利害をと

りもつ」ことを存在価値とする町会議員も，ゼロイチ運動の企画をなんとか握りつぶそうと最後まで抵抗した．ゼロイチ運動は，「ものいわぬ住民」を「ものいう住民」に転換する運動だからだ．

1997年，ゼロイチ運動がスタートしてからも，同運動に参加する各集落では住民主導の姿勢が貫かれた．確かに，町役場には，ゼロイチ運動をサポートする部署が設けられ，1～2名の職員が配置されたが，そのサポートが軽微の域を出ることはなかった．

ゼロイチ運動は，集落に大きなインパクトを与えた．とりわけ，従前から「自分たちの集落をなんとかしたい」と立ちあがりかけていた人たち，つまり，集落に出かけていた芽にとって，ゼロイチ運動は強力な追い風になった．いうまでもなく，芽のないところに木は育たない．しかし，芽さえあれば木が育つほど，地域の体質は甘くない．集落の意思決定は，一握りの有力者を中心とする高齢者（男性高齢者）に牛耳られていた．都会の高齢者はもっぱら弱者として論じられるが，農山村の高齢者は強者である（少なくとも，強者としての一面ももっている）．50歳代の団塊の世代といえども，高齢者から見れば，まだヒヨコである．ヒヨコの声は，容易に無視され，つぶされる．

そこにゼロイチ運動がはじまった．集落で孤軍奮闘を強いられてきた小集合体は，ゼロイチ運動の推進組織である集落振興協議会の中心メンバーとなっ

図 **1.4.6** ゼロイチ運動のメンバー

た．集落振興協議会は，役場が正式に認知する組織であり，役場は集落振興協議会を通じてゼロイチ運動を支援する．また，ゼロイチ運動のスタートによって，集落活性化という同じ志をもつ他の集落の存在が明確になった．これは，集落どうしがいかに協力するかといったこと以前に，集落内で孤軍奮闘してきた人たちを大いに力づけた．自分たちが，集落内でやってきたことが正当化されたからだ．

高尾・杉万（2010）は，ゼロイチ運動10年の成果を，運動の初期と最終年度の2度にわたるアンケート調査で検討している．

c. 規範理論によるセンスメーキング

上に述べたように，ゼロイチ運動は参加集落の体質を大きく変えた．住民は，有力者に依存することなく，自ら計画を立て，実行していく力を身につけつつある．それは，大きな生きがいともなっている．

しかし，ゼロイチ運動の成果を享受している住民たちの間に，そもそも同運動を役場にねじ込み，実現に努力した2人のリーダーに対する感謝の念はほとんど見られない．その事実自体をまったく知らない住民も多い．また，全国各地からゼロイチ運動を視察に訪れる人々を，誇らしげに案内する役場職員の中にも，2人のリーダーに対する感謝の念は見られない．もちろん，2人のリーダーは，それに気づいていた．それは，筆者にとっても不可解な事実であった．

あるとき，上記の規範理論が，その謎を解いてくれた．「規範の伝達」の項で述べたように，規範は，身体・事物・言葉を媒体として，ある作用圏から他の作用圏へと伝達される（場合がある）．ゼロイチ運動でも，ゼロイチ運動という制度が，2人のリーダーから役場へ，そして，参加集落へと伝達された．制度は，身体・事物・言葉のすべてを含む総合的な媒体である．ゼロイチ運動という媒体は，従前からの集落の規範に対して，新しい規範，すなわち，2人のリーダーによって創出された新しい規範を伝達した．その新しい規範は，有力者に牛耳られてきた保守的で閉鎖的な集落では，想定もできなかった新しい行為群を妥当としていた．

ここでいう規範の伝達は，正確には，「贈与と略奪」とよぶべきである．「交

第4章 社会構成主義的理論（グループ・ダイナミックス）の［適用事例］ 93

換」とは違う．交換には，大別して等価交換と不等価交換があるが，いずれにしても，交換がなされるには，それに先だって，交換にかかわる両者に一つの尺度が共有されていなければならない．典型的な尺度は，金銭的尺度である．人物Aが人物Bに，ある物品を渡し，BがAに貨幣を渡したとする．物品と貨幣が，両者が共有する金銭的尺度の同一点にプロットされるのが等価交換，同一点にプロットされないのが不等価交換である．そのような共有された尺度は，規範にほかならない．つまり，交換は，すでに同じ規範の作用圏にいる人どうしでなされるのである．

それに対して，規範の伝達は，規範が存在する集合体から規範が存在しない集合体へとなされる．そこに，なんらかの交換が混入すれば，それは，もはや純粋な意味での規範伝達ではなくなってしまう．では，交換がまったく介在しない伝達とはいかなるものか．伝達する側は，相手の謝意など毛頭期待してはいけない．さらにいえば，相手のことなどまったくおかまいなしに，まさに捨てるがごとくに与えねばならない．これが贈与である．他方，伝達される側も，伝達側に謝意など示してはいけない．伝達した側になど何の関心を示すことなく，媒体をわが物としなければならない．これが略奪である．このような贈与と略奪がともに生じたとき，規範が伝達されるのだ．

規範の媒体の贈与と略奪が生じると，贈与側の作用圏から略奪側への作用圏へと規範が伝達される．そして，略奪側の作用圏は，贈与側の作用圏に繰り込まれる．贈与側の規範はより一層盤石なものとなり，略奪側の作用圏を下位システムにしてしまう．

ゼロイチ運動に参加し，その成果を享受している人々が，2人のリーダーに感謝の念をもたないこと，また，役場も2人に感謝を示さないことは，2人のリーダーから役場や参加集落へのゼロイチ運動の伝達が，まさに贈与と略奪であったことを示しているのではないか―筆者は，そのような理解に達した．その理解を，できる限り平易な言葉で2人に説明した．2人のリーダーと私の間に，一つのセンスメーキングがなされた―「だれも感謝しない．しかし，それこそ，ゼロイチ運動の凄さなのだ」と．

4.4 過疎から適疎へ─2次モード─

　最後に本節では，前節で取り上げた智頭町における協同的実践の中で経験した2次モードの事例を紹介しよう．

　20年前に筆者が智頭町に行きだしたころ，出会う人ごとに口にする言葉があった．それは，「過疎化で，若い人はどんどんいなくなる．年寄りばかり．20年後，自分の集落はどうなるのだろう」という過疎を嘆く声であった．その声は，いまもって多くの住民たちから聞かれる素朴な声である．

　一般の住民だけではない．過疎をなんとかしようと決起した2人のリーダー，そして，その仲間たちの間にも，過疎は疑いのない現実であった．ただ，彼らが，多くの住民と決定的に違っていたのは，過疎に手をこまねいているのではなく，自らなんとかしようと決起したことだ．しかし，過疎を自明の現実として受け入れていた点では，その他の住民たちと同じであった．

　さらに，私たち研究者も同じだった．智頭への訪問回数が増え，現地の状況を知れば知るほど，過疎の深刻さもわかるようになった．過疎の深刻さを理解しつつ，それを前提に，2人のリーダーとともに，智頭をどうしたらよいかを議論し，行動をともにしていた．

　あるとき，ある研究者が1枚のグラフをもってきた（図1.4.7）．その研究者は，私よりもずっと先に智頭の活性化運動に関与し，後に私を智頭へといざなってくれた研究者だった．このグラフには，江戸・寛政年間（1790年代）からの智頭の人口推移がまとめられていた．このグラフによれば，智頭の人口は，明治以前までは約7000〜8000人台で安定していた．それが，明治以降，ゆるやかに上昇し，太平洋戦争直後に14000人以上まで跳ね上がった．海外の戦地から戻った兵隊たち，焼け野が原と化した都市から移り住んできた人々，それらによって，いわば人口バブルが発生したのだ．その人口バブルが次第に収縮し，その当時1万人を割り込もうとしていた．

　このグラフが示しているのは，そもそもの智頭という地のキャパシティは，人口7000人くらいだということだ．そして，今，終戦直後の人口バブルが収縮し，適度な人口へと回帰しつつあるのだ．それは，過度な「疎」に向かって

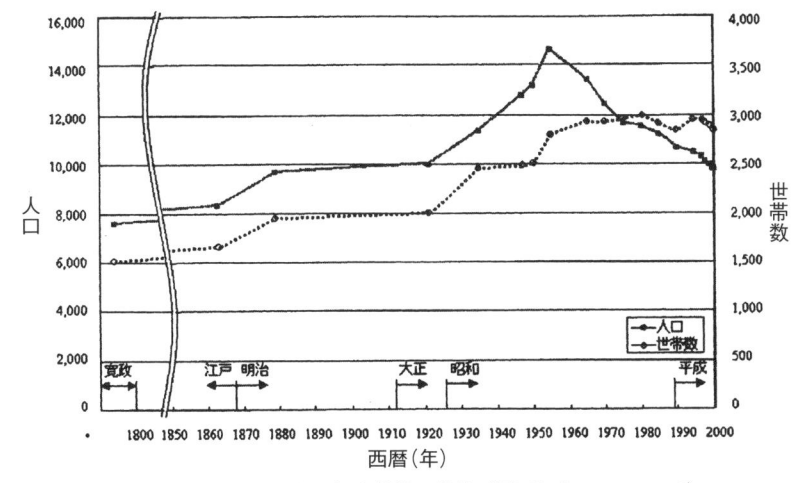

第4章　社会構成主義的理論（グループ・ダイナミックス）の［適用事例］

図 1.4.7　智頭町の人口と世帯数の推移（岡田ほか，2000, p. 8）

いるのではない．適度な「疎」への道のりなのだ．過疎ではなく，適疎．まさに，2次モードだった．過度な「疎」に怯えることなく，人口減少を一つのデータとして睨みつつ，前向きに地域づくりに取り組む新たなる1次モードが始まった．　　　　　　　　　　　　　　　　　　　　　　　〔杉万俊夫〕

文　献

Engeström, Y (1987). *Learning by expanding : An activity-theoretical approach to development research*. Helsinki : Orienta-Konsultit.
Gergen, Kenneth J.（1994）. *Toward transformation in social knowledge*. 2nd ed. London : Sage.（杉万俊夫・矢守克也・渥美公秀（監訳）（1998）．もう一つの社会心理学——社会行動学の転換に向けて　ナカニシヤ出版）
廣松　渉（1982）．存在と意味　第一巻　岩波書店
岡田憲夫・杉万俊夫・平塚伸治・河原利和（2000）．地域からの挑戦——鳥取県・智頭町の「くに」おこし　岩波ブックレット
大澤真幸（1990）．身体の比較社会学Ⅰ　勁草書房
杉万俊夫（2000）．フィールドワーク人間科学——よみがえるコミュニティ　ミネルヴァ書房
杉万俊夫（2001）．グループ・ダイナミックスの理論　中島義明（編），現代心理学［理論］事典　朝倉書店　pp. 641-659.
杉万俊夫（2006）．コミュニティの集合体・ダイナミックス　京都大学学術出版会
杉万俊夫（2012）．グループ・ダイナミックス入門　世界思想社
Sugiman, T.（2006）. Theory in the context of collaborative inquiry. *Theory & Psychology*, **16**（3），

311-325.

Sugiman, T. (2008). A theory of construction of norm and meaning : Osawa's theory of body. In Sugiman, T., Gergen, K., Wagner W., & Yamada Y. (Eds.), *Meaning in action : Constructions, narratives, and representations.* Tokyo : Springer.

高尾知憲・杉万俊夫(2010). 住民自治を育む過疎地域活性化運動の10年——鳥取県智頭町「日本・ゼロ分のイチ村おこし運動」 集団力学, **27**, 76-101. (http://www.group-dynamics.org/html/report-sub1.html)

II

感覚・知覚理論の［適用事例］

第1章

神経生理学的理論の［適用事例］

　近年，脳科学がめざましい勢いで発展している．19世紀まで，神経生理学的知見は，動物を対象とした電気生理学的手法あるいは解剖学的手法によって得られたものが一般的であった．ヒトを対象とした研究では，脳損傷患者を対象とした検討あるいは脳波（electroencephalogram：EEG）測定に限定されていた．しかし，機能的脳画像法という新たな方法論が登場したことにより，ヒトを対象とした精緻な神経生理学的検討が可能となった．

　おもな手法として，血流中の放射性同位元素から放出される陽電子を計測するポジトロン断層法（positron emission tomography：PET）や，脳磁場を計測する脳磁図（magnetoencephalography：MEG）などがあるが，とりわけ20世紀以降急速に普及した，脳の血流動態をヘモグロビン変化からとらえ活動領域を特定する，機能的磁気共鳴装置（functional magnetic resonance imaging：fMRI）の貢献が大きい．広範な実験場面においてヒトが研究対象となることで，実際に経験された知覚内容とそこで生じている脳活動との対応関係が把握できるようになり，脳機能の理解が飛躍的に進んでいる．

　本章では，『現代心理学［理論］事典』II部6章「神経生理学的理論」（行場，2011）であげられた，いくつかの神経生理学的理論をベースに，動物およびヒトを対象とした神経生理学的知見を紹介する．そして，脳内では機能局在的な処理だけではなく，従来考えられていたよりも全体的かつ相互作用的なネットワーク処理によって知覚表象が形成されていることを述べたい．

1.1　低次の視覚処理における神経表象

『現代心理学［理論］事典』II 部 6 章で紹介されていたとおり，視覚系では網膜から脳の皮質へといたる経路において情報が処理される．初期の処理段階においては，外界に投影された，各神経細胞がもつ受容野に入力された物理的な情報に関して，単純なオンあるいはオフの反応の組み合わせによって信号が伝達される（Hartline, 1938 ; Kuffler, 1953 ; Barlow, 1953）．

皮質の第 1 次視覚野（V1）には，方位選択性をもつ単純型細胞（simple cell）や，より広い受容野をもつ複雑型細胞（complex cell）が存在し，方位選択性が段階的に変化する形で細胞が並ぶコラム構造をなしていることが報告されている（Hubel & Wiesel, 1959, 1962, 1965）．これまで，このような低次の視覚情報処理にかかわる神経細胞は，ある一定の範囲において，物理的入力を直接的に反映した形で限られた情報のみを処理すると考えられてきた．しかし，V1 領域であっても，主観的（知覚的）輪郭と呼ばれる実在しない輪郭に対して，神経応答が生じることが報告されている．

フォンデルハイトら（von der Heydt et al., 1984）は，サルの V1 の細胞において，同じような刺激布置であっても，主観的輪郭が知覚される場合には神経活動がみられるが，輪郭が知覚的に形成されない場合には応答がみられないことを報告した（図 2.1.1 (a)）．さらに，驚くべきことに，杉田（Sugita, 1999）は，V1 の細胞が，遮蔽物の背後で知覚的に補完される物体にも応答することを報告している．この研究では，両眼視差によって遮蔽物の奥行きを定義し，2 本の線分が遮蔽物の手前，同じ奥行き，あるいは背後にあるように知覚されるように提示した（図 2.1.1 (b)）．そして，方位選択性をもつサルの単純型細胞あるいは複雑型細胞において，2 本の線分が遮蔽物の背後にあり，一本の線分として知覚されるような場合には，神経活動が生じることを見出した．

また，ヒトを対象とした fMRI 実験から，V1 では大きさの恒常性を反映した形で神経応答が生じることも示されている（Murray et al., 2006）．たとえば，同じ大きさで描かれた二つの円刺激が，それぞれ手前と奥というように異なる奥行きにあるよう提示された場合，奥にある刺激のほうが知覚的に大きく

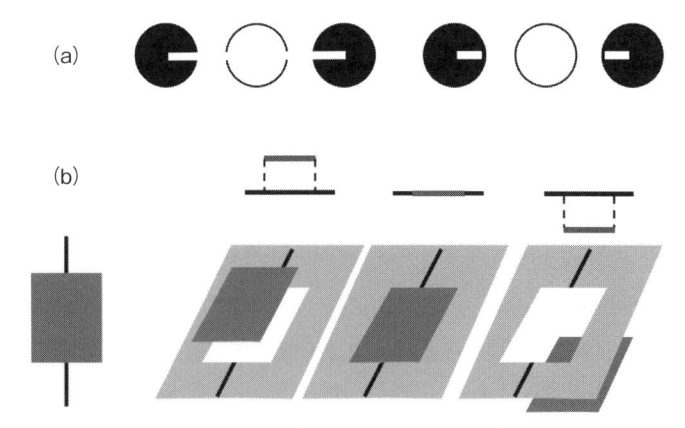

図 2.1.1 V1 の応答に関する実験で用いられた刺激図形の模式図
(a) 主観的輪郭が知覚される場合（左）と知覚されない場合（右）.
(b) 2本の線分と遮蔽物の関係性が，遮蔽物が手前，同じ奥行き，遮蔽物が奥にある場面.
それぞれ，フォンデルハイトら（von der Heydt et al., 1984）および杉田（Sugita, 1999）を参考に作図.

感じられる．このような刺激を観察した際の V1 領域における神経活動を計測した結果，物理的には同じ大きさであるにもかかわらず，知覚的に大きい刺激に対する神経応答がより大きくなることが示された．これは，奥行き情報を符号化するより高次の視覚領域から，低次の視覚領域へとフィードバック信号が送られることで実現されると考えられている．

1.2 低次の視覚処理における神経表象の符号化

これまで見てきた知見から，V1 に代表される初期の視覚領域においても，脳内では特定の物理的な入力を選択的に処理する，機能局在的な神経活動だけが行われていないことがわかる．すなわち，同じ領域の神経細胞間あるいはより高次の領域に属する神経細胞との間で信号や情報の相互作用を行う大域的なプロセスが働き，補完や物体の位置関係が処理され，知覚内容を反映する形で神経表象が形成されている．このような神経表象はどのように符号化されているのであろうか？

『現代心理学［理論］事典』II部6章「神経生理学的理論」（行場，2001）でも紹介されたように，符号化の様式に関するいくつかの理論が提唱されている．これまでみてきたとおり，非常に初期の神経処理段階においても大域的な情報処理が行われていると考えられるが，このような特性は，ポピュレーションコーディング（population coding）の考え方と一致するように思える．

a. 空間的側面

　この理論では，個々の対象物は，比較的少数の細胞から構成される神経細胞集団の活動によって表現されると考えられ，神経活動の組み合わせによって膨大な数の表現を実現するというメリットをもつ（森，1993）．最近，V1を含む初期の視覚領域において，このようなポピュレーションコーディングが行われていることを示唆する知見が，デコーディング（decoding）とよばれる手法によって示されている（図2.1.2）．

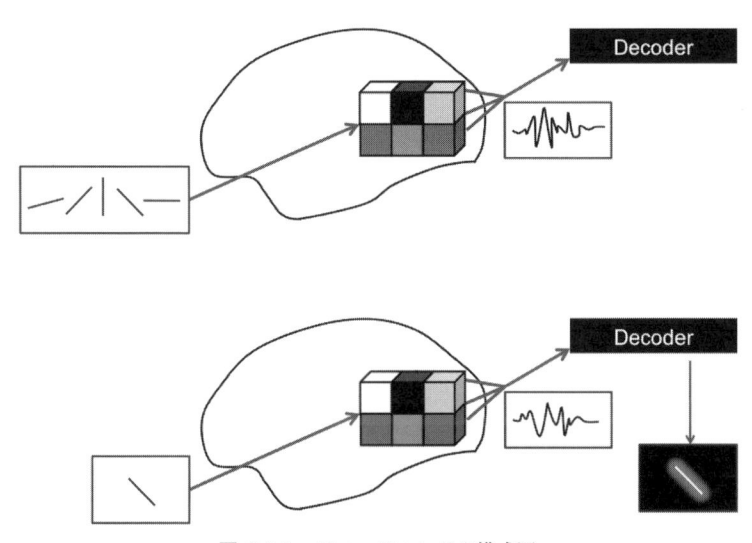

図 **2.1.2** デコーディングの模式図
(a) 複数の入力に対して計測された脳活動からデコーダーを学習する場面．
(b) ある単一の入力に対する脳活動をもとに，入力情報が復元される場合の模式図．
各立方体は，単一のボクセルに相当する．神谷とトン（Kamintani & Tong, 2005）を参考に作図．

神谷とトン（Kamitani & Tong, 2005）は，ヒトを対象として，さまざまな方位をもつ刺激に対する脳活動をfMRIによって計測した．ここでは，V1やV2領域において，一定の範囲に区切られた複数の細胞を含むボクセル（voxel）群からの神経応答を記録した．計測されたデータは，あるアルゴリズムに従って学習を行うデコーダーに入力された．学習が完了した後，デコーダーに学習時とは異なる機会で計測されたfMRIデータを入力したところ，かなり高い精度で観察者が見ていた方位を出力することが明らかとなった．つまり，脳活動それ自体から，観察者が見ていた画像が再現されたのである．

これ以降，デコーディングに関する研究が盛んに行われ，現在ではさまざまな情景画像を観察している際のV1，V2，V3から得られた神経活動を学習情報とし，まったく新規の情景画像に対しても同定が可能であることや（Kay et al., 2008），さまざまなパターンに対するV1やV2の応答を学習した後では，異なる形状をもった新規のパターンですら，脳活動データを元に再構成されること（Miyawaki et al., 2008）が報告されている．ここで重要なことは，V1などの低次の視覚領域において，複数のボクセルから得られた情報がデコーディングに使用されている点である．異なる受容野をもつ複数の細胞から得られた情報をもとに，知覚内容の同定や再構成が可能であることは，脳内においてもこのようなポピュレーションコーディングによる符号化が行われている可能性を示唆している．

b. 時間的側面

上記の知見は，符号化方略の空間的側面を反映していると考えられる．一方，時間的な側面からも符号化について検討がなされている．ここでは，同期的符号化説とよばれる理論を紹介する．

この理論では，空間的に異なる受容野をもつ神経細胞から出力された異なる信号が，時間的な同期によって一つの対象に帰属する情報として統合されると考える（詳細なレビューは，Singer & Gray, 1995；Gray, 1999参照）．たとえば，カステロ-ブランコら（Castelo-Branco et al., 2000）は，ネコを被験体として，それぞれ別の空間位置に受容野をもつ，同一方向の運動パターンに応答する二つの細胞の活動を調べた．刺激として，異なる運動方向成分が重畳され

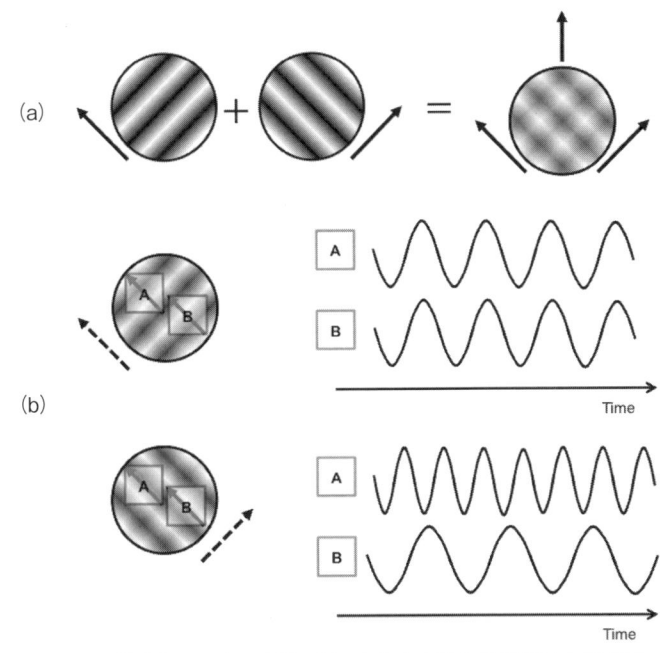

図 2.1.3 同期発火に関する実験で用いられた刺激と神経活動の模式図
(a) 二つの運動方向成分（左斜め，右斜め）の重畳により，合成された運動方向知覚（垂直），あるいはどちらか一方向の動きが知覚される．
(b) 同一（左斜め）の方位選択性をもつ二つの細胞（A, B）において，選択性をもつ方向に動きが知覚される際には活動が同期する（上）．一方，選択性をもたない方位の動きが知覚される際には同期が見られない（下）．
カステローブランコ（Castelo-Branco et al., 2000）を参考に作図．

た運動パターンを提示した（図 2.1.3）．

　この刺激では，二つの方向成分が合成された動きあるいはどちらか一方向の動きが知覚される．そして，このようなパターンにおいて，各細胞が選択性をもつ方向に動きが知覚される場面では，異なる運動方向成分が重畳されていても，細胞の発火パターンが同期することが示された．この知見は，受容野上に複数の刺激パターンが存在しても，特定の情報が面として分離され，その情報に対して神経細胞が選択的に同期発火することを示している．

　さらに，この時間的な同期発火は，視覚的注意や先行経験，予測などのトップダウン的な処理によって頑健に固定化されることが指摘されている（Engel et al., 2001)．また，同期発火は，皮質をまたいだ神経細胞間でも生じることが報告されている．たとえば，ネコがある視覚パターン（たとえば横縞）に対して一定の行動（たとえば前足でボタンを押す）をするようトレーニングされた場合，「視覚野（後頭）→頭頂部（運動前野に相当）→運動野（前頭）」というように，脳内処理経路にそった形で，各領域間で神経活動が同期することが報告されている（Roelfsema et al., 1997）．

さらに，神経活動の同期は，約 40Hz のガンマ周波数帯で顕著にみられることが知られている．この特性を利用し，ヒトを対象とした脳波実験でも，神経活動の同期が生じることが確認されている（Tallon-Baudry & Bertrand, 1999）．たとえば，タロン-ボードリーら（Tallon-Baudry et al., 1996）は，個々の誘導図形からなる主観的輪郭（図 2.1.1 を参照）を観察する場面において，視覚野に相当する後頭部の脳波を測定した．その結果，刺激提示から約 300 ミリ秒後に，30〜60Hz の成分が顕著に生じることを見出した．この傾向は，実際の輪郭線を観察する際にも生じるが，誘導図形が主観的輪郭を生じさせない布置の場合には見られなかった．この知見は，個々の誘導図形の情報が同期発火のプロセスによって統合され，主観的輪郭の知覚が形成されることを示唆している．

ここまで紹介した，同期的発火に基づく時間的な符号化プロセスに関する研究からも，複数の細胞が密接に相互作用して，神経表象および知覚表象が形成されると考えられる．

1.3 高次の視覚処理における神経表象の符号化

ここまで，V1 をはじめとする比較的低次の視覚処理領域を対象に，物理的入力がどのように神経表象として符号化されるのかについて述べてきた．では，より高次の処理領域ではどのような符号化処理が行われているのであろうか？　たとえば，ある単一の細胞が特定の情報だけを処理する仮説が提唱されている．これは，自分のおばあさんの顔を認識するための細胞があるというというアナロジーを元に，「おばあさん細胞（grand-mother cell）仮説」という名称で知られている（例：Konorski, 1967 ; Barlow, 1972）．

サルを対象とした電気生理学的検討では，顔刺激に選択的に応答する細胞

第1章 神経生理学的理論の［適用事例］

が，おもに物体認知をつかさどる下側頭皮質（inferior temporal cortex：IT）に存在することが指摘されてきた（Gross et al., 1972）．このような顔刺激に選択的な細胞（群）の存在は，人を対象とした研究でも発見されている．カンヴィッシャーら（Kanwisher et al., 1997）は，fMRIを用いて，人が顔刺激を観察している際の脳活動を計測した．物体や手，家などを描写した画像刺激，あるいは顔画像の要素をスクランブルした刺激を観察している際の脳活動との比較から，下側頭後頭領域が顔刺激に対してのみ強い活動を示すことが示した．この領域は紡錘状顔領域（Fusiform Face Area）と名づけられ，現在も盛んに検討が行われている．

これらの知見は，単一の細胞が特定の情報を符号化するという考え方を支持するようにみえる．しかし，反証となる知見も存在する．田中ら（Tanaka et al., 1991 ; Tanaka, 1993）は，サルのIT領域において，物体刺激がどのように符号化されるのかを検討した（レビューはTanaka（1996）を参照）．実験では，ある物体の特徴を段階的に減らしていき，どの時点までその物体に応答する細胞が反応し続けるのかを調べた（図2.1.4 (a)）．このような手続きによって，IT野に存在する単一の細胞を活動させる，いくつかの重要な特徴（critical features）が存在することが明らかとなった（図2.1.4 (b)）．

この知見は，ある種のテンプレートあるいはカテゴリカルな情報が細胞単位

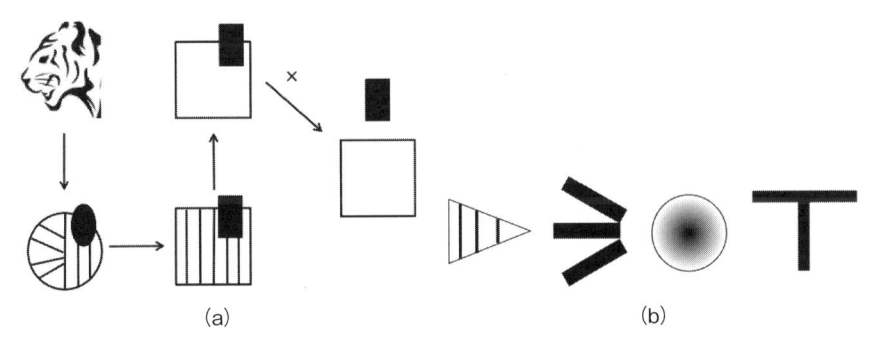

図2.1.4 IT領域の神経応答に関する実験で用いられた刺激図形の模式図
(a) たとえばトラの画像特徴を段階的に減らしていった場合，黒四角と白四角が組み合わされた画像に至るまで，細胞の応答が見られる．
(b) IT野にある細胞の応答を導く重要な特徴（critical features）の例．

で保持・表現され，その組み合わせによって物体が表現されることを示唆している．さらに，低次の視覚領域における方位選択性と同様，各細胞が表現する特徴が段階的に変化する形で，細胞群がコラム構造上に配置されていることも示唆されている（Fujita et al., 1992 ; Tanaka, 2003）．

ある単一の細胞が特定の情報を符号化する場合，その細胞が破壊されてしまうと情報そのものが完全に消失してしまう．また，外界のさまざまな情報をすべて符号化するためには膨大な数の細胞が必要となる．したがって，このような方略はあまり効率的かつ現実的ではないように見える．むしろ，あるテンプレートやカテゴリーを符号化する細胞の組み合わせによってさまざまな情報を表現するほうが，より妥当な方略であると考えられる．

1.4 高次の視覚処理経路

膨大な神経生理学的知見により，これまで，脳内では異なる種類の情報が，それぞれ特定の経路で処理・表現されていることが示されてきた．外界から網膜に入力された視覚情報は，後頭葉の大脳皮質領域である初期視覚野（V1）に投射される．その後，後頭から頭頂へと至る，おもに動きや位置に関する処理を司る背側経路，あるいは後頭から側頭へと至る，おもに形や色の処理を司る腹側経路へと情報が送られる（Livingstone & Hubel, 1987）（図2.1.5）．

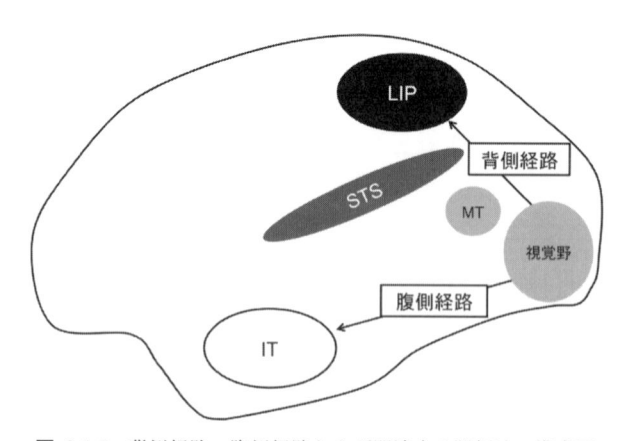

図 2.1.5 背側経路，腹側経路および関連する脳領域の模式図

a. 腹側経路と背側経路の情報処理

たとえば，前節で述べた顔の処理など，物体の認知に関しては，おもに腹側経路が関与することが指摘されている．コージとカンヴィッシャーは（Kourtzi & Kanwisher, 2001）は，神経順応法（neural adaptation）を用いた検討を行った．

ある刺激入力を提示することで特定の細胞の応答を一定時間生じさせた後（順応），再度同じ入力が提示された場合，疲労によりその細胞の応答レベルが低下する．したがって，もし異なる物理的入力の間でも順応効果が生じた場合には，その物理的入力は同じ神経細胞（群）によって符号化されると考えられる．彼らは，人を対象としたfMRI実験において，参加者に格子状の線の手前にある物体と，格子で遮蔽されている物体とを提示し（図2.1.6），順応効果が生じるかどうかを検討した．その結果，後頭側頭部に位置する外側後頭部複合体（lateral occipital complex）において，格子によって物体イメージに局所的な変化が生じているにもかかわらず，二つの刺激間に順応効果が生じることがわかった．この結果は，腹側経路においては，全体的な形状を維持する形で，物体が表現されることを示している．

また，ハングら（Hung et al., 2005）は，先に述べたデコーディングと類似した手法を用いて，サルのIT野で記録された神経活動をもとにデコーダーをトレーニングした後，時間的にどのくらいの量の神経活動があれば，一定の精度をもって物体のカテゴリー化が行われるのかを検討した．その結果，物体刺激が提示されてからわずか125ミリ秒の間の情報だけで，70％以上の精度でカ

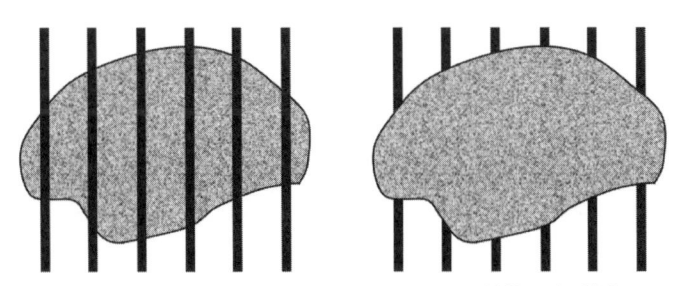

図 2.1.6 神経順応法に関する実験で用いられた刺激図形の模式図
物体が格子状の線の背後に存在する場合（左）と，格子の手前に存在する場合（右）．コージとカンヴィッシャー（Kourtzi & Kanwisher, 2001）を参考に作図．

テゴリー化が可能なことが示された．

一方，背側経路に関しては，たとえば外側頭頂間領域（lateral intraparietal area：LIP）において，位置情報の処理が行われることなどが知られている．このような背側経路の処理においては，グッデールとミルナー（Goodale & Milner, 1992）による報告が有名である．

彼らは，腹側経路に損傷を負った患者は，目の前の物体が何であるかを同定することができないが，その形状に合わせて物体を握ったり，型にはめ込んだりすることが可能であることを報告した．この知見は，物体そのものの処理と，物体の空間的な位置関係をつかさどる処理が，異なる処理経路で行われていることを示唆している．また，筒井ら（Tsutsui et al., 2002）は，サルに，さまざまなテクスチャで定義された3次元的な平面図を提示し，一定方向の奥行き面に対して選択的に応答する細胞が頭頂領域（caudal intraparietal are）に存在することを見出した．この知見は，2次元的な情報から復元された3次元的な空間表現そのものに関する神経表象が，脳内に存在することを示唆している．

b. 情報の統合可能性

ここまで概観した知見は，腹側経路と背側経路との間で異なる情報処理が行われることを示唆している．しかし，これら二つの経路は完全に独立しているわけではない．たとえば，先に述べたハングら（Hung et al., 2005）の研究では，腹側経路に位置するIT野から生じた神経活動には，物体そのものの情報だけではなく，物体の大きさや位置などの情報が含まれていることが示唆されている．また，背側経路に位置するLIP野においても，物体の形状に選択的に応答する細胞が存在することが報告されている（Sereno & Maunsell, 1998）．

これらの知見は，高次の脳領域では，物体情報と空間情報の両方が符号化されていることを示唆している．低次の視覚処理段階では，二つの処理経路への入力が大きく分離されていることから（Livingstone & Hubel, 1987），低次から高次へといたる処理経路の間に位置する領域で，物体と空間の情報が統合される可能性が考えられる．その有力な候補として，背側経路と腹側経路の中間に位置する上側頭溝（superior temporal sulcus：STS）があげられる（図2.1.6）．

第1章 神経生理学的理論の［適用事例］　　109

　サルの脳における神経結合を調べた解剖学的研究では，腹側経路および背側経路からSTSの後頭部へと，神経結合が存在することが確認されている（Baizer, Ungerleider, & Desimone, 1991）．また，近年，他者の動作を観察あるいは模倣する際には，STS後頭部，IPLなどの頭頂部，そして下前頭回（inferior frontal gyrus）のネットワークが活動することが知られている（Cattaneo & Rizzolatti, 2009 ; Iacoboni & Dapretto, 2006）．これはミラーニューロンシステム（mirror neuron system）とよばれ，視覚的に入力された他者の動作が自己の動作へと変換される際，STSを経由し，複数の脳部位における処理が関与することを示唆している．

1.5　新たな処理経路と多感覚統合

　さらに近年，背側・腹側経路に加え，時間情報をおもに処理する経路の存在が指摘されている．たとえば，右の頭頂葉付近に損傷をもっている患者は，運動知覚における時間分解能が悪くなること，また正常な被験者であっても，右頭頂葉の働きが電気刺激によって人工的に抑制されると，イベント（点滅による輝度変化）に対する時間分解能が低下することが報告されている（Battelli, Pascual-Leone, & Cavanagh, 2007）．

　これらの知見をもとに，視覚野から運動処理をつかさどるMT領域を経由し頭頂葉へと至る処理経路が，時間情報をつかさどる処理経路と仮定され，現在も盛んに研究が進められている．

　また，これまで述べてきた視覚処理に関する知見だけではなく，聴覚や触覚，体性感覚においても神経生理学的な研究が盛んに行われている．特筆すべきは，従来，各感覚モダリティの情報は，視覚なら視覚野，聴覚なら聴覚野といった具合に，それぞれ独立した脳領域である程度処理がなされた後，STS（Desimone & Gross, 1979 ; Jones & Powell, 1970）や上丘（superior colliculus ; Meredith & Stein, 1983）といった脳領域で統合・相互作用されると考えられてきた．

　しかし，最近の電気生理学的研究あるいは脳機能画像研究などから，たとえば聴覚野において光に応答する細胞が存在するなど，従来単一の感覚モダリテ

ィの情報を処理すると考えられてきた脳領域においても，複数の感覚情報に応答する細胞（群）が存在することが指摘されはじめている（Driver & Noesselt, 2008）．このような知見は，脳内における情報のやりとりが，これまで考えられていたよりも垣根なく柔軟に行われていることを示唆している．

1.6　ま　と　め

本章では，低次あるいは高次の脳領域あるいは神経処理経路における神経表象の符号化について，神経生理学的な知見を概観した．そして，従来考えられていたよりも，細胞間あるいは脳領域間で活発に神経活動の相互作用が生じていることがわかった．このことから，脳内では，情報選択的・機能局在的な処理だけではなく，神経細胞の広範なネットワークによる大域的な処理によって，神経表象および知覚表象が形成されると考えられる．　　　　　〔日髙聡太〕

文　献

Baizer, J., Ungerleider, L., & Desimone, R. (1991). Organization of visual inputs to the inferior temporal and posterior parietal cortex in macaque. *Journal of Neuroscience*, **11**, 168-190.

Barlow, H. B. (1953). Summation and inhibition in the frog's retina. *Journal of Physiology*, **119**, 69-88.

Barlow, H. B. (1972). Single units and sensation : A neuron doctrine for perceptual psychology? *Perception*, **1** : 371-394.

Battelli, L., Pascual-Leone, A., & Cavanagh, P. (2007). The 'when' pathway of the right parietal lobe. *Trends in Cognitive Science*, **11** : 204-210.

Castelo-Branco, M., Goebel, R., Neuenschwander, S., & Singer, W. (2000). Neural synchrony correlates with surface segregation rules. *Nature*, **405**, 685-689.

Cattaneo, L., & Rizzolatti, G. (2009). The mirror neuron system. *Archive of Neurology*, **66**, 557-560.

Desimone, R., & Gross, C. G. (1979). Visual areas in the temporal cortex of the macaque. *Brain Research*, **178**, 363-380.

Driver, J., & Noesselt, T. (2008). Multisensory interplay reveals crossmodal influences on 'sensory-specific' brain regions, neural responses, and judgments. *Neuron*, **57** : 11-23.

Engel, A. K., Fries, P., & Singer, W. (2001). Dynamic predictions : Oscillations and synchrony in top-down processing. *Nature Reviews Neuroscience*, **2**, 704-716.

Fujita, I., Tanaka, K., Ito, M., & Cheng, K. (1992). Columns for visual features of objects in monkey inferotemporal cortex. *Nature*, **360**, 343-346.

Goodale, M. A., & Milner, A. D. (1992). Separate visual pathways for perception and action.

Trends in Neurosciences, 15, 20-25.
Gray, C. M. (1999). The temporal correlation hypothesis of visual feature integration : Still alive and well. *Neuron*, 24, 31-47, 111-125.
Gross, C. G., Roche-Miranda, C. E., & Bender, D. B. (1972). Visual properties of neurons in infero-temporal cortex of the macaque. *Journal of Neurophysiology*, 35, 96-111.
行場次朗 (2001). 神経生理学的理論　中島義明（編）．現代心理学［理論］事典　朝倉書店 pp.235-252.
Hartline, H. K. (1938). The response of single optic nerve fibers of the vertebrate eye to illumination of the retina. *American Journal of Neurophysiology*, 121, 400-415.
Huble, D. H., & Wiesel, T. N. (1959). Receptive fields of single neurons in the cat's striate cortex. *Journal of Physiology*, 148, 574-591.
Huble, D. H., & Wiesel, T. N. (1962). Receptive fields, binocular interaction and functional architecture in the cat's visual cortex. *Journal of Physiology*, 160, 106-154.
Huble, D. H., & Wiesel, T. N. (1965). Receptive fields and functional architecture in two nonstriate visual areas (18 and 19) of the cat. *Journal of Neurophysiology*, 28, 229-289.
Hung, C. P., Kreiman, G., Poggio, T., & DiCarlo, J. J. (2005). Fast readout of object identity from macaque inferior temporal cortex. *Science*, 310, 863-866.
Iacoboni, M., & Dapretto, M. (2006). The mirror neuron system and the consequences of its dysfunction. *Nature Reviews Neuroscience*, 7, 942-951.
Jones, E. G., & Powell, T. P. (1970). An anatomical study of converging sensory pathways within the cerebral cortex of the monkey. *Brain*, 93, 793-820.
Kamitani, Y. & Tong, F. (2005). Decoding the visual and subjective contents of the human brain. *Nature Neuroscience*, 8, 679-685.
Kanwisher, N., McDermott, J., & Chun, M. (1997) The fusiform face area : A module in human extrastriate cortex specialized for the perception of faces. *Journal of Neuroscience*, 17, 4302-4311.
Kay, K. N., Naselaris, T., Prenger, R. J., & Gallant, J. L. (2008). Identifying natural images from human brain activity. *Nature*, 452, 352-355.
Konorski, J. (1967). *Integrative activity of the brain*. Chicago: University of Chicago Press.
Kourtzi, Z., & Kanwisher, N. (2001). Representation of perceived object shape by the human lateral occipital complex. *Science*, 293, 1506-1509.
Kuffler, S. W. (1953). Discharge patterns and functional organization of mammalian retina. *Journal of Neurophysiology*, 16, 37-68.
Livingstone, M. & Hubel, D. (1987). Psychophysical evidence for separate channels for the perception of form, color, movement, and depth. *Journal of Neuroscience*, 7, 3416-3468.
Meredith, M. A., & Stein, B. E. (1983). Interactions among converging sensory inputs in the superior colliculus. *Science*, 221, 389-391.
Miyawaki, Y., Uchida, H., Yamashita, O., Sato, M. A., Morito, Y., Tanabe, H. C., Sadato, N., and Kamitani, Y. (2008). Visual image reconstruction from human brain activity using a combination of multiscale local image decoders. *Neuron*, 60, 915-929.
森　晃徳 (1993). 脳の情報表現・処理・記憶のモデル　永野　俊・梶　真寿・森　晃徳（編），視覚系の情報処理　啓学出版

Murray, S. O., Boyaci, H., & Kersten, D. (2006). The representation of perceived angular size in human primary visual cortex. *Nature Neuroscience*, **9**, 429-434.

Roelfsema, P. R., Engel, A. K., König, P., & Singer, W. (1997). Visuomotor integration is associated with zero time-lag synchronization among cortical areas. *Nature*, **385**, 157-161.

Sereno, A. B., & Maunsell, J. H. (1998). Shape selectivity in primate lateral intraparietal cortex. *Nature*, **395**, 500-503.

Singer, W., & Gray, C. M. (1995). Visual feature integration and the temporal correlation hypothesis. *Annual Review of Neuroscience*, **18**, 555-86.

Sugita, Y. (1999). Grouping of image fragments in primary visual cortex. *Nature*, **401**, 269-272.

Tallon-Baudry, C., & Bertrand, O. (1999). Oscillatory gamma activity in humans and its role in object representation. *Trends in Cognitive Sciences*, **3**, 151-162.

Tallon-Baudry, C., Bertrand, O., Delpuech, C., & Pernier, J. (1996). Stimulus specificity of phase-locked and non-phase-locked 40 Hz visual responses in human. *Journal of Neuroscience*, **16**, 4240-4249.

Tanaka, K. (1993). Neuronal mechanisms of object recognition. *Science*, **262**, 685-688.

Tanaka, K. (1996). Inferotemporal cortex and object vision. *Annual Review of Neuroscience*, **19**, 109-139.

Tanaka, K. (2003). Columns for complex visual object features in the inferotemporal cortex : Clustering of cells with similar but slightly different stimulus selectivities. *Cerebral Cortex*, **13**, 90-99.

Tanaka, K., Saito, H., Fukada, Y., & Moriya, M. (1991). Coding visual images of objects in the inferotemporal cortex of the macaque monkey. *Journal of Neurophysiology*, **66**, 170-189.

Tsutsui, K., Sakata, H., Naganuma, T., & Taira, M. (2002). Neural correlates for perception of 3D surface orientation from texture gradient. *Science*, **298**, 409-412.

von der Heydt, R., Peterhans, E., & Baumgartner, G. (1984). Illusory contours and cortical neuron responses. *Science*, **224**, 1260-1262.

第2章

精神物理学的理論の［適用事例］

◉精神物理学理論

『現代心理学［理論］事典』でみた枠組みにそって具体的な事例を示してみたい．事典でふれたすべての理論について事例を示すことは紙幅の都合で困難であるので，以下ではフェヒナーの精神物理学，スティーヴンスの精神物理学および信号検出理論の三つの理論について事例を通して理解を深めることとしたい．以下で用いる個々の測定にかかわる概念については『現代心理学［理論］事典』II部5章「精神物理学理論」（苧阪，2001）を，精神物理学的測定法については『新編感覚知覚心理学ハンドブック』第2章「精神物理学的測定法」（psychophysical methods）（苧阪，1994）を参照されたい．

物理刺激強度（I）と判断（反応）（R）との関係を実験的に研究するために，フェヒナー（Fechner, 1860）は19世紀中葉に精神物理学的測定法を考案した．これらの測定法は，さまざまな修正を加えられながらも現在も用いられている．精神物理学的測定法は意識の上で刺激の存在がやっと気づきうる刺激閾（stimulus threshold）を求めたり，二つの刺激間の差異（大小や等価の判断）を感知しうる弁別閾（difference threshold）あるいは丁度可知差異（just noticeable difference : jnd）などを測定する方法である．

古典的かつ代表的な測定法として，調整法（method of adjustment），極限法（method of limits）や恒常法（method of constant stimuli）などがある．精神物理学的測定で測定できるのは感覚や知覚そのものではなく，判断や反応を通した弁別力である．フェヒナーの精神物理学では感覚の主観的大きさを間接的に

測定する方法として弁別閾に基づく概念が用いられる．

2.1 フェヒナーの精神物理学の事例

　フェヒナー（Fechner, 1860）は精神物理学をIとRの関係を扱う外的精神物理学と，脳内の生理興奮過程（E）と感覚強度（S）の関係を扱う内的精神物理学に分けている．しかし，当時は，内的精神物理学は方法的に困難なこともあってほとんど進展をみなかったが，外的精神物理学は測定法が提案されていたこともあって大きな進展があった．精神物理学はI-R関係を表現しうる関数を精神物理学的測定法を用いて探り，それにより精神物理学的法則を記述することを目的とする．刺激強度 I に対応する感覚尺度上の判断値 R が，I の関数となるような精神物理学的関数を求めることがフェヒナーの精神物理学の一つの目的である．

　フェヒナーの精神物理学（Fechner's psychophysics）では，フェヒナーの法則とよばれる対数法則（logarithmic law）が問題にされる．対数法則では R は I と対数関数，

$$R = k \log I$$

で表される（k は定数）．この対数関数は一般に感覚量 R は刺激量 I の対数に比例すること，すなわち"刺激 I の幾何級数的増加は感覚 R の算術級数的増加をもたらす"ことを表現している．

　フェヒナーは生理学者ウエーバー（Weber, 1834）の重さの弁別閾の実験をもとにしてフェヒナーの法則を思いついたといわれる．弁別閾（ΔI）あるいは jnd は2つの刺激が感覚的に区別（弁別）できる刺激の物理量の差異をいう．ウェーバーの法則（$\Delta I/I = c$（定数））は任意の刺激量に対して弁別閾は一定であることを示している（感覚モダリティーによって異なる値をとる：たとえば重さの場合は c はおよそ 1/30）．この法則が正しければ，刺激の強度が増加しても ΔI もそれに比例して増加することになる．実際かなり広い刺激の範囲でこれは正しいが，刺激がごく弱い場合や強い場合は，この比の値は変化してしまうことも知られている．

　フェヒナーはウェーバーの弁別閾の実験から対数法則を導いた．フェヒナー

は感覚の絶対的大きさを直接測定することはできないが，$\varDelta I$ を jnd つまり弁別閾の積算と考えることによって間接的に評価できると考えた．物理刺激量の強度が増加すると，一般に弁別のための刺激量も増加するが，$\varDelta I$ の値の大きさにかかわらず感覚の大きさの心理的な増分はすべての jnd で等しいと考えたのである（図 2.2.1：感覚の大きさのゼロは閾値に対応）．つまり，フェヒナーは jnd の数をカウントすることで感覚の大きさの推定ができると考えた．

a. 測定例

たとえば，$\varDelta I/I$ が 1/5 かつ刺激閾を"10"想定した場合を例にあげると，最初の jnd に対応する刺激量は $10 \times 1/5 = 12$，次の jnd に対応する刺激量は $12 \times 1/5 + 12 = 14.4$ などとなる（図 2.2.1）．このような jnd の累積法で感覚の大きさを推定することができるのである．これを図示したものが図 2.2.2 である．

図のような刺激強度の値と対応した jnd の累積データが得られた場合，縦軸に jnd を，横軸に刺激強度をプロットすると図 2.2.2 の左のような曲線の関数形となる．フェヒナーの対数法則に従って横軸に刺激強度の対数をとると，図 2.2.2 の右のような対数関数が得られる（Gescheider, 1985）．これは，"刺激 I の幾何級数的増加は，感覚 R の算術級数的増加をもたらす"というフェヒナーの対数法則を表している．

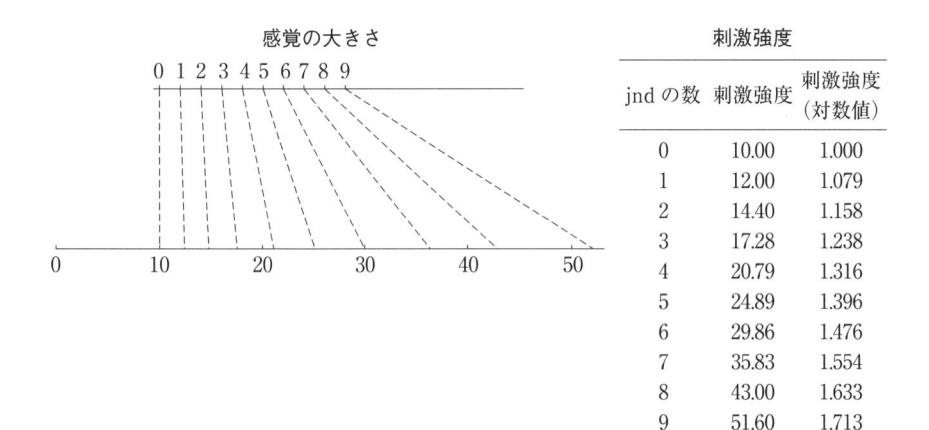

jnd の数	刺激強度	刺激強度（対数値）
0	10.00	1.000
1	12.00	1.079
2	14.40	1.158
3	17.28	1.238
4	20.79	1.316
5	24.89	1.396
6	29.86	1.476
7	35.83	1.554
8	43.00	1.633
9	51.60	1.713

図 2.2.1 感覚の大きさの単位と刺激強度の関係（Gescheider, 1985）

図 2.2.2 フェヒナーの精神物理学（対数法則）（Gescheider, 1985）

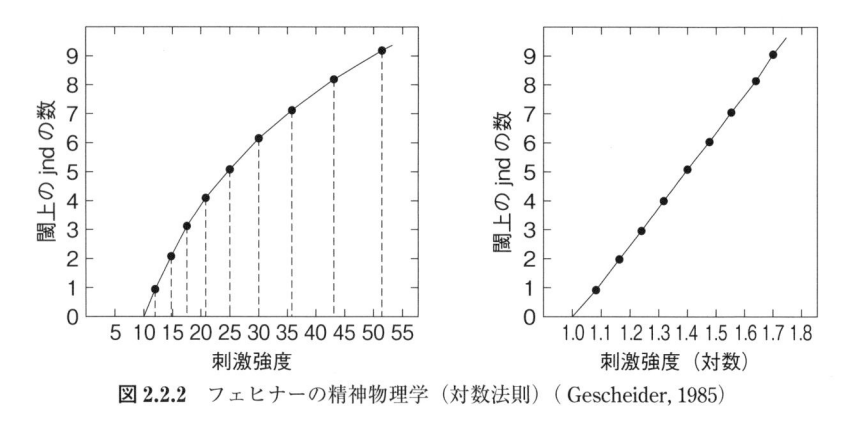

2.2 スティーヴンスの精神物理学の事例

　対数法則（フェヒナーの法則）が感覚量の最小単位としてjndを考え，その累積によって感覚量の大きさが表現できると考えたのに対し，スティーヴンス（Stevens, 1961）の精神物理学（Stevens' psychophysics）は，観察者に感覚の大きさを直接的に数値で推定させることで感覚量の直接尺度構成を試みた．フェヒナー流のいわば間接的物差し（jnd）による方法に対して，より直接的な方法を提案したといえる．

　スティーヴンスは対数法則にかわるものとして，ベキ法則（power law）を提案した（Krueger, 1989.）．ベキ法則はベキ関数（power function），

$$R = k \cdot I^n$$

で表現される．両辺の対数をとると，

$$\log R = n \cdot \log I + \log k$$

となり両対数軸のグラフで勾配 n をもつ線形関数が得られる．これはベキ関数と数学的に等価であり，わかりやすいので両対数軸のグラフで表現されることが多い．ここで，n, R, I, k はそれぞれベキ指数，主観的な感覚の大きさ，物理刺激量，定数を示す．

　n は感覚モダリティーによって異なる値をとることがわかっている（苧阪，2001, p.222, 表 2.5.1 を参照）．たとえば明るさ感覚の場合，暗順応下で視角

5度の白色光の明るさのベキ指数は 1/3 程度となる．一方，痛みの感覚では指先に与えられた 60Hz の電流刺激の電気ショックで，ベキ指数は 3.5 程度の大きさとなる．明るさ感覚の場合，主観的明るさ R は高い物理輝度 I に対していわば圧縮されることになり，明るさは I が増加しても，なかなか明るく感じられない（I の 3 乗根に比例）．

一方，電気ショックの場合は主観的な痛み R は強い電流刺激 I に対し増幅され，少し I が増加すると飛び上がるほどの痛みとなることを示している（I の 3.5 乗に比例）．環境への適応という視点から見ると，明るさでは夜空の 6 等星などのごく弱い光から太陽の光のような強い光まで非常に広い刺激強度の範囲を見ることができる一方で，痛みではほんの狭い範囲の I にしか適応できないことを示している．痛みに対しては変化率への感受性を高め，明るさに対しては変化率への感受性を低めているといえるわけで，ベキ指数は人間の生態環境への適応の様子を表しているともいえる．

前者では大きな，後者では小さなダイナミックレンジをもっているといえる（相場，1970；Stevens, 1962）．ベキ関数に当てはめるデータを得るに種々の方法があるが，ここでは最も一般的なマグニチュード推定法を用いた場合を見てみたい．ここでは，代表的な直接尺度構成法の一つであるマグニチュード推定法（magnitude estimation method）を紹介し，実際に主観的な感覚の大きさがどのように感覚の尺度の上に表現されるのかを見てみたい．

a. マグニチュード推定法

マグニチュード推定法（method of magnitude estimation）は直接尺度構成に用いられる．標準刺激に対して当該刺激を求められた比率に調整する比率産出法，当該刺激との比率を報告させる比率推定法，さらに与えられた数値にマッチするように刺激を調節するマグニチュード産出法などとともに感覚の大きさの比率判断を求める場合に使われる．マグニチュード推定法では観察した刺激にマッチする感覚量を数値（正確には数詞）で推定するよう求める方法でベキ法則の検討の際には必ずといってよいほど用いられる．

ベキ法則は経験的にはマグニチュード推定法の手続きで得られたデータでよく説明できるので，その経験的妥当性は高いのであるが観察者が感覚量を比率

的に判断でき，またそれを直接"数詞"で報告することができるという前提がある．明るさ感覚を例にとって説明すると，マグニチュード推定法では，たとえば標準刺激のもたらす明るさに"10"という判断値を与えたとき，ある輝度をもつ変化刺激がもたらす明るさを，それが2倍の明るさに見えれば"20"，半分の明るさに見えれば"5"と報告する．これらの判断値は数値として扱われ，各変化刺激Iについてその幾何平均値

$$GM = \mathrm{antilog}[(\Sigma \log I)/n]$$

がとられ，ベキ関数で近似される．ベキ法則は感覚や知覚の領域のみならず，広く社会事象についても適用されている（Stevens, 1975）．

b. 測定例

たとえば，暗室で蛍光灯の明るさを評価する実験では，観察者は暗室で10分の間暗順応したあと，透明ガラスに反射された凝視点を見つめる．次に，観察者は凝視点の位置に最初に提示される光刺激（標準刺激）の主観的明るさに適当な数値（数詞）を口頭で報告した後，さまざまな刺激強度（輝度）の光刺激（テスト刺激）が提示されるので，それぞれについて，最初の刺激の明るさを基準にしてその明るさを右眼で比率判断して評定していく．刺激の強度や提示時間はフィルターや電子パルスによって調整する（図2.2.3）．

たとえば，標準刺激に"10"という明るさを割り付けた場合，後続の刺激がその2倍の明るさに感じれば"20"という具合に評定する．10名前後の観察者につき幾何平均値を計算し，両対数軸のグラフにプロットしたのが図2.2.3である．横軸には1目盛りを10デシベルの単位で相対表現した刺激強度（対数）を，縦軸にはマグニチュード推定法による明るさ感覚（対数）をとってある．1本の直線が一つのベキ関数に対応している．それぞれのベキ関数の下にある数値はテスト刺激の提示時間（ミリ秒単位）を示している．提示時間が1000ms（1秒）では直線の勾配（ベキ指数）はおよそ1/3，提示時間が短くなると1/2程度となる（Stevens & Hall, 1966）．

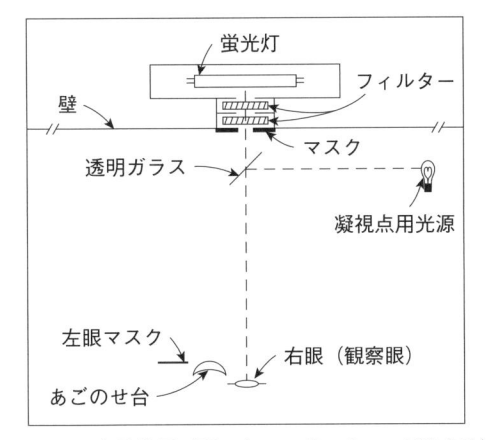

上からみた実験装置（明るさのマグニチュード推定法）

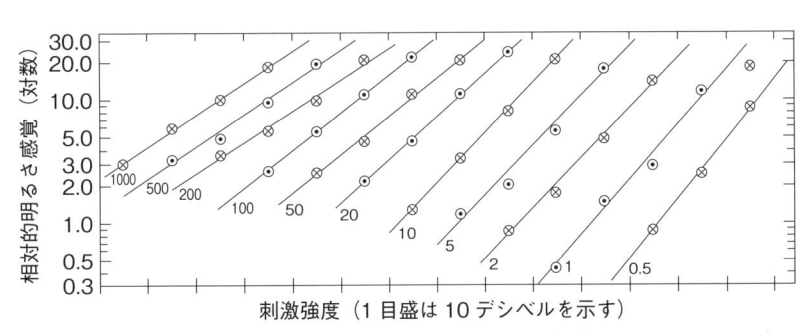

図 2.2.3 マグニチュード推定法を用いた明るさのベキ関数（Stevens & Hall, 1966）

2.3 信号検出理論

信号検出理論（theory of signal detection）は信号を検出すべき状況におかれた人間の行動決定モデルに，統計的決定理論と確率分布理論を適用する試みの中から生まれた（Tanner & Swets, 1954）．現代の高度情報化社会では多くの情報があふれているが，多くの情報の中から必要とする少数の情報（信号）がどのように検出されるのかを考える枠組みを提供するのが信号検出理論である．

この理論では，刺激と反応をそれぞれ2分割してモデルを考える．まず，刺

激側では，信号を含む刺激（sn）とノイズ刺激（n）の二つの刺激事態を考え，n は背景刺激として，sn は n に sn を加えた刺激と想定する．たとえば，電話で通話する場合，背景雑音とともに聞こえてくる声が sn，背景雑音自体は n とみなされる．次に二つの刺激事態と対応する二つの判断（あり，なし）の組み合わせからなる四つの状態を考える．この組み合わせによって，観察者が n から sn を検出する弁別力（感受性）を，検出時の判断の基準の変動から切り離して評価することができるのが信号検出理論の特徴である（McNicol, 1972）．

sn と n の両分布が，等しい分散をもち標準正規分布型であると仮定すると，観察者の信号検出の判断は，両分布の平均値 X_{sn} と X_n の距離 d'（ディー・プライム）と検出の判断基準点（X_c）により決定される．d' を一定の値とした場合，観察者は観察した事象が採用した X_c より大きければ信号ありの判断（SN）を，小さければ信号なしの判断（N）をすると考える（図2.2.4）．

観察者が実際に行うのは，観察した刺激が sn 分布からきているのか，n 分布からきているのかを決定する作業である．一般に両分布の平均値の差 d' が大きいほど（両分布が重なる部分が少ないほど）検出は容易に，小さいほど（両分布が重なる部分が大きくなるほど）検出は困難となる（図2.2.4）．

観察者に SN か N の判断を求めるとき，判断は二つの要因により決まると考える．一つは感受性 d'，つまり刺激の効果の大きさであり，もう一つは観察者の判断基準 β である．β は観察者が観察している事象がどの程度以上になったとき SN の判断を行うかという判断の基準を示す指標である．

刺激事態には信号刺激あり（sn）となし（n）の事態が，判断事態にはあり（SN）となし（N）の事態があるから，両者を組み合わせると四つの事態が想定できる．図のように sn が提示され，ありの判断 SN の場合をヒット（hit）（SN | sn），なしの判断 N の場合をミス（miss）（N | sn），n が提示されてあり判断 SN の場合をフォールス・アラーム（false alarm）（SN | n），なし判断の場合をコレクト・リジェクション（correct rejection）（N | n）とよぶ．

ヒット率を [p (SN | sn)]，ミス率を [p (N | sn)]，フォールス・アラーム率を [p (SN | n)]，さらにコレクト・リジェクション率を [p (N | n)] で表すと，

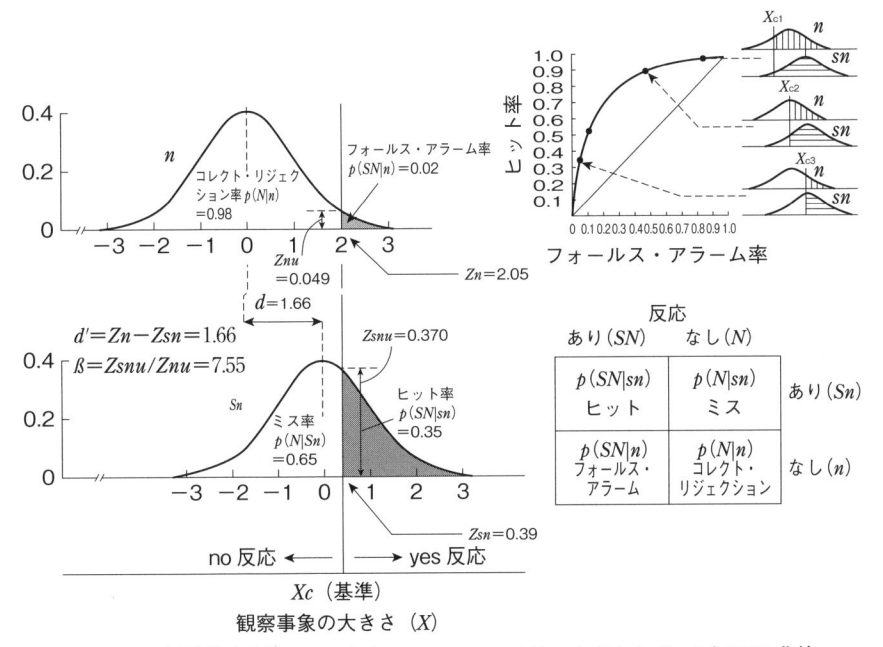

図 2.2.4 信号検出実験でヒットとフォールス・アラーム率から d′, ß と ROC 曲線を求めるモデル図 (Gescheider, 1985：一部改変)

$$[p(SN|sn)] + [p(N|sn)] = 1.0$$

かつ

$$[p(SN|n)] + [p(N|n)] = 1.0$$

となるので，計算はヒット率とフォールス・アラーム率がわかれば十分である．信号検出理論では d' や $β$ をヒット率とフォールス・アラーム率から推定し統計的決定の枠組みのなかで刺激の弁別のモデルを考えるのである．これにより，精神物理学的測定法では扱うことができなかった観察者の判断基準 $β$ を感受性 d' と独立に推定したり，操作することができるようになった．

a. 感受性 d' と判断基準 $β$

sn と n 分布の平均値の差 $(X_{sn} - X_n)$ を n 分布の標準偏差 $(σ_n)$ で除した値が d' であり，これは観察者の検出の感受性という知覚的側面を表す $(d' = (X_{sn} - X_n)/σ_n)$．ただし，ここでは簡単のため，

$$\sigma_{sn} = \sigma_n \text{ かつ N }(0, 1)$$

と想定しているので，この場合は

$$d' = Z_{sn} - Z_n$$

となる（図2.2.4参照）．sn と n の分布を離したり近づけたりすることで，実験者は d' を操作することができる．一方，観察者の態度，動機や主観的確率などの非感覚的側面を表す β は，その値が大きいほど判断基準が厳しいことを示す．d' が一定の場合，β は判断の基準点 Xc の移動にともなって変化する．β は Xc からの垂線が sn と n 分布とそれぞれ交わる点までの縦軸の高さの比で表される（$\beta = Z_{snu}/Z_{nu}$）．

X_c が右へ移動するほど（$\beta > 1.0$）基準は厳しく，「信号あり」の判断は慎重になり，左へ移動するほど（$\beta < 1.0$）基準は甘くなり，「信号あり」の判断は出現しやすくなる．β は sn や n の提示確率を操作したり，ヒット判断には報酬を与え，フォールス・アラーム判断には罰を与えるなどの利得行列を導入し，判断に重みを与える利得行列の導入などで操作することが可能である．

b. ROC 曲線

フォールス・アラーム率に対して，ヒット率をプロットした曲線を ROC 曲線（receiver operating characteristics curve）とよぶ．グラフでは座標 (0, 0) から (1, 1) に向かって引かれた等感受性曲線を示す．複数の基準点 Xc におけるフォールス・アラーム率とヒット率がわかれば ROC 曲を描くことができ，d' 一定の ROC 曲線上の点は所与の β と対応している．

また ROC 曲線上の任意の点の勾配はその点を与える尤度比に等しい．d' が大きくなると ROC 曲線は座標 (0, 1) に向かって膨らみを増していくが，n と sn が等分散でない場合は負の対角線に対する対称性は崩れる．

c. 測定例

代表的な測定法であるイエス・ノー実験についてごく簡単にみてみたい（図2.2.4）．ここで，n と sn の分布は標準正規分布 $N(0, 1)$ であり等分散（$\sigma_{sn} = \sigma_n$）であると想定する．イエス・ノー実験法では d' が一定のもとで，観察者はランダム順に提示される n と sn 刺激に対して SN か N の判断を行う．数百

試行からなるブロックが変わるごとに β を変化させる．各基準点 Xc（$Xc_{1, 2, 3}$）上で得たヒットとフォールス・アラーム率の座標データから複数の点を求め，これをつないで ROC 曲線の概形を描くことができる（図 2.2.4 右）(Gesheider, 1985)．

このほか，評定実験では観察者は複数の判断カテゴリ（たとえば判断カテゴリが 5 ポイント・スケール）の場合は「確実に sn である」，「たぶん sn である」，「sn か n か不明」，「たぶん n である」，「確実に n である」などの確信度の判断を行うことになる．

評定が両極端になるほど厳しい（または甘い）基準となる．判断カテゴリ数がイエス・ノー実験法より多いため 1 ブロックの試行で複数のヒットとフォールス・アラーム率のデータが得られ，すぐに ROC 曲線が得られる長所がある（苧阪，1994）．　　　　　　　　　　　　　　　　　　　〔苧阪直行〕

文　　献

相場　均（1970）．Stevens の新精神物理学　八木　冕（監修）大山　正（編）講座心理学第 4 巻　知覚　東京大学出版会　pp.261-287.
Fechner, G. T.（1860）．*Elemente der Psychophysik*, In Bd.I & II. 3 Aufl. Leipzig : Breitkopf & Haertel.
Gescheider, G. A.（1985）．*Psychophysics : Method, theory and application.* 2nd ed.Hillsdale : LEA.
Krueger, L. E.（1989）．Reconciling Fechner and Stevens : Toward a unified psychophysical law. *Behavioral and Brain Sciences*, **12**, 251-320.
McNicol, D.（1972）．*A primer of signal detection theory.* London : Allen & Unwin.
苧阪直行（1994）．精神物理学的測定法　大山　正・今井省吾・和氣典二（編），新編　感覚知覚心理学ハンドブック　pp.19-41.
苧阪直行（2001）．精神物理学的理論　中島義明（編）現代心理学［理論］事典　朝倉書店　pp.215-234
Stevens, S. S.（1961）．To honor of Fechner and repeal his law. *Science.* **133**, 80-86.
Stevens, S. S.（1975）．*Psychophysics : Introduction to its perceptual, neural and social prospects.* New York : John Wiley & Sons.
Stevens, S. S., & Hall, J. W.（1966）．Brightness and loudness as functions of stimulus duration. *Perception & Psychophysics*, **1**, 319-327.
Tanner, W. P., Jr., & Swets, J. A.（1954）．A decision-making theory of visual detection. *Psychological Review*, **61**, 401-409.
Weber, E. H.（1834）．*De pulsu, resorptione, auditu et tactu. Anatationes anatomicae et physiologicae.* Leipzig : Koehler.

第3章

事象知覚理論の［適用事例］
——生態学的理論とドライビング——

『現代心理学［理論］事典』で担当したⅡ部3章「事象知覚理論」の最後に，次のように述べた．

「生態学的理論の基本的概念は，多くの論争を経て，他の認知心理学者にも広く容認されるようになってきた．しかし，ギブソンの理論は他の理論との対決色を強めることで発展してきた側面もあるので，このことが学派としての発展をさらに強めることになるか，あるいは求心力を弱めることになるのかは今後興味深いところである」（柏原，2001，p.187）

その後，知覚と行為の密接な関係を重要視したギブソンの考えは対決色を強めるというよりも，心理学，認知科学，人間工学などのさまざまな領域で取り入れられ，一つの重要な理論的基盤となっていると思う．本章においては，知覚と行為の密接な関係を示す事例としてドライビングの問題を取り上げ，応用例として自動車安全運転センター「安全運転中央研修所」における GPS を利用した運転者教育システムについて紹介したいと思う．

3.1 移動の時代と自動車

20世紀ほど，私たちの移動圏が飛躍的に拡大した時代はなかった．人類は日常的に移動・拡大をくり返すことによって，ある意味，今日の繁栄を築きあげたといってもいいすぎではないであろう．移動手段には，自動車・電車・飛行機・船舶などいろいろあるが，20世紀を代表する移動手段は「自動車」だと思う．「車」という乗り物は，自分が「いつでも」，「好きなときに」，「どこ

でも」移動できるという点で，他の移動手段とは異なり，人間が本来もっている「自由な移動」を象徴する移動手段ともいえる．

　人類最初の人工動力を使用した車は，1769年にフランス人のキュニョー（Cugnot, N. J.）が発明した三輪蒸気自動車である．1880年代には本格的な電気自動車が同じフランスで発明されている．実用に耐えうるガソリン自動車は，1885年にドイツでベンツ（Benz, K.）により発明された三輪自動車である．翌年，1886年にはダイムラー（Daimler, D.）が四輪自動車を発明した．その後，1900年代初頭にアメリカのフォード（Ford, H.）が流れ作業による大量生産方式を確立し，低価格化され，自動車の工業化とモータリゼーションの道が開かれることになった．わが国では1960年代後半から自家用乗用車の普及がはじまり，2010年末の時点で約9000万台の車両が保有され，約8100万人の人が運転免許を所有している．

　今日，車は私たちの生活に「なくてはならないもの」となっている．しかし，自由に移動ができるがゆえに，多くの問題も生じている．一方は「交通問題」，他方は「環境問題」である．交通問題には，「人的損失」と「経済的損失」がある．警察庁の交通統計によると，わが国の交通事故による死亡者数（事故発生後24時間以内）は1970年に最悪の16765人を記録した．その後，さまざまな交通安全対策により死亡者数は減少し，1979年には最少の8466人となった．

　ところが，それ以降はまた増加に転じ，1988年から1995年にかけて連続1万人以上が亡くなった後，1996年に1万人を割り9942人となった．その後，死亡者数は順調に減り，2010年には4863人にまで減少した．これには救急医療体制網の整備や車両の衝突安全性能の向上などが大きく貢献したと考えられる．ただし，死亡者の定義を「事故発生後1年以内」とする厚生労働省の統計によると，いまだ7086名の人が命を落としている（2009年）．

　一般に報道されるのが多いのは死亡者数だが，それ以外にもはるかに多くの負傷者がいる．交通事故発生件数と負傷者数は1977年以降増加し，2005年から減少傾向に入ってはいるが，2010年には89万6208人と依然として多くの人が負傷している．今後は社会的・経済的観点から見ても，死亡者の数だけでなく負傷者数を減らす対策も必要であろう．

人身事故以外にも物損事故がある．日本損害保険協会のデータによると，自賠責保険・自動車保険により支払われた損害物数を基に推計すると，物損事故は約710万件にもなる（2008年度）．保険金支払額による交通事故による経済的損失額は，「人身損失額」と「経済的損失額」を合わせると3兆2830億円と推計されている（ただし，この中には事故に起因する間接的損害は含まれていない）．

世界中の交通事故による死亡者数や負傷者数は明確ではない．近年，先進国（高所得国）の死亡者数は減少しているが，自動車の衝突安全性能などの向上によりドライバーが死亡するケースが減少しているためだという．ところが，世界中の多くの国は低中所得国で，これらの国では交通事故による犠牲者は急増している．1992年にトルコで開催されたPRI（国際交通安全協会）の会議では，死亡者数は年間推測50万人と報告された．

WHO（世界保健機関，2004年）の報告書によると，2003年の交通事故による死亡者数は約120万人，負傷者数約5,000万人と推測されている．世界的には交通事故による犠牲者は年ごとに増え続け，WHOは2020年には死亡者数と負傷者数は各々65%増加すると予測している．交通問題は私たちの健康という視点からも重大な問題となっている．また，交通事故による経済的損失は5180億ドルをこえると推測されている．

もう一つの重大な問題は，「環境問題」である．地球の温暖化には二酸化炭素（CO_2）が深く関係することが指摘され，かなりの部分が石油などの化石燃料を使用する車から排出されているという．車から排出される二酸化窒素，二酸化硫黄なども大気汚染の元凶となっている．石油の埋蔵量も限られており，石油を燃料とする車にかわる，クリーンな燃料電池車などの開発競争が世界的に熾烈となっている．ガソリン自動車の命運はそれほど長くはないと思われるが，形態の差はあれ，車という移動手段はこの先なくなることはないであろう．とくに，2015年には「国民の約25%が65歳以上になる」と予測される少子高齢化のまっただ中にいる私たちにとって，生活を維持するための手段としての車の重要性はより一層増大すると思う．

人間という動物は，ある意味では移動と拡大，それにともなう破壊を続けることで種の存続をはかってきたともいえる．とりわけ自己の身体の延長として

第3章　事象知覚理論の［適用事例］　　　　127

の車を手に入れることにより，自由な移動がさらに拡大した．ところが，この自由に移動できることが，現実にさまざまな問題をもたらしたのは皮肉なことかもしれない．本章では，「自ら動かす車」である「自動車」の主体として，われわれドライバーが「どうすれば車を使って安全に移動できるのか」に焦点をあてて，一人の車好きの心理学者として，生態学的理論の立場から述べたいと思う．

3.2　知覚と行為の相互関係を示すドライビング

　知覚理論家の中でギブソン（Gibson, J. J.）ほど知覚と行為の間の相互関係を強調した研究者はいないと思う．一般に，哲学においては行為は知覚の下位にあり，知覚ほど重要ではないこと，また知覚と行為は別々の研究領域を構成しているとみなされてきた．心理学においても，両者は異なる研究領域を形成し，知覚理論は行為とは関係なく，行為理論は知覚理論とは関係なく構築されてきた．

　これに対して，環境内の有用な情報を抽出する能動的主体としての生活体を強調するギブソン理論においては，知覚と行為の関係は不可分であった．ギブソンは移動している知覚者によって得られる情報の重要性を強調しているが，これは20世紀における乗り物の発展と無関係ではないと思われる．たとえば，1903年12月にライト兄弟がその歴史的飛行に成功した1ヵ月後の1904年1月にギブソンは誕生している．第二次世界大戦時には，ギブソンは優秀なパイロットを選抜する研究プロジェクトに参加したが，従来の空間知覚理論やテストはほとんどその役に立たなかった．彼は空軍で数年間をすごしたが，その間に実験室では得られない多くのことを学んだという．

　ギブソンは自動車にも大きな関心をもっていた．ギブソンは彼の妻となるエレノアとともにフォードのモデルAに乗って，彼女の故郷にプロポーズに行ったという話もある．また，ギブソンとクルックス（Gibson & Crooks, 1938）はドライビングに関する最初の独創的論文を書いている．

a. ギブソンのドライビング理論

ギブソンら（Gibson et al., 1938）は，ドライビングは車という道具による移動という点を除くと，歩行やランニングと心理学的に類似していると考え，ゲシュタルト心理学の「場の理論」に基づいてドライビング行動を分析している．

移動の目的は，ある地点から別の地点（目的地）へ私たちをもたらすことであり，その過程でさまざまな「障害物（obstacles）」と遭遇することになる．障害物との衝突は移動を停止させ，身体の損傷を被るかもしれないので，それらを回避するために移動自体を適切に修正し，回避する必要がある．この修正の大半の情報は視覚より得られると考えられる．

ドライバーの視野はいくつかの点で特別で，それと関係する側面に選択的に同調している．たとえば，移動と関係する環境内の諸要素は突出するが，風景などの移動と関係のない要素は通常は後退する．環境の中で最も重要なのは「道路（road）」である．道路の内部には，ドライバーが妨害されずに移動可能な「通り道（path）」という場があり，ギブソンはこれを「安全な移動の場（the field of safe travel）」と名づけた．この場は，ドライバーと対象との衝突に際して時間が十分にあり，その中で対象との衝突を回避することができる場となる．

図 2.3.1 はドライバーの安全な移動の場を示す．現象的にはドライバーの前方に舌のように突き出ている．この場は固定したものではなく，ドライバーの移動とともに空間内を動き，その時点のさまざまな障害物によって連続的に変形する．この場の関係点はドライバー自身であるが，場はドライバーの単なる主観的経験ではなくて，その中で車を安全に運転することができる実際の場として客観的に存在する．

ドライバーは移動に際して障害物との衝突の回避を，ステアリングを切る（方向の変化）か，減速する（停止）かによって行う．たとえば，図 2.3.1 においてA車が左方向に進行していて突然B車がわき道から出てくると，A車の安全な移動の場はカットされる．B車との衝突を回避するためには，適切なステアリング操作，減速および停止が望まれる．

安全な移動の場の収縮の程度は「最小停止ゾーン（minimum stopping zone）」と関係している．安全な移動の場の内部には最小停止ゾーンが存在

第3章 事象知覚理論の［適用事例］

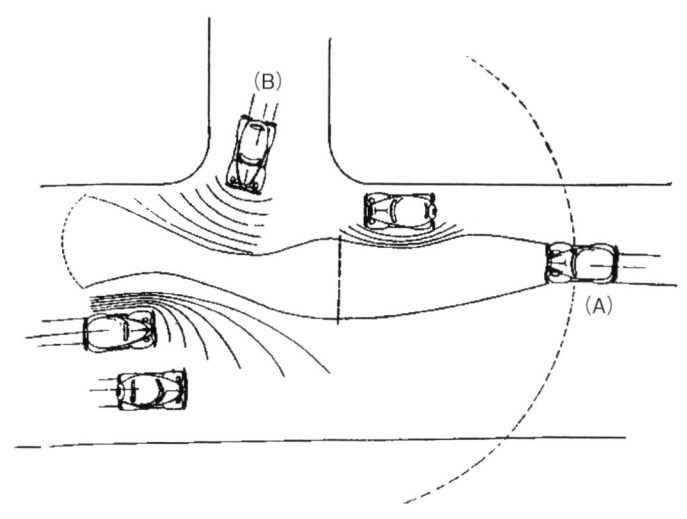

図2.3.1 安全な移動の場と，移動しているドライバーの最小停止ゾーン
（Gibson & Crooks, 1938）

し，必要ならばドライバーがその中で停止できるゾーンである．最小停止ゾーンは，車の停止に必要な最小ブレーキング距離によって決まり，車の速度，ブレーキ特性，道路面などの条件に依存する．

最小停止ゾーンの前方のヘリは，通常は安全な移動の場の境界線より，かなり手前に存在している．速度は，最小停止ゾーンの大きさが安全な移動の場の大きさに接近する地点まで増大し，これが生じると，ドライバーは「危険である」と感じるようになる．その結果，減速などの行動がとられるようになる．ドライバーの速度についての意識は，単位時間あたりの距離数（時速何km）の判断ではなくて，停止できる距離に基づいている．

安全な移動の場を制限する要因はさまざまあるが，ドライバーは運転の過程でこれらを学習し，事故に遭う前に事故の安全な移動の場の限界を知り，その内部で走行する必要がある．

3.3　交通危険学

交通危険学（Gefahren-lehre）は，1960年代から1970年代にかけて活躍し

たドイツの交通心理学者ムンシュ（Munsch, G.）により創始された．彼は運転における安全の問題を中心課題におき，安全を達成するために必要な危険源に関する知識を集大成し，運転者に危険の知識・認識を高める教育の内容と方法を体系化した．交通危険学は教習所などで行われている「危険予測」の基となっている．また，安全運転中央研修所の理論科目の中核にも据えられている．交通危険学の基本的な考え方が図2.3.2に示される．

　ムンシュは自分の考え方を表すために，ディノーメンという言葉を造った．ディノーメンは，Dynamit（ダイナマイト）とPhänomen（現象）を合わせた造語なので，直訳するとダイナマイト現象となるが，意味としては「潜在的危険源」や「潜在的に危険をもった状態」となる．図2.3.2に示されるように，ある時点までは何事もなく安全に移動していたが，ある時点でディノーメンが出現する．ディノーメンが現れてから分岐時点に至るまではディノーメンゾーンとよばれ，一部の例外を除き，この間は安全と危険な状態が共存する．

　したがって，ドライバーは分岐時点に至るまでに運転状況に現れた諸々の危険を見出し，適切な行動をとれば事故に遭遇することなく安全に移動することが可能となる．分岐時点はドライバーのもっている技術やテクニックによっては少しは動く可能性もあるのだが，いずれにしても分岐時点そのものをこえれ

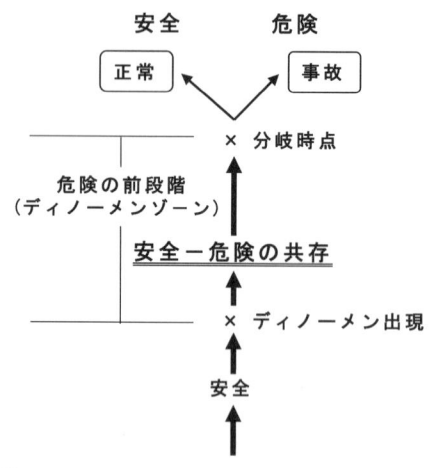

図 **2.3.2**　ムンシュによるディノーメンプロセス

第3章 事象知覚理論の［適用事例］

ば，助かるか否かは運の世界となる．

　図2.3.2で示されるムンシュの考え方は，簡単であたりまえのように思われるが，実行に際しては二つの問題がある．一つは，運転状況に潜在する危険についての知識があるかどうかである．しかも，個別の知識ではなく体系的な危険の知識が必要である．ムンシュは交通社会で生き抜いていくことを，ジャングルの中で生存することに喩えている．ジャングルの中で長い間生存できるためには，ジャングルの中に潜んでいるであろう危険についての知識が必要となる．私たちはジャングルの中には漠然と危険があるということはわかっているが，具体的な知識がないために，突然ジャングルの中に放り込まれたとして，周りを見ても何が危険かはわからないであろう．

　二つ目の問題は，危険の知識があるだけではだめで，危険を発見した場合には行動することによって少しでも危険な状態を少なくする必要がある．つまり，危険源についての体系的知識があり，危険を発見した際には毎回同じように行動をとらなければならない．それではこのようなドライバーをどうすれば育てることが可能だろうか？　本来ならばドイツのように，小さい頃から学校教育の中で少しずつ体系的に行う必要があると思うが，残念ながら，わが国の場合は体系的な交通安全教育が学校教育の中で行われているとはいえない．

　実をいうと，私は安全運転中央研修所に勤務するまで，ムンシュの交通危険学については何も知らなかった．また，ギブソンとムンシュの間になんらかの接点があるかもわからないのだが，両者の考え方には共通点があると思う．ギブソンはゲシュタルト心理学の「場の理論」に基づいてドライビング行動を考察しているが，ムンシュも同様に運転場面を，「対人関係の場」「社会的事象の場」としてとらえている．ただし，ギブソンの関心はドライビングを通じて，後の生態学的理論につながる光学的流動（optical flow）などの概念に展開されていったが，ムンシュの場合はより実践的で事故防止の具体的方法に関心があったと思われる．

　しかし，いずれにしても安全に移動できるためには，ドライバーは，ギブソンの用語では安全な移動の場の内部で，ムンシュの用語では分岐時点をこえずにディノーメンゾーンの中で適切な対応をとる必要がある．そのためには，体系的な危険についての知識を有し，毎回同じ行動をくり返しできるドライバー

を事故に遭遇する前に，いかにして育てるかが教育上の重要で最大の課題である．

3.4 自ら事故を起こさない，相手に事故を起こさせない運転

a. 車を運転するとは？

　車に乗ってラジオを聴いていると，アナウンサーの人が「ドライバーの皆さん，安全運転お願いします」と言っているのをよく耳にする．この場合の安全運転とはいったい何を意味しているのだろうか？　ただ単に「交通法規に則った運転をしてください」と言っているのか？　あるいは，そもそも車に乗っていて「安全」ということがあるのだろうか？

　一般に，「車の運転とは何か」と訊かれるとき，「車という機械を交通法規に則って操作・操縦する」という考え方が依然として根強い．わが国で生じている人身事故のうち，単独事故の占める割合は約5％にしかすぎず，残りの事故はなんらかの形で他車（者）がかかわっている．これに対して，飛行機事故は車とは反対に，約95％が単独事故である．飛行機の場合は，他機と衝突して事故になるというケースは少ない．つまり，車の事故の特徴は事故に際して相手がかかわるということである．しかも，人身事故のうち，約86％の事故は車どうしである．事故に際して相手が関係するということは，車の運転を単なる操作・操縦としてとらえるのではなくて，ムンシュのように運転行動を「対人関係の場」「社会的事情の場」としてとらえる必要がある．

　本来，人間という動物にとって，高速で移動している状態は明らかに異常であろう．なぜならば，歩けば時速4～5km，走ってもせいぜい20kmなので，私たちは時速20km以内の速度世界に適応するように進化したのであり，構造的には高速で動けるようにはできていないからである．それを，私もそうだが，車にさまざまな装置を装着することにより，自分で高速で動けるかのように錯覚させられている．したがって，車に乗って高速で動いている時点で危険であり，車に乗っていて安全ということはありえない．車を運転するという行動は，本当に危うい基盤の上に成り立っている．それでは，どうすれば少しでも事故に遭遇せずに安全に移動できるのだろうか？

単純にいえば，事故に遭遇する確率は，自分が犯すミスの確率と他車（者）に遭遇する確率によって決まる．できるだけ事故に遭遇しないためには，自分で他車（者）とのかかわりが少なくなる状況を積極的に作る必要がある．理想的には，自分の周りには人を含めて車が1台もいない状態が，最も安全な状態に近いであろう．ただし，実際の運転状況ではなかなかそうはいかないので，次の課題としては，相手とのかかわりが可能な限り少なくなる行動を選択し，何か危険な出来事が生じたときに対応できるような時空間的スペースを作ることである．具体的には車間距離である．この場合の車間距離は自車の前方だけでなく，前後を含めた周囲全体のスペースを意味する．これはギブソンの用語に従えば，「安全な移動の場」となる．

わが国の場合，車間距離という言葉が示すように，他車との間隔を距離で保持するようにと指導されることが多い．これに対して，欧米の場合は車間時間という考え方が一般的で，各速度で他車との間隔を最低でも2秒間空けるように指導される．この時間間隔はドライバーの経験，技量，意識水準，注意水準などによって流動的で，固定して考えるべきではない．

相手との空間を状況に応じていかに保持できるかは，安全なドライバーかそうでないかの一つの重要な指標だと思う．しかも，さまざまな交通場面で適切な車間距離を保持しているかを自分で知ることは，ドライバーの行動変容にとっても非常に効果的である．そのため手段として，安全運転中央研修所で運転者行動の研究と安全ドライバー育成のために開発した「GPS運転者行動記録システム」について紹介する．

b. GPS運転者行動記録システム

GPS（global positioning system，全地球測位システム）は，米国が打ち上げた軍事衛星で，31基（2009年12月現在）の衛星が約12時間周期で地球を1周している．GPS衛星には原子時計が搭載され，定時的に電波信号が発信される．GPS受信機により電波を受信し，発信-受信の時間差と伝播速度を基に受信機-GPS衛星までの距離が特定される．理論的には3基の衛星からの情報で平面上の位置の特定が可能であり，高さを表すためには4基の衛星からの情報が必要になる．

安全運転中央研修所の「GPS運転者行動記録システム」は，このGPSを利用したもので，三菱プレシジョン（株）との共同開発である．車両のルーフの特定部位にGPSアンテナを装着し，その部位の位置と高さ情報が毎秒5データずつ取得される（図2.3.3）．特定の位置情報が得られると，それを基に車両全体を再現できる．さらに，車載カメラを搭載し前方風景と運転者の表情なども同時に撮影される（図2.3.4）．専用のGPS受信機ボックス（コンピュータとGPS受信機で構成）に装着したUSBメモリに位置データと映像データが記録される（図2.3.5）．走行後，データ処理を行い，研修コースに基づき作成したデータベースに走行データをマッピングすることで，走行状況を3次元コンピュータグラフィックス（CG）で再現する．

正確な位置の特定にはさまざまな技術的問題が付随する．GPS衛星は軍事

図 2.3.3 車両の特定部位に部位に装着したGPSアンテナ

図 2.3.4 車載カメラ

図 2.3.5 GPS受信機ボックス

目的で打ち上げられた衛星で，民間用GPSのデータには故意に誤差データが加えられ，初期の頃には位置精度が100m程度に落とされていた（2000年に解除）．しかし，誤差データが解除されたとはいえ，GPS受信機単体の測定では実際の位置との誤差が10m程度あり，これらのデータでは正確な走行状況を再現するのは不可能である．

正確な位置情報を得るためには多様な手法が用いられている．安全運転中央研修所のシステムでは，研修コース内にGPS基地局を設置し，特定時刻の基地局のGPS受信機で得られた位置データと実際の位置とのズレを基に，特定時刻の走行車両の位置データを補正することで位置精度を高めている（図2.3.6）．走行時の状況により異なるが，位置誤差は数cmから十数cmの範囲内にあると推定される．

最大限11台の車両に装置を搭載して走行状況を再現可能で，車両の速度や任意の2車両間の距離情報なども得られる．CGを利用したシステムの最大の利点は，視点を任意に変えて画像を再現できることである．自車視点，他車視点，俯瞰視点など任意の視点から画像を提示することで，車載映像とともに自分の運転行動を客観的に観察可能で，行動変容という点で教育的効果が非常に大きくなると期待される（図2.3.7）．次に，GPS運転者行動記録システムを用いて，車間距離行動に関して行った予備実験の一部を紹介する．

c. 予備実験例

実験は，安全運転中央研修所の片側2車線，1周約5kmの高速周回コースで行った．被験者は自動車教習所の教官27名，走行条件は晴天条件，雨天条件，夜間条件で各条件9名ずつである．一般の高速道路を走行する要領で自由に5周走行し，その間に前車に追いついた場合には追い越しをするように教示した．自由走行後，走行状況をCGで再現し，追い越し開始時の前車との車間距離，速度，車間時間を分析した．

追い越しは前車との車間距離が平均47.8mの距離の時点で生じ，追い越し開始時の平均速度は時速90.1kmであった．また，その際の車間時間は1.72秒である．走行条件別の車間時間を比較すると，晴天時1.55秒，雨天時1.63秒，夜間時1.98秒でドライバーの各状況の危険認知度によって車間時間が確保さ

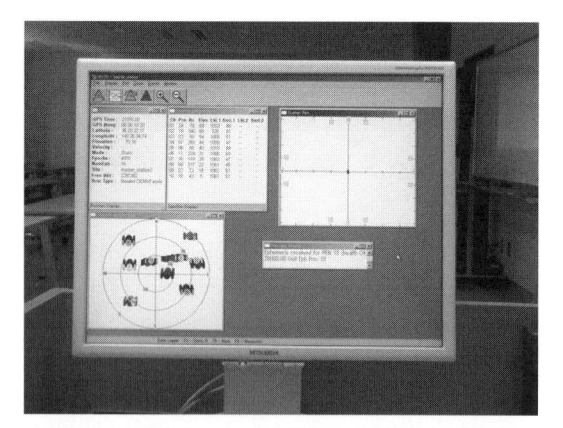

図 2.3.6 捕捉された GPS 衛星と基地局の位置情報

図 2.3.7 再現された 3 次元 CG 走行画像と車載映像

れたようである．ただし，自由走行前に時速 100km で走行し，前車との距離が安全と判断される距離で追従走行するよう指示した場合，直線コース 5 測定地点の平均車間時間は 4.75 秒で，自由走行時よりも長くとられていた．また，晴天時 4.24 秒，雨天時 4.74 秒，夜間時 5.26 秒であった．

　教示による車間時間保持行動の差異は，ドライバーの本音と建て前を表していると思われ，実際の高速道路走行時には車間時間はさらに短くなると予測される．本実験結果は厳密な条件設定での結果ではないが，GPS 運転者行動記録システムを用いることで，実際の運転状況に近い運転者行動の分析と教育が

可能となる．現システムでは異なる複数車種間の走行状況は再現できず，ブレーキランプやウインカーなどの表示もできないが，技術的には可能で今後さらなる改良を行う予定である．

d. 混合交通型シミュレータ

安全運転中央研修所のシミュレータも，独自に専用に開発している．現システムは4代目で「混合交通型シミュレータ」と名づけられている．本シミュレータ最大の特徴は，33台の運転席を3グループに分け，各11台の運転席がネットワークでつながっていることにある．従来のシミュレータでは他車（者）の動きはプログラミング化され，生じる出来事はあらかじめ決められている．

本システムでは各運転席の研修生は自由に運転でき，実際の人間が運転していることで，心理的に現実の運転状況に近い状況が再現できる．プログラミングにより他の車や歩行者のモデルを生成し，複雑な交通環境もシミュレートできる．データベースには，安全運転中央研修所，仮想標準市街路，高速道路があり，走行時の天候，時間帯や路面の摩擦係数なども変えることができる．走行後，50インチの大画面で走行状況を再現し，さまざまな視点のCG画像を見ながらディスカッションを行うことができる（図2.3.8，図2.3.9）．

今後，少子高齢化がますます加速するわが国において，生活を維持するための手段としての車は依然として不可欠であろう．現実には「自由な移動」にと

図 2.3.8　混合交通型シミュレータ

図 2.3.9 ディスカッション用モニター

もなうさまざまな問題もあるが,「GPS 運転者行動記録システム」と「混合交通交通型シミュレータ」を活用することで,少しでも悲惨な交通事故の減少につながれば,一人の車好きの心理学者としては幸いである.　　　〔柏原　崇〕

文　　献

Gibson, J. J., & Crooks, L. E.（1938）. A theoretical field-of automobile-driving. *American Journal of Psychology*, **51**, 435-471.
柏原　崇（2001）. 事象知覚理論　中島義明（編）. 現代心理学［理論］事典　朝倉書店　pp.172-191.
警察庁交通局（2011）. 交通統計（平成 22 年版）
Munsch, G.（1978）. *Gefahrenlehre für die Jugend.*, Verlag für Verkehrssicherheit und-praxis. München: Auer & Fürst GmbH.
中島義明（編）(2001). 現代心理学［理論］事典　朝倉書店
日本損害保険協会（2010）. 自動車保険データにみる交通事故の実態　2008 年 4 月～2009 年 4 月
折口　透（1997）. 自動車の世紀　岩波書店
Peden, M, Scurfield, R., Sleet, D., Mohan, D., Hyder, A. A., Jarawan, E., & Mathers, C.（2004）, *World report on road traffic injury prevention*. World Health Organization.

第 4 章

知覚的推理理論の［適用事例］

　ヘルムホルツ（Helmholtz, 1879/1968）に源流をもつ知覚的推理の理論は，さまざまな方向に発展したが，その特徴には，① 知覚の形成において過去経験の役割や文脈的意味を重視する，② 知覚の形成にいたる過程において諸感覚器官からの情報が統合される（斟酌理論），③ 感覚情報のこのような統合化には，知覚者自身も気づかないように無意識的に行われる場合と，注意のような意思のはたらきによって促進される場合があるとされる（Pastore, 1971；東山，2001）．

　これらの特徴はいずれも，知覚系が，感覚器官に与えられた情報にもとづいて，外界の姿を能動的に構成し，達成していく過程を表していると考えられる．ここではそれぞれの特徴を表すと考えられる事例を紹介する．

4.1 過去経験に基づいた類推

　感覚器官を経て外界から与えられた刺激は神経を興奮させるが，ヘルムホルツは，われわれの知覚系は，神経の興奮パターンからその原因を究明して結論（すなわち知覚の成立）を出す傾向があると主張し，そのとき知覚系は過去経験にもとづいた類推から知覚を構成すると仮定している．

a. 幻　肢

　このことを示す一つの例が幻肢（phantom limb）であるとヘルムホルツは考える．幻肢とは，事故や病気のために手足を切断したのちに，長期にわたって

その切断された部分があたかも存在するかのように生々しく感じられ，ときには失われた部位に激しい痛みを起こす現象である．治癒後に切断者が実際に刺激を受けるところは残存肢であるが，皮膚の感覚神経の興奮パターンから刺激の原因を皮膚の表面に定位させる習慣が残っているとすれば，たとえ腕は失われていても残存肢への刺激は，幻肢の表面に定位されるであろう．

　図 2.4.1 は，上腕の切断者が報告した幻肢の一部を示している（Kelley, Domesick, & Nauta, 1982）．影で示されている部分がリアルに感じられる幻肢の部分である．失われた腕全体が幻肢として感じられる場合もあるが，この例のように，失われた腕のうち手指，手首，肱などのように，先端部位とか関節部位が幻肢としてよく残る．

b. アリストテレスの錯覚

　過去経験にもとづいた類推から知覚を構成する，もう一つの例がアリストテレスの錯覚であろう．アリストテレスの錯覚とは，隣接した2指（たとえば人さし指と中指）を交差させて，指先がV字型になるようにし，鉛筆やビーズのような小さい1対象によって，そのV字の谷の部分を刺激すれば（図 2.4.2 (a)），指が，1対象ではなくて，2対象によって触れられたと知覚する現象である．

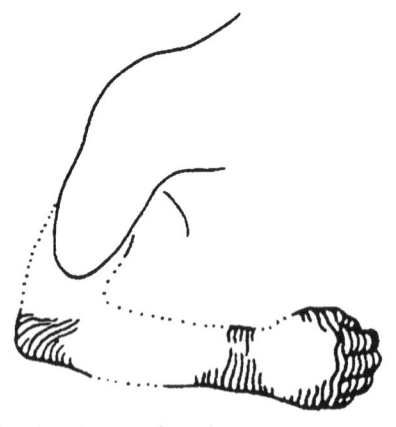

図 2.4.1　幻肢：右上腕切断の事例（Kelley, Domesick, & Nauta, 1982）
　　　　　　影のつけられた部分が実存するかのように感じられる．

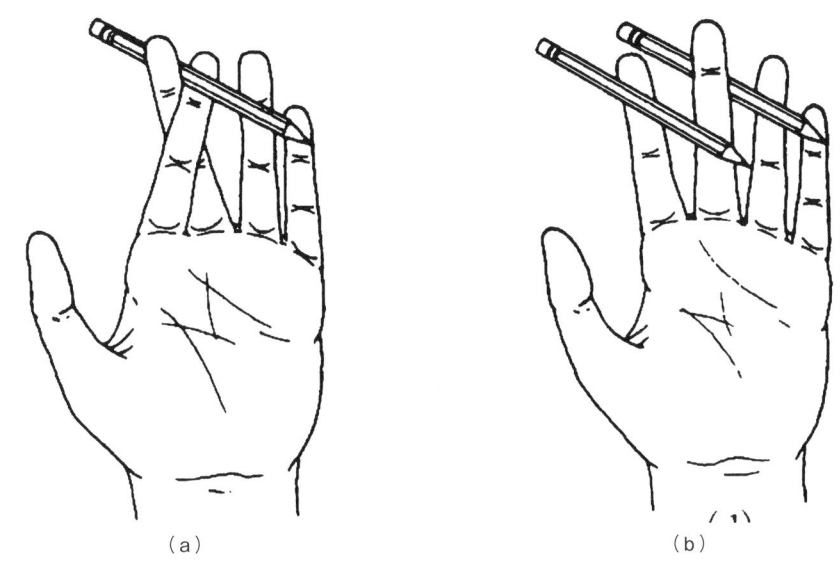

第4章　知覚的推理理論の［適用事例］　　　　　　　　　　　141

図 2.4.2　アリストテレスの錯覚（東山ほか，2000）
(a) はアリストテレスの錯覚を起こす事態．(b) は指を伸ばしたときに，実際に刺激を受ける部分を示している．

　アリストテレスの錯覚は，われわれが指でものを掴んだり，はじいたり，めくったりするときには，指を伸ばした状態あるいはやや折り曲げた状態で使うのを常としており，指を交差させて使うことはほとんどない，という前提に立てば説明できる．V字の谷の部分を1対象によって刺激すると，指の皮膚に接触する部分は，図2.4.2 (b) で示したように隣接する2指の外側の皮膚を刺激することになる．このような刺激を受けるのは，指を伸ばした状態で使っているかぎり，2指がそれぞれ別々に対象に接触したとき以外には考えにくい．

c. 視覚の事例

　このような例は，触覚にかぎらず視覚における距離の手がかりの中にも見出される．図2.4.3 は，その中央部のクレーターが窪んだようにみえる月面の写真であるが，この写真を180°回転してみれば，同じ部分が突き出たように見える．このような奥行の反転は，日光がいつも，上から下に向かって射すという自然の事実から説明される．

図 2.4.3 月の表面の写真
写真をさかさまにして見ると月のクレータが突き出して見える.

　視対象が窪んでいるとき，上から光が射し込むと，窪みの上部には陰ができて暗くなり，その下部には光が当たって明るくなるのに対して，視対象が突き出ているときには，反対に凸部の上部に光が当たって明るくなり，下部には陰ができて暗くなる．われわれは生まれて現在に至るまで，凸凹面上の明暗の分布とその奥行き感のあいだに成り立つこのような関係を数限りなく経験しているが，われわれの視覚系がこの関係にもとづいて奥行きを判断していると考えれば，同じ図であっても方向を変えると劇的に奥行き感が変わる現象を説明することができる．
　経験にもとづいた同様の関係が，光景の色と距離感の間にも成り立つ．山の緑は，それが近くにあるときには濃い緑に見えるが，遠ざかるに従って，大気に含まれている水蒸気などの加減によってだんだんと青みがかり，遠方では空の青にかなり近似した青にまで変化していく．
　このような色と距離感の関係をくり返し経験すると，やがてわれわれは山々の色の変化だけから奥行きが判断できるようになるといわれる．これは，色と距離感のあいだに成り立つ対応関係にもとづいた類推による奥行き感の知覚と考えられる．対象の輪郭の明瞭度（ボケの程度）と距離感との関係についても，同じようにして，近対象の輪郭は明瞭であるのに対して遠対象の輪郭はぼ

やけているという経験をもとに，輪郭の明瞭度に基づいて対象までの距離を推測することができる．

d. エイムズのゆがんだ部屋

過去経験にもとづいた類推を示したもっとも印象的な実験的事例は，エイムズのゆがんだ部屋（Ames' distorted room）であろう（Ittelson, 1952）．ここで紹介する部屋は，もともとは distorted room No.1 とか L-room とよばれているもので，図 2.4.4 に示すように 1 辺が約 1.22m の立方体の部屋と視方向が等価になるように設計されているが，部屋の奥の壁と，天井，床が台形に，側壁が長方形になるように意図的にゆがめられている．とくに部屋の右前方の隅までの距離（81.3cm）が左前方の隅までの距離（162.6cm）の半分になるように設計されている．

ところが，この部屋の中を，手前の壁の小穴から単眼でのぞくと，部屋はほぼ正常な立方体（1 辺 1.22m）として知覚されるという．なぜそのように見え

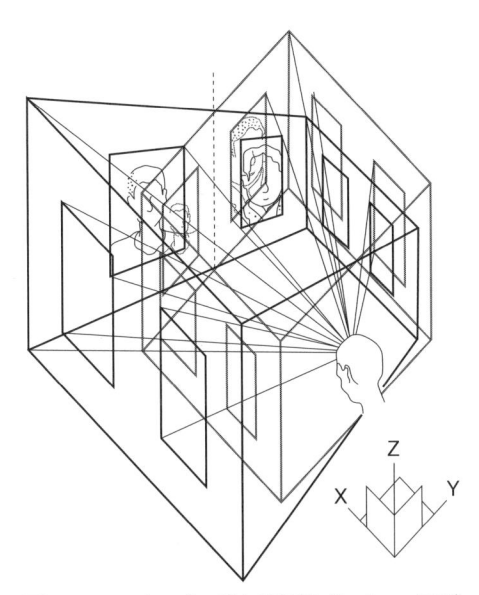

図 2.4.4 エイムズの歪んだ部屋（Ittelson, 1952）
黒い実線が実際の部屋を表し，細い線が見かけの部屋を表す．

るのであろうか．エイムズ（Ames, A., Jr.）は，それはわれわれが日常的に接している部屋が直方体であるために，その期待が強くはたらき，その結果として，ゆがんだ部屋を見ているにもかかわらず，正常な直方形の部屋として見えると説明する．

エイムズのゆがんだ部屋は，もともとはゆがんだ部屋が正常な部屋に見える現象をさすが，このとき当然ながら，観察者から奥の壁までの距離や壁にかかっている窓などの大きさも，物理的な関係とは大きく異なって知覚される．実際に部屋の窓の向こうに立つ2人の人物を比較すると，右側の人は左側の人よりもずいぶん大きく見える．

ゲーリンジャーとエンジェル（Gehringer & Engel, 1986）は，ゆがんだ部屋の中に提示された対象の大きさのマッチング実験を行って，さまざまな観察条件においてどの程度まで正しくマッチングが行われるのか，あるいはゆがんだ部屋の影響を受けるのかを検討した．

彼らは，部屋の右隅に30cmの標準刺激を，左隅に比較刺激を置いて，被験者に2刺激が等しい大きさに見えるように比較刺激を調整させた．もし被験者が正確に調整をしたならば比較刺激の大きさは30cmになるはずであり，もし被験者が部屋を直方体に知覚して2刺激までの距離を等しく感じていたならば，比較刺激は60cmに調整されなければならない．

実験の結果，頭を固定して単眼観察したときに得られた比較刺激の大きさは51cm，同じく両眼観察のときは42cm，頭の運動を許して単眼観察のときは45cm，同じく両眼観察のときは35cmであった．この結果は，両眼で観察しても，頭を動かして運動視差が使えるようにしても，大きさのマッチングは30cmよりも大きくなっているので，「部屋は四角い形をしている」という一般的な信念（あるいは期待）の効果によって大きさのマッチングが影響を受けることが示されたことになる．標準刺激と比較刺激の位置を入れ替えても基本的に同じ結果が得られた．

4.2　斟酌理論―同一感覚モダリティ―

斟酌理論とよばれる考え方は，おもに知覚的恒常性（方向，形，大きさ，明

第4章　知覚的推理理論の［適用事例］

るさ，速さ，奥行きなど）を説明するために工夫されてきた（東山，2001）．この考え方によれば，さまざまな種類の知覚的恒常性を達成するために必要な情報の一つは，知覚的情報処理の核心となる焦点刺激であり，もう一つは焦点刺激に対して結合的に作用する斟酌情報であり，知覚系は，この異なる2情報を結合して，計算して，最後に結論として知覚内容をつくりだすと仮定する．この結合-計算-結論の過程は無意識的（知覚を行う主体が，知覚のプロセスに気づかないという意味）であるとされ，最終的に得られた知覚内容のみが意識的なものとされる．

　両眼立体視によって得られる奥行きの恒常性を例にとってこのことを説明すれば，この場合の焦点刺激は2対象が網膜に与える両眼網膜像差（binocular retinal disparity）η であり，斟酌情報は2対象までの見かけの距離（perceived distance）D_n', D_f' である．このとき，両眼立体視によって得られる見かけの奥行き d_{nf}' は，

$$d_{nf}' = \frac{1}{2I} \eta D'^2 \tag{2.4.1}$$

で与えられる．ただし $2I$ は瞳孔間距離，D' は

$$D' = \sqrt{D_n' \cdot D_f'}$$

を表す．

　式（1-3.1）から明らかなように，2対象のあいだの見かけの奥行きは，D' が一定のとき両眼網膜像差に比例して増大し，η が一定のとき対象までの見かけの距離（正確にいえば，2対象までの距離の幾何平均）の自乗に比例して増大することが予想される．

　フライド（Freid, 1973 ; Ono & Comerford, 1977 により引用）は，式（2.4.1）がかなり広い範囲の距離において成立することを証明しようとした．彼は手がかりの豊かな事態と縮減された事態において，両眼網膜像差を一定（$\eta = 10'$）に保って，観察距離 60, 90, 130, 200, 300cm のそれぞれにおいて刺激図形を観察して，その奥行きをマッチング課題を用いて測定した．被験者は10人であり，各被験者はどちらの事態にも参加した．その結果が図2.4.5である．横軸は観察距離，縦軸は被験者が判断した奥行きを表している．

　図2.4.5より，200cm までの観察距離では，条件にかかわらず式（2.4.1）が

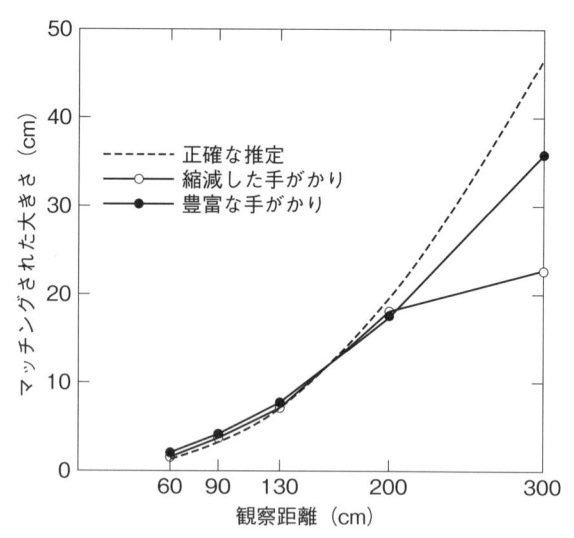

図 2.4.5 観察距離 (cm) の関数として表された 2 対象間の奥行きの判断値 (cm) (Ono & Comerford, 1977).
2 対象間の両眼網膜像差は 10′ に固定. 2 対象は距離の手がかりが少ない条件と豊富な条件のドでそれぞれ観察された.

よく当てはまるが，観察距離が 200cm をこえると，手がかりが豊かな事態のほうが，そうでない事態よりも式 (2.4.1) に適合しやすいことが示されている．

両眼網膜像差と同じようにして考えれば，通常の観察条件のもとにおける対象の見かけの大きさ S' は，対象の視角を焦点刺激 θ，対象までの見かけの距離 D' を斟酌情報と考えれば，距離をまず知覚して（あるいは感覚的に記銘して），その見かけの距離と視角の大きさを組み合わせることによって，次のように決定されると考えることができる．

$$S' = D'\theta \tag{2.4.2}$$

式 (2.4.2) より次のことが予想される．① 見かけの距離が一定のとき，見かけの大きさは視角に比例する．② 視角が一定のとき，見かけの大きさは見かけの距離に比例する．この式から，大きさの恒常性を予想することもできる．大きさの恒常性とは，対象の見かけの大きさが，その対象の観察距離の変

化にもかかわらず，ほぼ一定に保たれる現象をさす．たとえば，距離の手がかりが豊富に与えられた事態では，対象までの観察距離が2倍になると，見かけの距離もほぼ2倍（$2D'$）になるが，視角が約2分の1（$\theta/2$）になるので，式(2.4.2)に従って，見かけの距離と視角の積を求めれば，見かけの大きさが変化せずに一定（S'）に保たれることになる．

これに対して，距離の手がかりがきわめて制限された事態では，被験者が対象から受け取る情報にもとづいて見かけの距離が決定されるという考え方が成り立つ．対象がもし熟知した大きさ（familiar size）をもった対象であれば，その対象が与える視角 θ と熟知した大きさ S_F の情報を被験者は利用することができる．この場合，視角に対する熟知した大きさの比にもとづいて見かけの距離が得られると考えると，

$$D' = S_F/\theta \tag{2.4.3}$$

と表現されるであろう．式(2.4.3)に従えば，距離の手がかりのない暗闇の中で単眼を用いて白い円盤を見たとき，それを，たとえば，ピンポン球とみなすかアドバルーンとみなすかによって，円盤までの見かけの距離が異なる．その円盤が同じ視角を張っているとき，アドバルーンの S_F はピンポン球の S_F より大きいので，アドバルーンとみなしたほうが円盤は遠くに見えることになる．

近年ではゴーゲルとダ・シルバ（Gogel & Da Silva, 1987）が，熟知した大きさは，見かけの距離ではなく認知的距離 D_C（cognitive distance）に影響すると考えて，

$$D_C = KD' \frac{S_F}{S'} \tag{2.4.4}$$

と表現している．

式(2.4.4)は，これまで距離知覚の問題とされてきたものを，知覚レベルの見かけの距離 D' と認知レベルの認知的距離 D_C に分けて定式化を試みたものである．この考え方によれば，距離の手がかりが少ない条件のもとでピンポン球やトランプカードのような熟知対象を見たとき，その対象の熟知的大きさ S_F が喚起され，それが，通常の距離の手がかりによって惹起された見かけの距離 D' を修飾し，最終的に認知的距離 D_C をつくりだす．

式(2.4.3)と式(2.4.4)を比較して，それぞれの妥当性を検証した研究は今

のところ見当たらないが，いずれの式も見かけの距離あるいは認知的距離をつくりだす過程において，視角をはじめとして多くの視覚的変数を斟酌することを仮定している．

4.3 斟酌理論―異種感覚モダリティ―

われわれが情報を斟酌するとき，それは同じ感覚モダリティに含まれる情報に限定されるわけではない．上で紹介した諸例は，視覚的奥行きに対して視覚的距離が斟酌され（式 (2.4.1)），視覚的大きさに対して視覚的距離が斟酌される（式 (2.4.2)）ことを示しているが，つぎにあげる研究は，視覚的に距離を知覚する際に，知覚系が身体の傾きに関する情報を取り込むことを示している．

a. 垂直水平錯視の実験

筆者（Higashiyama, 1996）は，戸外のビルディングを用いて，垂直水平錯視に関する 8 実験を行い，垂直水平錯視の量が，視環境の方向，視野の形，被験者の身体の方向（網膜の垂直子午線の方向）によってどのように影響されるのかを研究した．

視環境の方向は，被験者にプリズム眼鏡をかけさせ，そのプリズムを眼鏡の中で回転させることによって，視野を正立，90°横転，上下反転方向に傾けることができた．視野の形は，外界を両眼で観察をする条件（このとき視野は楕円に近い形）と円筒を通して単眼で観察する条件（このとき視野は円形）を設けることによって楕円条件と円条件を設定した．被験者の身体の方向は自然に正立させる条件（正立条件）と地面の上に横たわる条件（90°横転条件）を設定した．

被験者には，ビルの高さあるいはその横幅の大きさに一致するようにビルと被験者の間の距離を，被験者自身がビルに近づいたり遠ざかったりすることによって，調整させた．それから，グラフの横軸にビルの高さあるいは横幅をとって，縦軸には被験者からビルまでの調整された距離をとってデータ点を記し，それに最小自乗法を用いてグラフの原点を通る直線をあてはめた．ビルの高さに対して得られた適合直線の傾き a_v とビルの横幅に対して得られた適合

直線の傾き a_h の比 a_v/a_h を垂直水平錯視の量と定めた.

表2.4.1は，各実験から得られた錯視量を示している．錯視量が1をこえるときは，同じ物理的長さであっても垂直方向が水平方向よりも大きく見えることを意味し，錯視量が1よりも小さいときは，水平方向が垂直方向よりも大きく見えることを意味する．錯視量が1に等しいときは，垂直水平錯視がなくなったことを意味する．

b. 錯視量の決定の基準

筆者はこの結果を統一的に解釈するために，つぎの基準に従って，錯視量が決定されるとした．

(1) 網膜の垂直子午線（あるいは身体の長軸）の方向が，視環境の方向および重力の方向と一致するときに，最大の錯視量が得られる（実験1, 3, 4）．

(2) 網膜の垂直子午線（あるいは身体の長軸）の方向が，視環境の方向と重力の方向のいずれとも一致せずに直交するときに錯視は生じない（実験2, 5）．

(3) 網膜の垂直子午線（あるいは身体の長軸）の方向が，視環境の方向と重

表 **2.4.1** 垂直水平錯視実験とその錯視量

実験条件	錯視量	三軸の一致性
1. 身体正立，両眼自然観察	1.38	三軸の方向が一致
2. 身体横転，両眼自然観察	1.03	網膜垂直子午線が他の二軸と直交
3. 腹ばい，両眼自然観察	1.25	三軸の方向が一致
4. 身体正立，円筒を通して単眼観察	1.37	三軸の方向が一致
5. 身体横転，円筒を通して単眼観察	1.05	網膜垂直子午線が他の二軸と直交
6. 身体正立，視野横転眼鏡を通して両眼観察	1.12	網膜垂直子午線が重力軸と一致，視環境軸と直交
7. 身体横転，視野横転眼鏡を通して両眼観察	1.09	網膜垂直子午線が視環境軸と一致，重力軸と直交
8. 身体正立，視野上下逆転眼鏡を通して両眼観察	1.06	網膜垂直子午線が重力軸と一致，視環境軸とは方向が逆転

力の方向のいずれか一方とのみ一致し，他方とは一致しないときには，中程度の錯視量が得られる（実験6，7）．

この基準に従って錯視量が決定されるとすれば，その背景にはどのような原理が作動していると考えればいいのだろうか．まず問題になるのは，ふつうの観察条件，すなわち網膜の垂直子午線の方向が視環境の方向および重力の方向と一致しているとき（実験1，3，4）に，なぜ25～38％の大きな錯視が得られたのかということである（表2.4.1）．第2に，ふつうの観察条件において得られる大きな錯視量が，身体を横転させたとき（実験2，5）に，ほとんど消失するのはなぜなのかという問題である．

最初の問題を説明するために，筆者は，奥行き方向あるいは前額平行面に置かれた対象を知覚するときに形成される知覚的習慣を仮定する．地面あるいはテーブルの上において，ある対象（たとえば長方形のような細長い対象）が，奥行き方向に置かれたときと，前額平行面に置かれたときを比較すると，対象の高さについては，前者の網膜像が後者よりも，縮んでいるが，それにもかかわらず，奥行きの恒常性の機構によって，この2対象は同じ大きさをもったものとして知覚される．これは，奥行き方向に伸びた次元によってつくられる網膜像の大きさと前額平行面に広がった次元によってつくられる網膜像の大きさを知覚するときに，知覚系の中で異なった補正が行われていることを示唆している．別の言い方をすれば，網膜の垂直子午線方向に写った距離と，網膜の水平子午線方向に写った距離が同じであるとき，前者のほうを後者よりも長く知覚させるようなはたらき（知覚的習慣とよぶ）が形成されると考えられる．これが，ふつうの観察条件のもとで25～38％の垂直水平錯視が得られたおもな原因であると考えられる．

この知覚的習慣は，網膜の垂直子午線が視環境軸や重力軸と一致した状況のもとで形成されたと考えられるので，この3軸が一致しないときには，知覚的習慣がはたらかなくなるか不調をきたすと考えられる．網膜の垂直子午線が，視環境軸と重力軸のいずれか一方のみと一致し，他方とは一致しないときに中程度の錯視量が得られ，網膜の垂直子午線軸が，視環境軸と重力軸のいずれとも一致せず直交するときに錯視が生じないのは，このような事情によるものと考えられる．

4.4 文 脈 効 果

　ターゲットの周囲にある対象の空間的（時間的）配列に依存して，ターゲット自体の知覚が変化する現象を文脈効果とよぶ．文脈効果も知覚的統合の事例と考えられる．たとえば，図 2.4.6 のような刺激（Palmer, 1999）が与えられたとき，ふつうは，THE CAT と読むが，TAE CAT あるいは TAE CHT あるいは THE CHT と読むようなことはめったに起こらない．

　図 2.4.6 の左右の 3 文字の列の中央の文字は，A としても H としても読めるので，上の 4 通りの読み方は等しい確率で生じるはずであるが，実際は THE CAT と読む事例が圧倒的に多い．これは，THE CAT と読むときにかぎり，英語としての意味が確定して，一体的な印象を与えるからと考えられる．

　もうひとつ例を示そう．図 2.4.7 は何に見えるだろうか．おそらくこれをはじめて見たときは，ランダムに入り組んだ曲線図形としか見えないが，図 2.4.7 をひっくり返して図 2.4.8 の中に置くと，すぐにこれが籐椅子であることがわかる（柿崎，1993）．これは，図 2.4.8 のターゲット（藤椅子）の周囲にさまざまな椅子が描かれているために，ターゲットも一種の椅子にちがいないという期待がはたらくからであろう．

　しかも，いちど図 2.4.7 が籐椅子として知覚されると，その後は，この図を

図 2.4.6　文脈効果：その 1（Palmer, 1999）
　　　「何と読むでしょうか」．

図 2.4.7　文脈効果：その 2（柿崎，1993）
　　　「これは何でしょうか」

図 2.4.8　文脈効果：その 3（Kolers, 1970；柿崎，1993）
「たくさんの椅子の中では，図 2.4.7 はどのように見えるでしょうか」

図 2.4.9　果物からできた顔（Palmer, 1999）

単独で観察しても，ランダムに入り組んだ曲線図形として知覚することは難しくなる．これは明らかに記憶が知覚に影響を与えていると考えられるので再認知覚（recognition perception）とよばれる．

　文脈効果のもっと著しい例は図2.4.9であろう（Palmer, 1999）．この図を被験者に提示して，この図の与える全体的な印象を述べるように求めると，その代表的な反応は，怪しげな「顔」であって，決して奇妙な配列の「くだもの」ではない．この図では，顔の特徴的な部分（目，鼻，口）がくだものによって置き換えられているし，顔全体も特別なくだもの（「すいか」）によって置き換えられていて，図形全体がくだものによって満たされているが，それにもかかわらず，全体的な印象を問われれば，リンゴが目に見え，洋ナシが鼻に見え，バナナが口に見える．これは図2.4.8が，多くのくだものに覆われているとはいえ，正面から見たときの顔の構造（刺激上部の左右に円状刺激，中央に垂直刺激，下部に水平刺激）を維持しているために，目，鼻，口に相当する部分に置かれたくだものが，顔の全体構造によって強く影響されることを示唆している．

4.5　注意―意思の効果―

　われわれの知覚は，外から与えられた刺激に対して自動的に処理が行われていることが多いが，注意の切り替えによって，いくつかの選択肢の中からかなり恣意的に特定の知覚内容を選ぶことができる側面をもつ．その代表的なものが反転図形である．

a.　多義図形と断片図形

　図2.4.10は「ルビンの杯」とよばれる図形を示しているが．初めてこの図を見たとき，多くの人は，この図の中に，「向かい合った顔」か「杯」かのどちらかを知覚するのではないだろうか．最初から，この図が多義的に現れることに気づく人は少ないだろう．ところが誰かに（たぶん心理学の教師とかテキストによって）この図は，杯が見えたり顔が見えたりする多義図形だと教えられてから，注意を適切に配分することによって，かなり意図的に図のなかに顔を

見たり杯を見たりできるようになる．

このことは何を意味するのであろうか．多義図形とよばれているものの多くは，最初から多義図形として現れてくるのではなく，むしろはじめは一義的な図形として現れるが，なんらかのきっかけによってその多義性に気づかされ，そののちは観察者の意図に従って，どちらか一方の図を自由に選択して見ることができることを意味する（Rock, 1982）．

断片図形とよばれる図形も多義図形と同じような経過を経て知覚される．図2.4.11 に示した断片図形をはじめて見たとき，そこに何が表されているのかがわからなくて，しばらくは当惑する．つまり，黒いしみが点在して，そこに意味的なまとまりがあるのかないのかすら，はっきりとわからない．

ところが，誰かにこの図は「ある具体的なものを描いている」といわれたり，あるいは，もっとはっきりと「これはヨットを描いている」と教唆を受けたりすると，いままで無関連に配置されていた一群の斑点が意味をもったまとまりとして現れてくる．すると，斑点のどの部分がヨットの帆に相当し，どの部分が艇に相当するのかがわかるし，ヨットの向かう方向すらわかるようになる．

ひとたびこのような過程を経験すると，次に同じ図形を見たときには，もう無意味な斑点は現れず，最初からはっきりとヨットが知覚される．これは図2.4.6 の籐椅子と同じように，意味付与をともなう一度の視覚経験の効果が，

図 2.4.10 ルビンの杯

第4章 知覚的推理理論の［適用事例］

その後の図形の知覚に長く持続することを示唆する．

多義図形や断片図形は，観察者側の見ようとする意思とそれの向かう方向，すなわち注意のはたらきが知覚過程に強く影響していることを示唆する．このような図形を観察するとき，注意は，おそらく図形の各部分に意味を与えるはたらきをしているように思われる．多義図形において顔と杯が交替するのは，図形の各部分に与えられる意味が一義的に定まらないことを表しているし，断片図形が，点在する黒い「しみ」から「ヨット」に変わると，もはや「ヨット」が「しみ」に再帰できなくなるのは，「ヨット」として見る方が，図形の各部分に適切な意味が付与されるからである．

b. 注意と図形知覚

ロックとグットマン（Rock & Gutman, 1981）は，このような考察をさらに推し進めて，注意のはたらきがなければ図形の知覚が成立しないことを示そうとした．彼らは，重なり合った二つの新奇な輪郭線図形（図2.4.12左を参照．一つの図形は赤線で，もう一方の図形は緑線で描かれている）を1秒間提示し

図 2.4.11 断片図形
「何に見えるでしょうか」

て，その後少し間隔をあけて，別の重なり合った輪郭線図形（図2.4.12右）を提示するというふうにして15対の重なり合った輪郭線図形を40被験者のそれぞれに提示した．

被験者は各対刺激の中央の点を凝視しながら，特定の色（たとえば赤）の輪郭線図形の美的好悪を評定するように求められた．したがって，各対刺激のどちらの輪郭線図形も網膜にはっきりと投影されるが，被験者の注意は，特定の色のつけられた輪郭線図形に注意が向き，もう一方の輪郭線図形には注意が向かないことになる．このようにした後，各被験者に15テスト図形（このうちの5枚は先行提示において注意の向けられた図形，他の5枚は先行提示において示されたが注意の向けられなかった図形，残りの5枚は新奇図形）をランダムに提示して，それが先行提示図形の中に含まれていたかどうかを判断するように求められた．

実験の結果，注意の向けられた図形の平均選択個数は3.2，注意の向けられなかった図形の同個数は0.95，新奇図形の同個数は0.75であった（いずれの場合も可能な最大個数は5）．注意の向けられなかった図形の選択個数と新奇図形の選択個数の間には有意な差がなかったことから，ロックとグットマンは，注意が向けられずに，単に網膜に投影されただけの図形は，このような再認課題では新奇図形と同じであり，注意が向けられなかった図形に対しては，そもそも知覚が成立していなかったと考えるのが適当との結論を得た．この点に関する詳細な研究は，マックとロックの研究（Mack & Rock, 1998）を参照

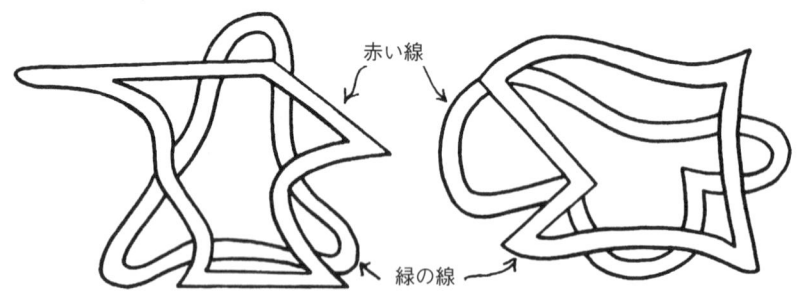

図 2.4.12 ロックとグットマン（Rock & Gutman, 1981）の実験において用いられた刺激の一部

してほしい.

4.6 ま と め

　知覚的推論の理論は，過去経験の重視と諸感覚情報の統合にその特徴があるが，いずれの特徴も，知覚者が外界のようすを推測することによって，自身の適応と生存を図ることに役立つ．本章では，知覚的推論の理論の特徴をさらに細かく，①過去経験，②斟酌理論，③文脈効果，④注意に分けて，それぞれの事項に相当する例を示すことによって理論の全体像を明らかにすることに努めた．これらの事例には，いろいろなタイプの知覚的恒常性，距離の手がかり，ある種の幾何学的錯視，多義図形・断片図形の知覚過程などが含まれるが，これらの事例からもわかるように，知覚的推理の理論は，一見すれば異なる現象と考えられがちな事例に対して，統一的な解釈を与えることができる有力な理論的枠組みを提供する．　　　　　　　　　　　　　　　　〔東山篤規〕

文　　献

Freid, A. H. (1973). Convergence as a cue to distance. (Doctoral dissertation. New School for Social Research). Dissertation Abstracts International, 1974, 34, 3247B. (University Microfilm, No.74-146.)

Gehringer, W. L. & Engel, E. (1986). Effect of ecological viewing conditions on the Ames' distorted room illusion. *Journal of Experimental Psychology : Human Perception and Performance*, **12**, 181-185.

Gogel, W. C., & Da Silva, J. P. (1987). Familiar size and theory of off-sized perception. *Perception & Psychophysics*, **41**, 318-328.

Helmholtz, H. von. (1879/1968). *Handbuch der Physiologoschen Optik*. Verlag von Leopold Voss, Dritter Band, Hamburg. In : Southhall, J. P. C.. (trans. and ed.), *Helmholtz's treatise on physiological optics*, Vol.3. Dover Publications.

Higashiyama, A. (1996). Horizontal and vertical distance perception : The discorded-orientation theory. *Perception & Psychophysics*, **58**, 259-270.

東山篤規 (2001). 知覚的推理の理論　中島義明（編），現代心理学[理論]事典　朝倉書店　pp.192-214.

東山篤規・宮岡　徹・谷口俊治・佐藤愛子 (2000). 触覚と痛み　ブレーン出版

Ittelson, W. H. (1952). *The Ames demonstrations in perception*. Princeton University Press.

柿崎佑一 (1993). 心理学的知覚論序説　培風館

Kelley, A. E., Domesick, V. B., & Nauta, W. J. (1982). The amygdalostriatal projection in the rat : An anatomical study by anterograde and retrograde tracing methods. *Neuroscience*, **7**, 615

-630.

Kolers, P. A. (1970). The role of shape and geometry in picture recognition. In Lipkins, B. S., & Rosenfeld, A. (Eds.), *Picture processing and psychopictrics*. Academic Press.

Mack, A., & Rock, I. (1998) *Inattentimal blindness*. The MIT Press.

Melzack, R. (1990). Phantom limbs and the concept of neuromatrix. *Trends in Neurosciences*, **13**, 88–93.

Ono, H., & Comerford, J. (1977). Stereoscopic depth constancy. In Epstein, W. (Ed.), *Stability and constancy in visual perception : Mechanisms and processes*. John Wiley & Sons. pp.91–128.

Palmer, S. E. (1999). *Vision science : Photons to phenomenology*. The MIT Press.

Pastore, N. (1971). *Selective history of theories of visual perception : 1650–1950*. Oxford University Press.

Rock, I. (1982). *The logic of perception*. The MIT Press.

Rock, I., & Gutman, D. (1981). The effect of inattention on form perception. *Journal of Experimental Psychology : Human Perception and Performance*, **7**, 275–285.

III

認知理論の［適用事例］

第1章

文章理解理論の［適用事例］

1.1 スキーマ理論

スキーマ（schema）とは，過去経験や外部環境に関する長期記憶中の構造化された知識の集合である．スキーマの概念は，バートレット（Bartlett, 1932）によって文章理解の理論に導入され，その後多くの研究者によって展開された．バートレット理論の現代的発展は，第一にスキーマ的知識の特性を明らかにすることであり，第二にこの知識が文章理解過程でどのように利用されるかを決定することである．

スキーマは二つのタイプに分類することができる．第一は内容スキーマで，文章の解釈に背景となる知識を与える．代表的な内容スキーマとしては，スクリプトとよばれる知識構造がある．第二は形式スキーマで，文章のタイプやジャンルに関する過去の経験を反映する．物語に関する書き換え規則である物語文法がこれにあたる．

a. バートレット理論の現代的発展

バートレットは，物語の記憶にスキーマが重要な働きをすることを示した，最初の心理学者である．バートレットの概念は当時あまり評価されなかったが，近年，心理学者らが物語の理解や記憶を探究するための新しい技法を開発するにつれ，新たな意義をもつようになった．ここではスキーマ的知識が文章理解の過程でどのように利用されるかについて考えよう．

第1章 文章理解理論の［適用事例］

まず初めに，物語を正しく理解するためには，適切なスキーマを活性化することが必要であるという仮説について検証する．ブランスフォードとジョンソン（Bransford & Johnson, 1972）は文章が曖昧なため，関連するスキーマを決定するのが困難な材料を提示し，その理解と記憶について調べた．以下はその一部である．

> 手順はほんとうに，とても単純である．まず，ものをいくつかの山に分ける．もちろん，仕事の量によっては，一山で十分かもしれない．もし，設備がないためにどこか他へ行かなければならないとすれば，それは次の段階であり，そうでなければ用意万端である．重要なのは多すぎる仕事をしないことである．つまり，一度にすることは多すぎるより少なすぎる方がよい．短期的には，これは重要と思えないかもしれないが，多すぎることをしたための混乱は，まちがいなく起こる可能性がある．失敗によって，お金もかかることになりかねない．

この文章をタイトルなしに提示された被験者は，わかりやすさを「低い」と評定し，平均 2.8 個の概念単位を再生した．これに対し，文章を読む前に「衣類の洗濯」というタイトルを提示された被験者は，「わかりやすい」と評定値し，平均 5.8 個の概念単位を再生した．このように，関連するスキーマを記憶中にもっているだけでは十分でなく，適切な時期にそれを活性化することが必要である．

第二の仮説は，活性化されたスキーマが検索のための手がかりとして機能するという主張である．活性化されたスキーマは検索プランとして役立ち，スキーマに対する重要性によって，特定の細部が他の部分よりも想起されやすくなる．記憶の歪曲は，検索時に働くスキーマ駆動的な再構成過程によって起こると考える．

アンダーソンとピッチャート（Anderson & Pichert, 1978）の実験で，読み手は学校をさぼって遊んでいる二人の少年についての物語を，泥棒または不動産購入者のどちらかの視点から読んだ．読み手は1回目の再生を終えてから，視点を変えてもう一度物語を再生するよう求められた．その結果，読み手は二回目の再生で，初めの視点にとっては重要ではないが，後の視点にとっては重要な情報を前回よりも多く再生した（図 3.1.1）．これは，視点を変化させたことによって別のスキーマが働き，他のカテゴリーの情報を呼び出す手がかりが

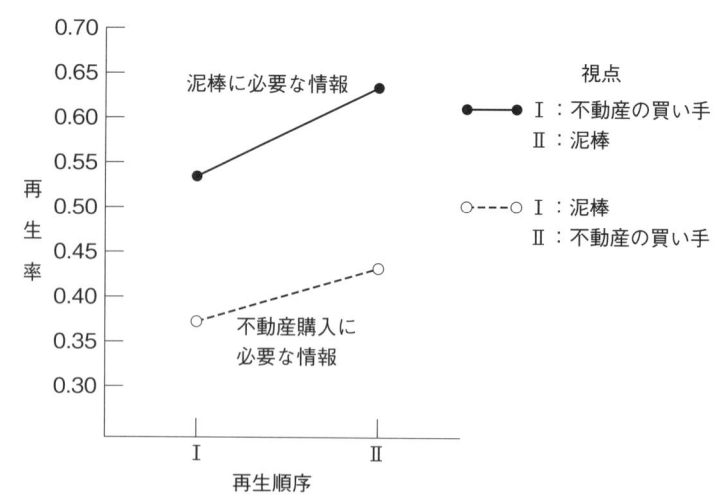

図 3.1.1 視点の転換による再生率の変化（Anderson & Pichert, 1978）

提供されたことを示し，スキーマ駆動的検索を支持する．

b. スクリプト理論

スクリプト（script）とは，日常的な行動とそれらの一連の反復系列に関する知識である（Schank & Abelson, 1977）．スクリプトには演じられる役割，標準的な小道具や対象，次の行動を可能にする行動や場面の系列などに関する知識が含まれる．これらを利用すれば，次の行動のプランを立てたり，明示されていない行動や状況に対する予測が可能となる．スクリプトの例としては，「レストランで食事をする」「スーパーマーケットで買い物をする」などがある．

スクリプト・ポインター・プラス・タッグ（SP + T：script-pointer-plus-tag）仮説は，グラッサー（Graesser, Gordon, & Sawyer, 1979）をはじめとする諸研究によって採用され，バートレットのスキーマ理論の発展の一つである．

この仮説は，スクリプトに基づいた物語の記憶に関していくつかの予測を行う．物語中の行動はそれぞれ異なった典型性をもつ．典型的な（typical）行動とは「レストランでメニューを見る」など，基礎にあるスクリプトに一致し，特定の状況において通常よく生起する行動である．これに対して，非典型的

（atypical）行動は「レストランで，ポケットからペンを取り出す」など，スクリプトに一致しないか，無関係である．

　SP＋T仮説は，スクリプトに基づいた物語を理解する際に構成される記憶表象に関して以下の仮定をもち，行動の典型性（typicality），保持期間，検索課題によってどのような影響を受けるかを予測する．第一に，SP＋T仮説は，物語の記憶痕跡は物語中の出来事の基礎にある一般的スクリプトに，ポインターを介して関連づけられると仮定する．このため，典型的行動は物語中に含まれていた項目と，実際には提示されなかった項目とが，ともに記憶表象に挿入されることになり，読み手は両者を区別できないと予測される．この予測は再認テストを用いた諸研究により支持され，非典型的行動の再認率は典型的行動よりも高かった．

　第二に，SP＋T仮説は非典型的行動が物語の記憶痕跡に対して，それぞれ直接的に標識（tag）によって関連づけられると仮定する．このため，記憶直後では，非典型的行動は典型的行動よりも検索されやすい．しかしながら，保持時間が増すにつれて，非典型的行動は呼び出しにくくなり，検索が基礎にあるスクリプトに依存するようになると，今度は典型的行動のほうが検索されやすいと予測される．この予測は再生テストによって検証され，保持時間の長さによって，非典型的行動の優位性が変化することが支持された．

　さらに，ダビッドソン（Davidson, 1994）は2種類の非典型的行動が，どのように記憶されるかについて検討した．すなわち，非典型的行動を，物語中の目標とは無関係なものと，目標を妨害するようなものに分類した．

　たとえば，「映画を見に行く」という物語で，「サラとサムのそばに2人が座った」は前者にあたり，「彼らの前の誰かが大声で話しはじめ，音が聞こえない」は後者の例である．再認テストの結果は他の研究と同様となり，非典型的行動はともに，すべての保持時間（1時間，48時間，1週間）において，典型的行動よりも再認率が上回った．また，再生テストでは，両タイプの非典型的行動は保持時間が短い場合（1時間）には，典型的行動よりも再生率が高かった．しかし，1週間後になると，非典型的行動のうち無関係行動は典型的行動よりも再生率が低くなるのに対し，妨害的行動は典型的行動の再生率を上回った．

このように非典型的行動のタイプによって再生がなぜ異なるかを SP + T 仮説では説明できないと，ダビッドソンは指摘した．

c. 物 語 文 法

　多くの物語や民話の形式には一定の規則性があり，抽象的なレベルでは共通の構成要素があることが知られている．われわれは物語がどのように構造化されているかに関する一般的知識をもっており，それらの知識は物語文法（story grammar）として，複数の研究者らによって提案されている．物語文法は物語の中にどのような構成要素が含まれ，それらがどのように配列されるかを記述する．

　物語文法の形式は研究者によって異なり，ソーンダイク（Thorndyke, 1977）は階層構造を強調するのに対し，マンドラーとジョンソン（Mandler & Johnson, 1977）は物語の構成要素としてのカテゴリーを重視する．物語文法のアプローチに共通するのは，物語に「設定」，ひとつまたは複数の「エピソード」，および「結末」が含まれるとみなす点である．エピソードは特有の構造をもち，一般的にまず初めの「イベント」が起こり，主人公に内的反応をもたらす．次に「反応」は「目標」，目標に到達するための「試み」，試みの「結果」を導く．

　物語文法によって記述される規則体系が，実際に読み手が単純な物語を処理する方式に反映されるかという問題，すなわち，物語文法の心理学的妥当性について，多くの研究が行われてきた．物語文法アプローチでは「エピソード」の概念を強調する．エピソードが物語の記憶にとって重要な単位であることは複数の研究によって示された．たとえば，あるエピソードの再生は，その長さに影響を受けるが，他のエピソードの長さには影響を受けない（Black & Bower, 1979）．また，物語中のエピソードの数を変えたり，エピソード間の時間的関係を変えたりしても，エピソードに関する情報の再生量は変化しないことが明らかにされている（Glenn, 1978）．

　物語中の文を一文ずつ画面に提示し，その読み時間がエピソードの初めと終わりで長くなることを示したヘイバーランドら（Haberlandt, Berian, & Sandson, 1980）の結果は，エピソードがチャンクとして処理されるため，エ

ピソード間の境界が処理負荷の高い領域であることを意味する．さらに，ヘイバーランドらは物語カテゴリーによって再生率が異なることを示し，マンドラーとジョンソン（1977）と同様に，「発端」「試み」「結果」は，「反応」「目標」よりも多く再生されるという結果を得ている．

　トラバッソ（Trabasso, T.）らは，再生率を予測する上で重要なのはイベント間の因果関係であると主張し，因果連鎖（causal chain）分析法を物語の再生データに適用した．彼らによれば特定のイベントの再生率は，次の要因によって予測できる（Trabasso & van den Broek, 1985）．すなわち，① 因果連鎖上にあるイベントの数（因果連鎖上にあるイベントは他よりも再生率が高い），② 他のイベントに対してもつ直接的な結合の数（他のイベントに対して多くの関連をもつイベントほど再生されやすい），③ イベントが含まれる物語カテゴリー，の3要因である．

　これに対し，ゴールドマンとヴァーンハーゲン（Goldman & Varnhagen, 1986）は，トラバッソとヴァン・デン・ブロック（1985）の分析において構造と内容とが独立に操作されていないことを指摘し，個々のイベントのもつ意味内容は等しいが，異なった因果的構造をもつ二つのタイプの物語について再生率を比較した．表3.1.1の例のように，二つの物語のはともに「自転車を買う」，「貯金する」，「新聞配達をする」という三つのエピソードを含む．系列的構造ではエピソードが連続的に進行しているが，埋め込み構造では，「新聞配達をする」が「貯金する」の中に埋め込まれ，さらにそれが「自転車を買う」の中に埋め込まれている．

　このように埋め込まれたエピソードは，階層構造上のレベルが低くなる．両構造とも因果連鎖上にあるイベントの数は等しいので，この要因から再生率の差は生じないはずである．実験結果により，イベントの再生率は，系列的構造では物語カテゴリーと結合数から予測できたが，埋め込み構造では物語カテゴリーと結合数に加えて，階層構造におけるレベルもまた重要な要因であることが明らかになった．

表 3.1.1 物語の系列的構造と埋め込み構造（Goldman & Varnhagen, 1986；一部改変）

	系列的構造	物語カテゴリー	
1.	昔，ジミーという名の少年がいた．	S	
2.	彼の母がジミーにパートタイムの仕事があると言った．	E_{11}	
3.	ジミーは働きたかった．	R_{11}	
4.	彼は新聞配達をすることに決めた．	G_{11}	Ep1
5.	彼は新聞社の販売主任と話した．	A_{11}	
6.	ジミーは何軒かの顧客に新聞を配達しはじめた．	O_{11}	
7.	トムはどのように顧客を喜ばせるかをジミーに教えた．	E_{12}	
8.	ジミーはその意見に興味をもった．	R_{12}	
9.	彼はお金をたくさん貯めたかった．	G_{12}	Ep2
10.	彼はどの家でも新聞を扉の近くに置き，玄関の呼び鈴を鳴らした．	A_{12}	
11.	ジミーはチップをたくさんもらい，全部のお金を貯めた．	O_{12}	
12.	ジミーはトムの新しい自転車を見た．	E_{13}	
13.	ジミーは自転車がすてきだと思った．	R_{13}	
14.	彼はそのようなものがほしかった．	G_{13}	Ep3
15.	彼はお金を数え，自転車屋に行った．	A_{13}	
16.	彼は一台を選び，喜んで店員にお金を渡した．	O_{13}	
17.	ジミーはとても幸せで，家まで自転車に乗って行った．	N	

	埋め込み構造	物語カテゴリー	
1.	昔，ジミーという名の少年がいた．	S	
2.	ある日，ジミーはトムの新しい自転車を見た．	E_{11}	Ep1
3.	ジミーは自転車がすてきだと思った．	R_{11}	
4.	彼はそのようなものがほしかった．	G_{11}	
5.	彼は自転車屋に電話をかけ，その値段を尋ねた．	$A_{11}=E_{21}$	Ep2
6.	ジミーはもっと興味をもった．	R_{21}	
7.	彼はお金をたくさん貯めたかった．	G_{21}	
8.	彼の母がジミーにパートタイムの仕事があると言った．	$A_{21}=E_{31}$	Ep3
9.	ジミーは働きたかった．	R_{31}	
10.	彼は新聞配達をすることに決めた．	G_{31}	
11.	彼は新聞社の販売主任と話した．	A_{31}	
12.	ジミーは何軒かの顧客に新聞を配達しはじめた．	O_{31}	
13.	彼はどの家でも新聞を扉の近くに置き，玄関の呼び鈴を鳴らした．	A_{22}	
14.	ジミーはチップをたくさんもらい，全部のお金を貯めた．	O_{21}	
15.	彼はお金を数え，自転車屋に行った．	A_{12}	
16.	彼は一台を選び，喜んで店員にお金を渡した．	O_{11}	
17.	ジミーはとても幸せで，家まで自転車に乗って行った．	N	

S：設定，E：出来事，R：反応，G：目標，A：試み，O：結果，N：結末，Ep：エピソード

第1章　文章理解理論の［適用事例］　　　　167

1.2　キンチュのモデル

　本節では，キンチュ（Kintsch, W.）の提起した構成‒統合モデルを紹介する．このモデルによれば，文章理解処理の結果，表層構造，テキストベース，状況モデルの3種類の表象が構成される．初めにモデルを概観し，続いて3種類の表象レベルを検証した実験を取り上げる．次に理解過程における読み手のもつ既有知識の役割を明らかにした実験を紹介する．

a.　構成‒統合モデル

　文章理解のモデルでは，最終的に整合性のある意味の表象が記憶中に形成されることによって理解が成立すると仮定する．キンチュらは彼らの初期のモデル（Kintsch & van Dijk, 1978）において，ミクロ構造（microstructure）とマクロ構造（macrostructure）という二つのレベルの構造を区別した．ミクロ構造は文章の局所的構造であり，各文から抽出された命題（proposition）が互いに関連づけられる．マクロ構造は階層的に組織化された命題セットであり，ミクロ構造に基づいた文章のグローバルな構造を表現する．その最も高次なレベルは文章全体の要約に対応する．

　キンチュの構成‒統合モデル（construction-integration model）（Kintsch, 1988, 1998）は彼の初期のモデルの発展であり，理解過程における先行知識の役割を強調する．構成‒統合モデルでは，理解過程は構成と統合という二段階で進行する．

　まず，第一の構成の段階では，文章のみならず統語論，意味論，世界知識から何の制約もなしに概念が活性化され，活性化概念ネットワークが生成される．第二の統合の段階では，活性化は制約充足（constraint satisfaction）というコネクショニスト原理に基づいて，活性概念ネットワークを通じて伝わる．このとき，全体的文脈に一致する概念は相互に活性化を高めあうが，一致しない概念は活性化を失う．このように理解は，文章情報と読み手によって活性化された知識との間の相互作用と融合から生じる．

　これらの処理の結果，表象は複数のレベルで形成され，表層構造（surface

structure），テキストベース（textbase），状況モデル（situation model）の3種類が区別される．表層構造は，文章の正確な言いまわしを保存し，単語や句そのものがコード化される．テキストベースは命題ネットワーク形式で各文の意味を表現し，正確な言いまわしや統語構造は保存しない．状況モデルはその文章が記述している事象・行動・人物などの状況に関する認知的表象である．状況モデルにおいて，文章によって提供された情報は過去知識によって精緻化され，それらと統合される．

文章：

　赤ん坊が中隔欠損症をもつとき，血液は肺を通して二酸化炭素を十分に除去ができない．そのため，血液は黒ずんで見える．

テキストベース：

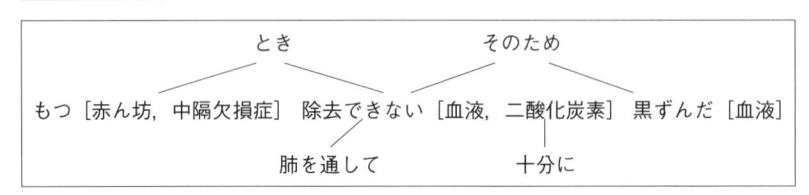

```
            とき              そのため
           /   \             /      \
もつ［赤ん坊, 中隔欠損症］ 除去できない［血液, 二酸化炭素］ 黒ずんだ［血液］
              肺を通して          十分に
```

状況モデル：

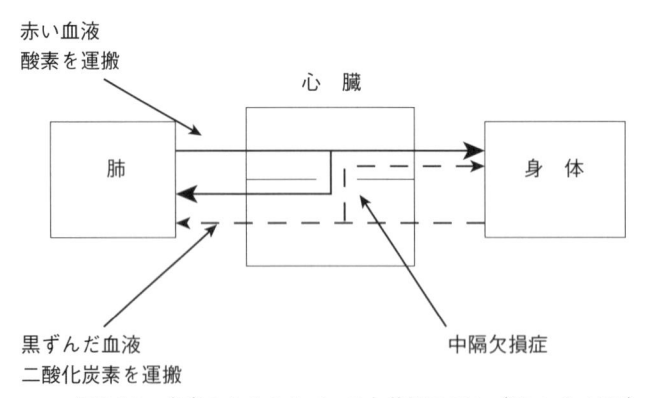

図3.1.2　文章のテキストベースと状況モデル（Kintsch, 1994）
二つの文およびそのテキストベースと状況モデル

なお，キンチュの初期のモデルにおけるミクロ構造対マクロ構造の区別は，テキストベース対状況モデルの区別に対して直交的（orthogonal）であり，テキストベースにも状況モデルにも，それぞれにミクロ構造とマクロ構造とがある（Kintsch, 1998）．

図 3.1.2 は心臓病に関する文章から抜き出した二文のテキストベースと状況モデルを示す．テキストベースは三つの命題からなり（命題「除去できない」は二つの修飾句を含む），それらは接続詞によって結合されている．状況モデルは図の形式で示されているが，図のほとんどは，文章というよりはむしろ循環系に関する読み手の知識に基づいている．テキスト自体から引き出される情報は，「中隔壁に間隙があるため，黒ずんだ血液が赤い血液と混ざる」という事実のみであることがわかる．

図 3.1.2 で状況モデルを表現するために用いられた概略図は，図 3.1.3 に示すような命題群へと変換される．ここでは，表層構造，テキストベース，状況モデルの三つのレベルは，命題ネットワーク上の関係として表現される．ひとた

テキストベース：

```
                    とき              そのため
          ┌──────────┴──────┐   ┌──────┴──────┐
     もつ［赤ん坊，中隔欠損症］ 除去できない［血液，二酸化炭素］ 黒ずんだ［血液］
                              │
                        肺を通して   十分に
```

状況モデル：

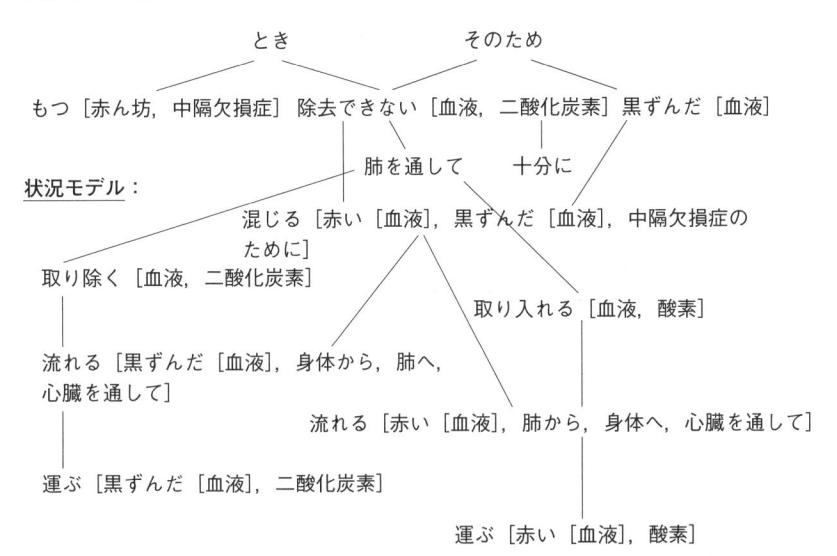

```
                    混じる［赤い［血液］，黒ずんだ［血液］，中隔欠損症の
                          ために］

取り除く［血液，二酸化炭素］
    │                           取り入れる［血液，酸素］
流れる［黒ずんだ［血液］，身体から，肺へ，
　心臓を通して］
    │                           流れる［赤い［血液］，肺から，身体へ，心臓を通して］
運ぶ［黒ずんだ［血液］，二酸化炭素］
                                運ぶ［赤い［血液］，酸素］
```

図 3.1.3　図 3.1.2 に対応する制約充足ネットワーク（Kintsch, 1994）
状況モデルは推論（命題「混じる」）と複数の既有知識のノードから構成される．

びこのネットワークが構築されると，活性化は安定したパターンになるまで拡散する．その結果，一部のノードが高度に活性化される一方，他のノードは強度を失い，孤立するか抑制的なリンクと結合した場合は棄却される．図3.1.3では，「除去できない」と「混じる」ノードがもっとも強く活性化され，反対に二つの「運ぶ」ノードはほとんど活性化されない．

b. 表象のレベル

キンチュらは文章理解処理の結果，文章自体に直接基づいた表層構造，命題レベルのテキストベース，そして状況モデルという三つのレベルの表象が形成されるという仮説を検証した（Kintsch et al., 1990）．

この実験では，読み手に「映画を見に行く」など，ステレオタイプな状況に関する短い文章を提示した後，直後から4日にわたる遅延の後，テスト文の再認を求めた．

テスト文は表象レベルの異なる5種類が作成された．
(a) 既出文：元の文章から抜き出した文で，表層構造，テキストベース，状況モデル上に表現されていると考えられる．
(b) 言い換え（paraphrase）文：最小限の語順や単語を一つ変えてある．テキストベース，状況モデル上では原文と一致するが，表層構造のみにおいて異なる．
(c) 推論（inference）文：文脈から容易に推論可能な文．原文の状況モデルに一致するが，テキストベースと表層構造では異なる．

これらに加えて，新出文が2種類加えられた．
(d) 文脈一致文：提示されなかったが，元の文章の文脈には一致する．
(e) 文脈不一致文：元の文章の文脈に一致せず，提示もされていない文であり，再認テスト分析の基準値として用いられた．

再認テストでは，被験者は提示されたテスト文が以前に見たものであれば「はい」，そうでなければ「いいえ」と答えるよう求められた．まず，文脈不一致文（e）に対する「はい」反応を「誤警報（false alarm）」として，各テスト文に対する「はい」反応の率をd'（信号検出理論に基づく記憶強度の測度）に変換した．つぎに，各d'値間の差を計算し，これをもとに各表象レベルの痕

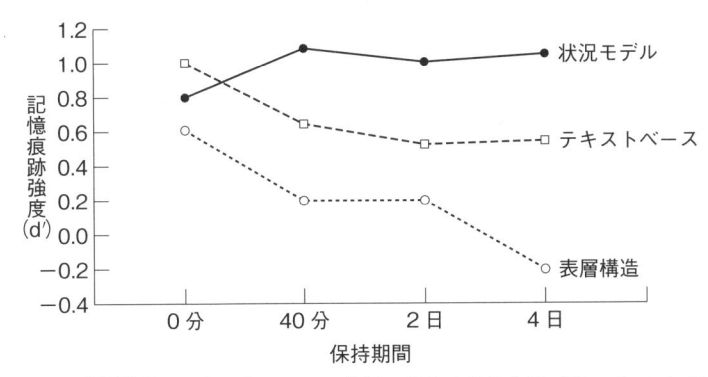

図 3.1.4 表層構造，テキストベース，状況モデルの忘却曲線（Kintsch et al., 1990）

跡強度を推定した．

表層構造の強度（どのよう記述されたか）は既出文（a）と言い換え文（b）との差，テキストベースの強度（文章中に記述されたかどうか）は言い換え文（b）と推論文（c）との差，状況モデルの強度（特定の状況的文脈内で真かどうか）は推論文（c）と文脈一致文（d）との差によって，それぞれ定義した．

これらの結果を遅延時間の関数として図3.1.4に表すと，表象の3レベルによって異なった忘却関数を描くことがわかる．表層構造の忘却は急速で，4日後には完全にゼロになる．これに対して，状況モデルは4日間を通じてほとんど忘却されず，テキストベースは両者の中間の傾向となった．

c. 文章の整合性と既有知識の効果

マクナマラら（McNamara et al., 1996）は，キンチュの構成－統合モデルに基づいて，文章の整合性，読み手のもつ既有知識，理解のレベルという三つの要因について検討した．彼らは，心臓病に関する文章を高知識群の高校生と低知識群の高校生に読ませた．文章には2通りのバージョンがあり，テキストベースの整合性の程度が異なる．整合性を高めるための操作は，接続詞による節の連結，適切な位置への見出しの挿入などであった．

文章を学習した後，読み手は異なったレベルの理解を測定する2通りの課題でテストされた．一方はテキストベース・レベルの理解を測定する課題である．これは文章から直接提供される情報をテストする自由再生および質問課題

であった．また，他方は状況モデル・レベルの理解を測定する課題である．これには問題解決課題（文章内の情報を既有知識と統合する必要がある），キーワード分類課題（文章内の情報の構造が判別できる），推論課題（文章内の複数の部分を検索し，それらの間の関係を理解する必要がある）という三つの課題が含まれた．

一般的には，文章の整合性が高くなるほど，テキストベースおよび状況モデルの構成が促進され，課題成績は向上するものと予測される．マクナマラらの結果は図3.1.5に示すように，たしかに整合性の高い文章は低知識群の読み手の成績に改善をもたらした．これに対し，高知識群では文章の整合性の効果は，課題によって測定される文章理解のレベルごとに異なった．すなわち，テキストベース課題では整合性の高い文章によってわずかに改善が見られたが，逆に状況モデル課題では，整合性の低い文章のほうが有利となった．

マクナマラらの主張によれば，高知識群の読み手は整合性の低い文に接すると文章内のギャップを埋めようとし，既有知識を呼び出して文章内の情報と統合するため，状況モデル・レベルのより深い理解が可能になる．このように整合性の高い文章は知識量の少ない読み手の理解を促進するが，十分な知識をもった読み手にとっては，整合性が不足し，表面的な処理を妨害するような文章のほうが有効であるといえる．

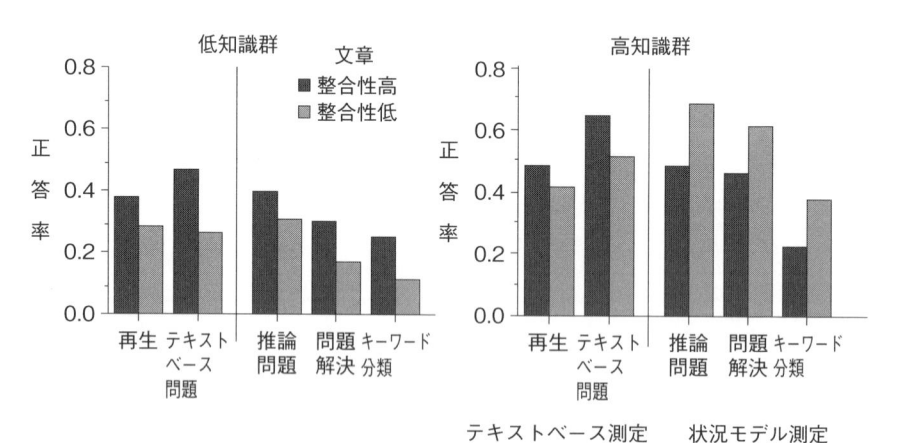

図3.1.5 既有知識の異なる群における理解テストの結果（McNamara et al., 1996）

1.3　状況モデル

　前節で述べたように，読み手は文章理解の過程で表層構造，テキストベースのレベルでの表象とともに状況モデルを構築する．状況モデルはどのような特性をもち，またどのように構築されるのであろうか．状況モデルは多様な情報を含むが，文章理解の研究者らによって，少なくとも，時間（time），空間（space），因果関係（causation），意図（intentionality），行為主体（protagonist）の五つの次元が指摘されている（Zwaan & Radvansky, 1998）．

　本節では初めに空間的モデルを取り上げ，つぎにこれらの五次元を統合するイベントインデクス・モデルを取り上げる．最後に，状況モデルの構成において，命題表象よりも知覚的経験に由来した知覚的シンボルを強調する知覚的シンボル理論を紹介する．

a.　空間的状況モデル

　空間的状況モデルは，空間に配置された場所，ランドマーク，対象，そして登場人物が移動するにつれての位置などに関する概略的なメンタルマップを含む．

　モローら（Morrow et al., 1987, 1989）は，プライミングの手法を用い，主人公が次々と場所を移動するような文章を理解する際に，空間的モデルが読み手によってどのように更新されるかについて検証した．モローらの実験では，初めに被験者は架空の研究所の配置図を記銘した．建物には10室あり，各部屋には名前のついた四つの対象が置かれていた．その後，被験者は主人公が建物内の部屋から部屋へと移動する様子を記述した文章を読んだ．この実験により，主人公に近い対象は遠い対象よりも検索されやすく，その利用可能性は主人公と対象との間の距離によって決定されることが見出された．

　しかし，モローらのプライミング法では「対象Aと対象Bは同じ部屋にありますか．」と問うプローブが挿入され，これが自然な読みを妨害するという欠点があった．そのため，リンクらは（Rinck & Bower, 1995）は建物内の対象に対する前方照応的指示（anaphoric reference）を含むターゲット文の読み

時間を測定する方法を用いて，さらに検証を進めた．図 3.1.6 は刺激として用いられた建物内の空間配置を示す．

ここでの前方照応は，「あの複写機（the copier）」や「図書館内のあの複写機（the copier in the library）」のように，限定名詞句（a definite noun phase）内で特定の対象に言及することである．主人公の現在位置とは別の場所にある部屋の対象を指示するために，「〜について考える」という形式が採用された．すなわち，主人公が起点である A 室から，通過地点である B 室を通り，目標地点である C 室へと移動した後，「（主人公が）［特定の場所にある］［特定の対象］を片づけなければならないことを思い出した」というターゲット文が加えられた（例：「ウイルバーは図書館のあの棚を片づけなければならないことを思い出した」）．

リンクらは次の実験条件を設定した．第一に，ターゲット文中の対象と主人公の現在位置との間の距離（介在する部屋数）を変化させた．第二に，ターゲ

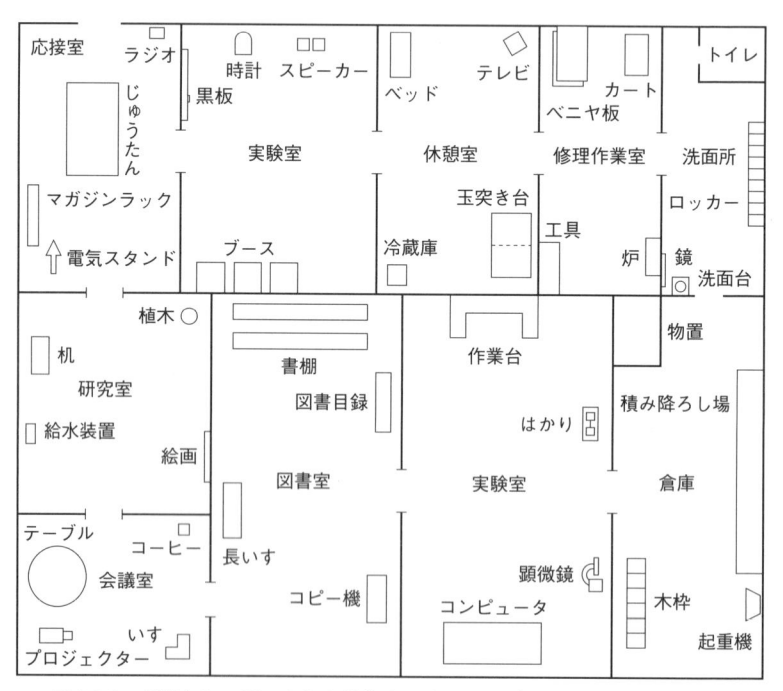

図 3.1.6 刺激として用いられた建物内の空間配置（Rinck & Bower, 1995）

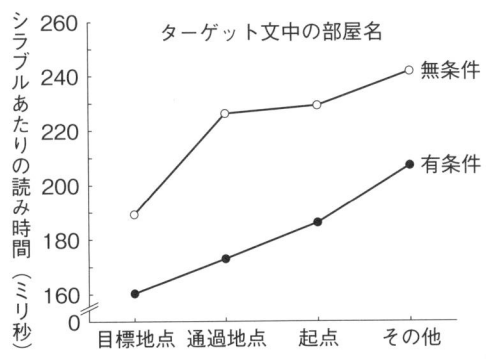

図 3.1.7 前方照応的指示を含むターゲット文の読み時間（Rinck & Bower, 1995）

ット文中に対象が位置する部屋名が含まれるか否かを操作した．読み手には一文ずつ自己ペースで文章を読ませ，前方照応文の読み時間を測定した．図 3.1.7 は，対象が位置する部屋名の有無条件別に，前方照応文の読み時間を示す．文の長さ（シラブル数）は部屋名のない条件が短くなるため，1シラブルあたりの読み時間がプロットしてある．

図からわかるように，対象の位置の効果がはっきりと見られ，読み時間が最も速かったのは，主人公が現在いる「目標地点」であり，続いて「通過地点」「起点」「その他」の順に距離が長くなるほど遅くなった．さらに，前方照応的対象を含む部屋への言及による促進効果が見られた．すなわち，部屋名が含まれることによって読み時間が速くなるのは，部屋名が前方照応的対象の表象に対する記憶検索を促進する手がかりとなっているためと考えられる．

b. イベントインデクス・モデル

ツワーンら（Zwaan, Langston, & Graesser, 1995）は，文章理解に関するイベントインデクス・モデルを提唱した．イベントとは一般的に事件および行動の両者とみなされる．理解過程において，入力されるイベントはそれぞれ動詞によって表され，時間，空間，因果関係，意図，行為主体の五つの次元で分析される．イベントインデクス・モデルはオンラインの理解過程と，結果として生じる読み手の長期記憶の二側面について予測する（Zwaan & Radvansky, 1998）．

まず，オンラインの理解に関して，新規に入力されるイベントは，状況モデルの現在の状態とインデクスを共有していれば，より容易に現行の状況モデルに統合できると仮定する．したがって，読解中の処理負荷は現在処理中のイベントと状況モデルとの間で共有される状況的インデクスの数の関数として変化すると予測される．

ツワーンら（Zwaan, Magliano, & Graesser, 1995）は，この予測を一部立証した．彼らは重回帰分析を用いて時間および因果関係に不連続性があると，読み時間が増加することを見出した．次に長期記憶内に生じる物語の表象に関して，状況モデルの表象は物語内に記述されたり，そこから推論されたイベントを符号化するノードのネットワークから形成されると仮定する．そこで，イベントを符号化するノード間の関連強度は，イベント間で共有されるインデクスの数によって変化すると予測される．ツワーンとラングストンらの実験はこの予測を初めて立証した．被験者が物語中の動詞対を関連ありと判断する確率は，二つの動詞によって表されたイベント間で共有されるインデクスの数とともに直線的に増加したのである．

イベントインデクス・モデルでは，すべての状況的次元は独立であり，等価であると仮定する．しかし，五つの次元は特殊な形式で交互作用する可能性があり，ここにモデルの問題点がある．たとえば，ツワーンとラドヴァンスキー（Zwaan & Radvansky, 1998）は次のような例をあげる．「誰かが裏庭で大きな音をたてていた．マイクは1時間前に去った」．この文は時間に関する情報を提供している．しかし，同時にこの文はマイクが大きな音を立てている人物ではないという因果的推論を可能にするので，因果関係の次元にも関与している．

また，リンクとウエーバー（Rinck & Weber, 2003）の実験も各次元が独立にモニターされるという見解を否定している．彼らは主人公，時間，空間の三次元における変化（連続性）のすべての組み合わせについて検討した．被験者に一文ずつ文章を提示し，各自のペースで読む時間を測定した結果，総じて変化するインデクスの数が多くなるにつれて，読み時間は増加した．1シラブルあたりの読み時間はインデクスに変化のない場合164ミリ秒，指標の変化が一つの場合220ミリ秒，二つの場合231ミリ秒，三つの場合248ミリ秒であった．

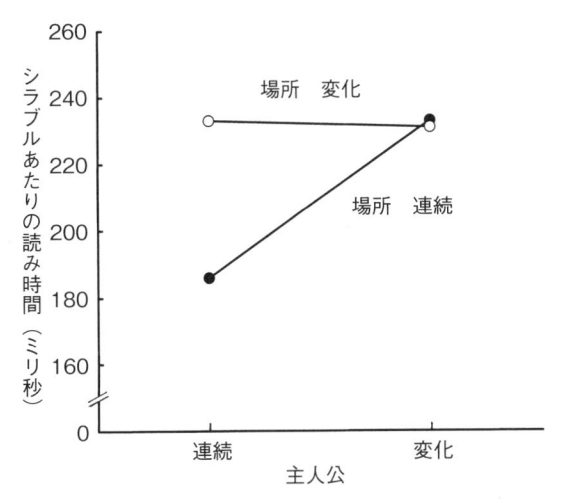

```
         260
シ       240       場所　変化
ラ
ブ       220
ル
あ       200
た
り       180
の
読       160
み
時        0
間                連続           変化
（                    主人公
ミ
リ
秒
）
```

図 3.1.8 主人公と場所次元の変化による読み時間への効果（Rinck & Weber, 2003）

　これらの結果はモデルによる予測に一致し，連続した文間に次元上の不連続性があると処理負荷を増加させることを示す．しかしながら，イベントインデクス・モデルに反して，主人公と空間的位置の間に交互作用が見出された．すなわち，主人公と空間的位置がともに変化した場合は，主人公のみが変化した場合，または空間的位置のみが変化した場合に比べて，読み時間は長くなるはずである．しかし，実際には図 3.1.8 に示すように，両方が変化した場合の読み時間は一つのインデクスが変化した場合に比べて長くはならなかったのである．

c．知覚的シンボル理論

　これまで，多くの研究が文章理解の際に構築される状況モデルの特性について探究してきた．1.2 節で述べたように，キンチュらは状況モデルが命題群で表現されるとしており，したがってそれらは非形態的（amodal）シンボル・システムである．

　これに対して，状況モデルの構築には形態的（modal）シンボル・システム，すなわち知識を表現する知覚的シンボルが含まれるという説が登場した．バーサロー（Barsalou, 1999）は知識が知覚的経験から直接得られた知覚的シ

ンボルという形式で表現されると主張した．文章理解において，このような知覚的シンボルを用いれば，状況モデルの構築が促進されると予想される．

　読み手がどのように視覚的，空間的情報を表現するかを検討する研究では，モローらのように（4.3節のaを参照），日常的な三次元的空間に類似した視覚的表象を引き出すような文章を用い，これを提示する方法が用いられてきた．しかし，ツワーンら（Zwaan, Stanfields & Yaxley, 2002）は空間的関係を記述していない文章理解においてでさえ，知覚的シンボルが活性化され，構築された状況モデルは知覚的経験に類似した知覚的特性をもつことを証明しようと試みた．次の文を考えてみよう．

　　森林警備隊員が空中にいる鷹を見た．
　　森林警備隊員が巣の中にいる鷹を見た．
　これらの文はキンチュによれば，それぞれ次の命題表現に変換される．
　　［［見た［森林警備隊員，鷹］］，［中に［鷹，空］］］
　　［［見た［森林警備隊員，鷹］］，［中に［鷹，巣］］］
　このように，二つの文の命題表現は場所を特定する名詞以外は共通である．しかしながら，鳥が空中にいる場合，通常翼を広げており，巣にいる場合は翼を折りたたんでいるので，鷹の形態的情報はまったく異なる．ここであげたような非形態的命題構造には，このような違いは表現されない．

　ツワーンらの実験で，被験者は特定の場所に存在する動物や物体を記述する文を読んだ．文中の物体や動物の形態は，上記の例のように場所によって変化するよう操作された．文を読んだ後，被験者は文中の対象の線画を提示され，対象が文中で言及されたかどうか判断するよう求められた．描かれた対象の形態には文によって暗示された形態に一致する条件と，一致しない条件とが設定された．

　知覚的シンボル理論の仮定によれば，言語理解の際に知覚的シンボルが活性化されるため，文中で暗示された対象の形態はその文の心的表象の一部に含まれるであろう．したがって，文中で暗示された対象の形態が絵の中の対象の形態に一致する場合に，反応は不一致の場合よりも速いであろう．これに対して，命題的表象のみが形成されるとすれば，対象の形態は表現されない，一致・不一致の操作は絵に対する反応時間には影響しないであろう．実験の結

果，反応は暗示された形態と絵に描かれた形態とが一致する場合に有意に速くなり，知覚的シンボル理論が支持された．

　知覚的シンボル理論は過去の諸理論の興味深い発展である．それは読み手が文章を理解しながら形成する状況モデルについて，詳細な説明を提供している．この理論が主張するように，命題表象は構成 – 統合モデルで仮定されているほど重要でない可能性もあるが，命題表象の存在を指摘する他の証拠をすべて退けることはできないといえよう．　　　　　　　　　　　　　〔川﨑惠里子〕

文　献

Anderson, R. C., & Pichert, J. W. (1978). Recall of previously unrecallable information following a shift in perspective. *Journal of Verbal Learning and Verbal Behavior*, **17**, 1-12.

Barsalou, L. W. (1999). Perceptual symbol systems. *Behavioral and Brain Sciences*, **22**, 577-660.

Bartlett, F. C. (1932). *Remembering: A study in experimental and social psychology*. Cambridge : Cambridge University Press.

Black, J. B., & Bower, G. H. (1979). Episodes as chunks in narrative memory. *Journal of Verbal Learning and Verbal Behavior*, **18**, 309-318.

Bransford, J. D. & Johnson, M. K. (1972). Contextual prerequisites for understanding: Some investigations of comprehension and recall. *Journal of Verbal Learning and Verbal Behavior*, **11**, 717-726.

Davidson, D. (1994). Recognition and recall of interruptive atypical actions in script-based stories. *Journal of Memory and Language*, **33**, 757-775.

Glenn, C. G. (1978). The role of episodic structure and of story length in children's recall of simple stories. *Journal of Verbal Learning and Verbal Behavior*, **17**, 229-247.

Goldman, S. R., & Varnhagen, C. K. (1986). Memory for embedded and sequential story structure. *Journal of Memory and Language*, **25**, 401-418.

Graesser, A. C., Gordon, S. E., & Sawyer. J. D. (1979). Recognition memory for typical and atypical actions in sripted activities: Test of a script pointer + tag hypothesis. *Journal of Verbal and Verbal Behavior*, **18**, 319-332.

Haberlandt, K., Berian, C., & Sandson, J. (1980). The episode schema in story processing. *Journal of Verbal Learning and Verbal Behavior*, **19**, 635-650.

Kintsch, W. (1988). The role of knowledge in discourse comprehension : A construction-integration model. *Psychological Review*, **95**, 163-182.

Kintsch, W. (1994). Text comprehension, memory, and learning. *American Psychologist*, **49**, 294-303.

Kintsch, W. (1998). *Comprehension: A paradigm for cognition*. New York : Cambridge University Press.

Kintsch, W., & van Dijk, T. A. (1978). Toward a model of text comprehension and production. *Psychological Review*, **85**, 363-394.

Kintsch, W., Welsch, D., Schmalhofer, F., & Zimny, S. (1990). Sentence memory : A theoretical analysis. *Journal of Memory and Language*, **29**, 133-159.

Mandler, J. M., & Johnson, N. S. (1977). Remembrance of things parsed : Story structure and recall. *Cognitive Psychology*, **9**, 111-151.

McNamara, D. S., Kintsch, E., Songer, N. B., & Kintsch, W. (1996). Are good texts always better? Interactions of text coherence, backgroud knowledge, and levels of understanding in learning from text. *Cognition and Instruction*, **14**, 1-43.

Morrow, D. G., Bower, G. H., & Greenspan, S. L. (1989). Updating situation models during narrative comprehension. *Journal of Memory and Language*, **28**, 292-312.

Morrow, D. G., Greenspan, S. L., & Bower, G. H. (1987). Accessibility and situation models in narrative comprehension. *Journal of Memory and Language*, **26**, 165-187.

Rinck, M.,& Bower, G. H. (1995). Anaphora resolution and the focus of attention in situation models. *Journal of Memory and Language*, **34**, 110-131.

Rinck, M., & Weber, U. (2003). Who when where : An experimental test of the event-indexing model. *Memory & Cognition*, **31**, 1284-1292.

Schank, R. C., & Abelson,R.P. (1977). *Script,plans,goals and understanding : An inquiry into human knowledge structures*. Hillsdale, N. J. : Lawrence Erlbaum Associates.

Thorndyke, P. W. (1977). Cognitive structures in comprehension and memory of narrative. *Cognitive Psychology*, **9**, 77-110.

Trabasso, T., & van den Broek, P. (1985). Causal thinking and the representation of narrative events. *Journal of Memory and Language*, **24**, 612-630.

Zwaan, R. A., Langston, M. C., & Graesser, A. C. (1995). The construction of situation models in narrative comprehension: An event-indexing model. *Psychological Science*, **6**, 292-297.

Zwaan, R. A., Magliano, J. P., & Graesser, A. C. (1995). Dimensions of situation model construction in narrative comprehension. *Journal of Experimental Psychology : Learning, Memory, and Cognition*, **21**, 386-397.

Zwaan, R. A., & Radvansky, G. A. (1998). Situation models in language comprehension and memory. *Psychological Bulletin*, **123**, 162-185.

Zwaan, R. A., Stanfield, R. A., & Yaxley, R. H. (2002). Language comprehenders mentally represent the shapes of objects. *Psychological Science*, **13**, 168-171.

第2章

問題解決理論の [適用事例]

2.1 問題解決の心理学的研究の流れ

問題解決の心理学研究では，算数の問題解決を事例として取り上げ，『現代心理学［理論］事典』III部5章（多鹿，2001）で言及した情報処理モデルが，算数の問題解決においてどのように適用されるのかを説明しよう．算数問題解決の具体的な領域の事例として，小学5年生から学習する割合文章題を用い，算数問題解決の過程において，『現代心理学［理論］事典』で言及した情報処理モデルだけでなく，ウェルトハイマーの理論やアナロジー・モデルにもふれよう．

子どもの算数割合文章題の解決過程を分析し，そこで適用される問題解決のさまざまな理論を説明するに先立ち，本節では，問題解決に関する今日までの心理学研究の流れについて，ごく簡潔に説明しておこう．

a. 問題解決過程の研究

心理学の実証的な成果に基づく問題解決の研究は，『現代心理学［理論］事典』のIII部5章「問題解決の理論」で述べたように，ゲシュタルト心理学にその起源をもつものである．ウェルトハイマー（Wertheimer, 1945）の生産的思考の理論は，知覚の体制化の考えを問題解決に適用したものであった．

ウェルトハイマーによれば，生産的思考とは新しい解決法を自ら創造することによって当該の問題を解決するタイプの思考法であり，過去の経験によって

記憶している解決方法を自動的に適用して問題を解決する再生的思考方法とは異なるという．生産的思考による問題解決方法は問題の構造的理解をともなうので，類似した他の問題の解決に対して容易に正の転移をみるものである．たとえば，生産的思考による問題解決を行う生徒は，平行四辺形の構造的特性を確実に理解することによって，平行四辺形の面積を求める公式を機械的に暗記しなくても，平行四辺形の面積を正しく求めることができ，また，学習していない平行四辺形の面積を求める問題に対しても，応用がきくことが示された．

　認知心理学の隆盛を背景にして，学習者の先行知識を必要としないパズルタイプの問題を解決する過程を吟味する研究が次に主流となり，ニューウェルとサイモンは，『人間の問題解決』（Newell & Simon, 1972）という問題解決の画期的な著書を出版した．そこでは，問題解決の一般的な手続きをコンピュータ・プログラムの形式で記述し，人の問題解決過程をコンピュータによってシミュレートした．

　ニューウェルとサイモンは問題解決過程を情報処理過程としてとらえ，暗号計算問題，論理問題，チェス問題などを解く場合に使用する方略を分析した．問題は問題空間として表現され，問題空間から解決に向けて探索する方略は，手段－目的分析とよばれた．手段－目的分析は，明示された問題空間からスタートし，問題空間ではすべての可能な問題状態と操作が明記されている．ついで，問題解決のプログラムが作動して目標を生み出し，各目標を満たしうる操作を見つける．

　目標が満たされないときは，下位目標が構成される．『現代心理学［理論］事典』で述べたように，手段－目的分析では三つの下位目標が設定される．それらは，一つの問題が解決されるまでくり返し使用されるのである．本章の問題解決の事例として取り上げた算数割合文章題の解決過程では，この情報処理モデルの考えが基本的に適用されている．

　その後，学習者の知識を必要とする問題解決過程が分析され，物理学や算数・数学をはじめとするいくつかの教材が問題解決の問題として利用された（Chi, Feltovich, & Glaser, 1981 ; Riley, Greeno, & Heller, 1983）．学校教材の解決過程では，問題解決のために利用される知識の構成に焦点が当てられ，問題スキーマといった概念が明確にされた．知識の豊富な領域における問題解決に

関しては，熟達者-初学者の問題解決過程の比較研究がなされてきた．

b. 熟達者-初学者研究

熟達者-初学者の研究から明らかにされたことは，熟達者のもっている問題領域のさまざまな知識が，当該の問題を解決するための鍵を握る主要な知識を中心にして構成されること，また，これらの相互に関連し体制化された知識が問題を解決するときに利用されるということであった．

このような知識の体制化を構成することによって知識を適切に表象するということが，問題解決の主要なテーマとなる．手段-目的分析で明らかにされた探索としての問題解決の概念は，ここにきて，問題解決を成功させるには，適切な知識の表象を形成することと考えられるようになってきた．すなわち，多くの問題状況や背景となる先行知識が問題をどのように表象するのかに影響し，また問題をどのように解決するのかに影響する．情報処理モデルでは，問題状況をいかに表象するかの問題が，問題解決の分析において重要な位置を占めている (Greeno & Simon, 1988)．

問題解決者によって構成された表象は，問題の本質的な性質を理解するのに利用される．問題解決者によって構成される表象には，四つの下位構成要素が認められるという (Markman, 1999)．それらは，表象される世界（解決すべき問題），表象，表象の要素を表象された世界の要素に対応づける際のルール，および表象において情報を適用する過程すなわち問題を解くこと，の四つの下位要素にまとめることができる．

このような四つの下位要素からなる表象を適切に構成するという認知的な処理を行うことによって，私たちは問題解決を行っているといえる．

2.2 算数の割合文章題

問題解決の具体的な事例として算数の割合文章題を取り上げ，『現代心理学[理論]事典』のⅢ部5章「問題解決の理論」で言及したいくつかの理論が，割合文章題の解決過程でどのように適用されるのかを説明しよう．

算数の割合文章題の解決過程を説明する基本的な理論として，情報処理モデ

ルを取り上げる．また，情報処理モデルに加えて，ウェルトハイマーの生産的思考の理論やアナロジー・モデルによる算数の割合文章題解決への適用を示すことによって，算数割合文章題がどのように解決されるのかを明確にしよう．

算数・数学の研究に適用される情報処理モデルは，一般に未知数 x を求める代数問題の解決，たとえば下記の一次方程式

$$3(2x-8) = 2(x+4)$$

の解を求める問題などに適用されてきた．この問題では，初期状態の問題空間は，

$$3(2x-8) = 2(x+4)$$

であり，目標状態は，

$$x = 答えの数字$$

と，x の値を求めることである．この一次方程式の未知数 x の値を求める過程で，問題空間を探索するときに，目標志向的に手段-目的分析の方略が適用されるのである．

それでは，小学6年生で学習する算数の割合文章題の一例をみよう．問題は下記のようである．問題文の例は，小学校6年生の算数教科書（啓林館）に記載されている問題文の表現を多少修正したものであり，問題の構造そのものは教科書の問題と同一のものである（例1）．

例1：算数割合文章題の一例

> 水道管のせんを開いて水そうに水を入れるのに，Aのせんを開くと10分，Bのせんを開くと15分でいっぱいになります．両方のせんをいっしょに開いて水を入れると，何分でいっぱいになるでしょう．

以下の節では，最初に，割合文章題の解決過程に適用される情報処理モデルの基本的な考えを簡潔に説明しよう．ついで，上記に示した難問題として知られている割合文章題の解決過程において，情報処理モデルがどのように適用されているかを示そう．

2.3 情報処理モデル

　情報処理モデルは，基本的には問題空間として表現される問題と，探索時に目標志向的に使用される方略である手段−目的分析で構成される．問題空間は，一般に，問題の初期状態，問題の目標状態，問題の前提状態から目標状態へ至る過程における中間状態，ならびにある状態から別の状態に変換するためにどのような状態にも適用されるすべての可能な演算からなる．つまり，問題空間とは，一連の演算を実行することにより，初期状態からどの状態へも進むことができ，最終的には目標状態に到達できる空間を意味する．

　また，手段−目的分析とは，個人あるいはコンピュータ・プログラムが使用できる唯一の可能な方略であり，明示された問題空間からスタートする．問題空間で目標が現在の状態と比較され，識別された両者の差異を小さくするための演算が実行される．目標が直接には満たされないときは，下位目標が設定されるのである．次々と下位目標を設定することで現在の状態との差異を小さくし，問題の解決という最終目標に到達するのである．

　情報処理モデルでは，上記の問題空間と手段−目的分析の考えが，『現代心理学［理論］事典』のIII部5章「問題解決の理論」で説明した認知行為や認知表象の仮説に引き継がれている（Greeno & Simon, 1988）．

　認知行為の仮説では，認知行為が手続き的知識の表象形態であるプロダクション・システムによって表象され，手段−目的分析が方略として使用される．また，認知表象の仮説では，問題空間の考えを使って問題表象が明確にされ，問題解決における原理や問題構造を理解するために，スキーマや命題のネットワークといった概念が使用されるようになってきた．

　学習者が問題を解く場合に，先行知識（当該の問題領域に固有の知識）を必要としないパズル問題（『現代心理学［理論］事典』で言及した例では，「小人と人食い鬼問題」）では，「もし…ならば」という条件と，「…しなさい」という行為の連鎖によって問題を解くことができる．このような条件と行為の連鎖をプロダクション・システムとよぶが，条件は情報のパターンを明確にし，現在の情報のパターンが条件に一致すれば行為が実行される．

もちろん，条件−行為のプロダクションの実行の過程で，実行できない制約場面に出くわすこともある．たとえば，「小人と人食い鬼問題」では，川岸の人食い鬼の数が，同じ川岸にいる小人の数を上回ってはいけない，あるいはボートには一度に2人までしか乗れない，などである．これらの制約は，認知表象の仮説における問題空間で適用される演算の行為の表象によって明確にされる．

　他方，学習者が当該の問題領域に関する固有の知識を必要とするような問題を解決するとき，たとえば以下に述べる算数文章題の解決では，問題の認知表象における仮説，中でもスキーマを駆動することによって問題を解決しなければならない．スキーマは構造化された知識といえるもので，複雑な知識の表象の1つの形態である．スキーマの概念は，バートレット（Bartlett, 1932）以来，最近でこそ認知心理学において使用頻度が少なくなってきたが，知識の構造に関係する心理学の研究において，しばしば用いられてきた（たとえば，Graesser & Nakamura, 1982）．

　このように，情報処理モデルで説明される人間の問題解決研究も，「小人と人食い鬼問題」に見られるパズルの問題解決過程を吟味した問題領域に固有の知識を必要としない問題から，算数文章題の解決に見られる算数領域の知識を必要とする問題解決や，日常生活でしばしば遭遇するような目標状態が明確でない問題（とりあえず多くの人が納得する解決方法を提示する）の解決過程まで，さまざまな問題解決過程を理解するために，スキーマの概念を導入したりしている（Dixon, 2005）．

2.4　算数の割合文章題解決

　上述したように，割合文章題の解決過程は，「小人と人食い鬼問題」のようなパズルの問題と異なり，問題文中に問題空間を特定する要素が必ずしもすべて明示されているわけではない．また同様に，問題領域に固有の知識を必要としないパズルの問題とは違い，学習者は算数文章題を解決するために，当該の問題領域に固有の知識を有する必要がある．それでは，割合文章題の解決過程を見よう．

例1に示した算数割合文章題の，初期状態と目標状態を明記しておこう．問題の前提状態とは提示された文章題全体の内容であり，「水道管のせんを開いて水そうに水を入れるのに，Aのせんを開くと10分，Bのせんを開くと15分でいっぱいになります．両方のせんをいっしょに開いて水を入れると，何分でいっぱいになるでしょう．」である．この初期状態は，割合の文章題では割当文，関係文，および質問文で構成される内容に対応しているといえる（多鹿，1996）．

割当文は問題の前提条件としての事実を示す文であり，関係文は割合関係を示す文である．また，質問文は「求めるものは何か」といった解答を要求する文である．当該の文章題の目標状態とは，上記の割合文章題に対する解答を意味する．割合文章題の問題解決とは，通常の割合文章題は，これらの割当文，関係文および質問文で構成される前提状態からスタートし，学習者のもつスキーマを使い，最適の手段−目的分析を実行しながら，目標状態に到達する過程を意味するといえる．

一般に，割合文章題の解決過程は二つの段階に区分することができる（Mayer, 1991；多鹿，1996）．一つは，割合文章題の問題文を読んで内容を理解する段階（割合文章題の理解過程）であり，他の一つは，理解した内容に基づいて文章題解決のための式をつくり（立式），その立式に演算を適用すること（割合文章題の解決過程）である．

a. 割合文章題の理解過程

問題文を理解するには，与えられた文章題を読んで問題文に記述されている内容に適したスキーマを構成しなければならない．ここで述べるスキーマとは，子どもが文章題を読んで一文ごとの意味内容を理解し，文章題に記述されている内容に関連する知識を利用して，文間の関係をまとめ上げる構造化された知識である．

1) スキーマの構成

ジョンソン−レアード（Johnson-Laird, 1983）は，外的な事象を内的なモデルに翻訳し，シンボルによる表象を構成することをメンタル・モデルとよぶ．それゆえ，ここで述べるスキーマは，メンタル・モデルと置き換えてもよい．

与えられた問題に関連するさまざまな内的知識に問題から汲み取られた内容を統合し，解決に導くスキーマを構成することとなる．

ところで，割合の文章題を解くには，さまざまな知識を動員しなければならない．スキーマの構成に必要とされる知識は宣言的知識であり，割合の文章題を読解するのに必要な言語的な知識と，算数・数学の理解にかかわる概念的な知識からなる．

割合文章題を解く小学5年生や6年生になると，多くの子どもは文章題を読解するのに必要な言語的知識を貯蔵しているとみてよい．もちろん，国語の学習が苦手で，漢字の読めない子どもや長文読解の苦手な子どももいるだろう．しかしながら，算数の文章題を読めない子どもはごく少数である．記述してある内容も多くの子どもは理解する．たとえば，次のような調査結果は，読解にかかわる言語的知識の欠如を物語るものではないといえる（多鹿，1996）．

例1に類した割合文章題を用意し，子どもに問題の割当文や関係文の内容，さらには「求めるものは何ですか」といった質問文の内容をたずねた．この質問は，子どもに割当文，関係文，あるいは質問文の意味内容を理解しているかどうかを求める課題であった．多くの子どもは文章題の初期状態を記述した割当文，関係文および質問文の意味内容を的確に回答した．中には，自分の言葉で文章題の内容を表現し直した子どもも見受けられた．このような結果は，子どもが文章題に表現されている言語内容の意味を理解していることを示すものであるといえる．

ただし，文章題で言語表現された内容を理解していることと，目標状態に到達すること，つまり当該の問題を正しく解くこととは別であった．問題文を理解している子どもでも，少し複雑な割合文章題になると解けない子どもが多く見られた．正しく問題解決を行った子どもの結果を分析すると，割合文章題の理解過程では，言語的知識に加えて，もうひとつの宣言的知識である算数・数学の概念的な知識を貯蔵しておくこと，また，言語的知識と概念的知識の統合が重要であることを意味しているようである（多鹿，1996）．

2）全体-部分の関係に関する知識

算数・数学の概念的な知識として，割合文章題の解決では，全体と部分の関係に関する知識と，割合の概念に関する知識を理解しておかなければならな

い．また，基準にした量の単位量あたりの量や大きさ（以下では，単位量あたりの量とよぶ）を考慮することも必要である．

全体－部分の関係に関する知識は，部分－部分の関係に関する知識を含めて，早い時期から発達するといわれている．当該の問題で，何が全体であり何が部分であるかを判断する知識としての全体－部分の知識があれば，比較的簡単な割合の文章題は解決可能である．というのも，割合は，「部分の大きさ÷全体の大きさ」によって求められるからである．しかしながら，解決の難しい割合の文章題になると，割合の概念に関する知識や単位量あたりの量に関する知識が必要となる．

割合は二つの数や量AとBについて，AがBの何倍であるかを表した数Pを意味している．小学校の現行の学習指導要領では，割合の用語は5年生から使用される．もちろん，割合の用語は使用しなくとも，割合の概念は小学1年生から指導されている．

二つの数や量AとBについて，AがBの何倍であるかを表した数Pを割合とすることから，割合に関する計算は，次の三つにまとめることができる．ここで述べる割合の三つの関係の計算式とは，

　① 割合＝比べる量÷元にする量
　② 比べる量＝元にする量×割合
　③ 元にする量＝比べる量÷割合

である．

また，「元にする量」が全体の大きさ（量）を意味し，「比べる量」が部分の大きさ（量）を意味することも理解することが必要となる．もちろん，部分と部分を比べる場合には，基準とする部分を「元にする量」として計算する必要がある．

さらに，例1のような少々難しい割合文章題を解くには，小学6年生で学習する単位量あたりの量や大きさの概念を解決に適用しなくてはならない．単位量あたりの量の概念は割合の概念とも関連が深く，二つの量AとBの割合を考えるとき，たとえば基準にした量Bの単位量あたりに対する他方の量Aの分量が量Bに対する量Aの割合を意味している．

では，例1の問題に「割合」「比べる量」「元にする量」の計算式をあてはめ

てみよう．例1から，「割合」「比べる量」，および「元にする量」をすぐに理解することは容易でなさそうである．例1のような割合の文章題の解決では，ウェルトハイマー（1945）のいう問題に関する構造的関係の理解が必要となる．情報処理モデルでは問題スキーマとよばれているものである．

3) 問題の構造的理解

子どもが，割合を理解するうえで必要となる三つの関係式を，機械的に暗記しているだけでは解くことができない．上記の四つの計算式を機械的に暗記しても，例1の問題解決にはつながらない．問題を理解するには，ウェルトハイマー（1945）のいう，以前に解いた経験により，問題の構造的理解に基づいて問題状況を再現することが必要である．あるいは，情報処理モデルの観点からいえば，言語的知識によって読み取った文章内容を，子どものもつ割合の概念的知識に組み込み，問題スキーマとして例1の割合問題の表象を構成することが必要となる．

ここでいうところの構造的関係の理解や問題スキーマとは何であろうか．それは，上述した「元にする量」と「比べる量」の関係を文意から理解することに加えて，単位量あたりの量の関係を適切に把握すること，といえそうである．例1の割合の文章題では，「元にする量」や「比べる量」を同定し，「元にする量」や「比べる量」の単位量あたりの量の割合を明確にしておくことが必要となる．具体的には，水そう全体の量が「元にする量」であり，二つの水道管のせんAとBを同時に開いていれる水の量が「比べる量」となる．また，水そう全体の量の割合を1とすることや，二つの水道管のせんAないしはBを開いて1分間に入る水の量といった単位量あたりの量の概念を使って問題を解かなければならない．

単位量あたりの概念を用いて，1分間に入る水の量を考えてみよう．Aのせんを開くと10分でいっぱいになる．それゆえ，Aのせんでは1分間で水そう全体の1/10だけ水が入ることがわかる．また，Bのせんを開くと15分でいっぱいになる．それゆえ，Bのせんを開くと1分で水そう全体の1/15だけ水がはいる．

それでは，AとB二つの水道管のせんを同時に開くことによって，1分間ではどれだけの水の量が入るのだろうか．二つのせんを同時に開くので，1分間

第2章　問題解決理論の［適用事例］　　　　　　　　　　　　　　　　　*191*

```
       1/10  1/15                  1
      ┌─────┬─────────────────────────────────────────┐
      │  1分                                          │
      └─────────────────┬──┬────────────────────────┘
                        │  │(もとめる時間)
```

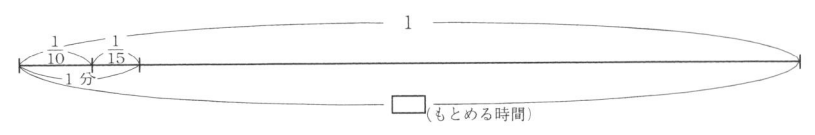

図 3.2.1　例1の文章題の線分図による表現

では（1/15 + 1/10）と，それぞれのせんではいる水の量を足せばよいことがわかる．すなわち，「元にする量」である全体の量が不明であるが，「比べる量」である1分間あたりの量が，（1/15 + 1/10）という割合で示されるのである．

割合文章題の理解過程において，上記の問題内容を線分図で表現すると，問題理解が容易になることが多い．図 3.2.1 は例1の内容を線分図で示したものである．図 3.2.1 を見ると，二つの水道管のせんAとBに関して，AとBのせんを同時に開くことによって，1分間では（1/15 + 1/10）だけ水がはいることが一目瞭然である．また，水そう全体の量の割合が1を示し，それが問題解決の目標状態の時間であることも理解できる．

文章題を解くときに，問題を理解する目的で線分図を利用することは，数量関係や問題構造を理解するときに有効である．これは線分図に限らない．算数・数学でよく利用される他の図的表現法，たとえば，面積図，関係図，あるいはベン図などは，私たちの宣言的知識の一つの表象の形態であるイメージ表象を喚起するものとして，利用価値の高いものである．次の節で取り上げるアナロジー・モデルによる問題解決も，基本的には命題による表象だけでなく，イメージ表象を含むものと考えてよいだろう．

b.　割合文章題の解決過程

ここでは，文章題の理解過程において構成された問題スキーマやメンタル・モデルに基づいて，目標状態に到達するためのプランを立て，適切な方略を選択して立式し，構成した立式に演算を適用する．

目標状態に到達するためにプランを立て，適切な方略を選択して立式するために，さまざまな方略的知識が使用される．問題解決において適用される方略的知識として，アルゴリズムに関する知識とヒューリスティックスに関する知

識が知られている．例1に見られる割合文章題の解決で使用される方略は，ヒューリスティックスに関する知識を基礎にしたプランニングの方略であろう．この方略は，問題解決の一般的な方略である手段-目的分析方略の1つとして位置づけられ，目標状態に到達するための立式を構成するというプランを立てる方略と考えることができる．

例1の割合文章題では，問題文の理解に基づき，

$$1 \div (1/10 + 1/15)$$

と立式できる．プランニングの方略は目標状態に到達するための方略として使用される．例1よりもさらに難しい文章題を解く場合など，手段-目的分析におけるプランニング方略を使用しないと報告もある（Mayer, Larkin, & Kadane, 1984）．

問題解決の仕上げは，プランニングによって構成された式に演算を適用することである．ここでは，手続き的知識が必要とされる．とくに，四則の計算の知識が十分に獲得され，適切にアルゴリズムの知識を適用するとき，正しく立式されている場合には必ず正しい解答を得ることとなる．こうして，問題の初期状態から目標状態に到達することとなる．割合文章題解決のここまでの道筋を振り返ると，割合文章題の解決は，問題空間を単純に探索し，手段-目的分析方略を機械的に適用することで演算を実施し，初期状態から目標状態に直線的に進むものではないことがわかる．

2.5 アナロジーによる問題解決

アナロジー（類推）による問題解決は，ターゲット問題とよばれる新規な問題を解くように求められたとき，ベース問題とよばれる以前に解いた問題を思い出し，その解決方法を検索して取り出し，その解決方法を適用してターゲット問題を解くことである（Bassok, 2003）．必要ならばベース問題を変えることにより，ターゲット問題を解くこともある．『現代心理学［理論］事典』III部5章5.4節では，問題解決のアナロジー・モデルとして言及した．

二つの問題状況がアナロジーであるということは，たとえ各々の問題を構成している個々の要素が二つの問題状況において異なっているとしても，構成要

素間に共通した関係性をもっていることを意味している（Holyoak, 2005）．

アナロジー・モデルによれば，学習者はターゲット問題よりもよく熟知しているベース問題とターゲット問題との間にアナロジーを見出し，それを利用できるかどうかが解決の鍵を握る．アナロジー・モデルは，ベース問題を利用してターゲット問題を解決することを説明するものであり，問題解決の転移を説明する理論ともいえる．

では，例2に示したベース問題を利用して，例1の割合文章題を解く過程を見よう．

例2：ベース問題

> ただしさんは，家から駅まで行くのに，歩けば20分，走れば8分かかります．ただしさんは，はじめ15分歩き，そのあと走って駅まで行きました．走った時間は何分だったでしょう．

例2のベース問題も，小学6年生にとって大変難しい問題である．例2は速度や距離に関する問題のようであり，例1の水を満タンにする問題とは表面上は異なる．

学校では，例2のベース問題を解かせた後に，例1のターゲット問題を解かせる順序で進む．そのため，例2の問題を解くことによって，例1の問題も同じようにして解くことができる．例2のベース問題を解くとき，子どもは，まず1分間あたりに歩く時間や走る時間の割合を求め，ついで例2の問題を解くように授業では指導される．

例2のベース問題では，
① 家から駅までの道のりの割合を1とする．
② 歩く場合の1分間あたりに進む道のりの割合を求める．
③ 走る場合に1分間あたりに進む道のりの割合を求める．
が問題解決の出発点となる．例1の問題に対応させれば，
① 水そう全体の割合を1とする．
② Aのせんで1分間あたりに入る水の量の割合を求める．
③ Bのせんで1分間あたりに入る水の量の割合を求める．
に対応するだろう．

例2のベース問題の学習後に例1のターゲット問題を与えられると，多くの子どもはアナロジー・モデルのいう認知過程，抽出過程，写像過程まで進むことができる．上記に示した三つの対応関係が理解できることは，写像過程の理解に到達したといえるからである．

　しかしながら，対応関係の理解ができたからといって，アナロジーによる問題解決が成功したとはいえない．例2では，15分間で進む道のりの割合，残りの道のりの割合，残りの道のりの割合を1分間あたりに進む走る割合で割ること，を導き出して計算しなければならない．

　このような計算方法と例1の計算方法とは，原理は同じであっても異なる対応を必要とする．そのため，例2の説明によって正しく解決できても，例1の問題になるとできない子どもがいるようである．アナロジーを与えても有効に利用されないことは，過去の多くの研究でも指摘されている．すなわち，問題領域に関連する知識の獲得が不十分であるとき，ベース問題が解けたとしても，ターゲット問題の解決につながらないことがしばしば見出されているのである（Novick & Holyoak, 1991）．それゆえ，アナロジー・モデルによる割合文章題解決の場合でも，割合に関する基本的な知識（情報処理モデルによる問題解決で言及した割合の概念）の獲得が必要とされるのである．

〔多鹿秀継〕

文　献

Bartlett, F. C. (1932). *Remembering*. Cambridge: Cambridge University Press. (宇津木保・辻正三（訳）(1983). 想起の心理学　誠信書房)

Bassock, M. (2003). Analogical transfer in problem solving. In Davidson, J.E., & Sternberg, R.J. (eds.), *The psychology of problem solving*. New York : Cambridge University Press. pp.343-369.

Chi, M. T. H., Feltovich, P., & Glaser, R. (1981). Categorization and representation of physics problems by experts and novices. *Cognitive Science*, **5**, 121-152.

Dixon, J. A. (2005). Mathematical problem solving: The roles of exemplar, schema, and relational representations. In Campbell, J. I. D. (ed.), *Handbook of mathematical cognition*, New York: Psychology Press. pp.379-395.

Gick, M. L., & Holyoak, K. J. (1980). Analogical problem solving. *Cognitive Psychology*, **12**, 306-355.

Gick, M. L., & Holyoak, K. J. (1983). Schema induction and analogical transfer. *Cognitive Psychology*, **15**, 1-38.

Graesser, A. C., & Nakamura, G. V. (1982). The impact of a schema on comprehension and memory. In Bower, G. H. (ed.), *The psychology of learning and motivation*. Vol.16. New York, Academic Press. pp.59-109.

Greeno, J. G., & Simon, H. A. (1988). Problem solving and reasoning. In Atkinson, R.C., Herrnstein, R. J., Lindzey, G., & Luce, R. D. (eds.), *Stevens' handbook of experimental psychology*. 2nd ed. Learning and cognition. Vol.2. New York : John Wiley & Sons. pp.589-672.

Holyoak, K. J. (2005). Analogy. In Holyoak, K. J., & Morrison, R. G. (Eds.), *The Cambridge handbook of thinking and reasoning*. New York : Cambridge University Press. pp.117-142.

Johnson-Laird, P. N. (1983). *Mental models: Towards a cognitive science of language, inference, and consciousness*. Cambridge, MA: Harvard University Press.（海保博之（監修）AIUEO（訳）（1988）．メンタルモデル——言語・推論・意識の認知科学　産業図書）

Markman, A. B. (1999). *Knowledge representation*. Mahwah, NJ: Erlbaum.

Mayer, R. E. (1991). *Thinking, problem solving, cognition*. 2nd ed. New York : W. H. Freeman and Company.

Mayer, R. E., Larkin, J. H., & Kadane, J. B. (1984). A cognitive analysis of mathematical problem- solving ability. In Sternberg, R.J. (Ed.), *Advances in the psychology of human intelligence*, Vol.II. NJ Hillsdale : Erlbaum. pp.231-271.

Newell, A., & Simon, H. A. (1972). *Human problem solving*. Englewood Cliff, NJ : Prentice-Hall.

Novick, L. R., & Holyoak, K. J. (1991). Mathematical problem solving by analogy. *Journal of Experimental Psychology : Learning, Memory, and Cognition*, **17**, 398-415.

Riley, M. S., Greeno, J. G., & Heller, J. I. (1983). Development of children's problem-solving ability in arithmetic. In Ginsburg, H. P. (ed.), *The development of mathematical thinking*. New York : Academic Press. pp.153-196.

多鹿秀継（1996）．算数問題解決過程の認知心理学的研究　風間書房

多鹿秀継（2001）．問題解決の理論　中島義明（編）．現代心理学［理論］事典　朝倉書店　pp.329-346.

Wertheimer, M. (1945). *Productive thinking*. New York: Harper & Row.（矢田部達郎（訳）（1952）．生産的思考　岩波書店）

第 3 章

感情理論の［適用事例］

　私たちの日常生活はさまざまな感情で彩られている．どのようなときに，どのような感情を経験するのか，また，感情経験が，どのような判断や行動につながるのかについて，日常，さまざまな実体験を私たちはもっている．また，小説や映画などにも，感情にまつわる表現が数多くなされ，それらを詳細に見ていけば，感情が私たちの社会生活においてどのような位置づけをもっているのか，さまざまな事例が提供できるだろう．

　実際，感情に関する理論の基本的な主張は，日常経験に基づいて形成された，私たちの心の働きに対する俗的な信念と合致する部分も多い．たとえば，落ち込んでいる人に，「もっと前向きにものごとを考えよう」とアドバイスすることがある．これは，同じ出来事でも，その見方ひとつで経験する感情が変わるという，認知的評価理論の主張と合致したアドバイスである．また，気分が良いときは，どんなことも良く見える一方，悪い気分のときは，悲観的になりがちという経験もよくあることだが，これも，ムード一致効果に関する研究の主張するとおりである．

　もっとも，このような日常の事例自体は，感情にかかわる現象の表層をとらえたものにすぎないともいえる．感情に関する諸理論は，これら日常的事例の背後にある，感情生起のメカニズムや，感情が認知や行動に影響を及ぼす過程について，実証的な研究に基づき，より詳細なモデルを提供している．したがって，本章では，理論編で紹介された感情に関する諸理論について，基本的な実証知見の提供や理論の応用的課題の解決を目指した研究事例を中心に，日常場面でのエピソード的な事例を補いつつ紹介する．

3.1 感情の生起に関する研究事例

a. 認知的評価理論
1) 達成場面における認知評価次元と感情

認知的評価理論は，感情経験の元となった出来事の認知評価により，経験する感情の性質が決まると主張する．そのうえで，感情の生起や性質の決定にかかわる認知的評価次元や，評価次元と感情との関係を明らかにすることを目指した，実証的研究が重ねられてきた．その中の代表的なモデルの一つであり，主要な感情を幅広く取り上げている，スミスとエルスワースのモデルと，それにそって達成場面での認知評価次元と感情との関係を検討した研究を紹介しよう．

スミスとエルスワース（Smith & Ellsworth, 1985）は，幸福感，悲しみなどの主要な感情15個を取り上げ，各々を経験した状況を被験者に記述させるとともに，その状況の特性をさまざまな質問項目上で評定させたものから認知的評価次元を抽出している．その結果として，彼らの研究では，

・状況の望ましさ（状況がもたらした結果の望ましさの評価）
・主体（出来事を生起させた主体の評価）
・注意活動（注意が状況に向けられている程度の評価）
・努力の予期（その状況で必要とされる努力の程度の評価）
・障害の度合い（障害が目標達成を妨げている程度の評価）
・確実性（生起した結果の確実性の評価）
・正当性（結果の公正さや正当性の評価）
・重要性（生起した結果の重要性の評価）

の8次元が，主要な次元として同定されている．

では，これらの認知的評価次元は，現実の場面ではどのように感情経験とかかわるのだろうか．この問題について，スミスらは，大学生が中間試験を受ける場面を題材に検討している（Smith & Ellsworth, 1987）．この研究では，大学生の参加者に，試験を受ける20分前，および，試験の結果を受け取った直後に，状況の認知評価と感情を質問紙により尋ねている．その回答に基づき，認

知的評価次元の抽出と，認知的評価次元と感情との関係を分析した結果，次のようなことが明らかとなった．

まず，認知的評価次元としては，主体（自己-他者），正当性，状況の望ましさ，注意活動，努力の予期，障害の程度，確実性，困難さ，重要性の9つが同定された．困難さは，以前の研究では独立した次元として抽出されていなかったが，試験という達成課題場面を扱っていることから，重要な認知評価として位置づけられたと考えられる．また，認知的評価次元と感情との関係については，これまでの研究と同様に，認知的評価次元と特定の感情との対応関係が見出された．すなわち，幸福感は状況の望ましさ・正当性・確実性と，怒りは，主体（他者主体）・障害の程度・正当性と，希望・やる気は，主体（自己主体）・確実性と，そして，恐怖は，状況の望ましさ・努力の予期・障害の程度と連合していた．

認知的評価理論に関する研究は，場面想起法に基づくものが多く，ともすれば，感情生起の理論ではなく，感情に関する知識構造の研究であるという批判も受けることになる．しかし，このように，「今，そのとき」経験している認知や感情を対象にしても，認知的評価理論が主張するような評価次元，また，評価次元と感情との関係が，構造化されて顕れてくることは，さまざまな感情経験を生み出す過程において，認知的評価が重要な役割を果していることを示唆している．

2) フライダのアクションレディネス

認知的評価理論は，状況の評価の仕方によって，感情経験の質が決まることを述べているが，感情が動機づけ機能をもつことに着目することで，行動まで視野に含めたモデルとして拡大できる．感情が状況認知と行動の間を媒介するという考え方のもと，「状況の認知-感情-行動」という過程を想定したうえで，さまざまな社会行動の生起メカニズムに関する議論に適用されている．認知的評価理論の主張が，日常の事例に対してもつ意味も，このような枠組みを通して議論すれば，実際に経験する社会行動と結びつけて考えることができる．

このような考え方に基づいた理論として，フライダらのアクションレディネス理論があげられる（Frijda et al., 1989）．アクションレディネスとは，感情に

より思考や行動がある特定の方向を志向している状態一般をさす．たとえば，悲しみという感情を経験すれば，その後の行動として「無力状態（何もしない）」や「泣くこと」が生起しやすくなる．そのほかにも，「恐れや不安と逃避」「怒りと反発」「嫌悪と離れること」「恥と視界から消えること」「喜びやプライドなど快感情一般と活気に満ちた状態」という関係が，これまでの研究から示唆されている．

また，このような感情とアクションレディネスの関係は，その感情が生起した状況内で適応的な行動傾向を導くものとして論じられている．たとえば，誰かが自分の仕事の進行を妨げるようなことをしており，それが，正当な仕事への介入ではなく，その人のわがままで妨害されているとしよう．そのような状況では，怒りが喚起され，立場上可能であれば，抗議するなど，反発的な行動が行われやすくなる．このように，怒りは，他者が不当に自分の目標の遂行を妨害しており，その状況に対処する力量が自分にあるという認知評価がなされたときに生起するし，また，怒りにより反発・攻撃などの行動が動機づけられる．これは，目標の妨害者に対する攻撃的な行動をとることにより，それ以上の不当な妨害を抑制することができるという点で，適応的なメカニズムだと解釈できる．一方，妨害した相手が圧倒的に優位な立場にある上司などである場合，怒りよりも，むしろ恐怖や不安が喚起され，結果として，注意深くなる，上司の目につかないように控えめにふるまうようになるなどの，逃避行動が動機づけられる．確かに，このような状況では，自分よりも力のある他者（上司）に対して攻撃的行動をとるよりも，今後，そのような妨害を受ける機会を避けるように逃避したほうが，より適応的な行動であると考えられるだろう．

3) 原因帰属と達成場面・援助場面での感情

アクションレディネス理論と同様，状況の認知評価により生起する感情が，行動を動機づける機能をもっと想定した理論に，ワイナーの感情の帰属理論がある（Weiner, 1986）．この理論は，状況の認知評価として原因帰属を取り上げ，帰属により生じる感情と，感情が達成行動や援助などの対人行動につながる過程について論じている．原因帰属が感情に及ぼす影響は，その原因が，「原因の所在（locus）」「安定性（stability）」「統制可能性（controllablity）」の3次元上でどのように位置づけられるかにより決まると主張する．

「原因の所在」とは，原因が当事者の内的なものか環境内にある外的なものかを評価する次元で，プライドや自尊心の生起にかかわっている．「安定性」は原因が時間の経過によらず安定しているのかどうかに関する次元である．この次元における認知的評価は，希望や絶望，恐怖，不安などの，期待と関連する感情の生起につながる．「統制可能性」の次元は，原因が当事者の意思でコントロールが可能かどうかの評価にかかわり，いわゆる道徳的感情である，怒り・哀れみ・罪悪感・恥と連合している．怒りと哀れみは，他者に生起した望ましくない結果に向けられる感情であり，努力不足のような統制可能性の高い原因への帰属は怒りを，運の悪さのような統制可能性が低い原因への帰属は哀れみを生じさせる．また，自分自身に生起した望ましくない結果に対しては，統制可能性の高い原因への帰属が罪悪感を生じさせるのに対し，低い原因への帰属が恥ずかしさを生起させる．

では，たとえば，試験で良い成績をとるなどの「成功」に対して，原因帰属と感情との関係は具体的にはどのようになるだろうか．成功の原因を，能力の高さに帰属した場合，能力の高さは内的かつ安定した原因なので，プライドや自尊心が高まるだろう．その一方，運の良さのように，外的かつ不安定な原因に帰属した場合は，特段の自尊心の高まりは見られず，次も望ましい結果がもたらされる保証がないことから，不安が生じるかもしれない．

では，試験で悪い成績を取るなどの「失敗」についてはどうだろうか．原因を能力不足に帰属したなら，内的な原因なので自尊心が低下するとともに，安定した原因なので，引き続き望ましくない結果が生起すると予測され，恐怖や絶望を感じる．しかし，運の悪さなど，安定性の低い原因に帰属されれば，希望を感じることができるだろう．

自らの成功や失敗については，これらの例のような原因帰属と感情との関係を考えることができるが，では，他者に対する感情はどうだろうか．この問題については，統制可能性の次元が最も関与するが，具体的な事例を，身近な他者への援助行動を対象にしたワイナーの実験例に基づき紹介する（Weiner, 1980）．

あるとき，大学で同じ授業をとっている人が，あなたに，授業のノートを貸してくれないかと頼んできたとしよう．その際，なぜノートが必要になったか

の説明として,「海に遊びに行っていたから」と告げられたとする.そのような状況では,頼んだ人に対して怒りを感じ,ノートを貸す気にはならないであろう.一方,同じようにノートを貸してほしいと頼んだ人が,その原因を「目の病気で黒板が良く見えなかった」と説明したとしよう.このような状況であれば,同情を感じ,ノートを貸す気になるだろう.つまり,ノートが必要になった状況の認知的評価として,統制可能性が高い原因(海に遊びに行くという勝手な行動)への帰属が行われれば,怒りを感じ非支援的な行動をとるのに対し,統制可能性が低い原因(病気)への帰属が行われれば,同情を感じ支援的な行動をとるのである.

b. 多層評価理論

『現代心理学[理論]事典』III部6章(吉川・伊藤,2001)では,多層評価理論として,MEMとSPAARSが紹介されている.これらのうち,本章では,SPAARSに焦点を当て,PTSD(心的外傷後ストレス障害)の事例とSPAARSの関係について紹介する.

SPAASモデルは,もともと日常で経験する感情を説明するモデルとして提案されたものである.しかし,このモデルは,PTSDなど,臨床的問題をかかえた状態での感情経験に関する理論としても,有用であることが,近年主張されている.SPAASモデルの具体的な適用事例として,ここではデルグレイッシュ(Delgleish, 2004)の議論にそって,その概要を紹介する.

1) SPAARSと感情

SPAARSは,アナロジカル水準,命題水準,スキーマ・モデル水準,連合表象(『現代心理学[理論]事典』では「水準」と訳されている)の四つのコンポーネントからなるモデル図3.3.1であり(モデルの詳細については,吉川・伊藤(2001)を参照のこと),感情の生起に関して,二つのルートが想定されている.

ひとつは,認知評価により感情が生起する過程である.これは,出来事を個人のもっている目標に照らし合わせたうえで,スキーマ・モデルに保持されている抽象的,かつ一般的な知識を用いて,状況を解釈する過程である.

わたしたちは,自己,他者,世界に関するスキーマ的な表象をもっており,

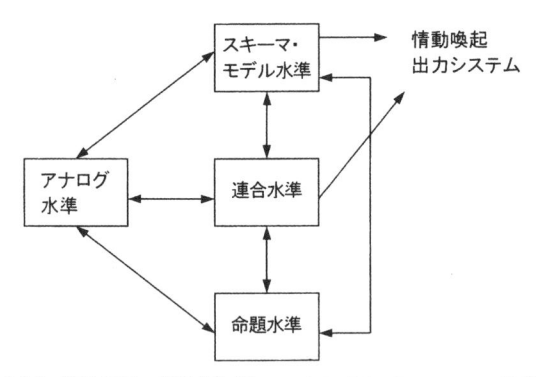

図 3.3.1 SPAARS の概念図（Power & Dalgleish, 1997：一部改変）

それを参照しつつ記憶内に状況の認知評価を構成する．たとえば，恐怖感情は「脅威が存在する」ときに起こる感情であるが，これは，状況の認知評価により，自分にとって重要な目標の遂行が妨害されているとか，目標が達成できないということに関する表象が，ワーキング・メモリー内に構築されているということも意味する．

もうひとつは，連合表象を経由する自動的ルートによるものである．たとえば，恐怖に関連するネットワーク表象の活性化により，恐怖感情が生起するという過程がそれにあたる．これは，状況の認知評価という過程を経ることなく，個々人のこれまでの経験のくり返しなどにより形成された連合によって，自動的に感情が生起するという過程である．

いったん感情が喚起すれば，その感情を生起させた環境に対応するためのシステムとして，感情と関連する認知表象の活性化に影響が及ぶ．また，出来事に関する情報や経験を通して得た情報は，アナロジカル水準，命題水準，スキーマ・モデル水準のそれぞれに入力されるとともに，各水準における表象は，連合表象により結び付けられ，そこで感情経験に依拠する諸反応の基盤が形成される．たとえば，恐怖感情が喚起されることで，SPAAS 内における各水準内に存在する脅威に関連する表象が活性化されるし，さらに，脅威に関連した新たな情報の発見へと結びつくような認知過程が作動しやすいような状態が導かれるのである．

2) SPAARSとPTSDの生起

　トラウマをもたらすような出来事に出会うと，そこでの認知評価に対応して，強い恐怖や無力感，さらには，怒り，罪悪感，悲しみなどが生起するが，この過程はSPAARSモデルではどのように記述されるのだろうか．

　トラウマをもたらすような出来事は，自分や世界に関するスキーマ・モデルと照らし合わせて，脅威であると評価される．そこで恐怖感情が喚起され，恐怖と連合した表象の慢性的な活性化がもたらされるとともに，トラウマに関する評価対象となる情報が，思考に侵入する．慢性的な恐怖関連表象の活性化により，トラウマに関連するさまざまな手がかりが，選択的に処理されやすくなったり，記憶内のトラウマ関連情報が活性化されるなどの情報処理バイアスが生起する．さらに，その結果として，トラウマ症状が改めて引き起こされる可能性も高まる．また，各水準に保持されている表象が連合し，トラウマに中心化した恐怖ネットワークが形成されると，トラウマ事象に関連する外的な手がかりが全トラウマ記憶を活性化し，フラッシュバックなどの現象へとつながる．

　さらに，PTSDの症状が続くと，再体験により，トラウマ関連情報と恐怖などのネガティブ感情との連合が強化され，その結果として外的，または，内的なトラウマに関連する手がかりが，自動的に恐怖を引き起こすことになる．また，命題水準レベル内で，状況に対する説明を再構築したり，アナロジカル水準内で経験を振り返ることで，トラウマ表象がくり返し利用され，そのこと自体が，さらなるトラウマ関連思考の侵入や，感情の生起につながる．

3) スキーマとPTSD

　SPAARSモデルは，個人が保持している世界に関するスキーマの内容を重視するが，ネガティブな内容のスキーマをもつ人だけに，PTSDの生起を予測するのではない．世界が自分にとって理解可能で安全なものであると考えている人も，世界は危険で予測不可能であると考えている人も，どちらに対しても，PTSDが進行する可能性を考えるのである．

　前者の，理解可能で安全な世界という，ポジティブな内容のスキーマをもつ人の中には，これまでの人生経験が順調であるがゆえに，そのようなスキーマを保持している人がいるだろう．このような人たちにとっては，トラウマをも

たらすような出来事は，既存のスキーマとはあまりにかけ離れており，情報の同化が難しい．したがって，状況の評価が極化したり，思考がネガティブな事態にとらわれてしまったりすることにより，結果として，強くて慢性的なPTSDに至るリスクがある．

また，その一方，ネガティブな経験を抑圧してきたがゆえに，ポジティブなスキーマを保持している人もいるだろう．このような人は，これまでと同様，抑圧機能がうまく機能すれば，トラウマをもたらすような出来事の影響を減じることが可能であり，強いPTSD反応がそのときに生起しないこともあるだろう．しかし，ネガティブ経験により，ネガティブなスキーマが抑圧にもかかわらず，隠れて形成されている可能性も高い．もしも，ネガティブ情報が，隠されていたネガティブなスキーマに同化される過程が生起したならば，より深刻な症状，たとえば，感情的麻痺，心因性健忘症，心身症，分裂症などにつながる可能性もある．また，時間が経過した後に，遅れてPTSD反応が出ることもありえる．

また，後者の，世界が危険で予測不可能であると考えている人の中には，これまでの自分の人生経験がネガティブであったがゆえに，ネガティブな世界に関するスキーマを明示的にもつ人がいるだろう．このような人たちは，自己に関しても，ネガティブなスキーマをもっており，トラウマをもたらすような出来事により，それを確証してしまう．また，ネガティブ情報が多数表象されている状態にあるので，複数の手がかりにより再経験症状が起こる可能性がある．

一方，世界に対するネガティブな表象と自己に対するポジティブな表象をもっている人もいる．たとえば，軍人や救急隊員など，慢性的にネガティブな環境の中に自分を置いている人たちである．このような人たちにとっては，ネガティブな世界の表象は根拠のあることだが，自己がそれに対処するに十分なほどポジティブに表象されていれば，問題はない．したがって，ネガティブな出来事により，世界のネガティブさが確証されることに対する耐性はあるだろう．しかし，それが，ポジティブな自己スキーマの崩壊に結びつくと，PTSDの被害者になることが考えられるのである．

第 3 章　感情理論の［適用事例］

3.2　感情が認知に及ぼす影響に関する研究事例

a.　ムード一致効果に関する研究事例
1)　人生への満足度に関する判断：感情情報説に基づく検討

　感情が判断に及ぼす影響の一つである，ムード一致効果を説明するモデルの一つとして，感情情報説がある．この説は，わたしたちが，ポジティブ，またはネガティブな感情を経験しているとき，その原因が，判断対象に帰属されるがゆえに，感情が判断に影響すると主張する．

　このようなメカニズムについて，シュヴァルツとクロエ（Schwarz & Clore, 1983）は，イリノイ大学の学生に対する電話インタビューを用いた実験で検討している．実験の参加者は，学生名簿からランダムに選ばれた人たちである．

　彼らは，晴れの日，または雨の日に，電話による幸福度や人生の満足度などに関する調査を受けた．その際，天気についての言及の有無に関して，次の三つの条件のどれかに割り当てられた．間接プライミング条件では，インタビュアーから，「そちらの天気はどうですか」と尋ねられるのに対して，直接プライミング条件では，「天気が気分にどう影響するか調べています」と告げられた．また，天気には言及しない，プライミングなし条件も設けられていた．

　このような操作のもと，インタビューでは，人生に対する幸福度，人生をどのくらい変えたいか，人生に対する満足度，現在の幸福度に関する質問に回答した．結果は，まず，現在の幸福度に関しては，天気の効果が見られ，天気の言及の有無にかかわらず，晴れのときのほうが雨のときよりも，幸福感が高いと回答した．これは，天気により気分が影響され，晴れの日のほうがポジティブムードになりがちであることを示している．

　さらに，人生に関する評定については，プライミングなし条件で，天気の効果が見られ，晴れのときのほうが，雨のときよりも，人生に対して，満足感が高く，人生を変えたいと思う程度が低かった．つまり，天気が良いときのほうが，悪いときよりもポジティブなムードになり，そのムード差が，人生に対する判断に影響したのである．しかし，天気に言及した間接プライミングや直接プライミング条件では，天気によるムードの効果は見られなかった．

このような結果は，感情情報説の，ムード一致効果がムードの錯誤帰属によるという主張を支持するものである．天気に言及しなかった条件では，天気によりムードが左右されていたにもかかわらず，ムードが自分の満足度を判断する情報として機能し，人生の質にそれが錯誤帰属され，判断の根拠として使われた．一方，間接・直接プライミング条件のように，ムードの原因としての天気に対する気づきをうながす操作が導入されると，錯誤帰属が行われなくなり，そのような効果は消滅したのである．

2) 交渉場面での判断：感情混入モデルに基づく検討

フォーガスの感情混入モデル（Forgas, 1995）は，感情（とくにポジティブ，ネガティブなムード）がムード一致効果をもたらす過程に関しての包括的なモデルである．このモデルでは，ポジティブ，またはネガティブなムード下にあっても，直接アクセス型，または動機充足型の情報処理方略がとられれば，感情混入（感情が判断に影響すること）が生じにくいと考える．その一方，ヒューリスティック型，または実質型の処理方略の下では，感情混入が生じやすい．このような感情混入モデルの主張は，さまざまな社会的判断場面に適用可能であるが，ここでは，交渉に関する方略選択や交渉時の判断に与える影響を検討した実験事例を紹介する（Forgas, 1998）．

この実験の参加者は，二つの異なる実験に参加するという名目で，まず，最初にムード誘導の操作を受けた．これは，言語課題成績のフィードバックにより行われ，「よくできた」というフィードバックによりポジティブムードに誘導される群と，「できなかった」というフィードバックによりネガティブムードに誘導される群とに分けられた．その後，別の実験であると称して，交渉課題を行わせた．

この課題は，「心理学の新しいコースの選択」に関するもので，3名ずつの「学生チーム」と「教授チーム」に分かれて，授業のランクづけを交渉により決めさせた．最初はチーム内で，また，その後に，チーム間での交渉を行わせ，各交渉の前の質問では，交渉ではどのように行動するつもりか尋ね，また交渉後の質問では，実際にどのように行動したかについて尋ねた．

具体的な質問内容は，交渉のストラテジーに関するもので，協力（相手の選択を尊重するし，相手も自分の選択を尊重する），競争（自分の選択を押し通

し，相手の選択を尊重しない），しっぺ返し（Tit for tat：相手が行うように自分も行う），ランダムの四つを用意し，それぞれについて，どの程度そうするつもりか（交渉前），またはそうしたか（交渉後）を回答させた．また，交渉時の判断に関しても同様に，どの程度取引をするつもりであるか，相手の言い分を尊重するつもりであるか（交渉前），または，実際にそうしたかどうか（交渉後）を回答させた．

分析の結果は感情混入モデルが予測するとおり，ムード一致効果が認められた．まず，チーム内での交渉，チーム間の交渉の両方で，また，交渉前後いずれの評定でも，ポジティブムードを誘導された群のほうが，協力方略をとる一方，競争方略を取らないと回答した．また，交渉時の判断についても，より相手と取引をすると回答した．さらに，交渉の結果自体を見ると，ポジティブムードを誘導された実験参加者のほうが，より良い結果を得ていた．

これらの結果は，交渉時にポジティブムード下にある参加者のほうが，ポジティブな情報の混入を起こしており，協力的，楽観的な方略をとり，より良い交渉結果を得ていることを示している．また，入念な情報処理が交渉時には必要であることを考えると，この実験では，感情混入モデルが提起する方略のうち，ヒューリスティック型ではなく実質型処理方略による感情混入が生起していると考えられる．

さらに，この実験に続く第 2 実験では，動機の存在により，感情混入が妨げられる過程に関しても検討している．手続きは，先ほど紹介した第 1 実験と同様であるが，それに加えて，参加者に，マキャベリズム尺度と承認欲求尺度に回答させているところが異なっている．分析では，各尺度への回答値の平均を基準に，参加者を高群・低群の 2 群に分類し，他者をうまく操作したいという動機（マキャベリズム尺度に対応）や，他者から承認されたいという動機（承認欲求尺度に対応）の効果を検討した．

その結果，マキャベリズム尺度値や承認欲求尺度値が低い人に関しては，実験 1 と同じようなムードの効果が認められたのに対して，尺度値が高い人については，ムードの効果が見られなかった．他者を操作したいという動機や，他者から承認されたいという動機が強ければ，判断がこれらの動機に影響されるため，感情混入が起こりにくくなるのである．

両実験の結果を改めてまとめると，感情混入モデルの主張を支持するものとなっている．入念に情報処理を必要とするような，実質型の処理方略が要求される交渉場面では，ムードと一致する方向に判断が影響されるという感情混入が生起した．しかし，特定の動機が存在する際には，動機充足型の情報処理が行われ，感情混入が起こりにくくなることが示されたのである．

b.　感情と情報処理方略に関する研究事例
1)　ムードと説得文の情報処理

一般に，ポジティブ感情はヒューリスティック的処理をもたらすのに対して，ネガティブ感情は入念でシステマティックな処理をもたらすと主張されている．このような感情と情報処理方略について，説得場面を用いたブレスらの実験事例を紹介する（Bless et al., 1990）．

この実験では，参加者に，まず幸福，または悲しかった人生の出来事について，15分間記載することを求めた．これは，ポジティブ，またはネガティブなムードを誘導するための操作である．それが終了したら，別の実験と称して，説得文を聴いて賛否の判断する課題を行わせた．

説得文は，学生が大学に納入する費用の増加に関するもので，強い議論と弱い議論が用意されていた．また，参加者は，議論の評価の実験という名目で，説得文の中の情報の質に注意を向けるように指示される群と，文章理解の実験という名目で，内容ではなく文そのものに注意を向けるよう指示される群のいずれかに割り当てられた．

このような操作の下，説得文を提示し，その後，参加者には，納入費用の増加に関してどのくらい賛成かを回答させた．

結果は，議論内の情報の質に注意を向けさせた群では，ムードにかかわらず，説得文の質に対応した結果であり，強い議論のときには弱い議論よりも説得され，賛成を表明していた．しかし，内容よりも文そのものに注意を向けさせた群では，ムードによって，説得文の質の影響が異なった．ネガティブムードのときには，説得文の質に応じた態度変化を起こしており，強い議論のときに，弱い議論のときよりも，より説得されるという結果が得られた．しかし，ポジティブムードのときには，説得文の質が説得に影響せず，強い議論のとき

と弱い議論のときでは，態度に差が見られなかった．このような結果は，ムードが情報処理方略に影響することを示している．

ネガティブムードのときには，説得文を入念に処理するため，記載されている議論が強いものであるほど，その内容に対応した認知反応（cognitive response）を行い，結果として説得される．しかし，ポジティブムードのときには，ヒューリスティック的に処理がなされるため，説得文の議論の質が態度に影響することがなかったのである．

2) ムードとステレオタイプ的判断

ポジティブ感情が社会的な場面での判断にもたらす影響について，ボーデンハウゼンらはステレオタイプ的判断を題材に検討している（Bodenhausen et al., 1994）．

この実験の参加者は，二つの異なる実験に参加するとして，まず，ムード誘導の操作を受けた．幸福感を誘導する条件では，「記憶と感情」の研究と称して，自分の人生で幸せであった出来事を想起し，それを記述することを求めた．もう一方の中立条件では，「日常記憶」の研究であると称して，前日の出来事について記載するよう求めた．その後，学生の懲戒に関する判断の研究と称して，ステレオタイプ的判断を，次のような手続きで測定した．参加者は，学生懲戒委員会のメンバーになったつもりで，他の大学で起こった学生の犯罪のケースを読み，有罪である程度を評定した．犯罪のケースは，「ルームメートを襲った」，または「数学の試験でカンニングをした」学生に関するものであり，有罪，無罪の両方を示すような情報が混在した内容になっている．そのうえで，罪を犯した学生のプロフィール情報を与え，その内容で，犯罪行為がステレオタイプ的になるかどうかを操作した．

ルームメートを襲ったケースについては，ステレオタイプ条件として，メキシコ系の学生の名前を（Juan Garcia）を，また，非ステレオタイプ条件として人種が曖昧な名前（John Garner）を提示することで操作した．また，カンニングのケースについては，行った学生のプロフィールとして，ステレオタイプ条件では「大学で有名な陸上選手」という文言を加えたのに対し，非ステレオタイプ条件では，そのような文言は加えなかった．実験参加者は，このように構成されたケースとプロフィールを読んだ後，学生が有罪である程度につい

て10件法で評定した.

結果は,ポジティブムードがステレオタイプ的判断を促進することを示すものであった.二つのケースを込みにして行った分析では,幸福感を誘導された参加者については,ステレオタイプ条件のほうが,非ステレオタイプ条件よりも,「より有罪である」と評定した.一方,中立条件では,プロフィールのステレオタイプ度の効果は見られなかった.この結果は,幸福感を誘導された条件では,入念でシステマティックな情報処理に基づいた有罪判断ではなく,ステレオタイプを用いた直感的な判断が促進されたことを示しており,ポジティブ感情がヒューリスティック的判断を促進するという知見に合致する.

3) ポジティブムードと創造的思考

ポジティブなムードは,単にヒューリスティック的な,熟考しない判断を導くというだけではなく,創造的な問題解決を促進するという知見も得られている.最後に,このような知見と合致するアイゼンらの実験事例を紹介しよう(Isen, Daubman, & Nowicki, 1987).

この実験ではまず,参加者に映画を見せることにより,ムードを誘導した.ポジティブなムードを誘導する条件では,コメディ映画の一部を参加者に見せたのに対して,ネガティブなムードを誘導する条件では,ナチス・ドイツの強制収容キャンプに関するドキュメンタリー映画の一部を,またムードを誘導しない条件では,数学教育の映画の一部を見せた.そのあと,参加者は,デュンカーのろうそく問題(ろうそくと箱に入った画鋲,マッチが与えられ,テーブルに蝋が垂れないようにろうそくを壁に取り付けるよう求められる)を10分間で解決するように求められた.

結果は,ポジティブ気分の参加者の58%(19人中11人)が,正解に到達したのに対して,中立的なフィルムを見た人の11%(19人中2人)が正解,また,ネガティブなムードを誘導するフィルムを見せられた参加者の30%(20人中6人)が正解に到達した.

つまり,ポジティブなムード下にある参加者は,ネガティブムード下にある人や,中立的なムードにある人に比べて,創造的な問題解決がよりよくできたのである.これは,ポジティブムードにより,環境内にある刺激間に関連性を見出すことが促進された結果と解釈されており,日常の社会環境を,ポジティ

ブムードを促進するようなものに改善することで，創造性が高まる可能性が示唆されている． 〔唐沢かおり〕

文　献

Bless, H., Bohner, G., Schwarz, N., & Strack, F. (1990). Mood and persuasion : A cognitive response analysis. *Personality and Social Psychology Bulletin*, **16**, 331-345.

Bodenhausen, G. A., Kramer, G. P., & Susser, K. (1994). Happiness and stereotypic thinking in social judgment. *Journal of Personality and Social Psychology*, **66**, 621-632.

Delgleish, T. (2004). Cognitive approaches to posttraumatic stress disorder : The evolution of multirepresentational theorizing. *Psychological Bulletin*, **130**, 228-260.

Fogas, J. P. (1995). Mood and judgment : The affect infusion model (AIM). *Psychological Bulletin*, **117**, 39-66.

Fogas, J. P. (1998). On feeling good and getting your way : Mood effects on negotiator cognition and bargaining strategies. *Journal of Personality and Social Psychology*, **74**, 565-577.

Frijda, N. H., Kuipers, P., & ter Schure, E. (1989). Relations among emotion, appraisal, and emotional action readiness. *Journal of Personality and Social Psychology*, **57**, 212-228.

Isen, A. M., Daubman, K. A., & Nowicki, G. P. (1987). Positive affect facilitates creativity problem solving. *Journal of Personality and Social Psychology*, **52**. 1122-1131.

Power, M., & Dalgleish, T. (1997). *Cognition and emotion : From order to disorder*. Hove : Psychology Press.

Schwarz, N., & Clore, G. L. (1983). Mood, misattribution, and judgments of well-being : Informative and directive functions of affective states. *Journal of Personality and Social Psychology*, **45**, 513-523.

Smith, C. A., & Ellsworth, P. C. (1985). Patterns of cognitive appraisal in emotion. *Journal of Personality and Social Psychology*, **48**. 813-838.

Smith, C. A., & Ellsworth, P. C. (1987). Patterns of appraisal and emotion related to taking exam. *Journal of Personality and Social Psychology*, **52**, 475-488.

Weiner, B. (1980). May I borrow your class notes? An attributional analysis of judgments of help giving in and achievement-related context. *Journal of Educational Psychology*, **72**, 676-681.

Weiner, B. (1986). *An attributional theory of motivation and emotion*. New York : Springer-Verlag.

吉川佐紀子・伊藤美加 (2001). 感情の理論　中島義明（編）現代心理学［理論］事典　朝倉書店　pp.347-365.

第4章

認知的動機づけ理論の［適用事例］

4.1 認知的動機づけ理論の背景となる事例

　認知的動機づけ理論は，行動を発現させる要因として，生得的ないし生理学的な過程とは半ば独立に人間の認知過程を重視する．すなわち，人間が環境や自己の状態をどのように認知（理解）したときに行動が起きるかについて検討しようとする理論である．
　このような理論が生み出された背景について見てみよう．
　人間の動機づけの最も基礎的なものは，身体的な要求にその源をもつだろう．たとえば，食物，水，睡眠，排泄などを求める身体的な要求は，われわれが生存するために必要不可欠なものであり，われわれの動機づけや行動のある部分を規定していることは明らかである．
　今世紀前半の動機づけ研究の流れを支配した，パヴロフ（Pavlov, I. P.）の条件づけの概念や行動主義心理学者による強化の概念は，すべてこのような身体的要求を前提として展開されてきた．
　1950年代に入り，動機づけ研究者たちの中には，身体的要求を基礎としない動機づけを重視しようとする動きが見られるようになった．この動きのきっかけとなったデータは，身体的な要求が満足させられているときでも，生活体は行動をやめないという傾向を示すものであった．この事実を示す二，三の事例について見ていこう．
　ハーロウら（Harlow, Harlow, & Meyer, 1950）は，赤毛ザルがなんら報酬を

期待できないときでも，掛け金様のパズル（図3.4.1）を熱心に解こうとする現象を報告し，身体的要求とは独立の要求である認知的動機づけの存在を示した．

バーライン（Berlyne, 1965）やハント（Hunt, 1965）は，報酬が与えられない場面での人間の好奇行動の生起因について精力的な実験的考察を行っている．

バーライン（Berlyne, D. E.）は，人はどのような図形を示されたとき，それに引きつけられるかについての実験を数多く行っている．

彼によって1957年に発表された実験例を紹介しよう．

タキストスコープとよばれる刺激提示装置の前に座った大学生の被験者は，手元のキーを押すことによって刺激図形を好きな回数（1回につき0.14秒の提示時間）だけ見ることができた．実験者は刺激図形の性質をさまざまに変えることによって，どのような図形が被験者に長く見られるかについて詳細に検討した．

図形の性質は，驚き，不一致などの変数に応じて操作された．たとえば，驚きについて操作された図形は図3.4.2（a）に見られるようなシリーズであり，7番目および12番目に提示されるパターンは以前のパターンと色が異なることによって驚きが経験されることとなり，キー押し回数が有意に多くなった．

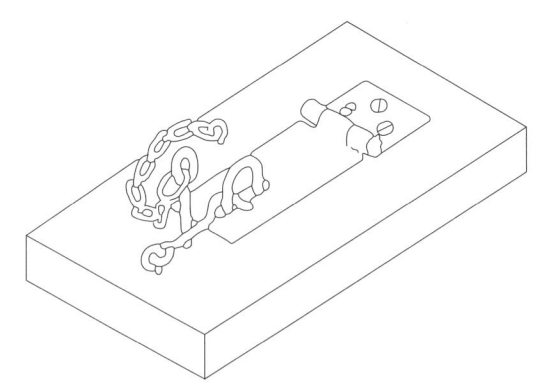

図 3.4.1　ハーロウらの動物実験で用いられたパズル（Harlow et al., 1950）
被験体の赤毛ザルは，報酬となるエサが与えられないにもかかわらず，ピンを引き，掛けかぎをはずして何度も何度もパズルを解いた．

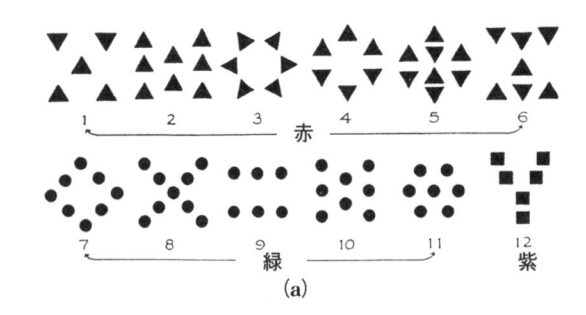

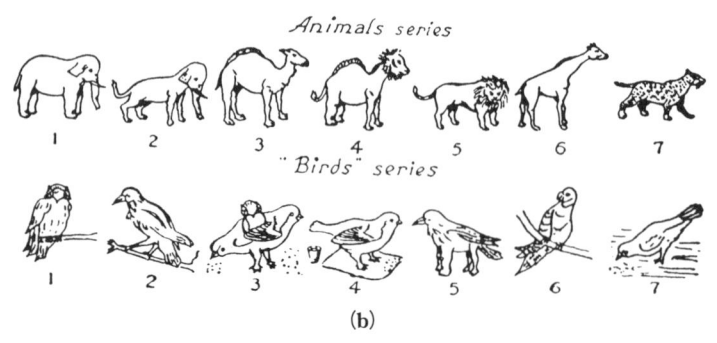

図 3.4.2 バーラインの実験に用いられた刺激図形の一部 (Berlyne, 1957)

また不一致について操作されたシリーズ（図 3.4.2 (b)）では頭と胴体が異なった動物の部分で描かれているなどの不一致を示す 2, 4 図形（上段，動物シリーズ）および 3, 5 図形（下段，鳥シリーズ）に対するキー押し回数が増加することなどが確認された．バーラインはこれらの実験的研究の結果から，上の二つに加えて新奇性，変化，曖昧さ，複雑さなどの感情的特性が動機づけに影響を与えることを示した．

バーラインの実験以後，刺激図形は情報理論的観点を導入することによって厳密な科学的操作のできるものが多く用いられるようになった．その代表例はコンピュータにより作成されたランダムなドットパターンや幾何図形である．たとえば，ニューナリーら (Nunnally, & Lemond, 1973) は，ランダム多角形の辺数を 3 辺から 200 辺まで変化させ，辺数が多い図形（複雑な図形）ほど自発的な凝視時間が長くなる傾向を見出している（図 3.4.3）．

このように，視覚刺激を用いた実験では，提示された刺激に対する自発的な

第4章　認知的動機づけ理論の［適用事例］

図 3.4.3 ランダム多角形の一例（3, 40, 80, 200 辺の多角形）
(Nunnally & Lemond, 1973)

キー押し回数，凝視時間，あるいは選好の傾向によって動機づけの強さが測定された．

　一方，ホワイト（White, 1959）はこれに関連して，環境を支配しようとする動機づけであるエフェクタンス（effectance）動機づけを提唱している．たとえば，彼は，身体的に満足した人間が，クロスワードパズルを完成するために熱中するときには，このような動機づけが働くと考えている．

　これらの研究は，人間の動機づけが，外的な環境（報酬）による影響を受ける一方で，自己の内的な認知的過程によって影響を受けることを強調したという意味で，動機づけ研究に大きなインパクトを与えた．しかしながら，ここでは，当該の認知的過程に関する詳細な検討は不十分であった．

　次節にあげる，アトキンソンの達成動機づけ理論をはじめとする認知的諸理論は，このようなパラダイムを継承しつつ，動機づけに大きな影響を与える内的過程をより組織的に追求しようとしたものである．

4.2　アトキンソンのモデルの事例

　認知的動機づけ理論では，行動の生起は目標達成への期待と目標の価値（誘因価）との関数であると仮定されることが多い．ここでは，人はその時点で選択可能な複数の行動のうち，目標達成の可能性の高低を考慮しつつ，最も高い

価値をもった目標状態を有する行動を選択するという立場が採用されている.

本節は，その代表的な理論であるアトキンソンのモデルについて事例を用いて紹介する.

a. 達成行動の動機づけに関する理論

アトキンソンのモデルは，アトキンソン（Atkinson, 1957）により提出された達成行動の動機づけに関する理論であり，個人のもつパーソナリティ要因と課題達成に関する成功の期待が達成行動の生起を決定すると考えられている.

この理論に従えば，人がなんらかの課題に直面したとき，当該課題を遂行し成功したいとする傾向（T_s）は，パーソナリティ要因である課題達成への動機（達成動機：M_s）と個人により評価された課題遂行の成功の確率（P_s）および課題成功の魅力（成功の誘因価：I_s）との積によって数学的に公式化される.

$$T_s = M_s \times P_s \times I_s \tag{3.4.1}$$

成功の確率は0から1の間の値をとり，確率が高いほど1に近い数となる．誘因価もまた0から1の数値をとるが，この値は成功確率が低くなればなるほど大きくなると仮定されており，$1-P_s$の式によって定義される．すなわち，課題が困難であればあるほど課題の魅力が大になると考えられている.

たとえば，「ダーツで100点を取れる」と思う確率が0.3のときには誘因価は0.7となるが，一方，100点を取れる確率が0.1なら誘因価は0.9となり，より魅力的な課題となる．この式に従えば，達成動機（M_s）が一定であれば，成功確率が0.5のとき，成功への傾向（T_s）の値は最も大きくなり，行動は生起しやすくなる.

また，達成動機の高い人は成功をより高く評価する傾向があるため，達成状況での総誘因価は$M_s \times I_s$となると考えられる．したがって，成功の確率（P_s）を「期待」とし，達成動機（M_s）と成功の誘因価（I_s）の積からなる価（総誘因価）を「価値」とするならT_sの公式は期待–価値理論とよばれる理論を示すことになる（松山, 1981）.

一方，人は遂行を成功させようとする動機をもつと同時に，失敗を避けたいという動機も有している．「うまくやりたい」と思う一方で，「失敗することは怖い」と思う傾向をもっているのである．アトキンソン（1957）は，この失敗

回避の傾向（T_{af}）についても，上と同様の変数である，失敗回避動機（M_{af}），評価された失敗の確率（P_f），失敗の誘因価（I_f）の3変数を仮定し，

$$T_{af} = M_{af} \times P_f \times I_f \tag{3.4.2}$$

という式を与えている．失敗の確率（P_f）は0から1の間の値をとり，確率が高いほど1に近い数となる．失敗の確率が低ければ低いほどその誘因価は大きくなり，I_fは$1-P_f$によって決定される．換言すれば，容易な課題であればあるほど失敗したときには恥や不快を感じることになる．

このように，失敗は不快をもたらすと考えられるため，失敗の誘因価（I_f）は負の値をとり，

$$I_f = -(1-P_f) \tag{3.4.3}$$

この式全体も負の値を帯びることになる．「たとえばダーツで100点を取れない」と思う確率が0.3のときには失敗の誘因価は-0.7となるが，失敗の確率が0.1なら失敗の誘因価は-0.9となり，失敗したときにはより不快な課題となる．

現実の達成行動への傾向（T_a）は，成功への傾向と失敗回避傾向とを合成（加算）することによって推定される．

$$T_a = T_s + T_{af} \tag{3.4.4}$$

もし，成功への傾向が失敗回避傾向よりも大きければ人はその課題や事態に接近し，逆であれば回避しようとするだろう．

この式は代数的操作をすれば，

$$T_a = (M_s - M_{af}) \times \{P_s \times (1-P_s)\} \tag{3.4.5}$$

と変換することができる．$P_s \times (1-P_s)$はP_sの値が0.5の時最大になる．したがって，人のもつ達成動機が失敗回避動機より大きいときには，成功の確率が0ないし1に近ければ近いほど達成行動への傾向は低くなり，0.5に近ければ近いほど高く，0.5がそのピークとなる．逆に，失敗回避動機が達成動機より大きいときには，成功の確率が0ないし1に近ければ近いほど達成行動への回避傾向が低くなり，0.5に近ければ近いほどその傾向は高くなる．達成動機の強い人は，成功確率0.5という中間的な困難度の課題，あるいは，成功するかしないかが曖昧である課題を好み，一方，失敗回避動機の強い人はそのような課題を嫌うということが予測される．

b. 失敗回避動機の導入

合成された達成行動への傾向(動機づけ)は上のような式によって予測されるが,この式の値が負になったとき,すなわち $T_{af} > T_s$ のとき,人は達成行動を起こさないのだろうか.答えは否であろう.強いられた勉強や仕事など,したくない行動をわれわれは頻繁に行っている.このような行動は,人にほめられることや金銭的報酬など,当該の課題を達成することによって得られる満足感以外の誘因によって引き起こされるとも考えられる.

フェザー (Feather, 1961) は,このような外在的 (extrinsic) な要因によって導かれる傾向を T_{ext} とよび,これをアトキンソンの式に付加することによってより現実的な式を提出している.

$$T_a = T_s + T_{af} + T_{ext} \tag{3.4.6}$$

このように,アトキンソン (1957) の期待-価値理論では,達成行動への傾向(動機づけ)が,達成動機 (M_s) と失敗回避動機 (M_{af}) という二つのパーソナリティ要因と成功の確率 (P_s) という認知的な要因(期待)によって決定されることになる.具体的な実験的研究において,達成動機は TAT (Thematic Apperception Test) によって,失敗回避動機は自己評定によるテスト不安尺度である TAQ (Mandler-Sarason Test Anxiety Questionaire) などによって測定されている.

一方,成功の主観的確率は教示によって被験者に知らされる例が典型的である.このモデルは,輪投げ課題などを用いた数多くの実験によって検討された.しかし,モデルを支持しない実験結果も数多く報告されており,より精緻な変数を用いた検討が必要とされている.

4.3 達成動機と行動の関係を示す事例

達成動機の高い人はどのような行動の傾向をもつのだろうか.達成動機の高い人は低い人に比べて,目標を達成しようとする意識が強いため,学習の事態ではよい成績を示すはずである.これに関するさまざまな実験が行われ,達成動機の高い人は単語構成テスト (scrambled word test) (Lowell, 1952) や,無意味綴りの対の学習 (Sampson, 1963) において優れた成績を示している.ま

た，パズル解きの課題を用いた実験では，達成動機の高い被験者は，助けをあまり求めず，中止や中断を好まないなど，持久性（persistence）の高いことも明らかにされている（Winterbottom, 1958）．

達成動機の高い人は，日常生活では，自信をもち，仕事の結果については自身で責任をもち，能動的な社会的活動を行い，また，自分自身の能力が左右する場面（たとえば入試）では適度の危険に挑戦することを好み，偶然の要素が多い場面（たとえば競馬の賭）では危険を冒さない傾向をもつことがさまざまな研究より示唆されている．ここからは，社会的地位や名声を求める野心満々の企業戦士や企業家の姿がイメージされよう．

しかしながら，日頃はファイト満々で鳴らしているボクサーでさえも，相手が格段に強く，めった打ちにあった試合では自らリングを降りようとすることがあるように，達成動機の高い人でも，課題の性質によってその動機づけが変化することが知られている．

フレンチ（French, 1955）は，空軍の士官候補生たちに符号変換の課題を与えた．第1の緊張を緩和する条件では，被験者は「あるテストを試している」と告げられ，第2の動機づけを高める条件では，「このテストは知能テストであり，その結果は履歴に影響するだろう」と告げられた．

その結果，達成動機の高い被験者は第1のリラックスした実験条件下では達成動機の低い被験者と成績は変わらなかったが，第2の動機づけを高める条件下ではよりよい成績を示した．達成動機の高い者はその課題を重要であると評価したときのみ，その達成動機を最大限に発揮することができるのである．

このように達成動機は，単独では行動の説明変数たりえず，それが行動に移されるか否かは，被験者が環境をどのように認知するかに影響されることが明らかである．達成動機に関する研究は，行動の発現には単なる動機のみではなく認知的要因が強く働いていることを実証したことにより，動機づけ研究に大きく貢献したといえよう．

4.4 道具性の理論の事例

おもに産業場面での研究によって提唱され，道具性の理論とよばれるヴルー

ム (Vroom, 1964) の理論は価値のとらえ方にその特徴をもつ．この理論もまた認知的動機づけ理論の典型であるが，その概略について事例を交えながら紹介しよう．

ある一つの行為は，それ自身の結果だけではなく，複数の派生的な結果を引き起こすことが多い．たとえば，あるテストを受け，その結果が満点であったとき，両親や先生にほめられる，クラスメイトから尊敬されるなど，その行為の結果以外のさまざまな結果が生み出される．ヴルームは，このような傾向に注目し，一つの行為の結果はそこから派生する多様な結果をもたらすという前提のもとに，価値についての数学的公式を提出した．

彼によれば，行為の結果（第一次の産出）がもたらすであろうその他の結果（第二次の産出）それぞれのもつ誘意価と，第二次の産出を得るための第一次の産出の道具性の二つが当該行為の誘意価を決定する．

道具性は，第一次の産出が第二次の産出をどの程度有効に導くのかに関する期待（信念）の指標であり，-1から$+1$の間の値をとる．第一次の産出によって第二次の産出が導かれる確率が高ければ高いほど$+1$に近くなる．たとえば，テストで100点を取ることによって両親にほめられる確率が100%ならその値は$+1$となる．

さらに，第二次の産出は，通常複数個存在するため，当該行為によってもたらされる価値は第二次の産出それぞれの誘因価の総和と考えられている．すなわち，行為iの結果である第一次の産出jの価値（誘意価；V_j）は，以下のような，第二次の産出kの誘意価（V_k）と産出jの道具性の値（I_{jk}）との積の和によって表現される．テストで100点を取ることの価値は，両親にほめられるうれしさとその確率との積や友人に尊敬されるうれしさとその確率との積，など，その他諸々の第二次の産出の和で表現されるのである．

$$V_j = f\left[\sum_{k=1}^{n}(V_k \times I_{jk})\right] \quad (3.4.7)$$

ヴルームはさらに，この誘意価を導く公式に行為が一次の結果を導くときの，主観的な確率（0～1）を乗じ，それぞれを加算したものを動機づけモデルとして提出している．

4.5　目標設定理論の事例

　目標設定理論は 1960 年代後半，ロック（Locke, 1968）により提唱された認知的な動機づけ理論であり，とくに産業界においては，上述の道具性の理論とともによく用いられている．
　ロック（1968）は，人間の認知活動に関係の深い目標を行為の直接的な規定因（regulator）とみなし，目標が人間の動機づけに大きな影響を与えると考えている．目標設定理論に従えば，課題の遂行（動機づけ）は，個人が達成しようとしている目標の困難度と明瞭度（specificity）によって次のように規定される．
　(1) もし，その目標が被験者に受容されるなら，困難な目標は容易な目標よりも高い動機づけを生起させる．
　(2)「何個完成しなさい」というように明瞭な目標は，「最善を尽くしなさい（"Do your best."）」というような曖昧な目標のあるときや目標の存在しないときよりも，高い動機づけを導くと仮定されている．
　すなわち，課題への動機づけは，目標が明確であり，その目標を行為者が受容しているという条件のもとでは，困難度が高くなればなるほど高くなると考えられているのである．
　たとえば，「次回のテストで 80 点を取る」という明確な目標があり，その目標に本人が納得をしているときには，80 点を取る困難度が高ければ高いほど，よりがんばって試験勉強をすることになる．
　目標が動機づけに大きな影響を与えるという考え方自体は，とくに新しいものではない．たとえば，今世紀の初頭には，"動機づけに関する困難性の法則" がアッハ（Ach, N.）によって提出されている．ここでは，行為に用いられる努力の大きさは，当該行為の困難度（目標）に対応した大きさになると考えられている．また，産業場面では，第 2 次世界大戦以降，目標設定をその中心とする実践的な管理法である MBO（management by objectives）が用いられており，目標の重要性はすでによく知られていた．
　しかしながら，目標設定理論は，それを支持する実証的データの多さに特徴

を有する．たとえば，ロックら（Locke et al., 1981）は，課題の困難度と遂行との関係をテーマにした従来の諸研究を再検討し，検討した110の研究のうち99の研究において，明確かつ困難な目標が高い遂行を導くという結果が示されていることを確認している．また，この結果は，行動領域，その状況，時間的条件，被験者の社会経済的条件などが異なっても，ほぼ一致した傾向を示している．これらより，目標の動機づけ効果は頑健なものであるといえる（Bandura, 1990）．

4.6　内発的動機づけの事例

　上で見たように，われわれの行動はなんらかの目標に達するための手段であることが多い．たとえば，教科の学習は受験に合格するため，また，アルバイトは金銭を得るために行われることがほとんどである．しかしながらそのような目標をもたない行動，たとえば，テレビを見たりゲームをしたりするような，とくに何かを得られるわけでもないのに，好んでする行動も生活の中では頻繁に見られる．

　遊びや芸術活動に代表される，このような行動を引き起こす動機づけは内発的動機づけとよばれ，行動それ自体のための行動や当の行動以外には，明白な報酬がまったく存在しない行動を支える動機づけと定義されている．この定義に従えば，勉強や仕事のような何かの手段であることの多い行動も，本人が，もし，そのためのみに自発的に行うと認識していれば，すなわち好きで行っているのであれば内発的動機づけに基づいた行動であると考えることができる．

　人間が環境や自己の状態を，どのように認知（理解）したときに行動が起きるかについて検討しようとする理論を認知的動機づけの理論とよぶとき，この内発的動機づけも広義の認知的動機づけ理論とよぶことができよう．

　1970年代に開始されたこの動機づけの研究では，内発的動機づけと報酬との関係について実験的検討が行われた．ディシ（Deci, 1972, 1975）は，SOMAとよばれるブロックパズルを課題とし，金銭的報酬，社会的報酬（例：ほめる），無報酬の三つの条件間において内発的動機づけの高さがどのように異なるかについて検討した．内発的動機づけの高さは，パズル終了後の自由時間中

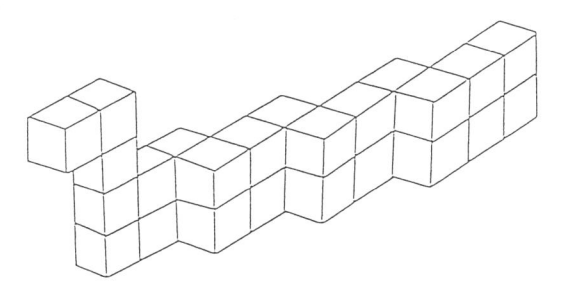

図 3.4.4　ディシの実験に用いられた SOMA とよばれるパズルのモデルの一例（Deci, 1975）

に被験者がどれくらい長い間そのパズルを自発的に行ったかによって測定された．

　その結果，金銭的な報酬を与えられた被験者はそうでない被験者に比べて内発的動機づけが低く，逆に社会的報酬を与えられた被験者は内発的動機づけが高くなった．この結果は，「金銭的報酬によって動機づけは高まる」と考えられていた従来の考え方に真っ向から対立するものであったため，多くの追試が行われた．その結果はほぼディシの研究を支持するものであり，さらに，金銭的報酬に対する期待や負の社会的報酬（例：けなす）あるいは監視のような状況も，内発的動機づけを低める効果をもつことが明らかにされた．

　ディシは，以下にあげる認知的評価理論を用いて，この一見不思議な現象についての考察を行っている．彼によれば，すべての報酬は二つの機能をもつ．一つは，受け手の行動を制御する統制的機能であり，一つは，受け手にコンピテンスなどの自己に関する情報を提供する情報的機能である．統制的機能は受け手が認知した自らの行動の原因を内部から外部へと変化させる．すなわち，その行動を自己自身で行っていると考えていたにもかかわらず，統制的機能が導入されることにより，何かのための行動，あるいは誰かに強制された行動であるという考え方に変化させられるのである．当初，内発的動機づけに基づいていた行動が，たとえば，お金のためであるというような外発的に動機づけられた行動へと変化することによって内発的動機づけが低下するというプロセスが考えられる．

　ディシはこの論を発展させ，内発的動機づけを高める最も重要な要因として

コンピテンスと自己決定性をあげている．すなわちその行為が統制的なものではなく自己決定的に行われ，良い情報的機能によってコンピテンスがもたらされるときに，内発的動機づけが高くなると考えている．また，この両者の中では自己決定性がより重要性なものであるとされている．たとえば，勉強を自らしようとしているときに，人からそれを言われると内発的動機づけが下がるのは，この自己決定性が阻害されるために起こると考えられるのである．

4.7　コンピュータ・ゲームを用いた内発的動機づけ研究の事例

マローン（Malone, 1981）は，あるコンピュータ・ゲームのさまざまなバージョンを作ることによって，内発的動機づけの決定因についての研究を行っている．

実験では，「ブロックくずしゲーム（Breakout）」（図 3.4.5）を用いて，① ボールが当たったとき，ブロックが壊れるか否か，② ボールが実験者の操作するラケット（paddle）に跳ね返るか否か，③ 得点が表示されるか否か，という三つの独立変数が操作された．すべての要因を含んだもの，すなわちブロックが壊れ，ラケットに跳ね返り，得点が表示されるバージョンから，すべての要因を含まないものまでの六つのバージョンを被験者に与え，ゲーム後各バージョンに対する好悪について 5 段階の評定を求めた．

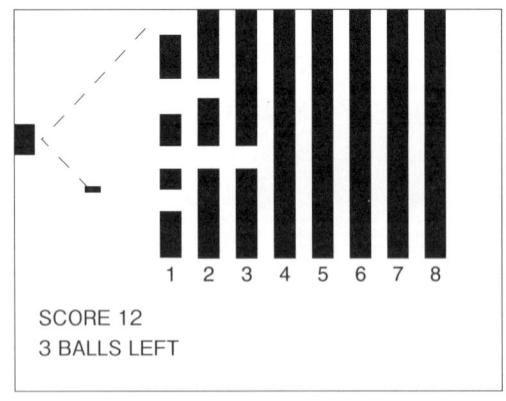

図 3.4.5　マローンの実験に用いられたコンピュータ・ゲーム（Malone, 1981）

その結果，三つの要因すべてを含むバージョンは他のどれよりも高い評価を得，1個ないし0個の要因を含むものは，他のどのバージョンよりも有意に低い評価を得た．さらに，これら3要因の中で，ブロックが壊れるか否かという変数が最も重要なものであることが明確にされた．部分的に崩壊したブロックの壁は視覚的に競争的かつ空想的なゴールを表現し，同時に図形的な得点を与えるため，プレイヤーは自身の行動の達成度を容易に知ることができる．

ブロックの壁は，ゴール，視覚的効果，空想，および得点を同時に与える機能を有する．マローンは，これらの要因を総合し，挑戦性（ゴール，得点に代表される）と視覚的効果とが重要な内発的動機づけの決定因であることを示唆した．

コンピュータによる課題の提示は，バーラインら（図3.4.2参照）によって用いられた静的な視覚刺激よりも，はるかに高い内発的動機づけを導くことを可能にし，また，実験変数のより組織的な操作を保証する．今後，内発的動機づけの実験的研究に多く取り入れられていくことが予想されよう．

〔赤井誠生〕

文　　献

赤井誠生（2001）．認知的動機づけの理論　中島義明（編）現代心理学［理論］事典　朝倉書店　pp.366-379.
Atkinson, J. W.（1957）. Motivational determinants of risk-taking behavior. *Psychological Review*, **64**, 359-372.
Bandura, A.（1990）. Self-regulation of motivation through anticipatory and self-reactive mechanisms. *Nebraska Symposium on Motivation*, **38**, 69-164.
Berlyne, D. E.（1957）. Conflict and choice time. *British Journal of Psychology*, **48**, 106-118.
Berlyne, D. E.（1965）. *Structure and direction in thinking*. John Wiley & Sons.
Deci, E. L.（1972）. Intrinsic motivation, extrinsic reinforcement and inequity. *Journal of Personality and Social Psychology*, **22**, 113-120.
Deci, E. L.（1975）. *Intrinsic motivation*. Plenum Press.（安藤延男・石田梅男（訳）(1980). 内発的動機づけ　誠信書房）
Feather, N. T.（1961）. The relationship of persistance at a task to expectation of success and achievement-related motives. *Journal of Abnormal and Social Psychology*, **63**, 552-561.
French, E. G.（1955）. Some characteristics of achievement motivation. *Journal of Experimental Psychology*, **50**, 232-236.
Harlow, H. F., Harlow, M. K., & Meyer, D. R.（1950）. Learning motivated by a manipulation drive. *Journal of Experimental Psychology*, **40**, 228-234.

Hunt, J. McV. (1965). Intrisic motivation and its role in psychological development. *Nebraska symposium on motivation*, **13**, 189-282.
Locke, E. A. (1968). Toward a theory of task motivation. *Organizational Behavior and Human Performance*, **3**, 157-189.
Locke, E. A., Shaw, K. N., Saari, L. M., & Latham, G. P. (1981). Goal setting and task performance : 1969-1980. *Psychological Bulletin*, **90** (1), 125-152.
Lowell, E. L. (1952). The effect of need for achievement on learning and speed of performance. *Journal of Psychology*, **33**, 31-40.
Malone, T. W. (1981). Toward a theory of intrinsically motivating instruction. *Cognitive Science*, **4**, 333-369.
松山義則 (1981). 人間のモチベーション (現代の心理学 7) 培風館
Nunnally, J. C., & Lemond, L. C. (1973). Exploratory behavior and human development. *Advances in Child Development and Behavior*, **8**, 59-109.
Sampson, E. E. (1963). Achievement in conflict. *Journal of Psychology*, **31**, 510-516.
Vroom, V. H. (1964). *Work and motivation*. John Wiley & Sons.
White, R. W. (1959). Motivation reconsidered : The concept of competence. *Psychological Review*, **66**, 297-333.
Winterbotom, M. R. (1958). The relation of need for achievement to learning experiences in independence and mastery. In J. W. Atkinson (Ed.), *Motives in fantasy, action, and society*. Van Nostrand.

第 5 章

学習理論の［適用事例］

　行動主義の時代から，学習行動の研究領域はきわめて理論志向的であった．理論にはさまざまなレベルが考えられるが，本章では経験による行動の変容に対応して脳内で生じる過程を学習と定義し，それについての概念的な仮説を中心として解説する．また，対象とする学習課題の特性（複雑さなど）によっても適用可能な理論は異なるが，それらをすべて網羅することは困難なので，ここでは最も基本的な経験効果と考えられる二つの随伴する事象の経験にともなう行動変容，すなわち条件づけの事態に限定して検討する．

　現在のところ，条件づけ事態はパヴロフ型（古典的）条件づけと道具的（オペラント）条件づけの二つに大別され，理論もそれらの個々に対応した別個のものとなっている．ただしこれら二つの条件づけ事態のいずれにおいても，内的過程に言及する理論の主流は事象（の内的表象）間の結合（連合）が行動変化の基底にあり，その強さ（連合強度）が具体的な行動の表出を規定するという前提に立つ．そこで本章では，この連合という構成概念に基づいた理論の変遷に影響を与えた実験的事実のいくつかを事例的にたどることにする．

5.1　パヴロフ型条件づけの理論の進展に影響した実験的事実

a.　無条件刺激の価値低減効果—古典的条件づけの連合構造—

　連合学習の理論においては連合の構造，つまりどのような事象（の表象）の間に連合が形成されるのかが，一つの主要な研究課題となる．行動主義の時代では，すべての学習行動が刺激（S）—反応（R）間の連合（S-R連合）の結果

であると考えられてきたが，現在ではパヴロフ型条件づけの基盤は，条件刺激（CS）と無条件刺激（US）との刺激間（S-S）連合であると考えられている．このような研究者間での合意は多くの実験的事実の総体から徐々に形成されたと考えるべきであるが，その代表例としてホランドとストラウプ（Holland & Straub, 1979）の実験を以下に示す．

彼らはラットに対して，最初に条件づけ箱の中で10秒間のノイズ（CS）を呈示し，その直後に餌ペレット（US）を餌皿から与えた．このような食餌性条件づけ試行をくり返すことによって，すべてのラットがノイズの呈示中に餌皿に接近する行動（条件反応：CR）を示すようになったことを確認した．その後にラットを2群に分け，実験群のラットに対しては同じ餌ペレットをホームケージで5分間摂取させた直後に中毒症状を引き起こす物質である塩化リチウムを投与した．一方，統制群のラットには餌の呈示と塩化リチウムの投与を別個の日に行った．この手続きの結果，実験群のラットだけがペレットを摂取しなくなった（味覚嫌悪条件づけによるUSの価値低減）．最後にラットを条件づけ箱に戻してノイズを呈示したところ，実験群のラットの餌箱への接近反応は統制群より有意に減少した．

パヴロフ型条件づけではCS（ノイズ）とR（餌皿への接近反応傾向）との間の連合が形成され，それによってCRがCSにより自動的に解発されるようになると考えるS-R連合説は，その後の価値低減手続きによってUSが嫌悪的になっても，CSに対するCRはもはや影響されないと予測する．しかし，実験群で接近反応が減少したというこの実験結果は，条件づけによって形成されるのはCS-US間の連合であり，CSの呈示に対してUSの表象が喚起されるようになるため，その後にそれが嫌悪的になった実験群ではそれに対するCRが減少するようになるというS-S連合説を支持している（図3.5.1）．

b. 連合強度の進展を規定する条件—レスコーラ-ワグナーモデルとその後の獲得過程モデルをめぐる実験的事実—

1）「阻止」の現象

パヴロフ型条件づけに関する理論のもう一つの主要な問題は，連合強度の増減を規定する条件に関するものである．古典的な理論は，連合強度の増加は当

第5章　学習理論の［適用事例］

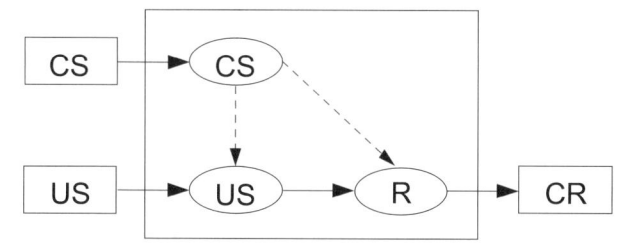

```
┌─────────────────────────────────────┐
│  CS  ──▶  CS                        │
│            │  ╲                     │
│            ▼    ╲                   │
│  US  ──▶  US ──▶  R   ──▶  CR      │
└─────────────────────────────────────┘
```

図 3.5.1　古典的条件づけによって形成される連合についての二つの説
枠内が中枢で生じる変化の可能性を表す．一つは US 表象によって解発される無条件反応（UR）の反応傾向（R）が直接 CS 表象と連合され（図中の斜めの斜線矢印），CS を呈示するだけで自動的に CR が触発されるようになるという S-R 連合説であり，この場合には US の表象自体は形成された連合に含まれないため，形成後のその価値の低下は CR 表出には影響しないと予測される．もう一つは CS 表象と US 表象との間に連合が形成される（図中の下向き矢印）という S-S 連合説であり，この場合の CR は US 表象を介して出現するために，US の価値低減後は反応が減弱すると予測される．ホランドとストラウブの実験結果は後者を支持するものであった．

該の CS と US の対呈示経験の回数によって規定されるという，きわめて単純な仮定をしていた．もちろん，たとえばパヴロフ（Pavlov, 1927）自身が，他の CS と複合された CS に対する条件反応の進展は，それが単独で呈示された場合よりも遅延するという「隠蔽（overshadowing）」の現象を発見していたが，古典的な理論ではそれは獲得された連合強度の減少ではなく，CS の知覚的特性が変化することに起因するとみなされていた（なお，近年のピアース（Pearce, 1987）のモデルも，S-S 連合説ではあるが類似の観点から隠蔽を説明している）．

しかし，ケーミン（Kamin, 1969）が発見した阻止（blocking）の現象は，CS と US との対呈示回数のみが両者間の連合強度を規定するのではないことを，より説得的に示した．基本的な阻止の現象は，以下のような 2 群間の比較によって示される．すなわち実験群の被験体は先行条件づけとして，A という CS（たとえば，純音）と US（たとえば電撃）との対呈示をくり返し受けた後に，別の CS である X（たとえば，光）と A との複合刺激（AX）について同じ US との対呈示を経験する．他方，統制群は先行条件づけを受けずに最初から AX-US の条件づけのみを受ける．その後に X のみを単独で呈示してそれに対する条件反応の強度を比較すると，実験群では相対的に弱い CR しか喚起さ

れない（図 3.5.2）.

　AX と US との対呈示回数が等しかったにもかかわらず，実験群で統制群よりXに対するCRが弱かったことは，USとの対呈示の回数以外の要因がCSの獲得した連合強度に影響を与えたことを示唆している．ケーミン自身は阻止の現象を「USの意外性」の効果，すなわちUSはそれが意外である程度に応じてCS-US間の連合を強めるという認知的着想によってこの現象を説明しようとした．

　この着想をもとにレスコーラとワグナー（Rescorla & Wagner, 1972）は，1試行ごとの条件づけ操作に対応する連合強度の変化を表す以下の定式によって，パヴロフ型条件づけの広範な現象を説明しようとした．

$$\Delta V_X = \alpha_X \beta (\lambda - \Sigma V)^{*1}$$

ここで α_X は CSX の物理的強度によって決まる学習の進展速度の係数である．また λ は特定のUS強度によってCSが獲得できる連合強度の漸限値が，ΣV は当該の条件づけ試行で呈示されたすべての刺激のもつ連合強度の総和をそれぞれ意味し，$\lambda - \Sigma V$（現実に経験されたUS強度と過去の学習によって予期されたその強度との差分）がUSの意外性を表している．

　*1 上記の式における β は US 強度によって規定される係数である．しかし，たとえば消去試行においては $\lambda = 0$ とされるが，β にも0を代入すると式そのものが成り立たないため，具体的な手続きに対応させるときには，β を除外して適用することが一般的である．

　レスコーラ-ワグナーモデルを契機として，1試行ごとの条件づけ操作に対

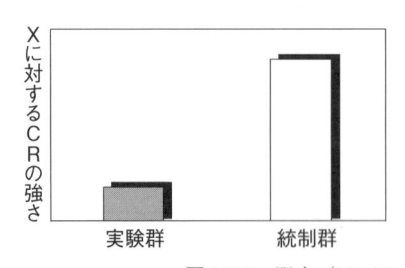

	第1段階	第2段階	テスト
実験群	A → US	AX → US	X?
統制群	なし	AX → US	X?

図 3.5.2　阻止（blocking）の実験手続きと典型的な結果
　実験群も統制群も第2段階ではA（たとえば純音）とX（たとえば光）の複合CSとUSと（たとえば電撃）との対呈示（条件づけ）を受けるが，実験群のみが第1段階としてAとUSとの対呈示を経験する．その結果，XとUSとの対呈示回数は両群で等しいにもかかわらず，実験群では統制群よりもテストで呈示されたXに対して生じるCRが弱くなる．

応した形で，CS-US 連合の進展を規定する条件を定式によって表現したいくつかのモデルが，1970 年代以降に提出されることとなったが，それらの妥当性に関する議論の中心は，阻止や隠蔽などの「刺激選択」現象を規定する要因に関する多くの実験的事実とそれらの説明をめぐるものであった．

2) 潜在制止：CS の前呈示による条件反応の低下と文脈の役割

レスコーラ-ワグナーモデルは単一の定式でありながら，パヴロフ型条件づけの事態に関係する種々の現象について優れた説明および予測力をもつことが示された．しかしこのモデルは，US にかかわる経験にともなう連合強度の増減のみを仮定する強化説であり，CS 特性は連合強度の変化の速度を規定する係数（α）の役割が仮定されているにすぎなかったため，説明できない現象も存在した．その代表的な事例として潜在制止がある．

潜在制止とは，CS のみを単独で先行呈示すると，その後のその CS に対すると条件づけの進展が遅れるという現象（Lubow, 1973, 1989）である（図 3.5.3）．潜在制止はいわゆる馴化とは異なる過程であることが認められており，CS の単独先行呈示がその後の条件づけによる連合強度の進展に影響することを示唆しているが，レスコーラ-ワグナーモデルは US を経験する前の段階で CS のみを呈示してもその連合強度はゼロのままである（$\lambda = \Sigma V = 0$ を上述の等式に代入しても ΔV は変化しない）と予測するため，この事実を説明できない．

そこで潜在制止の現象の説明を一つの主要な目的として，強化の意外性とは異なる認知的着想を定式化したいくつかのモデルが提出された．たとえば，マ

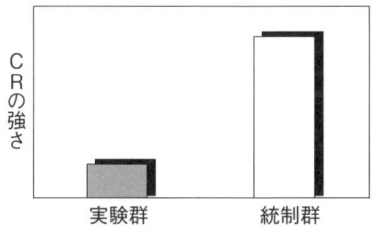

	第1段階	第2段階	テスト
実験群	CS単独	CS → US	CS ?
統制群	なし	CS → US	CS ?

図 3.5.3　潜在制止の実験手続きと典型的に示される実験結果

実験群は第 2 段階の条件づけに先行して CS の単独呈示を経験する．その結果，実験群では CS に対する CR の強度の進展が遅延する．ただし，潜在制止の効果は一過的なものであり，条件づけをくり返せば実験群も最終的には最大強度の CR を示すようになる．

ッキントッシュ（Mackintosh, 1975）あるいはピアースとホール（Pearce & Hall, 1980）は，CS がなんら重要な事象を予告しない事態では，それに対する注意（レスコーラ-ワグナーモデルの α に対応する係数）が減少するという着想をモデル化した．

他方，ワグナー（たとえば，Wagner, 1978）は，このような CS の単独呈示の効果もそれと文脈との連合学習として説明する立場をとった．すなわち，レスコーラ-ワグナーモデルの CS-US 連合による US の意外性の低下という着想を CS の効果にも適用し，CS の単独呈示はそれと実験文脈との連合を進展させ，文脈によって CS 呈示が予期されるようになるためその意外性（α の値）が低下し，したがって 1 試行の条件づけによって生じる CS-US 連合の増加速度が減少すると考えた．

このような異なる理論の妥当性をめぐる論争に関連して，種々の要因が潜在制止の成立あるいはその程度に及ぼす影響が実験的に示されてきた．たとえば，ある文脈における CS の単独前呈示後にそれとは別の文脈内で CS-US 対呈示を行うと潜在制止の程度は大きく減弱する（たとえば，Hall & Channell, 1986）．この潜在制止の文脈特殊性という事実は，文脈の影響を考慮しない注意説では説明ができず，文脈-CS 連合による説明を支持する事例であると考えられる．

また，知覚学習すなわち刺激の前呈示による弁別学習の促進効果（たとえば，Trobalon et al., 1991）と，古典的条件づけにおける潜在制止とを刺激表象間の連合という観点から統一的に理解しようとする試み（たとえば，Hall, 1991; McLaren & Mackintosh, 2000）からは，パヴロフ型条件づけにおいても，CS 前呈示がその後の条件づけを促進する場合があるという予測が生じる．しかし現在までのところ，この予測を支持する研究事例はきわめてわずかである（Bennett, Tremain, & Mackintosh, 1996）．

3) 逆行条件づけの成立：SOP モデルからの新たな予測事例

前項で指摘したようにワグナーは，潜在制止の現象を文脈-CS 間の連合によって説明したが，ワグナー（Wagner, 1981）はさらに踏み込んだ連合主義的着想に基づく SOP（standard operating procedure）モデルを提出した．このモデルは，短期記憶内において二つの事象の表象が同時に活性化することが，両

者間の連合形成の原因であるという基本的前提に立っている．また各事象の表象は複数の要素から構成され，それらの各々は時間経過にともなって，活性化の高い状態（A1）から活性化の低い状態（A2）へと移行すると仮定される[*2]．

　*2 SOPモデルでは，A2状態の要素はさらに比較的緩慢な速度で最終的な不活性（I）状態に移行すると仮定されている．図3.5.4においてA1のみでなくA2状態の要素の比率も時間とともに減少するのはこのためである．

　CSとUSとの間の興奮性連合は，瞬間ごとにそれぞれの表象を構成する要素が，同時にA1となっている程度（比率）の時間積分値として両者間に形成される．他方，CS表象のA1状態の要素とUSのA2状態の表象が同時にSTM内に存在する程度に応じて，両者間には制止性連合すなわち興奮性連合の進展を妨害するような連合が形成される．US表象の構成要素が順次A1状態からA2状態へ移行する過程では，（比率は変化しつつも）両者が同時に存在するため，このモデルは，1試行の条件づけによって興奮性連合と制止性連合という性質が対立する二つの連合が同時に進展すると考える．そして，両者の強度の差が正味の連合強度の増分となる（図3.5.4）．

　このモデルからは従来のモデルとは異なるいくつかのユニークな予測が導かれるが，その代表的事例として逆行条件づけの成立の可能性があげられる．すなわち，従来はUSをCSよりも先に呈示した場合には，いかなる条件づけも成立しないと考えられていた．しかしSOPモデルによれば，それらの時間関係あるいは刺激の強度といったパラメータ値に依存して，A1状態のCS表象の要素が，A1状態およびA2状態のUS表象の要素のそれぞれとの間に形成する興奮性連合と制止性連合の強度の差分が正であれば興奮性条件づけが，負であれば制止性条件づけが成立すると予測される．だが，逆行条件づけの成立を報告した研究事例（たとえば，漆原（1999）を参照）はいくつか存在するが，きわめて微妙な効果であることが多く，この点についてのSOPモデルの妥当性は確定していないと考えられる．

c. 連合強度の獲得とは異なる過程の関与を示唆する事例

　レスコーラ-ワグナーモデル以降SOPに至るまでの定式化されたモデルは，すべてが連合強度の獲得過程に関する認知的着想によって，さまざまな実験的

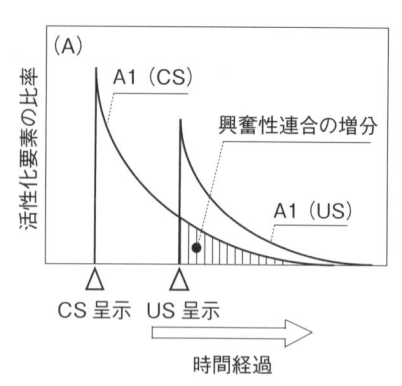

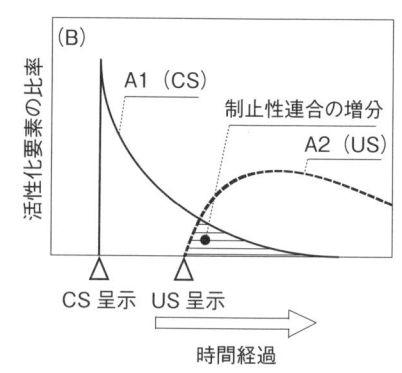

図 3.5.4 SOP モデルによる CS-US 連合の進展についての図式的解説

短期記憶内では，事象が呈示された直後にその表象を構成する要素の中で活性化の高い (A1) レベルになる要素の比率が最大となるが，時間経過とともに A1 レベルからより活性化の程度の低い (A2) レベルに衰退していく要素の比率が増加する．条件づけの 1 試行では CS および US の呈示にともなって，各表象の要素が同時に A1 状態（実線）にある程度（重なりの面積）に応じて両者間の興奮性の連合強度が増大する（パネル A）．

しかしこのモデルは，同じ条件づけ試行において A1 状態の CS 表象の要素と A2 状態の US 表象（破線）との同時活性化の程度に応じて，両者間に興奮性連合と対立する制止性の連合（マイナスの連合）も進展する（パネル B）と仮定するため，1 試行の条件づけによって生じる正味の連合の進展の程度は，この二つの連合強度の差分となる．したがって SOP モデルからは，たとえ CS が US より後に呈示される逆行条件づけの事態でも，その時間関係や各々の強度などに応じて，興奮性の連合と制止性の連合の双方が生じる場合があることが予測される．

なお，CS についても A2 レベルの表象要素が短期記憶内に生じ，その比率が時間経過にともなって変化するが，説明の簡略化のため図中では省略した．

事実を説明しようとするモデルであった．換言すればこれらのモデルは，ある CS が解発する CR の強度はその CS が獲得した連合強度に直接的に規定されるという仮定を暗黙裡に含んでいた．

しかし 1980 年代の後半になると，連合強度の変化とは異なる過程に基づいて，より広範な事実を説明しようとする理論が現れるようになった．以下ではそれらの代表的な理論にかかわる事例を紹介する．

1) 自発的回復：消去の理論的位置づけ

条件づけの形成後に消去すなわち CS の単独呈示を行うと，CR の強度は次第に弱まり最後には消失する．CR は消去手続き終了の直後には生じないが，その後ある程度の間隔を置いて再度 CS を呈示すると復活する（図 3.5.5）．

第 5 章　学習理論の［適用事例］

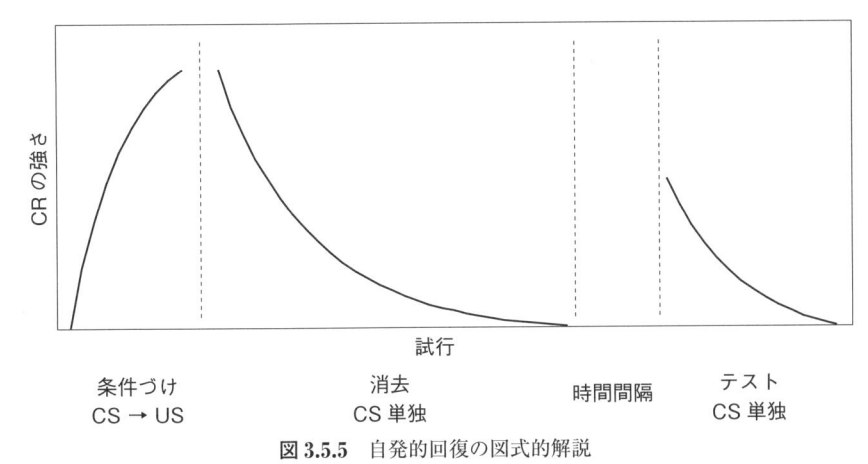

（縦軸）CR の強さ
（横軸）試行

条件づけ
CS → US

消去
CS 単独

時間間隔

テスト
CS 単独

図 3.5.5　自発的回復の図式的解説

条件づけの成立後に CS を単独で提示（消去）すると，それに対する CR は次第に減弱し，最後には完全に消失する．しかし，それからしばらく間隔を置いて再度 CS を呈示するとそれに対する CR が復活する．この自発的回復において示される CR の強度は消去以前のものより弱いが，消去が必ずしも連合強度の消失を意味するものではないことを示唆している．

　この自発的回復という現象はすでにパヴロフ自身が発見していたが，消去を CS-US 連合の減少とみなす前記の獲得モデルでは，その後の時間経過によって CR が再び復活することは説明できない．このように理論的に重要な意味を持つにもかかわらず，自発的回復の現象の説明は比較的近年になってようやくなされるようになった．その代表がバウトン（たとえば，Bouton, 1993）による記憶検索における干渉過程に基づく説明である．

　バウトンによれば，消去は CS-US 連合の消失ではなく，CS が何もともなわずに生じるという，まったく別の経験として記憶される．換言すれば，消去手続きによってもそれ以前の条件づけによって形成された CS-US 連合はまったく影響を受けない．しかし両者が同じ文脈で経験された結果，テストでは CS の後に US が生じるという記憶と，CS は US をともなわないという記憶の双方が文脈によって同時に検索されるため，後者が前者の想起に干渉して反応が減弱する．これが消去である．

　しかし，消去経験についての記憶は生物学的に重要な事象である US を含まないため，条件づけについての記憶よりも時間経過にともなう劣化が速く，直

後には新近効果によって強いCRの抑制を生じるが,時間経過とともに干渉効果が弱まるためCRの復活すなわち自発的回復が生じる.

この説に関連する研究事例として,条件づけ終了から消去の開始までの間隔が短い場合には長い場合と比較してより大きな自発的回復が生じるという最近の実験結果(Rescorla, 2004)がある.この事実は,消去経験の条件づけに対する相対的な新近性が自発的回復の程度に影響することを示しており,消去後のCRの消失は,CSの単独呈示が条件づけと対立する学習経験(unlearning)としてその表出に干渉した結果であるという説を支持している.

2) 隠蔽成立後における隠蔽刺激の消去の効果:連合強度の比較過程

前述の隠蔽現象は,獲得過程モデルでは阻止と同様に,連合強度あるいはそれへの注意の大きさの獲得をめぐる事象間の競合過程の結果として説明されてきた.たとえばレスコーラ-ワーグナーモデルの等式では,二つのCS A および B を同時に呈示して条件づけを行う事態では,第2試行以降の ΣV の値は,A あるいは B のいずれかのみが呈示される場合よりも大きくなるため,($\lambda - \Sigma V$) はより小さくなり,したがって,A, B いずれのCS に対する連合強度の増分も,単独のCSを条件づける場合よりも少なくなることが隠蔽の原因だと説明される.

しかしより近年になって,条件づけ事態において認められる種々の現象を,連合強度の獲得をめぐる事象間の競合過程ではなく,反応の遂行時において各々が獲得した相対的な連合強度の比較という過程が作用した結果として理解しようとするモデル(たとえば,Miller & Matzel, 1988)が提出された.

この「比較器」モデル(図3.5.6)によれば,条件づけ事態ではCS-US連合のみではなく,文脈を含むそこに存在する複数の事象のすべての間に連合が生じると考える.そのため,その後のテストでCSを単独呈示すると,それはUSの表象のみならずそれと連合した他の事象の表象をも活性化させる.そしてそれら他の事象がもつ連合強度の中に,当該のCSの連合強度と比較してより大きいものがある場合には,当該CSに対するCRは減弱する.阻止や隠蔽はそのような比較過程の結果である.

比較器モデルは,複合条件づけの後に明瞭度の大きいCSに対する消去を行った場合について,獲得過程モデルとは異なる予測を行う.たとえば,獲得過

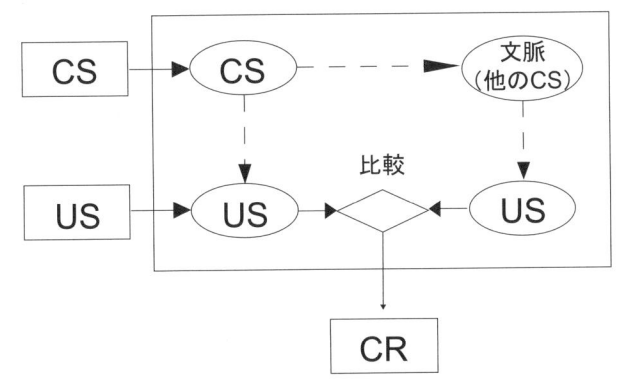

図 3.5.6 比較器モデルの概要
このモデルでは，条件づけの間に当該の CS 表象と US 表象と連合のみでなく，CS と条件づけ文脈（あるいは他の CS），そして文脈（他の CS）と US の各表象間にも連合が独立に，すなわち相互間の競合を生じずに進展すると仮定される（図の破線）．しかし，当該の CS に対する CR の強度は，各々の連合によって活性化された US 表象の強度を比較する過程によって最終的に規定されるため，CS-US 連合の強度自体ではなく，CS-文脈（他の CS）連合を通じて活性化される文脈（他の CS）-US 連合の度との相対的強度によって影響される．したがって，当該の CS を含まない事前あるいは後の経験によっても，同一の条件づけ経験後の CR は変化すると予測される．

程モデルでは，CS に対して生じる CR はその時点において CS が獲得した連合強度を反映していると仮定しているため，その後の他方の CS についての消去によって当該 CS に対する CR の強度は変化しないと予測される．これに対して比較器モデルでは，消去の手続きの後には他の CS のもつ連合強度が相対的に小さくなるため，当該の CS に対する CR は増大すると考えられる．

マッツェルら（Matzel et al., 1985）はこの問題について検証実験を行い，明瞭度が大きい CS の消去手続き後には当該 CS に対する CR が増大するという，比較器モデルを支持する結果を示した．

3) 機会設定子：CS-US 連合が有効な状況を規定する弁別刺激

US と対呈示された事象が連合強度の獲得以外の過程を通じて行動に影響する別の可能性は，ロスとホランドによる以下の実験（Ross & Holland, 1981）によって示された．

ラットに光を 5 秒間呈示し，その 25 秒後に今度は音を 5 秒呈示してから餌を与えるという試行と，光なしで音のみを（餌を与えずに）呈示するという試

行をランダムな順序で与えると，ラットは光が先行した場合にのみ音の呈示中にCRを示す（頭を振る）ようになる．この「特徴正値弁別」(feature-positive discrimination) の事態における弁別行動の習得自体は，音（特徴刺激）が第2のCSとしてUSである餌と連合し，光と餌との連合に加算された結果としても説明できる．

しかしその後の研究によって，弁別の成立後に音のみの単独呈示，すなわち消去を行っても音の後の光に対してのみCRが生じ続けること（たとえば，Holland, 1989），また音と光の呈示間隔が長いほうがより優れた弁別行動が示されること（たとえば，Holland, 1986）などが確認されている．これらの事実は音とUSとの直接的連合や，二つの刺激が同時に呈示されるとまったく別の統合された一つの刺激として機能するという，刺激の形態化 (configuration) という仮説では説明できない．

ホランド（たとえば，Holland, 1983）は，このような手続きにおける特徴刺激は，標的刺激とUSとの間の連合が有効かどうかという，状況についての弁別刺激としての機能を獲得すると主張し，それを「機会（場面）設定子 (occasion setter)」と名づけた．現在では，ある事象がUSと直接連合すると同時に他の事象についての機会設定子となること，あるいは明確な事象以外の実験文脈も機会設定子としての機能を獲得することなどが認められているが，事象が機会設定子としての機能を獲得する過程については十分には理解されていない．なお機械設定子に関する研究は，たとえば中島（1994）によって詳しく解説されている．

5.2 道具的条件づけの理論的進展に寄与した事例

a. 連合理論に基づく分析上の問題

道具的条件づけについても，連合主義的な理論の主要な課題はその連合構造と学習の進展を規定する条件の特定であるが，パヴロフ型条件づけのモデルに対応するようなモデルはこれまで提出されてこなかった．その最大の理由は，道具的条件づけでは，刺激（S）や強化子（結果的事象：O）に関する経験が被験動物の反応（R）に依存して変動するため，行動変容の原因を特定の事象

間の連合に帰属させることが困難な場合がしばしば生じるからである．このことは，以下のような仮想実験の事例を考察すると容易に理解できる．

5.1節のb.で述べた阻止が，道具的条件づけでも生じるかどうかを検討するために，パヴロフ型条件づけに対応させて実験を行ったとしよう．すなわち最初に実験群のラットに対してのみ，弁別刺激としての光（S）の呈示中の自発的なレバー押し反応（R）を餌（O）で強化するというオペラント条件づけの先行訓練を施した．その習得後に，実験群と統制群の双方に対して光と音とを複合弁別刺激とし，その呈示中のレバー押しが習得されるまで餌で強化した．そして最後にテストで音のみを呈示し，その間のレバー押し回数を比較した．

しかし，このテストにおいて実験群のレバー押し反応数が統制群より少なかったという結果が得られたとしても，それが光による音と餌とのS-O連合，あるいは音とレバー押し反応とのS-R連合の形成の妨害すなわち阻止が生じたことを反映しているとは結論できない．なぜなら，統制群は複合弁別刺激に対する学習の完成までに刺激が呈示されていない時間帯にもレバー押しを行い，それに対しては餌が与えられないという誤反応の経験を数多くするが，実験群では光という学習がすでに確立された刺激が呈示され続けるために，このような誤反応はわずかしか生じないからである．したがって実験結果はパヴロフ型条件づけにおける阻止に対応する過程を考慮せずとも，学習の成立にとって重要であるこのような誤反応の経験量の違いという単純な条件差によって説明が可能となる．

b. 価値低減法による検討

この例が示すように，条件間で事象に関する経験回数を統制することが困難であるという事情が，道具的条件づけに関する連合理論の進展を妨げてきた．しかし比較的近年になって，古典的条件づけの連合構造の解明に用いられた「価値低減法」（5.1節のa）の応用などにより，道具的条件づけの連合構造に関しても，いくつかの示唆的知見が得られるようになった．

その一例として，図3.5.7にコルヴィルとレスコーラ（Colwill & Rescorla, 1985）が行った実験の手続きを示した．

この実験では，最初にレバー押しと鎖引きという2種類の反応が，それぞれ

道具的反応の形成	価値低減手続き	テスト	テスト結果の予測
R1 → O1 R2 → O2	O1 → LiCl O2	R1 vs R2	R1 < R2
	O2 → LiCl O1		R1 > R2

図3.5.7 道具的条件づけにおけるR-O連合の形成を示すための実験手続き
（Colwill & Rescorla, 1985）
二つの道具的反応（R1, R2）の各々がそれぞれ異なる結果事象（O1, O2）を強化子として形成された後に，O1あるいはO2のいずれかが中毒物質（塩化リチウム）と対呈示される（価値低減手続き）．価値低減された結果事象によって強化された反応の頻度がその後のテストで減少すれば，条件づけによって反応（R）が特定の結果事象（O）を生じるという期待すなわちR-O連合が形成されたことが示唆される．

餌ペレットと蔗糖という異なる結果事象によって強化され，学習の成立後に半数の被験体に対してはペレットの摂取後に，残り半数の被験体に対しては蔗糖の摂取後に，それぞれ中毒物質が投与された．その結果，二つの反応の選択テストでは中毒物質と対呈示された結果事象によって強化された反応のみが減少した．道具的条件づけがS-R連合の形成に基づいているのであれば，その後の強化子に対する嫌悪条件づけは反応には影響しないはずである．すなわちこの実験結果は，道具的条件づけにおいて反応と結果的事象との間のR-O連合が形成される可能性を明確に示唆している．

またアダムスとディッキンソン（Adams & Dickinson, 1981）も，蔗糖ペレットを強化子とした100回のレバー押し反応をラットが行った後に，半数のラットに対して蔗糖を与えた後に塩化リチウムを投与すると，投与されなかったラットよりレバー押し反応が減少することを確認した．しかし，500回のレバー押し反応を行わせた後には，その後に蔗糖と塩化リチウムの対呈示を施してもレバー押し反応の数は減少しなかった（図3.5.8）．

これらの結果から彼らは，道具的条件づけの形成時にはR-O連合が形成されるが，その後，訓練を続けると反応は自動化される，すなわちS-R連合が形成されそれによって統制されるようになると主張した．

現在では価値低減法を含むいくつかの巧妙な手法によって，道具的条件づけでは条件に応じてS-R，S-O，そしてR-Oのすべての2者間連合が形成され

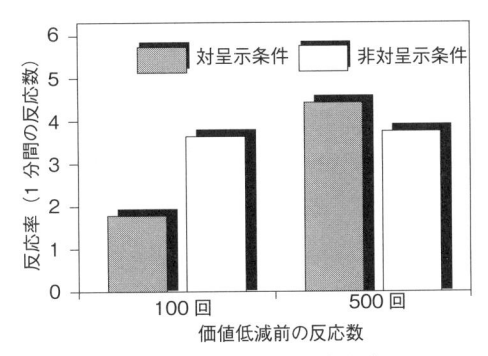

図 3.5.8 アダムスとディッキンソンによる実験結果（Adams & Dickinson, 1981）レバー押し反応（R）が蔗糖（O）を強化子として形成された後に蔗糖を塩化リチウムと対呈示すると，100回のレバー押し反応後には価値低減効果が現れるが，500回の反応がなされるまでレバー押し訓練を延長した後には影響しなかった．延長訓練中に反応の自動化すなわちS-R連合が形成されたと考えられる．

ることが認められているが，どのような条件が形成される連合やその移行を規定するのかについては十分には理解されていない．また道具的条件づけの連合構造についても，たとえばレスコーラ（Rescorla, 1991）は，これら3種類の2者間連合は並列的に形成されるのではなく，弁別刺激SはR-O連合の有効性を規定する「関門（gating）」の役割，すなわちパヴロフ型条件づけにおける機会設定子と類似した機能を果たすと主張している．

5.3 普遍的な学習過程の存在に対立する事例

これまでに解説してきたように，現代の連合主義的な学習理論はさまざまな認知的な着想に基づいて提出されてきたが，これらはいずれも共通のメタ理論的立場に基づいていた．すなわち，連合学習は少なくとも高等動物には普遍的に存在する基本的な過程であり，また連合の形成は事象の物理的な特質に依存しない，すなわち知覚可能であればいかなる事象間にも成立するという，行動主義以来の経験主義的な観点を採用してきた．しかし，行動の種固有性という動物行動学的な視点の導入に伴って，条件づけに関してもこの基本的な前提と矛盾するように思われるいくつかの事実が示されるようになった．

たとえばガルシアら（Garcia & Koelling, 1966）は，外的（視覚聴覚）刺激

と味覚刺激という2種類のCS，および電撃と中毒症状（内臓不快感）を生じさせる塩化リチウムという2種類のUSの組み合わせでラットを条件づけた（表3.5.9）．その結果，電撃をUSとした場合には外的刺激のみが，逆に塩化リチウムをUSとした場合には味覚刺激のみが，CSとして忌避反応を生じるようになった．

この「味覚嫌悪学習」という事実は，中毒症状は味覚をともなう餌などが原因となることが多く，視覚や聴覚刺激によって引き起こされることはまずないという，ラットの祖先であるドブネズミの生息環境における因果関係の特質が，それと合致しない事象間の連合に対する遺伝的な制約として現れたものと考えられる．

またボウルズ（Bolles, 1969）は，ラットは電撃を回避するために，その場所から走って逃げることは非常に容易に習得する一方，後脚で立ち上がることによって同じ電撃を回避することは学習できないことを示した．彼は，動物はその種に特有な防御反応（species-specific defense reaction：SSDR）を遺伝的に備えており，ラットではそれが逃走あるいはすくみであるため，それらと両立しない後脚立ちという行動の習得が困難となると考えた（Bolles, 1970）．

学習の成否が，事象の特質あるいは被験体としての動物種によって規定されるというこれらの知見は，どのような動物種も，経験する事象の物理的な特性にかかわらず，適切な条件下ではそれらの間に連合を形成するという，従来の学習理論の基本的前提を否定しかねない事実として注目を集めた．その結果，

		US	
		中毒症状	電撃
CS	味覚	摂水の抑制	抑制なし
	光＋音	抑制なし	摂水の抑制

図3.5.9 ガルシアとケリングによる実験デザインと結果（Garcia & Koelling, 1966）
ラットが飲む水は味覚が含まれるか，あるいは単なる水だが，飲んでいる間だけ光と音が呈示されるかのいずれかであった．これらの味覚刺激あるいは視覚と聴覚の複合刺激がCSである．摂取の直後に与えられるUSも，床からの電撃か中毒物質の投与のいずれかであった．これらの組み合わせのいずれかを経験した4群のラットの各々が，その後のテストでCSを呈示されている間の水の摂取は，味覚‐中毒物質および視覚・聴覚‐電撃の組み合わせの群では抑制されたが，他の2つの組み合わせでは抑制されなかった．この事実は，任意のCSとUSとの間につねに連合が成立するわけではないことを明確に示している．

それぞれの動物種はその生活環境の特質に応じて独自に適応してきたという進化論的な視点から，学習を含む認知能力についても種の固有性を前提とする研究が増加するようになった．

しかし連合主義的な学習理論では，学習におけるそのような種あるいは事象の特異性（「生物学的制約」）を行動的な事実として認めつつも，他方で連合という基本的な学習の機構は種を問わず普遍的であるという基本的な観点に立って，それらの機構の解明が続けられている．そしてたとえば味覚嫌悪学習に関しては，味覚・嗅覚以外に外的な事象としての実験文脈も内臓不快感と直接に連合することを示唆する事実（たとえば，Symmonds & Hall, 1997）などから，学習行動における種あるいは事態の特殊性も，連合強度の変化やそれの行動への変換過程に影響する諸変数の大きさの違いとして理解できるという立場を維持している． 〔石井　澄〕

文　献

Adams, C. D., & Dickinson, A. (1981). Action and habits : Variations in associative representations during instrumental learning. In Spear, N. E. & Miller, R. R. (Eds.), *Information processing : Memory mechanisms*. Hillsdale, NJ : Lawrence Erlbaum Associates. pp.143-165.

Bennett, C. H., Tremain, M., & Mackintosh, N. J. (1996). Facilitation and retardation of flavour aversion conditioning following prior exposure to the CS. *Quarterly Journal of Experimental Psychology*, **49B**, 220-230.

Bolles, R. C. (1969). Avoidance and escape learning: Simultaneous acquisition of different responses. *Journal of Comparative and Physiological Psychology*, **68**, 355-358.

Bolles, R. C. (1970). Species-specific defense reactions and avoidance learning. *Psychological Review*, **77**, 32-48.

Bouton, M. (1993). Context, time, and memory retrieval in the interference paradigm of Pavlovian conditioning. *Psychological Bulletin*, **114**, 80-99.

Colwill, R. M., & Rescorla, R. A. (1985). Post-conditioning devaluation of a reinforcer affects instrumental responding. *Journal of Experimental Psychology : Animal behavior processes*, **11**, 120-132.

Garcia, J., & Koelling, R. A. (1966). Relation of cue to consequence in avoidance learning. *Psychonomic Science*, **4**, 123-124.

Hall, G. (1991). *Perceptual and associative learning*. Oxford : Oxford University Press.

Hall, G., & Channell, S. (1986). Context specificity of latent inhibition in taste aversion learning. *Quarterly Journal of Experimental Psychology*, **38B**, 121-139.

Holland, P. C. (1983). "Occasion-setting" in Pavlovian feature-positive discriminations. In

Commons, M. L., Herrnstein, R. J., & Wagner, A. R. (Eds.), *Quantitative analyses of behavior : Discrimination processes.* Vol.4, Cambridge, MA : Ballinger. pp.183–206.

Holland, P. C. (1986). Temporal determinants of occasion setting in feature-positive discriminations. *Animal Learning and Behavior,* **14,** 111–120.

Holland, P. C. (1989). Feature extinction enhances transfer of occasion setting. *Animal Learning and Behavior,* **17,** 269–279.

Holland, P. C., & Straub, J. J. (1979). Differential effects of two ways of devaluing the unconditioned stimulus after Pavlovian appetitive conditioning. *Journal of Experimental Psychology: Animal Behavior Processes,* **5,** 65–78.

石井　澄（2001）．学習の理論　中島義明（編）現代心理学［理論］事典　pp.380–403.

Kamin, L. J. (1969). Predictability, surprise, attention, and conditioning. In B. A. Campbell & R. M. Church (Eds.), *Punishment and aversive behavior.* New York : Appleton. pp.279–296.

Lubow, R. E. (1973). Latent inhibition. *Psychological Bulletin,* **79,** 398–407.

Lubow, R. E. (1989). *Latent inhibition and conditioned attention theory.* Cambridge : Cambridge University Press.

Mackintosh, N. J. (1975). A theory of attention : Variations in the associability of stimuli with reinforcement. *Psychological Review,* **82,** 276–298.

Matzel, L. D., Schachtman, T. R., & Miller, R. R. (1985). Recovery of an overshadowed association achieved by extinction of the overshadowing stimulus. *Learning and Motivation,* **19,** 317–344.

McLaren, I. P. L., & Mackintosh, N. J. (2000). An elemental model of associative learning : I. Latent inhibition and perceptual learning. *Animal Learning and Behavior,* **28,** 211–246.

Miller, R. R., & Matzel, L. D. (1988). The comparator hypothesis: A response rule for the expression of associations. In Bower, G. H. (Ed.), *The psychology of learning and motivation.* Vol.22, San Diego : Academic Press. pp.51–92.

中島定彦（1994）．パヴロフ型条件づけにおける階層的刺激関係の学習　心理学評論, **37,** 44–71.

Pavlov, I. P. (1927). *Conditioned reflex.* New York : Oxford University Press.

Pearce, J. M. (1987). A model of stimulus generalization in Pavlovian conditioning. *Psychological Review,* **94,** 61–73.

Pearce, J. M., & Hall, G. (1980). A model for Pavlovian conditioning : Variations in the effectiveness of conditioned but not unconditioned stimuli. *Psychological Review,* **87,** 532–552.

Rescorla, R. A. (1991). Associative relations in instrumental learning : The eighteenth Bartlett memorial lecture. *Quarterly Journal of Experimental Psychology,* **43B,** 1–23.

Rescorla, R. A. (2004). Spontaneous recovery varies inversely with the training-extinction interval. *Learning and Behavior,* **32,** 401–408.

Rescorla, R. A., & Wagner, A. R. (1972). A theory of Pavlovian conditioning : Variations in the effectiveness of reinforcement and nonreinforcement. In Black, A. H.. & Prokasy W. F., (Eds.), *Classical conditioning II : Current research and theory.* New York : Appleton. pp.64–99.

Ross, R. T., & Holland, P. C. (1981). Conditioning of simultaneous and serial feature-positive

discriminations. *Animal Learning and Behavior*, **9**, 293-303.
Symmonds, M., & Hall, G.(1997). Contextual conditioning with lithium-induced nausea as the US : Evidence from a blocking procedure. *Learning and Motivation*, **28**, 200-215.
Trobalon, J. B., Sansa, J., Chamizo, V. D., & Mackintosh, N. J.(1991). Perceptual learning in maze discrimination. *Quarterly Journal of Experimental Psychology*, **43B**, 57-73.
漆原宏次(1999). 古典的逆行条件づけに関する最近の研究動向 心理学評論, **42**, 272-286.
Wagner, A. R.(1978). Expectancies and the priming of STM. In Hulse, S. H., Fowler, H., & Honig, W. H.(Eds.), *Cognitive processes in animal behavior*. Hillsdale, NJ : Lawrence Erlbaum Associates. pp.177-209.
Wagner, A. R.(1981). SOP : A model of automatic processing in animal behavior. In Spear, N. E. & Miller, R. R.(Eds.), *Information processing in animals: Memory mechanisms*. Hillsdale, NJ : Lawrence Erlbaum Associates. pp.95-128.

IV

発達理論の［適用事例］

第 1 章

社会歴史的な発達理論の［適用事例］
—— 認知の社会的起源と発達の最近接領域 ——

1.1 は じ め に

　発達に対する社会歴史的アプローチの特徴は，『現代心理学［理論］事典』IV部1章「発達に対する社会歴史的アプローチ」（石黒，2001）で述べた．要約するならば，発達は特殊個別な文脈における社会歴史的存在である何者かの全人格的な変化（transformation）であるということになる．社会歴史的存在としての人という見方からすれば，個体発達は，個人で完結する系ではなく，系統発生，社会史との連関を無視することができない．

　発達心理学は子どもについての心理学ではない．もちろん，子どもはその研究対象であるが，いわゆる「幼児心理学」や「児童心理学」のように，研究対象となるインフォーマントの年齢に対応して区分されるものではない．それは発達的視点，すなわち，人の心の生成と変化をとらえるという視点から人間の精神を研究しようとする方法論的態度をとる人間科学である．人は養育者や教育者といった他者との対話的関係によって「自分」を作りあげていく存在である．「私」の成り立ちに「社会」はいかなる役割を果たしているのか，この雑駁な問いを多様な事例の中でくり返し確認する作業が，ヴィゴツキー（Vygotskii）の後に続く研究者の仕事だといってよいかもしれない．

　本章で述べようとすることは簡潔である．認知の社会的起源を問い，以下のヴィゴツキーの「発達の最近接領域（zone of proximal development）」といわれる見解を説明することである．

第1章　社会歴史的な発達理論の［適用事例］　　　　　　　　*249*

「この知能年齢，あるいは自主的に回答する問題によって決定される現下の発達
水準と，子どもが非自主的に共同のなかで問題を解く場合に到達する水準との
あいだの相違が，子どもの発達の最近接領域を決定する．」

(Vygotskii, 1934，邦訳，p298)

　この主張は，ヴィゴツキーが提起してからすでに70年以上経つにもかかわらず，現在でも発達と学習の研究においてはなお論争の中心にある．その理由の一端は，この主張がヴィゴツキー自身によって十分展開されていなかったことによる．だが同時に，人が人になる過程を考えるうえで，発達や学習に対して非常に示唆的な視点を提供したことも大きいであろう．
　本章では欧米でヴィゴツキーブームを作り出した中心的人物の一人であるジム・ワーチ（Wertsch, J. V.）の研究を事例として取り上げ，それを通してヴィゴツキーにはじまる「発達に対する社会歴史的アプローチ」を検討する．

1.2　社会性とは何か―「自己中心的言語」論争を事例として―

a. ピアジェとヴィゴツキーの対立

　人が社会的存在である，ということに疑問を呈する人はいない．だが，その社会性を考えるときに二つの対立する方向が存在する．その一つは，孤立した生物学的個としての個人が社会的関係を結ぶことによって，次第に社会化されていくとする個から社会への方向である．もう一つは，根源的に人は社会的存在であると考える方向である．両者の対立は，ピアジェとヴィゴツキーの自己中心的言語をめぐる議論によってすでによく知られるところである．
　幼児期から児童期にかけて，子どもがなにかしら課題と対峙するとき，ぶつぶつとつぶやく．これは誰にも向けられていない私的な言葉に見える．このように現れる言語をピアジェ（Piaget, 1923）は自己中心的言語（egocentric speech）とよんだ．自己中心的言語はピアジェにとって，「何よりも子どもが自分自身についてのみ語っているが故に，だが主としては，かれが話し相手の観点に立とうと試みないが故に，自己中心的とよばれる」（Vygotskii, 1934）べきものであり，「ドラマのなかのモノローグをおもいださせるような一人言（モノローグ）」（Vygotskii, 1934）とされる．

彼にとってそれは，その時期の子どもたちの社会化されていない自己中心的心性の言語的な現れということになる．ピアジェにとって，社会化とは閉じられた世界に生きる自己が自分の外にある社会と接触することによって，その自己中心性を克服する過程なのである（Vygotskii, 1934）．したがって，子どもの成長とともに自己中心的言語は喪失されるべきものと考える．

これに対してヴィゴツキー（1934）は，そのつぶやきは内言（inner speech）への過渡期にみられる言語形態だという．彼にとって，子どもの自己中心的言語は，精神間機能から精神内機能への移行，いいかえれば，子どもの社会的集団的活動形式から個人的機能への移行現象の一つである．この移行は，すべての高次精神機能の発達の一般法則に対応する．これらの機能は最初は，共同活動の形式として発生し，その後でのみ，子どもによって自分自身の精神活動の形式に移される．

ヴィゴツキーにとって，「自己中心的言語は，その心理学的機能においては内言であり，その構造においては外言」（Vygotskii, 1934）である．それは消失するのではなく，言語的思考の地平である内言へと進化するのである．彼は自己中心的言語がその時期の思考を媒介する言語であると考える立場に立つ．

b. ヴィゴツキーの実験

そこで，彼らは自覚や熟慮が必要となる課題解決場面では，自己中心的言語は増加するという仮説を立て，三系列の実験を試みた．第一系列の実験は，子どもが自分の発した声が，相手に理解される可能性が低い状況にいる場合とそうでない場合を比較したものだ．それによれば，外国語をしゃべる子どもの中に入れられた場合などには，そうでないときに比べて自己中心的言語係数は平均8分の1に減少した．このことは，自分の言葉が他者に理解されるであろうという「理解の幻想」をもてない状況では，自己中心的言語が使われなくなることを示す．このことから自己中心的言語がまったく他者を考慮しない非社会的な言語ではないことがわかる．

第二系列の実験は，子どもを集団内においたときと一人にしたときの比較である．誰も周りにいないときには，自己中心的言語係数は6分の1に減少した．このことは「集団的独語」として機能しない場合には，自己中心的言語は

使われなくなることを示す.

　第三系列の実験は，他の子どもから遠い所に子どもを置いたり，オーケストラの妨害音などによって他者の声や自分の声が聞こえないようにするなどして，子どもが音声化困難な状況を作るというものだ．その結果，音声化困難な状況では，自己中心的言語係数は5分の1以下に減少した.

　以上の三系列の実験が示したことは，言葉を理解する相手がいないと考えられる状況，集団がない状況，音声化ができない状況という，すなわちいずれもコミュニケーションが成立しない状況では，自己中心的言語も使われなくなるという事実である．それゆえ，ヴィゴツキーは以下のように結論づける．

> 「心理学的には，子どものことばは，機能的・構造的意味において自己中心的ことばである．すなわち，それは特別の自主的言語形式なのであるが，徹底してそうなのではない．なぜなら，それは心理学的本性においては主観的なものだが，まだ内言としては自覚されず，他人へのことばからも区別されていない．客観的に見ても，このことばは，社会的ことばから分化した機能となっているが，やはり徹底していない．なぜなら，それは，社会的ことばを可能ならしめる状況でのみ機能することができるからである．このようなわけで，主観的にも客観的にも，この言葉は，他人へのことばから自分へのことばへの過渡的な混合形式である」（邦訳，p 396）

　自己中心的言語論争から発達そのものへの理解を深めることもできる．ピアジェはその現象的消失をそのまま消失と考えたが，ヴィゴツキーはそれを他の形態，つまり，外化されない言語的思考である内言への移行の完了と考えた．ヴィゴツキー（1934）によれば，

> 「自己中心的言語の係数がゼロになることを自己中心的言語の死滅の徴候と考えることは，子どもが数を数えるときに指を使うのを止め，声を出して数えることから頭のなかで数えることへ移行するときをもって，数えることを消滅と考えるのに完全に等しい」（邦訳，p 387）

という．

　現象をみるときには，どのような発達モデルが背後にあるのかという点が，現象理解に大きな影響を与えていることに注意しよう．ピアジェがこのような誤った現象理解をした背景には，彼の発達のモデルがあった．それは，当時大

きな影響を与えたフロイトに代表されるような，閉じられた個が社会化されるというモデルであった．したがって，他者との間のやりとりに使えないような非社会的な言葉である自己中心的言語はやがて消えてなくなっていくと結論したのである．

1.3　ヴィゴツキーの発達的方法

a.　行動の歴史的研究

ヴィゴツキーは心理の研究方法として歴史的方法を主張する．

> 何かを歴史的に研究するということは，それを運動のなかで研究することを意味する．それは，弁証法的方法の基本的要求でもある．研究において何らかの物の発達過程をそのあらゆる相と変化のなかで ―発生から死滅まで― 理解することは，本質的に，その物の本性を明らかにし，その本質を認識することを意味する．なぜなら，運動のなかでのみ，物はそれが何であるかを示すからである．　　　　　　　　　　　　　　　(Vygotskii, 1930-1931, 邦訳, p91).

これは社会歴史的アプローチが示す「発達」的な研究法のエッセンスである．ヴィゴツキーが発生的あるいは発達的分析を強調するのは，人間の精神過程はそれが成長においてどのように，そして，それがどこから起こるのか考慮することによってのみ理解可能であると考えるからである (Wertsch, 1985).

その関心は，発達の結果ではなく，「過程」そのものであり，それゆえ，「行動の歴史的研究」こそが心理学の研究だと主張する．すでに紹介した自己中心的言語をめぐる論争において，ヴィゴツキーは内言へ向かう長い発達過程の過渡期として「自己中心的言語」をみた．それは固定した心理状態ではなく，言語と思考の出会いによって達成され，さらに内言へと転化される言語的思考の表出であった．自己中心的言語は歴史的にとらえられたことによって，ピアジェの理解とは大きく異なる「半ば内言」であるという機能的意義が発見されたのである．自己中心的言語の変化の軌跡は個体発達における大きな質的変化を示す発達的現象である．

b. 発生領域

ワーチ（1985）は，ヴィゴツキーの発生的研究について，以下の四つの特徴を取り上げる．

(1) 発達は安定した量的増加ではなく，根本的な革命的な移行として現れる．
(2) 発達の主要な変換点は媒介形式の変化によって規定されている．
(3) 心理学的現象は四つの発生領域（genetic domains）で分析される必要がある．
(4) ヴィゴツキーの「発達」は子どもの発達の理論と混同してはならない．「発達」は心理科学の中心的な方法のことである．

ここで述べられている四つの発生領域（genetic domain）とは，(1) 系統発生（phylogenesis），(2) 社会文化的歴史（sociocultural history），(3) 個体発生（ontogenesis），(4) 微視発生（microgenesis），のことである（Wertsch, 1983, 1985）．系統発生と個体発生については，とくに説明は必要ないであろう．社会，文化や歴史を心理学において考慮するというのはこの学派に特徴的である．これは人の発達を，その人の生きる社会，文化状況と関連づけてとらえるという視点に対応している．

学校教育が導入される前と後など，人が生きる場に特有な活動様式の組織化のあり方が発達を考えるうえで非常に重要だという認識は，その後の日常認知研究（Lave & Rogoff, 1984）以後，認知科学において状況論（Brown, Collins, & Duguid, 1988）という大きな潮流を作りだした．スクリブナー（Scribner, 1984）は認知過程がそれぞれの活動の場に埋め込まれていることを明らかにすることに努力した．

微視発生とは一つの課題達成内や発話など，ある行為過程の中での変化をとらえる視点に対応する．このアプローチでは，「形成実験（formative experiment）」（El'konin, 1978）といわれる実験方法を用いる．そこでは，ある条件が発達にどのような役割を果たすのか明らかにするために，ある処遇を与え，変化を人工的に起こす．

それぞれ分離可能な実体としての四つの領域の発達があるというのではなく，発達をとらえる四つの分析視点と考えた方がよい．通常，心理学は個体に

焦点をあてる．発達心理学は個体発生をその固有の研究領域としていると考えられている．だが，個体発生だけを研究しても人の発達を理解することはできない．ヴィゴツキーにとって，個体の行動は他の三つの異なる発生領域を考慮することによって理解できる．

しかし，彼がとくに心理学研究として成果を残したのは，実際には個体発生領域である．個体発生における大問題は，生物学的存在としての人がどのように「文化的な発達（cultural development）」を成し遂げるのかというものである．これに対して，ヴィゴツキーは人の根源的な社会性をもって答える．この点について概観するのに適しているのが，ワーチによって行われた母子の共同問題解決過程の研究である．

1.4 精神機能の根源的な社会性

a. 文化的発達の一般的発生法則

社会歴史的アプローチでは，個体発生のメカニズムにおいて社会と個人の緊張関係を発生的にとらえようとする．ヴィゴツキーの共同研究者であったレオンチェフ（Leont'ev, 1965）は「子どもの発達において主要な過程は，社会歴史時代に人類によって蓄積された経験の習得あるいは獲得（appropriation）の過程である」という．

彼によれば人は三種類の経験をする．一つは「無条件反射に遺伝的に定着されている経験」，すなわち「種の経験」である．二つ目は「条件反射の形成の結果，個体発生的に獲得される個体的な経験」，すなわち「個体的経験」である．そして，さらに人の場合，「第三の経験」として「種の（より正確にいえば社会歴史的）経験である一方で，個体的経験の形で習得される種の経験」を経るという．

この第三の経験を社会的に組織した場が教育制度であり，学校である．個人がまず成立し，それによって他者と交渉するようになると考えるのではなく，まず社会があり，その中で行われる共同的実践の中で個人が成立すると考える．個人の精神機能の源泉として社会はとらえられる．

こうした見解は，ジャネ（Janet, P.）の影響を受けたヴィゴツキーによっ

て，次の「文化的発達の一般的発生法則」(Van den Veer & Valsiner, 1991, p71) として定式化されている．以下では，これらの意味するところをワーチの研究を通して見てみよう．

> 子どもの文化的発達におけるすべての機能は，二度，二つの局面に登場する．最初は，社会的局面であり，後に心理学的局面に，すなわち，最初は，精神間的カテゴリーとして人々のあいだに，後に精神内的カテゴリーとして子どもの内部に登場する．このことは「意図的」注意にも，論理的記憶にも，概念形成にも，意志の発達にも，同じようにあてはまる．われわれは，この命題を完全な意味の法則とみなすことができる．しかし，いうまでもないことだが，この外から内への移行は，過程そのものを変え，その構造および機能を変化させる．
> 　　　　　　　　　　　　　　　　　　(Vygotskii, 1930-1931, 邦訳, p212)

> 人格のあらゆる本性は，社会的なものである．精神過程に転化してもなお，それは偽社会的である．人間は自分自身と差し向かいで，コミュニケーションの機能を保持する．　　　　　　(Vygotskii, 1930-1931, 邦訳, p213)

b. 母子によるパズル構成課題

ワーチによって行われた「母子によるパズル構成課題」は何度も，自身による分析と考察がくり返され，その結果の理解が深まっていった興味深い実験である．そこで，まず，実験状況をワーチら (Wertsch et al., 1980) に依拠してできるだけ省略しないで紹介しよう．

この研究は複数の人による課題遂行状況におけるメタ認知や方略的行動，とくに，親子という社会システムにおいて，どのようにそうした活動が遂行されるのか，それを明らかにするためになされた．子どもが一人で課題を解けるようになる前に，親子という社会的単位において，どのように課題解決のプランが構成され，その遂行が調整 (regulate)，反省されるのか，本研究ではその過程をとらえようとする．

1) 被験者

被験者は，中流階級の家族から選ばれた全部で18組の母子ペアである．その子どもたちは米国中西部の大都市郊外のモンテッソーリ幼稚園に通っている．

18組は子どもの年齢によって三群に分けられ，それぞれ2歳半群，3歳半

群，4歳半群とよばれた．2歳半群の子どもたちの平均年齢は2歳9ヵ月であり，その月齢範囲は2歳7ヵ月から2歳11ヵ月である．3歳半群の子どもたちの平均年齢は3歳7ヵ月で，月齢範囲は3歳6ヵ月から3歳9ヵ月である．4歳半群の子どもたちの平均年齢は4歳5ヵ月から4歳7ヵ月である．

子どもの男女比はそれぞれの年齢群で同じ3名ずつである．母親にはこの研究の目的は幼児が母親との日々の相互行為の中で学ぶ様子を調べることであると告げられていた．

2）材　料

この研究における問題解決課題は，図4.1.1にあるトラックを描いたモデルパズルに合わせて，コピーパズルを母子で完成することである．

パズルのピースには2種類あり，1種類は「積荷を除いたトラックピース」で，パズル内に挿入可能な場所がそれぞれ1箇所しかないものである．図4.1.1の9から14がそれにあたる．各ペアには一揃いの「積荷を除いたトラックピース」しか与えられなかった．

もう1種類は「積荷ピース」である．図4.1.1では1から6がこれに当たる．この色のついた六つのピース（紫，白，黒，黄色，青，オレンジ）はすべて同じ形である．これにさらに余分に色の異なる数枚のピースが与えられた．モデルのパズルと同じようにコピーパズルが完成すれば正解となる．

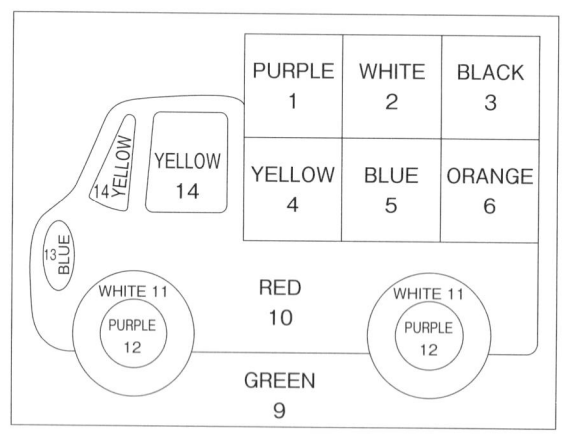

図4.1.1　母子によるパズル構成課題で使われたパズル（Wertsch et al., 1980）

第1章　社会歴史的な発達理論の［適用事例］　　　　　　　　　257

3) 手続き

　実験は2人の女性リサーチアシスタントが，子どもたちがいつも使う幼稚園の教室で行った．セッションは20分ほど行われ，その様子がビデオに記録された．まず，ウォームアップ用パズル課題が行われ，簡単なパズルで手続きが確認され，続いて練習がなされた．その後，本実験が開始された．

　実験者は母親の前にモデルパズル，子どもの前に完成されたコピーパズルを置いた．母子がそれを見たところで，コピーパズルが解体され，余分な積荷ピースと一緒に，子どもの側に置かれた．モデルパズルは母親の前に置かれたままである．母子はコピーパズルをつくる間，話し合うことができた．まず以下の教示が母親になされたが，その間子どもは隣に座っていた．

> ここに二つのパズルがあります．見てわかるように，二つのトラックはまったく同じです．これから私がこのトラックをバラバラにして，さらに余分なピースを加えます．そうしたら，お子さんに（実験者はコピーを指さしながら）このパズルをモデルパズルのように正しく作ってほしいのです．積荷の所も同じ色が同じ場所でなくてはなりません．あなたが必要だと感じた時にはいつでもお子さんを助けてあげてください．

　母子ペアがこのトラックパズル課題をうまくやり遂げたときには，モデルパズルはそのままにして，別の同一のコピートラックパズルが与えられた．実験者は今度はそのコピーパズルの六つの積荷ピースだけ取り除き，余分な積荷ピースと一緒にパズルピースの山の上に置いた．そして，実験者は「今度は別のトラックピースがあります．見てわかるようにトラックのボディーはモデルパズルとまったく同じです．お子さんに積荷部分だけモデルパズルとまったく同じようにつくってほしいのです．必要だと感じたら，援助して構いません．」と教示した．

4) コーディング

　実験者，母親，子どものすべての発話が記録され，ビデオテープを参照することによって，発話と同時になされた非言語的行動もトランスクリプトに加えられた．子どもがどこを注視（gaze）しているのか，母親と子どもの指さしジェスチャー，とくにそのはじまりと完了点，母親と子どものピースの取り扱い（分類，落とす，拾うなどの行動）がコード化された．このコーディングが終

わると，母子のインタラクションは「エピソード」単位に分けられた．エピソードとは一つのピースの移動に関する相互行為のまとまりと定義された．

5) 結　果

ここでの分析は子どもがモデルパズルを参照するかどうか，子どもがそうする前後に何が起きるのかを中心になされた．子どもはパズルの積荷部分のピースに取り組んでいるときには必ず，モデルパズルを参照しなければならない．

実際に結果を見ると，積荷部分にかかわるエピソードあたりの子どものモデルパズルに対する凝視は平均1.81回だったが，積荷以外の部分にかかわるエピソードの時のそれは0.44回と両者には有意な差があった（$t=5.11$，$p<0.005$）．

このことは，子どもが積荷部分に取り組むときは，それ以外と比べて頻繁にモデルパズルを見たことを示す．ワーチらはこうした事実が得られた理由の一つは，母親らが積荷を組み立てるエピソードのときには子どもにモデルパズルを見るよう促したことによるという．その証拠に積荷エピソード遂行時には，母親はモデルパズルを1エピソードあたり0.60回指さしたが，非積荷エピソード遂行時は0.23回であり，両者には有意な差があった（$t=2.47$，$p<0.02$）．

ここでのおもな関心は，子どものモデルパズルに対する凝視が誰によって制御されているのか明らかにすることであった．そこで，積荷エピソード内の子どものモデルパズルに対する凝視について，それが他者制御されたものか，それとも自己制御によるのかが分析された．他者制御とされるのは，子どもがモデルパズルを凝視する前に次の行動 (a) (b) (c) が一つ以上生じたときである．ただし，その行動が生じる前に子どもがすでにモデルを見ていた場合や，その凝視が生じたのがエピソードの冒頭であった場合は除外する．

(a) 母親がモデルパズルを指さしたとき．

(b) 母親がはっきりとモデルパズルに言及する完全な発話をしたとき．
（例：もう一方のパズルでは青いのはどこ？）

(c) 母親が子どもにモデルパズルを参照するよう暗に指示する明確な発話をしたとき．これは「短縮された指示（abbreviated directive）」とよばれる．なぜならば，その指示は子どもに直接モデルパズルを見るようには指示していないが，適切に反応するためには，子どもは暗に示された指

第1章　社会歴史的な発達理論の［適用事例］

示の内容を正確に推測しなければならないからだ．（例：次は何色が必要かな？）

　自己制御と判断された凝視は，子どもがモデルパズルを凝視する前に，他者制御と判断される行動が示されない場合である．ただし，その行動が生じる前に子どもがすでにモデルを見ていた場合や，その凝視が生じたのがエピソードの冒頭であった場合は除外する．

　母親が子どもにモデルパズルを凝視させることに失敗することは少なかった．この他者制御の失敗は2歳半群では15回あったのに対して，4歳半群では0回と違いがあったが，年齢差は有意ではなかった（$F(2,15)=3.20$, $p>0.05$）．その結果が表4.1.1に示されている．

　もしも大人から子どもへのパズル課題遂行上の責任のシフト，つまり，他者制御から自己制御への移行によるモニタリングスキルの個体発生が示されるのであれば，モデルパズルに対する他者制御の割合は年齢が上がるにつれて減少することが期待される．実際に結果はそのことを示し，年齢群間には有意な差があり（$F(2,15)=14.90$, $p<0.001$），シェッフェの事後比較によれば，その差は2歳半群と他の二群それぞれとの差（$p<0.05$）によるものだとわかった．

　では，子どもの凝視に先立つ大人の発話や指さしはどの程度効果があったのだろうか．このことを明らかにするために，他者制御による子どもの凝視を，(a) 他者制御後，子どもがモデルパズルを凝視してからコピーパズルに正しく四角い積荷ピースを挿入するまで，大人がもはやそれ以上介入しない場合と，(b) 他者制御後，子どもがモデルパズルを凝視してからコピーパズルに正しく四角い積荷ピースを挿入するまでに，大人がさらに一度以上介入する場合の二つに分けてカテゴリー化し，他者制御による凝視の総数を分母として，各々の子ども別に (b) の割合を出した．一要因の分散分析をしたところ，年齢群差が有意であった（$F(2,15)=6.03$, $p<0.025$）．それに関してシェッフェの事後比較をしたところ，2歳半群と4歳半群の間にだけ有意差が見られた（$p<0.05$）．

　同様に，自己制御による凝視の総数を分母として，子どもが自己制御による凝視をしてから正しくピースを挿入するまでの間に大人が干渉した事例数を分子として算出したものが表4.1.1にある．この結果に対して一要因の分散分析

表 4.1.1 子どもの年齢群別の積荷エピソードを完成させる際の母子行動の多様な測度 (Wertsch et al., 1980)

測 度	子どもの年齢					
	2歳半群		3歳半群		4歳半群	
	平均	SD	平均	SD	平均	SD
完成された積荷エピソード数	8.67	4.23	15.67	2.43	12.00	0.00
モデルパズルへの凝視数	16.33	19.97	28.17	6.57	20.50	5.44
積荷エピソードあたりのモデルパズルへの凝視数	1.91	1.62	1.82	0.47	1.71	0.45
他者制御されたモデルパズルへの凝視の割合	0.76	0.25	0.29	0.18	0.13	0.12
他者制御後さらに介入された割合 (b)*	0.96	0.07	0.56	0.31	0.33	0.39
自己制御後さらに介入された割合**	0.98	0.03	0.56	0.21	0.35	0.15

*,**：表現を本文に合わせ変更している．

をしたところ，年齢群間に有意差があった（$F(2,13) = 6.33$, $p<0.02$）．シェッフェの事後比較をしたところ，2歳半群と3歳半群，2歳半群と4歳半群にそれぞれ有意な差があった（$p<0.05$）．

以上の結果は，2歳半群では，他者制御であれ自己制御であれ，モデルパズルを見てそこからなんらかの関連情報を引き出したり，その情報をコピーパズルを作るために利用することはできないが，年齢が上がると戦略的にそうした情報を利用できるようになることを示している．

実験セッション内で，他者制御による凝視から自己制御による凝視への微視発生的な変化が見られるかどうかもワーチらは検討している．彼らは，自己制御が行われたセッション内の，モデルパズルに対する凝視の前半と後半の割合を比較したが，その差はわずかで，事例差はあるものの，全体としてはそのような移行があるとはいえなかったという．

第1章　社会歴史的な発達理論の［適用事例］　　　261

6) 実験結果の要約

ワーチらは以上の実験結果を次のようにまとめている．

(1) この課題場面では，モデルパズルを見るという重要な方略的ステップの分析から，他者制御から自己制御への個体発生上の移行変化が見られた．
(2) 年齢が高い子は正しいピースを選択し，それをコピーパズルに正しくはめ込むことができるが，年齢が低くなると，大人の援助が必要である．
(3) ここでの結果はあくまでもモンテッソーリ幼稚園に通う子どもたちとその母親のデータであり，異なる文化集団では別な結果が出る可能性がある．
(4) たとえ母親が同じような指示を子どもに与えたとしても，年齢が低い子どもは年齢が高い子どもと同じように，その指示を課題遂行に正しく利用できる情報として解釈できるわけではなく，そこには年齢差がある．

以上から，彼らはメタ認知や方略的解決活動といった認知過程は，精神内平面で現れる以前に，母子の相互行為が構造化されることで，精神間平面で実行されるものであると述べる．つまり，認知過程の社会的起源を考慮することが認知過程の歴史とその最終形態を理解するための最も重要なステップであると主張するのである．

次節では，母子の相互行為の詳細な分析によってその主張を確認したい．

c. 他者制御から自己制御への移行過程

ワーチ（Wertsch, 1979）では，前節 b と同一の実験をさらに理論的に検討している．こちらのほうが，実際の母子のやりとりの詳細が示されているので，状況がわかりやすいだろう．そこでは，子どもによる変化は，知識の増加ではなく状況理解の変化としてとらえられている．また，それは発達心理学史上では，自己中心的言語の社会的起源の研究として考えることができる．他者制御から自己制御への移行過程を彼らは次の四つの水準に分けている．

1) 移行の第一水準

この水準にいる子どもの課題状況の理解は非常に限定されているために，コ

ミュニケーションはとても難しい．他者制御という言葉を使うのさえ危ういところがあり，母親が戦略的に支援しても，子どもはその発話を適切に解釈しないこともある．いいかえれば，大人と子どもの課題定義のズレが大きく，両者は異なる言語ゲームに参加しているともいえる．より正確にいえば，大人は一貫した言語ゲームとして課題状況に参加しているが，子どもは大人の発することばのそれぞれを，パズル課題を解決するという活動に必ずしも対応づけて解釈できない．

たとえば，次の例を見てみよう．これは2歳半の男児とその母親がパズル課題を行っているときのやりとりである．車輪が描かれたピースをはめ込み，調整し終わった直後，子どもがトラックのボディの窓ピース（積荷ではないピース）にとりかかろうとするときである．

トランスクリプト1

---
(1) 子ども：（窓のピースを拾い上げる）これは？
(2) 母親：そうねえ…（積まれたピースの山の中にあるもう一つの窓のピースをさす）
(3) 母親：どうかな？
(4) 母親：窓だと思うよ
(5) 母親：それは窓じゃないようだよ　違う（子どもはパズル課題の材料から目を離し，教室の窓を見る）
(6) 母親：でも　それはこのトラックの窓だよ　（母親は窓ピースがはめ込まれるべきコピーパズルの場所を指さす）
(7) 子ども：（手から窓ピースをピースの山に落としてしまう）

この事例では，子どもは母親の（4）と（5）の指示を受けて，自分の注意をパズルの中の窓ピースではなく，実験を行っている実際の教室の窓に移してしまっている．そのため母親は子どもの行動を制御することができなかった．ここで問うべきは，子どもが他者制御を含むコミュニケーション文脈に参加することをどのように学びはじめるのかである．子どもは母親が「窓」と言ったとき，「窓」を見たものの，母親が参加している言語ゲームの中の発話（パズルの中の窓）として，それを理解することはできなかった．

では，こうしたレベルにいる子どもに対して，他者制御はできないのだろうか．ワーチは，母親の状況定義ではなく，子どもの側の状況定義に結びついた

第1章 社会歴史的な発達理論の［適用事例］

ことばや身振りであれば，それは可能であるという．状況定義とは「その設定内で操作する人によって設定場面や文脈が表象されている状態」（Wertsch, 1984）のことである．

子どもの状況定義に結びついたことばや身振りとは，この事例でいえば，「窓」のような一般名詞による指示表現（referential expression）ではなく，「これ」や「あれ」という指示的前提化指標（referential presupposing indexes）（Silverstein, 1976）を非言語的な指さしと一緒に使うことである．このように，この水準では，子どもが母親とのコミュニケーション文脈への参加が可能になる様子，すなわち，その課題状況定義の発達過程を確認することができた．

2) 移行の第二水準

第二水準にいる子どもたちは，第一水準の子どもたちとは違い，大人の発話が一貫して課題と関係して発せられているということはわかっているようだ．しかし，ことばと活動の間に十分な結びつきがあるわけではないので，他者制御の言語ゲームで使われる発話を解釈するに十分な推論ができない．次の例を見てみよう．

パズルの積荷ではない部分のほとんどを完了した，2歳半の女児とその母親の間のやりとりのトランスクリプトである．

トランスクリプト2

(15)	子ども：おー（モデルパズルを見て，それからピースの山を見る）おー　じゃあ　これはどこだろう？（黒い積荷の四角いピースを拾い，コピーパズルを見て，それからピースの山を見る）
(16)	母親：こっちのではそれはどこかな？（子どもは黒い積荷の四角いピースをピースの山に置き，ピースの山を見る）
(17)	母親：もう一つのトラックを見て　そしたらわかるよ（子どもはモデルパズルを見る．それからピースの山をちょっと見て，モデルパズルを見る．そして，ピースの山を見る）
(18)	子ども：よし…（コピーパズルを見てからモデルパズルを見る）
(19)	子ども：それ　見てみよっと
(20)	子ども：うん　こっちのパズルには黒いやつがあるな（子どもはモデルパズルの上の黒い積荷の四角いピースを指さす）
(21)	母親：うんうん
(22)	子ども：黒いやつは…（ピースの山を見る）

(23) 母親：それであなたは黒いやつをこちらのパズルのどこに置きたいの？（子どもは黒い積荷の四角いピースをピースの山から拾い上げ，コピーパズルを見る）
(24) 子ども：よし　それをどこに置くかって？このあたりかな？（黒い積荷の四角のピースを正しくコピーパズルに入れ込む）
(25) 母親：いいんじゃない

　この事例で特徴的なのは，第一水準とは異なり，すべての発話が問題解決状況にかかわるものとして子どもによって解釈されていることである．しかし，その状況定義には二つの点でまだ制限があることがわかる．まず，(16) 母親の発話に対して，女児は持っていた黒い積荷ピースを置いてしまったことから，(16) が自分の (15) の質問に対する答えになっていることをわかっていなかったことが示唆される．母親は (16) で「こっちのではそれはどこかな？」と「疑問指示 (question directive)」(Ervin-Tripp, 1976) を使って，子どもに「指示」を出していたのだが，女児はそれを指示と受け取らなかったのである．そこで母親は (17) で「見て」と「命令形」を使って，直接子どもに (16) で理解させたかったことを伝えた．
　この女児の理解が限定されていたことは，(18) から (24) までのやりとりからもわかる．この子どもは (24) まで黒い積荷ピースをはめ込むことができていない．だが，ワーチによれば，興味深いのは (23) の母親の発話である．なぜなら，(16) で「疑問指示」が子どもによって理解されなかったのに，ここで再び「疑問指示」を使っているのである．それは，ここまでのやりとりによって，母親は自分の発話の解釈を子どもにさせることがうまくできるようになったからである．子どもは (23) の発話を完全に理解していないが，(24) と (25) から (16) を母親が発話したときよりも，より適切な状況定義をもつようになった．このように，この水準の子どもは大人が課題状況に対して作る言語ゲームに参加できるようになるが，その課題状況の理解はまだ大人のそれに比べると限定されていた．

3) 移行の第三水準

　第三水準の子どもの場合には，第二水準の子どもができなかったような明示化されていない指示を含め，大人の指示に完全に従うことができる．このこと

は子どもが自分のパフォーマンスを自己制御しはじめたことを示すとワーチは考える．つまり，この水準の子どもは課題遂行にあたって方略的な責任のかなり重要な共有ができる．それゆえ，ある場合には，子どもがほとんどをやり，大人はただ単に，それが正しいかどうかを確認するだけのときもある．

次の事例は4歳半の女児とその母親の間のやりとりである．その子は，積荷ではないピースのほとんどと紫色の積荷ピースの一つを終わり，ここでは黒い積荷ピースに関心を示していた．

トランスクリプト3

(26)	子ども：（黒い積荷の四角いピースを拾い上げ）黒いやつはどこにいくのかな？（自分の手に持っている黒い積荷の四角いピースを見てから，モデルパズルを見る）
(27)	母親：お母さんのほうのでは黒いやつはどこかな？（子どもはコピーパズルを見て，黒い積荷の四角いピースを正しく入れ込む）
(28)	子ども：ここだ
(29)	母親：うんうん

(26)(27)は第二水準のトランスクリプト2の(15)(16)とほとんど同じはじまり方だが，そこには明らかに自己制御がみられる．(26)で子どもは「黒いやつはどこにいくのかな？」と質問をするが，母親が何か言う前に，すでにその質問に答えるかのように「自分の手の黒い積荷の四角いピースを見てから，モデルパズルを見る」という行動をしている．つまり，この女児は自分で課題遂行の方略的責任のほとんどを遂行していたのである．

(27)と(28)から，母親が「黒いやつ」「お母さんの」といった指示表現（referential expression）を，非言語的な指さしをともなう「それ」や「これ」といった表現に翻訳する必要がなかったことや，子どもがコピーパズルに正しくピースをはめ込むのに必要な推論を完全にできていたことがわかる．

このようにこの水準の子は，他者制御の言語ゲームにうまく参加することができる．しかし，まだ母親の支援なしには完全に課題を遂行できないという点で，依然大人の支援が必要な子である．他者制御から自己制御への移行がだいぶ進んでいるが，課題遂行はまだ精神間平面で行われているのが第三水準である．

4) 移行の第四水準

第四水準は，子どもが問題解決に対して完全に責任を果たしている水準である．この水準では，精神間平面から精神内平面への移行と他者制御から自己制御への転換が完全になされている．多くの事例で，自己中心的言語は精神間平面への移行の間とその移行の後もしばらく現れる．この自己制御機能をともなった発話は多くの点で，以前の水準で大人が他者制御に用いたことばに似ている．

次の事例は，4歳半の男児が積荷の四角いピースをはめ込む間の母親とのやりとりである．

トランスクリプト 4

(30) 子ども：(ピースの山を見て，青い積荷の四角いピースをとる．モデルパズルを見てからコピーパズルを見る．それからまたモデルパズルを見る) ちょっときついかな (コピーパズルを見る) でも (モデルパズルを見る)

(31) 子ども：小さいやつがいいな (コピーパズルを見る) これみたいな (青い積荷の四角いピースをコピーパズルに正しく入れる)

(32) 子ども：(ピースを見る) 次は (モデルパズルを見る) …次は (ピースを見る) …黄色かな (黄色の積荷の四角いピースを取り上げ，コピーパズルを見る)

(33) 母親：いいよ

(34) 子ども：(黄色の積荷の四角いピースをコピーパズルに正しく入れる) そのピース全部を動かさなくちゃ

(35) 子ども：(ピースを見る) 次は黒いやつだ (黒い積荷の四角いピースを拾い，コピーパズルを見る)

(36) 子ども：(モデルパズルを見る) 黒いやつはここの上だ (コピーパズルを見る) …

(37) 子ども：次は (黒い積荷の四角いピースを正しくコピーパズルにはめ込む) 白

(38) 子ども：白はどこだろう？ (ピースを見る，白い積荷の四角いピースを拾い，コピーパズルを見る，白い積荷の四角いピースを正しくコピーパズルにはめ込む) パズルの真ん中かな？

(39) 子ども：(ピースを見る) よし

(40) 子ども：(モデルを見る) 次は… (コピーパズルを見る) …えっと… (ピースを見る) むら… (ピースを見て，モデルパズルを見る) むらさき (ピース

を見る，紫の積荷の四角いピースを拾い上げ，コピーパズルを見る，紫の積荷の四角いピースを正しくコピーパズルにはめ込む）
(41) 子ども：（課題から目を逸らす）よし

　ここでは子どもがすべて話している．それらはピアジェのいう自己中心的言語である．それは大人によって引き出されたものではない．それは前の水準で母子のやりとりに現れていた発話と同じ形をしている．この水準の子が他者制御のコミュニケーション文脈を通して習得したのは，ある言語ゲームの手続きのすべてである．つまり，その子は単に他者の指示に応答することによってやりとりを一方的に実行できる能力を習得したのではなく，その言語ゲームの参加者間にある規則と責任を担うことができるようになったのである．

5）　他者制御と発達の最近接領域

　ワーチはこの論文の結論として，最初の三つの水準はすべて発達の最近接領域内にあるという．つまり，子どもは独力ではまだ達成できないが，母親の援助のもとでは課題に向かえる状態にある．発達の最近接領域内でのあるレベルから次のレベルへの進歩は，自分の行為と大人のスピーチとの間に一貫性を維持しようとする子どもの努力の結果である．

　大人どうしであれば，そうした一貫性が前提とされるが，発達の最近接領域の中にいる子どもたちにとってそれは創り上げなくてはならないものである．そのやり方は，大人が指示する課題解決に結びつく特定の行動を子どもが実行することを通して，大人と共通の状況定義を獲得するというものだ．このことは，子どもが大人と状況定義を共有しているから課題を実行できたのではなく，順序は逆で，その課題を他者制御を通して実行するから子どもは大人の状況定義を共有するようになるのだということを意味している．

　大人-大人でのやりとりでは当然のように前提とされる状況定義も，大人-子どもの場合には，他者制御による言語ゲームの実行を通して創造されなくてはならないのである．これは「まずできることが先にあり，後にその行為を知的に制御できるようになる」というブルーナー（Bruner, 1986）の自らの実験（Wood, Bruner, & Ross, 1976）に対する解釈に一致する．ブルーナーは，この子どもはなぜそれがうまくいくのかまだよくわかっていないが，結果的に母親

の手助けで課題を遂行する過程の中で，課題を制御する母親の課題に対応した注意の向け方，すなわち，意識が子どもに貸与されるのだという．この場合，子どもにとって，その発達の最近接領域とは，母親との共同遂行時に「目の前に提示された時に認知したり把握できるものと独力で生み出されるものとの間に存在する領域」(Bruner, 1986) のことである．

では，他者制御による課題の遂行はどのように可能になるのか．それはすでに事例の中で述べたように，子どもに大人の指示が通らないようであれば，子どもがわかるように，つまり子どもの状況定義に対応させて，大人の側が指示のタイプを変えながら，コミュニケーションの中に子どもを招き入れるのである．このことをワーチは，大人はあたかも子どもに対してコミュニケーションムーブ (move) を解釈するやり方について個人教授をしている (tutoring) かのようだという．大人は自分の指示が子どもに意図した行動を引き起こさないとき，明確な指示をし直す．こうした変更は発達の最近接領域の中にいる子どもにとって重要な学習ツールになっているという．

d. 自己制御と根源的な社会性

この実験では，「共同」で問題解決していた状態から，子どもが一人で解決できるようになるまで四つの水準が抽出された．これは横断的研究であるが，もしもこれが一人の子どもの個体変化でも同様に起きているとするならば，こうした水準間の違いは，子どもに対する他者（ここでは母親）の消去を意味するのであろうか．つまり，両者の間の対話から子ども一人のモノローグへと変化したことを意味するのであろうか．ワーチはこの問いに対して，そのような見方は，単に表面的な変化をなぞる説明であり，人間の根源的な社会性を考慮しないものであると述べる (Wertsch, 1991)．

第四水準で見られる子どもの発話は，自分で問いを出し，自分で応答するというものであった．この問いかけは先行する段階の子どもでは母親がやっていたことである．つまり，最終段階の子どもは，いわば一人で二人分の会話を行っていた．これはワーチ (Wertsch, 1991) によれば，バフチン (Bakhtin, 1981) が「ことばの根源的対話性 (primordial dialogism of discourse)」とよんだものを示しているという．

第四水準の子どものやりとりにおいて，母親は実際には問いを発していないが，子どもの問いはまさにそれであり，子どもの応答はその語らぬ母親の発話に対する応答として理解することができる．精神内平面，すなわち，子どもの内化された精神平面という舞台においても，依然として，二つの声の交差がそこには見られる．そこでは依然として「コミュニケーション機能」が保持されている．

ヴィゴツキー（1934）が述べたように，内化によって自己中心的言語の形態は，言語構造上の省略など，その形態は表面的な変化を被る．しかし，機能的には，対話性は保持されたままであり，社会性の平面が移動するにすぎない．ワーチのこのパズル研究は，ヴィゴツキーが提唱した社会歴史的アプローチに固有な見方を裏づける，「歴史的な」研究方法の雛形となる研究であった．なお，この関連実験には積荷部分の六つの四角いパズルピースを，それぞれ二つの三角形に分割したピースを使う課題（Wertsch & Hickman, 1987）もある．

1.5 発達に対する社会歴史的アプローチの課題

a. 状況定義の社会歴史性

先の研究は社会的相互行為の生じる社会歴史的な場の違いを考慮していなかったため，ワーチら（Wertsch, Minick, & Arns, 1984 ; Wertsch, 1985）はブラジルにおいて，子どもとその母親，子どもとその先生の間で同様のパズル課題を解かせる実験も行っている．

子どもは皆ほぼ6歳児である．ペアになる母親は4年以下の学校教育歴しかない．先生は11年以上の学校教育歴であり，実験でペアになった子どもたちを6ヵ月以上担任している．その結果，やりとりにおいて母親群は自分たちが実行責任をもつことが多かったが，教師群では子どもに実行責任を多くもたせた．このことは，母親が共同認知機能を「生産性を重視し，失敗が望まれない」労働場面としてとらえていたのに対して，教師はそれを「失敗が歓迎され，試みが受け入れられる」教育場面としてとらえていたことを示す．

このように，同一の課題に向かうときにも，課題の状況定義をする大人は自分の多様な活動場面における経験を通してある「仮定」をもってそれに臨むの

である．このことは，活動場面が物理的文脈ではなく，その場面の参与者によって創造されるものであることを示している（Wertsch, 1985）．

では，子どもはその活動場面がどのような状況であるのかをどうやって知るのであろうか．ワーチ（1985）はロメトヴァイト（Rommetveit, 1974）が「予示（prolepsis）」とよぶコミュニケーション過程がその手がかりになるという．予示とは，他者の発話を解釈するために個人が他者の暗黙の仮定を同定していくコミュニケーション過程である．コミュニケーション過程は既存の安定した情報の伝播過程などではなく，聞き手はコミュニケーションの中で，すでに知られていることの一部として背景知識を創造しなければならないという．ここからワーチは先の問いに対して，活動場面の理解はそれについてのコミュニケーションの副産物だという．子どもは大人とのやりとりの中で，課題遂行のための知識や技能だけでなく，大人との状況定義の共有が必要である．そこにはこうした文化に特有な仮定（assumption）も含まれている．これらを日々の実践の中で子どもは学ぶのである．

b. 発達の最近接領域概念研究の課題

ワーチ（Wertsch, 1991）自身が指摘しているように，パズル構成課題は精神機能の形成に対する制度的・歴史的・文化的文脈についてはほとんど何も語っていない．しかし，内化を根源的な社会性によって理解するうえで具体的なイメージを与える研究であったという点で，本研究の歴史的な意義は大きい．

レイヴとウェンガー（Lave & Wenger, 1991）は発達の最近接領域には研究史上3種類の解釈があるという．その一つは「外的支援」的解釈で，「学習者が単独で課題に取り組んだときと共同で取り組むときに示す問題解決能力の距離」（同書，邦訳，p23）がその領域だとされる．二つ目は「文化的」解釈である．「社会歴史的な文脈によってもたらされる文化的知識—通常，教授（instruction）によってアクセス可能になる—と，個々人の日常的経験との間の距離，教授によってもたらされるものとして理解された知識と個人がもっているとされる活動的知識との間の距離」（同書，邦訳，p 23）がその領域ということになる．三つ目は，「集合主義的（collective），社会（societal）レベル」の解釈であり，「個々人の日常生活的活動と，日常生活に潜在的に埋め込まれ

ているダブルバインドの解決として集合的に生成されうる，歴史的に新しい形態の社会レベルの活動との距離」（同書，邦訳，p 24）がその領域となる．

ワーチのパズル課題は最初の「外的支援的解釈」の流れに位置づく．しかし，大人の制度的違いを考慮した研究（Wertsch et al., 1984）があるように，ワーチ自身も社会レベルの活動に関心をもっていた．第二の解釈については教授学習論（Davydov, 1972）や状況的認知論（Brown, Collins, & Duguid, 1988）が，第三の解釈については活動理論（Engestrom, 1987）が，それぞれとくに研究を積み重ねてきている．これらを概観するには石黒（2004）を参照されたい．

発達のゾーンはいつどのように拓かれるのであろうか（Ishiguro, 2002）．この発達と学習に対する一般的な問いは，当然今ここでの相互行為をこえて，制度的，社会的，歴史的文脈の中で位置づけられていくべきものである．

〔石黒広昭〕

（謝辞）本稿では，研究事例を紹介するということで，オリジナルの文献を翻訳している部分が多いことをお断りしておく．ワーチ氏には本稿においてそのような訳出部分が多いことを快諾していただいたうえに，有益なコメントをいただいた．記して感謝する．しかし，あくまでも本稿の内容に関するすべての責任は著者にある．

文　献

Bakhtin, M. M., (Holquist, M. (Ed.), Emerson, C., & Holquist, M. (Trans.)), (1981). *The dialogic imagination : Four essays*. University of Texas Press.
Brown, J. S., Collins, A., & Duguid, P. (1988). Situated cognition and the culture of learning. Institute for Research on Learning Report. No. IRL 88-0008.
Bruner, J. (1986). *Actual minds, possible worlds*. Harvard University Press.（田中一彦（訳）（1998）．可能世界の心理　みすず書房）
Davydov, V. V. (1972). Виды обобшвния в обучвнию・Moscow : Pedagogika（駒林邦男・土井捷三（訳）(1975)．教科構成の原理──論理-心理学的諸問題　明治図書）
El'konin, D. B. (1978). Психология игры ; Psikhologiia igry.（天野幸子・伊集院俊隆（訳）（2002）．遊びの心理学　新読書社）
Engestrom, Y. (1987). *Learning by expanding : An activity-theoretical approach to developmental research*. Helsinki : Orienta Konsultit Oy.（山住勝広他（編抄訳）(1999)．拡張による学習──活動理論からのアプローチ　新曜社）
Ervin-Tripp, S. M. (1976). Is Sybil there? The structure of some American English Directives. *Language in Society*, **5**, 25-66.

石黒広昭 (2001). 発達に対する社会歴史的アプローチ　中島義明 (編) 現代心理学 [理論] 事典　朝倉書店　pp.406-427.
Ishiguro, H (2002). When does a zone of proximal development extend? : Nurse takes a 'sharing voice' to imitate the voice of a child's future. 5th ISCRAT congress (June 18-22, 2002, Amsterdam)
石黒広昭 (2004). 社会文化的アプローチの実際――学習活動の理解と変革のエスノグラフィ　北大路書房
Lave, J., & Rogoff, B. (Eds.), (1984). *Everyday cognition.* Harvard University Press.
Lave, J., & Wenger, E. (1991). *Situated learning : Legitimate peripheral participation.* Cambridge University Press. (佐伯胖 (訳) (1993). 状況に埋め込まれた学習　産業図書)
Leont'ev, A. N. (1965). Проблемы развития психики (松野豊・西牟田久雄 (訳) (1967). 子どもの精神発達　明治図書)
Piaget, J. (1923). Le Langage et La Pense Chez l'enfant. Delachaux & Niestlé. (大伴茂 (訳) (1970). 児童の自己中心性　改訳改版　東京同文書院)
Rommetveit, R. (1974). *On message structure : A framework of the study of language and communication.* New York : Wiley.
Scribner, S. (1984). Studying working intelligence. In Lave, J. & Rogoff, B. (Eds.), *Everyday cognition.* Harvard University Press. pp.9-40.
Silverstein, M. (1976). *Shifters, linguistic categories, and cultural description.* In Basso, K. & Selby, H. (Eds.), *Meaning in Anthropology.* Albuquerque : University of New Mexico Press.
Van der Veer, R., & Valsiner, J. (1991). *Understanding Vygotsky : A quest for synthesis.* Blackwell.
Vygotskii, L. S. (1930-1931). История развития высших психи ческих функций ; Istoriia razvitiia vysshikh psikhiches kikh funktsii. (柴田義松 (訳) (1970). 精神発達の理論　明治図書)
Vygotskii, L. S. (1934/1996). Мышление и речь ; Myshlenie i rech. (柴田義松 (訳) (2001). 思考と言語　新読書社)
Wertsch, J. V. (1979). From social interaction to higher psychological processes : A clarification and application of Vygotsky's theory. *Human Development*, 22, 1-22.
Wertsch, J. V. (1983). The role of semiosis in L.S. Vygotsky's theory of human cognition. In Bain, B. (Ed.), *The sociogenesis of language and human conduct.* Plenum Press. pp.17-31.
Wertsch, J. V. (1984). The zone of proximal development : Some conceptual issues. In Rogoff, B. & Wertsch, J. V., *Children's learining in the "Zone of Proximal Development"*, pp.7-18.
Wertsch, J. V. (1985). *Vygotsky and the social formation of mind.* Harvard University Press.
Wertsch, J. V. (1991). *Voices of the mind : A sociocultural approach to mediated action.* Harvard University Press. (田島信元他 (訳) (1995). 心の声　福村出版)
Wertsch, J. V., NcNamee, G. D., McLane, J. B., & Budwig, N. A. (1980). The adult-child dyad as a problem-solving system. *Child Development*, 51, 1215-1221.
Wertsch, J. V., Minick, N., & Arns, F. J. (1984). The creation of context in joint problem-solving. In B. Rogoff & J. Lave (Eds.), *Everyday cognition : Its development in a social contexts.* Harvard University Press. pp.151-171.
Wertsch, J. V., & Hickmann, M. (1987). Problem solving in social interaction : A microgenetic analysis. In Hicman, M. (Ed.), *Social and functional approaches to language and thought.*

Academic Press. pp.251-266.
Wood, D., Bruner, J., & Ross, G.（1976）. The role of tutoring in problem solving. *Journal of Child Psychology and Psychiatry*, **17**, 89-100.

第 2 章

認知発達理論の［適用事例］

 この間の認知発達研究は，ピアジェ（Piaget, J.）などのグランド・セオリーに対する疑問を契機に進展してきた．その中で，生得性があらためて強調される一方で，学習による知識量の増加という側面が重視される傾向がある．そのことで「発達」という現象がとらえられるのかについて，大きな論争課題となるだろう．本章では，そうした論争にもつながりうるような，認知発達研究の代表的な研究事例を紹介する．そして，研究事例の蓄積によって，発達心理学における古くて新しい問題に出会う可能性について考えてみたい．

2.1 ポストピアジェの認知発達理論

ピアジェの認知発達に関する段階説には，次の二つの基本的な特徴がある．
(a) 発達段階の普遍性：発達段階の順序性は一定であり，どの文化や社会であっても共通している．
(b) 領域一般性：どの領域でも同じように質的変化が起こる．
 (a) については，感覚－運動期，前操作期，具体的操作期，形式的操作期という各段階の順序は逆転することなく一定であり，どの文化においても普遍的に現れると仮定されている．また，(b) に関して，たとえば具体的操作期にある子どもは，脱中心化が可能になることで，保存概念などの認知領域の発達のみならず，対人的な領域においても他者視点に立った問題解決が可能になると考えられている．
 ピアジェの認知発達理論に対して，とりわけ 1980 年代以降，さまざまな批

判が向けられるようになる．それらの主張は多種多様であるが，領域一般性に対して領域固有性（domain specificity）を強調する点では共通しているといえる（Gelman & Baillargeon, 1983）．領域一般的な認知能力を想定する代わりに，認知能力はいろいろな領域に区切られており，それぞれが独自の特徴と構造をもっている，と考えられるようになってきている（Hirschfeld & Gelman, 1994）．そして，認知の発達を，一般的な認知様式の変化としてではなく，各領域における知識量の増加や知識の構造化の差異として説明される傾向が強まっている．

また，領域固有性の強調と相まって，認知発達理論において，制約（constraints）という考え方が広く取り入れられている．その定義は研究者によって異なるが，「吟味されるべき仮説や処置（move）の集合を限定する諸要因」（波多野・稲垣，1997）と広義にはとらえられる．なんらかの問題解決や学習を進める際，無数に近い仮説や処置の選択肢のうち吟味すべき範囲が限定されることで，多くの人に共通した知識が効率的に獲得されることになる．つまり，制約によって知識獲得は促進されることになるのである．

波多野と稲垣（1997）は，制約を内的なものと外的なものに分け，さらに内的制約として，生得的な心的装置，ならびに先行経験を通じて獲得された知識を考えている．また，外的制約としては社会的および文化的規定因を想定し，それぞれについて詳細に検討している．

以上のような潮流の中，領域固有の知識を乳児が発達初期からもっていることを示す研究が多くなっている．そうした知識構造がいわば生得的な制約として機能して，特定認知領域にかかわる事象に乳児の注意が向けられ，領域固有な知識構造が再構造化されていくと考えられている．次に，そうした研究事例をみていこう．

2.2　乳児期における初期知識

ピアジェの理論に，いち早く批判的検討を加えたのはバウアー（Bower, T. G. R.）であった（子安，2001）．彼は，独自に開発した方法で，ピアジェが想定したよりも早くから，乳児が対象の永続性などの認知能力を備えていると主

張している (Bower, 1974). だが，方法的問題からその結果の妥当性が十分に保証されておらず，さらなる方法上の改善が求められていた (Gratch, 1976).

それに対して，この間，乳児を対象とした実験的研究方法が洗練され，なかでも馴化/脱馴化法 (habituation-dishabituation method) は多くの研究で用いられている．以下に紹介する研究はこの方法を用いた具体的な事例である．

馴化/脱馴化法は，二つのフェーズからなっている．最初が馴化フェーズで，同じ刺激をくり返し乳児に見せ続けると，定位反応が減衰し，注視時間が減っていく．この現象が馴化である．そこで脱馴化フェーズに移り，最初の刺激と異なるカテゴリーに属する刺激が提示される条件と，同一のカテゴリーの刺激が提示される条件とが設定される．前者の条件で注視時間が回復する，つまり脱馴化が起こるならば，乳児はそれら二つの刺激を異なったものとして認知していると考えることができる．

この方法を用いた研究は多岐にわたるが，ここでは物理的な世界に関する認知と，物理的対象とは区別される行為主体性 (agency) の認知に分けて考えてみよう．

a. 物理的世界の認知

事物は認識主体とは独立した別個の存在であり，事物と事物は相互に物理的法則によって関係している．ピアジェ (Piaget, 1937) によると，こうした物理的世界に関する認識は，感覚－運動的活動を通して徐々に構成されていくものであるとされてきた．たとえば，対象は視野から消えても必ず存在し続けるという対象の永続性 (object permanence) は，感覚－運動期第4段階 (生後8〜9ヵ月頃) までの乳児には理解されていない，というのがピアジェの主張である．

それに対して，ベラージョンら (Baillargeon, Spelke, & Wasserman, 1985) の巧妙な実験は，そうした従来の考えに一石を投じたものである．

対象となったのは生後5ヵ月の乳児であり，主実験を受ける乳児と統制実験を受ける二群に分けられた．主実験では，馴化フェーズにおいて，スクリーンが起き上がり180°回って戻るという事象がくり返し提示された．馴化が確認された後，①起こりうる事象と②起こりえない事象を交互に3回ずつ提示す

る脱馴化フェーズ（テスト試行）に移った（図4.2.1）.

　起こりうる事象では，スクリーンの背後に箱が置かれ，スクリーンはその箱につかえ（120°移動した位置），その位置から戻る動きを示し，起こりえない事象ではマジックミラーの仕掛けによって，スクリーンは箱がなくなったかのように180°まで移動するように見えた（図4.2.1）．起こりえない事象におけるスクリーンの動きは，馴化フェーズでの動きと同じであるが，物理的法則に反するものである．一方，起こりうる事象の場合，スクリーンの動きは新奇なものとなっている．統制実験は，箱をスクリーンの移動を妨害しない位置に置く以外は主実験と同様の条件で，120°移動する事象と180°移動する事象を交互に3回ずつ提示した．

　主実験の結果，乳児は起こりえない事象のほうを起こりうる事象よりも長く注視することが明らかになった．また，統制実験において，180°移動事象と120°移動事象の間で，一方を選好する傾向は見られなかった．以上のことから，主実験の結果は，固体は他の固体の占める空間を通過できないという物理的原理を5ヵ月児が理解して，それに反する事象を注目すべき事柄として把握していることを示唆するものである．

　さらにベラージョン（Baillargeon, 1987）は，3ヵ月半の乳児も上記の5ヵ月児と同様に反応を示すことを明らかにしている．また，他のさまざまな条件のもとでも，対象が隠されても，そこにそのものは存在することを乳児が早くから理解していることが示され（Baillargeon & DeVos, 1991），対象の永続性はピアジェが考えたよりも早期から認識されていると，ベラージョンらはとらえ

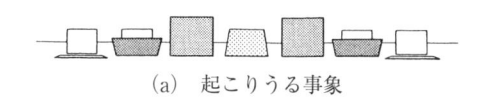

(a) 起こりうる事象

(b) 起こりえない事象

図4.2.1 脱馴化フェーズで提示された刺激(Baillargeon et al., 1985)

ている.

b. 行為主体性（agency）に関する認知

　後述する「心の理論」研究の進展によって，「心の理論」の生得的基盤を探ることに関心が向けられるようになっている．子どもがなんらかの心的状態をもつ主体として自己や他者を理解するようになる前提条件として，人（ないしは他の動物）を「行為主体（agent）」として認知し，単なる物体とは区別する必要がある．

　「心の理論」研究の創始者であるプレマック（Premack, 1990）は，この問題にいち早く着手している．そして，自分の力で動いたり止まったりする「自己推進性」（self-propelled）や，その運動はなんらかの目標をもっているという「目標指向性」（goal-oriented）を知覚する能力を乳児が生得的に備えており，こうした特性をもった存在を「意図をもつ主体」として認知していると主張した．

　ただ一方で，対象が自発的に動くかどうかという観点だけでは，そのものを意図をもった行為主体とする前提条件はそろわない．ゲルゲリー（Gergely, G.）とチブラ（Csibra, G.）らは，対象の動きが目的指向的で合理的なものであるかを区別することが必要だと考え，馴化/脱馴化法を用いた一連の実験を行っている（Csibra et al., 1999 ; Gergely et al., 1995）．彼らの一連の研究結果をまとめて紹介しよう．

　対象児（6ヵ月，9ヵ月，12ヵ月）は実験群と統制群に分けられ，実験群には，馴化事象として，小さなボールが前後に移動してから，障壁をジャンプして大きなボールに接触するという，コンピュータアニメーションを提示する（図4.2.2）．これは大人から見ると，小さなボールが勢いをつけて障壁を飛び越し，大きなボールに近づこうとする目的的なふるまいに見えるものである．

　馴化が確認されたところで，脱馴化フェーズ（テスト試行）に移り，障壁を除いて既知の動きと新しい動きの両方を見せる．既知の動きは，馴化事象と同じように小さなボールがジャンプするのであるが，障壁がない状況においては，このジャンプは必要なく，その意味で合理性を欠いている．

　一方，新しい動きとして，小さいボールが大きなボールに一直線に向かうも

第2章 認知発達理論の［適用事例］

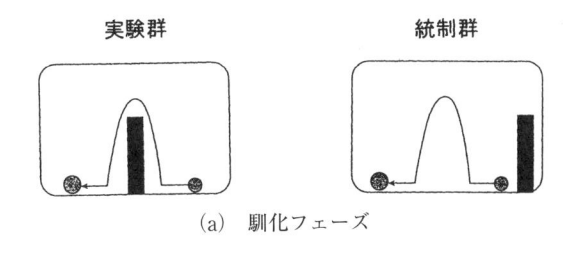

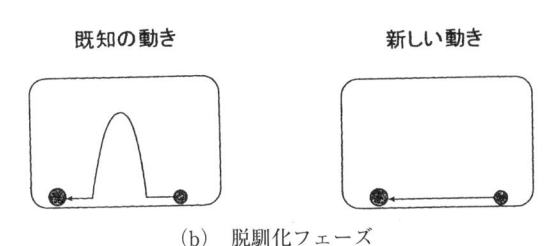

（a）馴化フェーズ

（b）脱馴化フェーズ

図 4.2.2 ゲルゲリーらの実験で使用された刺激の概要（Gergely, 2002）

のを提示し，これは小さいボールが大きなボールを目標とした合理的な動きとなっている．9ヵ月児，12ヵ月児ともに，前者の既知の動きに対して注視時間がより多く回復しており，目的的で合理的な動きとそうでないものを区別していることが推察された（6ヵ月児には同様の傾向は認められず）．

一方，統制群には，障壁を小さいボールの後方に置いて，小さいボールがジャンプして大きなボールに接触する事象を提示する（図 4.2.2）．つまり，この場合，障壁は小さいボールの進行を妨げる障壁にはなっていない．その後の脱馴化フェーズは実験群と同様に，二つの事象を見せた．結果，既知の動きと新しい動きの間で注視時間に差は認められなかった．障壁がない状況でジャンプしながら移動する小さいボールの動きは，もともと目的的で合理的なものとしては認知されていなかった可能性が高いといえる．

ゲルゲリーとチブラはこの結果を受けて，乳児は9ヵ月頃より，人の行為を目的論的スタンスで解釈することが可能になり，その後，意図などの心的状態をもった行為主体として，自己や他者を認知するようになるという発達モデルを提唱している（Gergely & Csibra, 1997 ; Gergely, 2002）．

2.3 認知発達研究の論争点——「心の理論」研究を事例に——

前節でみたように,乳児が早い時期から,領域ごとに「有能さ」を示すとする研究事例が散見される.そこで,認知能力の生得性を強調する立場が勢いを増す一方で,社会-文化的な要因を重視する立場との間で,さまざまな議論が起こっている.今日,新たな研究成果を取り入れた形で生得的要因と経験的要因の相互関係に関する議論がなされている点に,認知発達研究の現代的特徴があるといえよう.

その論争点を整理するために,認知発達研究の重要トピックである「心の理論」研究を事例として取り上げ,認知発達研究において課題となっているものを考えてみたい.

a. 「心の理論」研究の概要

「心の理論」は,プレマックとウッドラフ(Premack & Woodruff, 1978)によるチンパンジーの研究によって提唱された.彼らによると,自己および他者の目的,意図,知識,思考,ふり,好みなどの内容が理解できるようになれば,その動物または人間は「心の理論」をもつといえる.

「理論」とよばれるのは,① 心的状態は直接観察できる現象ではなく,仮説的に構成されるものであり,② 心についての理論が構成されると,それに基づいて他者(他の動物)の行動をある程度予測できる,という二つの理由からである.

その後,「心の理論」研究を発展させる契機となったのは,誤信念課題(false-belief task)の考案である.この課題は,プレマックらの論文に対する哲学者デネット(Dennett, D. C.)のコメント(Dennett, 1978)を受けて,パーナー(Perner, J.)らによって考案されたものである(Wimmer & Perner, 1983).これと同型の課題として,登場人物の名前にちなんで命名された「サリー・アン課題」(Baron-Cohen, Leslie, & Frith, 1985)や,欧米ではよく知られたお菓子の容器を使う「スマーティ課題」(Hogrefe, Wimmer, & Perner, 1986)などがある.

その後の研究でよく用いられる「サリー・アン課題」は，次のようなストーリーを人形劇などで対象児に提示する．
　a) 主人公が対象Oを場所Xに片づける．
　b) 主人公が不在の間に，別の人物によってOが場所Xから場所Yに移し替えられる．
　c) 主人公が戻ってくる．

最後に，「主人公はまたOを使おうと思っています．では，どちらの箱を開けますか？」というテスト質問がなされる．主人公はOが移動されるのを目撃しておらず，実際には場所Yにあるのに，場所Xにあると思い違いをしている（誤って信じている）．その理解を問うのが課題のねらいである．

多くの研究によって，3～4歳児は「主人公はYを探す」というように実際にOがあるほうを答え，4歳以降で他者の誤信念を正しく理解できるようになることが示されている．そして，この課題に正答するためには，自他それぞれが信じて表象している内容が異なることを理解する必要があり，表象を表象として理解する，メタ表象能力が発達する必要があると考えられている（Perner, 1991）．

また，「心の理論」研究ブームを生みだしたもう一つの契機は，バロン-コーエンら（Baron-Cohen et al., 1985）が自閉症児に誤信念課題を実施し，その通過率がきわめて低いことを明らかにしたことである．これ以後，自閉症の中核的な障害として「心の理論」の欠如が指摘されるようになり，「心の理論」研究に期待が寄せられるようになった．

1990年代以降，「心の理論」研究の一つの焦点は，ジョイント・アテンションなど生後9ヵ月頃から1歳すぎにかけて出現する社会的発達との関連に向けられ（Baron-Cohne, 1995 ; Barresi & Moore, 1996 ; Tomasello, 1999），「心の理論」の起源を明らかにすることが目指されている．

また，「心の理論」にかかわる相関研究が多くなってきているのも最近の特徴である．それらは，
　① きょうだいの人数など家族の要因との相関
　② 実行機能（executive function）など他の認知能力や言語能力との相関
　③ 実際の社会的コンピテンスとの相関

を扱った3種類に区分することができ（Slaughter & Repacholi, 2003），それぞれの相関関係に基づいて，「心の理論」の獲得に関する個人差が議論されてきている．

b. 「心の理論」をめぐる論争

「心の理論」に関する研究において，大きく二つの異なったタイプの論争がある．

1) 自他理解は「心の理論」なのか？

そもそも，自他の心的状態を理解することは，「心の理論」という理論ベースの知識を保有することと考えてよいかどうかで見解の相違がある．「心の理論」を推奨する立場（「心の理論説」と総称）は，自己であれ他者であれ，心的状態はともに観察不可能であるために，人の心の性質や働きについて概念的な枠組みが必要であるとする．それに対して，今現在における自分自身の心的状態は直接経験できるものであり，心の理解で問題になるのは，他者の心的状態を自分の場合からシミュレーションすることだとするシミュレーション説がある（Harris, 1992 ; Johnson, 1988）．

心の理論説とシミュレーション説の間ではホットな論争が展開されている（Carruthers & Smith, 1996）が，自己知識（一人称的知識）の明証性と他者理解の可能性に関する議論は，古くよりある哲学上の問題でもある．また，ピアジェは，対人認知にかかわって，他者の視点に立てない状態から脱中心化していくと仮定したのであるが，シミュレーション説はピアジェの発想と軌を一にしているといえる．

さらに，心の理論説は心という特定領域に関する知識を問題にしているのに対して，ピアジェと同じように認知機能一般の発達の枠内において自他理解を位置づけようとする立場もある．ラッセル（Russell, 1992）などは，実行機能という，領域をこえて広く用いられる認知能力の発達プロセスの一環として，誤信念など心的状態の理解を考察している．

ピアジェ理論は発達心理学のあらゆる領域でさまざまな影響を与えており，いまなお重要な問題群を提起している．そのことが，「心の理論」研究といった一つの事例をとってもよくわかる（なお，上記のような見解の相違もあるた

め，心の理解について「メンタライジング（mentalizing）」や「マインドリーディング（mindreading）」と総称される場合がある）．

2）「心の理論」の発達メカニズム

さて，心の理論説をとる陣営は一枚板ではなく，とくに「心の理論」の発達メカニズムに関する理論について，大きく次の三つの立場に分けることができる．

① 生得的モジュール説：人は，進化の中で洗練されてきた「心の理論」モジュールを生得的に備えており，それが成熟ないしは外的な刺激によって作動することで心の理解が進展するという立場（Baron-Cohen, 1995；Leslie, 1994 など）．

② 理論説：子どもは，社会的経験をデータベースにして，心を理解するための理論を自ら構成し，それを適宜修正しているとする立場（Astington, 1993；Perner, 1991 など）．

③ 文化化説：「心の理論」の発達を，他者との社会的相互交渉を通して，文化の中に潜在する，心に関する素朴理論を習得することとしてとらえる立場（Bruner & Feldman, 1993；Nelson, 2001 など）．

ここには，発達心理学ではおなじみの「遺伝か環境か」あるいは「生まれ（nature）か，育ち（nurture）か」をめぐる論争が見え隠れしている．もちろん，今日の発達理論において，極端な生得論や経験論が主張されることはなく，生得的要因と経験的要因の相互作用が想定されるのが一般的である．その中で，両者の相互作用においてどちらに重きを置くのかによって，上記三つの立場には相違があるのである．

生得的モジュール説は，進化心理学的発想でヒトの心の成り立ちをとらえ，長い進化のプロセスを通して，さまざまな適応上の課題に適切にかつ効率的に対処するために，専門特化した処理機構としてモジュールを想定する．こうしたいわば生物学的アプローチによって，ヒトの心は「心の理論」モジュール（Baron-Cohen, 1995），「言語処理」モジュール（Pinker, 1994）など複数の機能ごとの単位からなっていると仮定する向きは強まっている．なかでも，オオニシとベラージョン（Onishi & Baillargeon, 2005）は，期待違反事象パラダイムを用いて，15ヵ月児が他者の誤信念に基づいた行動を予期していることを示

し,「心の理論」モジュールの生得性を後押しする主張をしている.

「白紙状態」で生まれる乳児観は今や否定され,その根拠となる研究事例の一部はすでに述べたとおりである.無から有を生み出すことはできず,なんらかの初期状態としての機構を想定することは合理的な発想である.だが一方で,系統発生的な観点から得られた知見をストレートに個体発達の問題に結びつける際,無前提にあまりに多くのメカニズムを初期段階から想定してしまうというエラーを犯しがちである.事実,「心の理論」の生得的モジュール説をとる論者は,"自己"とか"他者"といった存在を発達早期から前提視した議論を行い,いかに自己といった存在が形成されるのかという問いを立てていない(麻生,2002;木下,1995, 2005, 2008).

理論説は,子どもが自らの経験をある一定の体系性をもった知識へと構成していくプロセスとして,発達を描く立場である.ピアジェの構成主義的な見方と重なる部分もあるが,ピアジェが領域普遍的な発達を仮定したのに対して,獲得される知識の領域固有性を強調する点で異なる.いずれにしても,子ども自身の能動的な構成活動を重視し,そこで描かれる子どもは"小さな科学者"(遠藤,1997)とでもよべるものである.だが,具体的な他者とのやりとりそれ自体を分析の対象にすることが少なく,子どもは"孤独な科学者"として描かれ,自他理解という,およそ生々しいやりとりの実態から遊離してしまう危険性がある.

他方,文化化説では,他者との相互交渉を通して,そこに込められた意味を了解するプロセスを重視している.「心の理論」の個体発達を考えるうえで,決定的に重要な点は,「心とは何か」について素朴理論をもったおとなが子どもを取り囲み,存在することである.とりわけ養育者が子のふるまいを「深読み」することによって,子どもはおとなとのコミュニケーションに参入することになり,そこで「自他理解とは何か」を学ぶことになる.この事実は強調してしすぎることはない.ただ,養育者からの一方向的な働きかけによって,子どもの「心の理論」が形作られるものではないことも確かな事実である.子どもにどのような初期状態が備わっているのか,さらにどのような内的条件が整っているのかという事柄も,やはり考慮する必要がある.

以上のように,上記の三つの立場には一長一短があり,それぞれの間では

数々の論争が続いている状態である．そこで一つには，ある能力が完成体として遺伝的に組み込まれていると考えるのではなく，より初期的なものとして，どのような知覚や行動上のバイアスが個体に備わっているのかをさらに追求することは重要な課題となっている．その際，心のモジュール性に関して，数多くの「生得的モジュール」があらかじめ備わっているのではなく，発達過程の中で特定領域ごとにモジュールが形成されていくという考え方（Karmiloff-Smith, 1992）は，認知発達のみならずその障害に関する理論を再考するうえで有力なものになるであろう（Karmiloff-Smith, 2003）．

さらに二つに，乳児の初期状態に依拠し，あるいは誘発される形で，おとなとの社会的相互作用がいかに成立するのかを分析することも必要である．また三つ目に，一般に他者との相互作用においてはさまざまなディスコミュニケーションが生じるものであるが，そうした事態において子どもが心に関する知識をいかに形成するのかという点も研究課題となろう（木下（2008）は，こうした課題を受けて，自己と心の理解について新たに発達モデルを提起している）．

2.4　認知発達の"溝"を埋めるために

本章で紹介したように，乳児は一定の認知能力を備えているとする，「有能な乳児」が研究的には示されてきた．一方で，幼児期以降の認知発達研究をみると，3歳以上の子どもが対象となり，たいていの場合，3歳児のパフォーマンスが低いという結果になっている．そこで，乳児の有能性を強調する乳児期研究と，3歳から次第に認知能力が発達していくというロジックを展開する幼児期以降の研究の間には，埋めがたい"溝"ができている．方法論的な工夫をしつつ，あるいは，馴化/脱馴化法などの乳児研究の方法が何を測定しているものかを再吟味して，その溝を埋めていくことは認知発達研究の大きな課題となっている（木下，2011a）．

この問題に先鞭をつけたのが，チェンとシーグラー（Chen & Siegler, 2000）である．この研究は，方法論的にもこれまであまり類のない研究事例であるので，最後にシーグラー（Siegler, R. S.）の理論的特徴を述べたうえで紹介しよう．

a. 重なり合う波理論

かつて新ピアジェ派の代表的研究者といわれたシーグラーは，一般的な能力が段階的に発達すると考えるのではなく，課題に対する多様な方略の選択を重視した認知発達理論を提唱している．

シーグラー（Siegler, 1996）は，課題に対する方略はあるものが別のものに置き換わっていくという単純なものではなく，複数の方略が相互に競合しあいながら，その使用頻度は連続的に変化していくと考えている．この過程において，ある方略がよく用いられるようになる一方で，別の方略はしだいに用いられなくなる．その際，新たな方略が出現しても，以前から使われていた方略が一定残存する．そうした方略の使用パターンが重なり合う波にたとえられて，「重なり合う波理論（overlapping wave theory）」とよばれている（図 4.2.3）．

それぞれの方略の変化は，次の五つのコンポーネントからなっていると仮定されている．①新たな方略の獲得，②その方略を新奇な課題にマッピング，③新たに獲得した方略の強化，④方略選択の洗練，⑤新たな方略の効率的実行．こうした一つの方略の変化は連続的でゆるやかなものとして考えられるが，各時期において主たる方略に着目すると質的変化をとらえることができる．また，各方略の使用状況の違いによって，認知発達における個人差も把握することができるとされる．

方略の変化を正確にとらえて，認知発達のプロセスそのものを理解することをねらって，シーグラーらは方法論として微視発生的方法（microgenetic method）を用いている（Siegler, 1995 ; Siegler & Chen, 1998）．

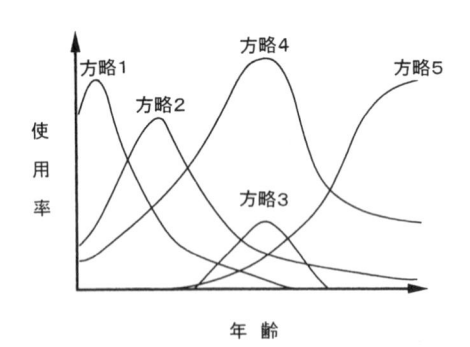

図 4.2.3　重なり合う波理論における方略使用率の概念図（Siegler, 1996）

この方法は，比較的短期間に行動観察や検査をくり返し行い，変化プロセスを直接みていこうとするものである．新たな方略を用いることができる一歩手前にいると思われる子どもが，経験を集中的に重なることで，より洗練された行動を示すようになると考えられ，そのプロセスをリアルタイムで取り出すことが目指されている．

b. 1〜2歳児の問題解決方略

チェンとシーグラー（Chen & Siegler, 2000）は，重なり合う波理論に依拠し，微視発生的方法によって，1歳半から2歳半の子どもの問題解決場面における方略を分析している．

課題は，手の届かないところに置かれたおもちゃを，六つの道具（おもちゃまでの長さがあるか，物をかき寄せるのに適した形状になっているかで異なる）から適切なものを選んで手に入れることである．対象児は1歳児群（平均約21ヵ月）と2歳児群（平均約30ヵ月）に分けられ，さらにそれぞれモデリング条件（適切な道具使用を実験者が見せる），ヒント条件（使うべき道具を指さして，それを使えばよいことを口頭で伝える），統制条件（訓練的介入をしない）に配置された．

課題は，使うべき道具の種類を変えて3セットを用意し，各課題ともに最初に3試行くり返して，モデリングないしヒントの提示をはさんで，さらに2試行を実施した（1課題あたり5試行を3セットで，計15試行を実施することになる）．

この課題に対して子どもが用いた方略は，

① 道具方略（いずれかの道具を使おうとする），② 乗り出し方略（おもちゃのほうに身体を乗り出して，直接取ろうとする），③ 間接方略（そばにいる親に援助を求める），④ 方略なし，に分類できた．実験開始後，まず乗り出し方略が優勢になり，続いて道具方略の使用頻度が多くなった．しかしながら，道具方略が使われるようになっても，乗り出し方略も使われ続けた（図4.2.4）．

こういった変化パターンは，重なり合う波理論から予測されるものと一致している．さらに細かくみていくと，方略の変化はモデリングやヒントの提示に

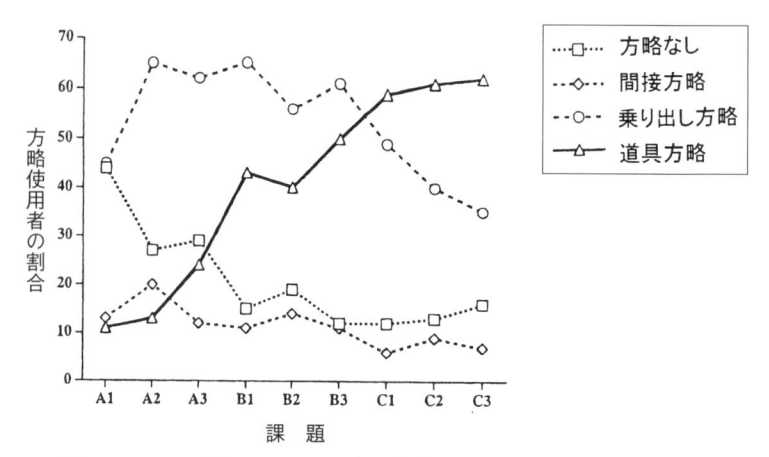

図 4.2.4 1〜2歳児における問題解決方略の使用率 (Chen & Siegler, 2000)
A, B, Cは3種類の課題セットを示し, それぞれ最初の3試行の結果が示してある. A1は1セット目の課題の第1試行. 以下同じ.

よって促進され, その効果の出方には年齢差が認められた.

チェンらは, 方略変化以外にも, 方略変化のコンポーネントや方略使用の個人差など多岐にわたる分析をていねいに行い, 幼児期以降の認知発達研究で妥当性が検証されてきた重なり合う波理論や微視発生的方法が, 1〜2歳児にも適用可能であるとしている. そして, 1〜2歳児も年長児と同様の認知発達プロセスをたどり, 問題解決過程は類似していると考えている. つまり, 1〜2歳児も複数の方略を使って課題にのぞみ, 経験とともに方略選択はより適応的となり, 課題の構造や特徴に従って新奇な課題に方略を適用することができている.

c. 表象発生という古くて新しい問題

チェンらのように, 方略に着目することで, 乳児期と幼児期の連続性をとらえ, そもそも両者の間には"溝"はないと考えるのも一つの方向であろう. だが, 彼らの研究結果において, 無視しがたい相違が1歳児と2歳児の間にある. デーラー (Daehler, 2000) がチェンらの研究に対するコメントで述べているように, 言語によるヒントは2歳児には効果があるものの, 1歳児には有効に作用していない. 2歳児は方略を言語的に解釈し表象できるのに対して, 1

歳児はそれができていない．デーラーは，この相違は，認知や方略使用を成り立たせている表象そのものにかかわる問題に由来していると考えている．そして，表象の発達的変化は，発達心理学を古くから悩ませ，いまだ解決されていない問題の一つであると指摘するのであった．

思えば，表象発生はピアジェとワロン（Wallon, H.）の「論争」（加藤ほか，1996）にみられるように，発達研究における大問題であったが，現在，顧みられることは少ない．だが，表象発生のメカニズムは十分に解明されておらず（加藤，2006），さまざまな研究結果をつき合わせて，上述したような"溝"に出会うにあたって，この問題にどのようなスタンスをとるのかが，新たに問われている．

「有能な乳児」を描く研究は，発達初期からなんらかの表象システムを想定する立場に立っている（「有能な乳児」を支える生得論に対するメタ理論的な批判について，加藤（2011）を参照のこと）．ただ，幼児期以降の認知発達に関する知見とつないだとき，そこにある断絶が生じる可能性があることは先に指摘したとおりである．

一方，ピアジェは発達初期から表象的な内的世界を想定せず，外界に対する主体の行為の自律的展開から認知発達を説明し，その延長線上に表象発生をとらえようとしている（Piaget, 1936）．ワロン（Wallon, 1942）は，このように行為という身体的な働きに着目したピアジェの認知発達論を評価しつつも，外界への働きかけを準備し支える姿勢や，場合によっては外的働きかけに対立する身体的構えを重視して，独自の表象発生論を展開している（加藤，2006）．両者には，身体にかかわる働きを外界に働きかける行為として考えるのか，情動や姿勢といったものも含めるのかという点で根本的な相違があるが，ともに身体性を出発点にして表象的（心的）世界の成立を考察している（表象発生をめぐる論点整理として，木下（2011b）を参照のこと）．

研究事例の蓄積によって，私たちは新たにいくつかの問題に直面している．そこには表象発生のように，古くて新しい問題が含まれている．それゆえに，その問題を解く鍵は，認知発達における身体性の問題をはじめ，荒削りかもしれないが，ピアジェやワロンらが残したアイディアにあるのかもしれない．

〔木下孝司〕

文　献

麻生　武（2002）．「心の理論」の隠れた哲学　渡辺恒夫・村田純一・高橋澪子（編），心理学の哲学　北大路書房　pp.324-338.
Astington, J. W. (1993). *The child's discovery of the mind.* Cambridge, MA: Harvard University Press.（松村暢隆（訳）(1995). 子供はどのように心を発見するか──〈心の理論〉の発達心理学　新曜社）
Baillargeon, R. (1987). Object permanence in 3.5- and 4.5-month-old infants. *Developmental Psychology,* **23**, 655-664.
Baillargeon, R., & DeVos, J. (1991). Object permanence in young infants : Further evidence. *Child development,* **62**, 1227-1246.
Baillargeon, R. Spelke, E. S., & Wasserman, S. (1985). Object permanence in five-month-old infants. *Cognition,* **20**, 191-208.
Baron-Cohen, S. (1995). *Mindblindness : An essay on autism and theory of mind.* Cambridge : The MIT Press.（長野敬・長畑正道・今野義孝（訳）(1997). 自閉症とマインド・ブラインドネス　青土社）
Baron-Cohen, S., Leslie, A. M., & Frith, U. (1985). Does the autistic child have a "theory of mind"? *Cognition,* **21**, 37-46.
Barresi, J., & Moore, C. (1996). Intentional relations and social understanding. *Behavioral and Brain Sciences,* **19**, 107-122.
Bower, T. G. R. (1974). *Development in infancy.* W. H. Freeman & Co.（岡本夏木・野村庄吾・岩田純一・伊藤典子（訳）(1979). 乳児の世界──認識の発生・その科学　ミネルヴァ書房）
Bruner, J., & Feldman, C. (1993). Theories of mind and the problem of autism. In S.Baron-Cohen, H. Tager-Flusberg & D. J. Cohen (Eds), *Understanding other mind : Perspectives from autism.* Oxford : Oxford University Press. pp. 267-291.
Carruthers, P., & Smith, P. K. (Eds.), (1996). *Theories of theories of mind.* Cambridge : Cambridge University Press.
Chen, Z., & Siegler, R. S. (2000). Across the great divide: Bridging the gap between understanding of toddlers' and older children's thinking. *Monographs of the Society for Research in Child Development,* **65** (2).
Csibra, G., Gergely, G., Bíró, S., Koós, O., & Brockbank, M. (1999). Goal attribution without agency cues : The perception of 'pure reason' in infancy. *Cognition,* **72**, 237-267.
Daehler, M. W. (2000). Commentary : A key bridge to understanding the development of thinking and problem solving. *Monographs of the Society for Research in Child Development,* **65** (2), 97-105.
Dennett, D. C. (1978). Beliefs about beliefs. *The Behavioral and Brain Sciences,* **1**, 568-570.
遠藤利彦（1997）．乳幼児期における自己と他者，そして自己──関係性，自他の理解，および心の理論の関連性を探る　心理学評論，**40**, 57-77.
Gelman, R., & Baillargeon, R. (1983). A review of some Piagetian concepts. In Flavell, J. H. & Markman, E. M. (Eds.), *Handbook of child psychology, Vol.III. Cognitive development.* New

York: John Wiley & Sons. pp.167-230.
Gergely, G. (2002). The development of understanding self and agency. In Goswami, U. (Ed.), *Blackwell handbook of childhood cognitive development*. Oxford, UK : Blackwell. pp.26-46.
Gergely, G., & Csibra, G. (1997). Teleological reasoning in infancy : The infant's naive theory of rational action a reply to Premack and Premack. *Cognition*, 63 (2), 227-233.
Gergely, G., Nádasdy, Z., Csibra, G., & Bíró, S. (1995). Taking the intentional stance at 12 months of age. *Cognition*, 56 (2), 165-193.
Gratch, G. (1976). A review of Piagetian infancy research : Object concept development. In Overton, W.F. & Gallagher, J.M. (Eds.), *Knowledge and development : Advances in research and theory.* vol.1. New York : Plenum. pp.59-91
Harris, P. L. (1992). From simulation to folk psychology : The case for development. *Mind & Language*, 7, 120-144.
波多野誼余夫・稲垣佳世子 (1997). 領域と制約──発達認知科学からの示唆 日本児童研究所 (編) 児童心理学の進歩 (1997年度版) 金子書房 pp.221-253.
Hirschfeld, L. A., & Gelman, S. A. (Eds.), (1994). *Mapping the mind : Domain specificity in cognition and culture.* New York: Cambridge University Press.
Hogrefe, G. J., Wimmer, H., & Perner, J. (1986). Ignorance versus false belief : A developmental lag in attribution of epistemic states. *Child Development*, 57, 567-582.
Johnson, C. N. (1988). Theory of mind and the structure of conscious experience. In Astington, J. W., Harris, P. L., & Olson, D. R. (Eds.), *Developing theories of mind*. New York: Cambridge University Press. pp.47-63.
Karmiloff-Smith, A. (1992). *Beyond modularity : A developmental perspective on cognitive science.* Cambridge, MA : MIT Press. (小島康次・小林好和 (監訳) (1997). 人間発達の認知科学──精神のモジュール性を超えて ミネルヴァ書房)
Karmiloff-Smith, A. (2003). What can developmental disorders tell us about the neurocomputational constraints that shape development? : The case of Williams syndrome. *Development and Psychopathology*, 15, 969-990.
加藤義信 (2006). 二十一世紀の認識発達研究とワロン──「ピアジェ×ワロン論争」から学ぶ. 人間と教育, 49, 31-36.
加藤義信 (2011). "有能な乳児" という神話──「小さなおとな」発見型研究から「謎としての子ども」研究へ 木下孝司・加用文男・加藤義信 (編), 子どもの心的世界のゆらぎと発達──表象発達をめぐる不思議 ミネルヴァ書房 pp.1-33.
加藤義信・日下正一・足立自朗・亀谷和史 (1996). ピアジェ×ワロン論争──「発達するとはどういうことか」 ミネルヴァ書房.
木下孝司 (1995). 他者の心, 自分の心──心の理解の始まり 麻生武・内田伸子 (編), 講座生涯発達心理学2 人生の旅立ち 金子書房 pp.163-192.
木下孝司 (2005). "心の理解" 研究の新しいかたち 遠藤利彦 (編) 発達心理学の新しいかたち 誠信書房 pp.161-185.
木下孝司 (2008). 乳幼児期における自己と「心の理解」の発達 ナカニシヤ出版
木下孝司 (2011a). 揺れ動く2歳児の心──自分なりの思いが宿る頃 木下孝司・加用文男・加藤義信 (編), 子どもの心的世界のゆらぎと発達─表象発達をめぐる不思議 ミネルヴァ書房 pp.37-63.

木下孝司（2011b）．子どもの「不思議」から見た「発達の謎」　木下孝司・加用文男・加藤義信（編），子どもの心的世界のゆらぎと発達――表象発達をめぐる不思議　ミネルヴァ書房　pp.197-205.
子安増生（2001）．認知発達の理論――ピアジェ学派　中島義明（編）現代心理学［理論］事典　朝倉書店　pp.428-448.
Leslie, A. M. (1994). ToMM, ToBy, and agency : Core architecture and domain specificy. In Hirschfeld, L. & Gelman, S. (Eds.), *Mapping the mind: Domain specificity in cognition and culture.* New York : Cambridge University Press. pp.119-148.
Nelson, K. (2001). Language and the self: From the "experiencing I" to the "continuing me". In Moore C. & Lemmon, K. (Eds.), *The self in time : Developmental perspectives.* Mahwah, NJ : Lawrence Erlbaum Associates. pp. 15-33.
Onishi, K. H., & Baillargeon, R. (2005). Do 15-month-old infants understand false belief? *Science,* **308,** 255-258.
Perner, P. (1991). *Understanding the representational mind.* Cambridge, MA : MIT Press.
Piaget, J. (1936). *La naissance de l'intelligence chez l'enfant.* Paris: Delachaux et Niestlé.（谷村覚・浜田寿美男（訳）(1978). 知能の誕生　ミネルヴァ書房）
Piaget, J. (1937). *La construction du reel chez l'enfant.* Paris: Delachaux & Niestle. (Cook, M. (trans.) (1954): *The construction of reality in the child.* Basic Books.)
Pinker, S. (1994). *The language instinct : The new science of language and mind.* London : Allen Lane.（椋田直子（訳）(1995). 言語を生み出す本能（上・下）　日本放送出版協会）
Premack, D. (1990). The infant's theory of self-propelled objects. *Cognition,* **36,** 1-16.
Premack, D., & Woodruff, G. (1978). Does the chimpanzee have a theory of mind? *Behavioral and Brain Sciences,* **4,** 515-526.
Russell, J. (1992). The theory theory : So good they named it twice? *Cognitive Development,* **7,** 485-519.
Siegler, R. S. (1995). How does change occur: A microgenetic study of number conservation. *Cognitive Psychology,* **28,** 225-273.
Siegler, R. S. (1996). *Emerging minds : The process of change in children's thinking.* Oxford: Oxford Unversity Press.
Siegler, R. S., & Chen, Z. (1998). Developmental differences in rule learning: A microgenetic analysis. *Cognitive Psychology,* **36,** 273-310.
Slaughter, V., & Repacholi, B. (2003). Introduction : Individual differences in theory of mind : What are we investigating? In Repacholi, B. & Slaughter, V. (Eds.), *Individual differences in theory of mind : Implications for typical and atypical develoment.* New York : Psychology Press. pp.1-12.
Tomasello, M. (1999). *The cultural origins of human cogntion.* Cambridge, MA : Harvard University Press.
Wallon, H. (1942). *De l'acte á la penée : Essai de psychologie comparée.* Paris Flammarion.（滝沢武久（訳）(1962). 認識過程の心理学　大月書店）
Wimmer, H., & Perner, J. (1983). Beliefs about beliefs : Representation and constraining funciton of wrong beliefs in young children's understanding of deception. *Cognition,* **13,** 103-128.

第3章

言語獲得理論の［適用事例］

『現代心理学［理論］事典』IV部3章（岩立, 2001）で取り上げた理論にそった具体的な事例を示す．事例によって言語獲得理論の理解が進むことを期待したい．ただ，すべての理論に関する事例を示すことは紙面の都合で不可能である．そこで，領域ごとに代表的な事例を示した．また，理論によっては適切な事例を示しにくいものもある．その場合には事例の提示を今回は断念した．

3.1 古典的言語獲得理論，文法記述研究理論に関連する事例

ここで取り上げる事例はかなり古いものである．そのために現代的価値はないと思う人がいるかもしれない．しかし，現在の研究そして未来の研究にとって，古典的事例の一部は今でも意味を失ってはいない．

まず，ブラウンらの文法記述研究を紹介する（Brown & Fraser, 1964）．この分野では研究例として，ブレイン（Braine, 1963）の軸文法が取り上げられることが多い．しかし，文法記述研究の本質を理解するには，ブラウンらの研究のほうが適切である．ブラウンらはイブという子どもの発話データから表4.3.1のようなマトリックスを考えた．＋が実際に発話されたものである．

表4.3.1を文法らしく書き直したのが図4.3.1である．図4.3.1では語を四つのグループに分けてそれぞれを C_1, C_2, C_3, C_4 とし，その中の C_2 と C_4 が C_2C_4 の順番で現れることを示したものである．表4.3.1から図4.3.1への移行を理解するには，『現代心理学［理論］事典』IV部3章で紹介した言語の定義・文法の定義・文法記述に関連する二つの公式の理解が役立つ．

表 4.3.1 発話マトリックス (Brown, & Fraser, 1964)

後続語	初頭語								
	A	Daddy	Mummy	's	See	That	The	There	Two
bear		+	+						
bird			+			+	+	+	
block	+								
boat						+		+	
Bobby									+
book	+	+				+	+	+	
bowl						+			
boy					+	+		+	
broken						+			
candle	+								
car						+			
carriage								+	
chair								+	+
cricket	+								
cookie						+			
cow						+			
Daddy				+		+	+		

発話 → $C_2 + C_4$

C_2 → baby, bird, carriage, chair, doggie, dollie, eyebrow, kitty, microphone, Mummy, reel, rocker, something

C_4 → all gone, broken, fall down, tired

図 4.3.1 形式的分布分析による文法 (Brown & Fraser, 1964)

3.2 知覚の方略理論に関連する事例

a. 文法の実在性に関する理論

文法の実在性に関する理論に関する研究として，まず，エプスタイン（Epstein, 1969）の研究を紹介する．

この研究では，その前提となるサヴィンらの研究（Savin & Perchonock, 1965）を追試するために，被験者にいろいろな種類の文を提示しておぼえてもらった．次に八つの単語を提示して，それらもおぼえてもらった．そして最後に，文と単語を順に思い出してもらった．文はそのままの形で，単語はできるだけ多く思い出す必要がある．すると，文と一緒に思い出すことができる単語の数に，文型によって違いがあった．たとえば，基本文で再生された単語数の平均は 5.27，受動文で再生された単語数の平均は 4.55，受動否定文で再生された単語数の平均は 3.48 だった．

この結果は，文法操作の数が多い文ほど一緒に思い出すことができる単語の数が少ないことを示す．たとえば，受動文は基本文に受動操作（受動変形）を加えることで生じる（生成する）．この結果は，操作を多く必要とする文は，それだけ文特徴を多くもっているので，操作をあまり必要としない文に比べて記憶空間内に大きな空間を必要とするため，語のための残存記憶空間が少ないと解釈された．文法の実在性の証拠といえる．

この結果に対してエプスタインは追加で反論実験を実施した．サヴィンらと同じように，最初に文を提示しそれから単語を与える前述の追試実験と同時に，最初に単語を与えてから文を提示する実験を実施した．後者では，作業メモリーに単語を詰め込んでおいて，後からきた文が既存の単語を押し出すことになる．手順は違うが，思い出す前の状態は同じなので，結果が同じと仮定されたが結果は違っていた．基本文での平均単語数が 5.06，受動文では 4.92，受動否定文では 5.89 だった．このままでは文法の実在性の主張に矛盾する．

b. ベーバーの語順方略実験

『現代心理学［理論］事典』Ⅳ部 3 章（岩立, 2001）で説明したとおり，文

法の実在性理論の矛盾を避けるために，ベーバー（Bever, 1970）は四つの方略（方略A, 方略B, 方略C, 方略D）を提案した．ここでは方略D（語順方略）と日本語の言語発達で重要になる助詞方略（たとえば，格助詞ガや格助詞ヲによって文を理解する）の事例を紹介する．

ベーバー（Bever, 1970）の語順方略の実験では，(1)の入替え可能な能動文と(2)の入替え可能な受動文を与えてその文の理解が検討された．入替え可能とは，主語と目的語を交換しても意味が通じることを意味する．

(1)　The alligator chases the tiger.（ワニがトラを追いかける．）
(2)　The tiger is chased by the alligator.（トラがワニに追いかけられる．）

実験の結果，一部不整合な部分もあるが，3歳後半から4歳中頃までに，(2)よりも(1)で，正答率が高くなっていた．また，(2)の文では「トラがワニを追いかける」と取り違えて理解する傾向が見られた．この結果は，4歳前後に「名詞−動詞−名詞」を「動作主−行為−対象」と解釈する語順方略が顕著になるためと解釈された．日本語児でも語順方略を使う時期がある．

日本語児に関してもいくつかの実験がある．たとえば岩立（1994）は，1名詞句文（例：サルがたたく）と2名詞句文（例：サルがウサギをたたく）が使って実験をした．1名詞句文の実験では図4.3.2の図版が子どもに提示され，「サルがたたく，ってどっちかな？」とたずねられた．どちらかの絵をさすとすれば，偶然正答率は50％となるので，正答率が50％よりかなり上昇すれば正しく文を理解していることになる．

2名詞句文の実験では，木製の動物が四つ提示された後，「イヌがライオンをたたく，ってどうやるのかな？」とたずねられて，提示された文の意味を動

図4.3.2　知覚方略実験の図版（たたく）（岩立，1994）

作によって表現することが要求された．実験の結果，語順方略は3歳半から4歳にかけてはじまり，格助詞（「〜が」や「〜を」）を手がかりとしての反応は少し遅れて4歳前後からはじまると仮定された．格助詞を間違いなく使えるのは一般に予想されるより遅い．また，知覚の方略は言語発話に障害のあるとされるブローカ失語患者でも使われる（岩立，2005）．

3.3 現代の言語獲得理論―生得的生成文法理論に関する事例―

生得的生成文法理論に関する事例は多様である．ここでは，「空主語(くうしゅご)パラメータ」に関する事例と「言語の生物プログラム仮説（Language Bioprogram hypothesis）」に関する事例を紹介する．言語の生物プログラム仮説は理論事典では紹介しなかった理論であるが，現代的な意味があるのでピジン・クレオール研究と関連させながらとくに取り上げる．

『現代心理学［理論］事典』の空主語パラメータの項でも述べたように，自然言語には日本語のように時制文で主語が省略可能な言語と英語のように主語の省略が不可能な言語がある（Hyams, 1986）．主語が省略不可能な言語では，そのために形式的な主語を使う（たとえば，"It is cold out side."のit）．

ところが主語の省略が不可能な言語を獲得する子ども達が最初から主語をともなった文を話すわけではない．たとえば，"Play it."や"Outside cold."のような文を最初は使う．しかし，後の年齢段階で，子どもたちは必ず主語が必要ということに気づくことになる．この気づきがいつになるか，また個人差や言語差があるのか，主語の省略を認める言語の学習する子どもでは間違って主語をつけてしまうようなことはないのか，今後の研究が明らかにしていくだろう．

ビッカートン（Bickerton, 1981）はハワイへの移民とその子孫の言語を研究した．移民した世代が使うのがピジン（pidgins）である．(3)は移住初期の発話例，(4)は日本から移住して長期滞在後の発話例である．

　　(3)　<u>sore kara</u> keck <u>shite</u> <u>kara</u> pul ap.（and then catch do then pull up）

　　(4)　da pua pipl awl poteito it.（the poor people all potato eat.）

下線部は日本語がそのまま使われている部分で，（ ）内に逐語的に対応する英単語を示した．これらの文にはいくつかの特徴がある．たとえば，日本語

単語と英語単語が混在し，また動詞が最後に置かれる．

ビッカートンは日本語由来のピジンには次の特徴があると述べている．①基本的構成物（時制・相・法の一貫した標識）の多くが全面的あるいは部分的に欠ける．たとえば，関係詞節，埋め込み構文，冠詞（とくに不定冠詞）が抜ける．②文は接続詞なしに，名詞と動詞が並列される．

このような特徴をもつピジン言語を聞きながら育った子孫（子どもたち，あるいはもっと後の世代）は，ある時期からクレオール（creoles）とよばれる言語を使うようになる．日本語由来のクレオールの例を（5）に示す．

(5) Aefta da boi, da wan wen jink daet milk. (afterward the boy, the one when drink that milk.)

日本語由来のクレオールには，①基本的語順はSVOである，②目的語あるいは述部を文頭に移動させる規則をもっている，③助動詞が使われる，などの特徴がある．

ピジンからクレオールへの移行はとても不思議で，「理論事典」で述べた刺激の貧困の問題を解決する必要がある．ビッカートン（Bickerton, 1984）は「言語の生物プログラム仮説（language bioprogram hypothesis）」で説明を試みている．

この仮説では，ヒトがある言語を獲得する際に，その言語の言語刺激が不十分な状況では，ヒトは生物学的に利用可能な生得的な文法（innate grammar）をもつ，と考える．移民の子どもたちの言語環境が「言語刺激の不十分な状況」にあたり，そこから生じるクレオールが生得的な文法の結果と考えるのだ．

3.4 生得的生成文法理論に属さない言語獲得理論の事例

この領域での理論は「心理学的言語発達理論」とよばれている．しかし，そこで取り上げられる理論は多様で，その理論に関係する事例も多様である．その中から，理論の実態を理解するのに役立つものを選んで示す．

a. BRS理論とバイアス理論に関する事例
1) CDSとBRS理論

『現代心理学［理論］事典』IV部3章（岩立，2001）で説明したように，乳幼児に話しかけるとき私たち大人は，マザリーズ（motherese），あるいは現代的な言い方ではCDS（child-directed speech，子どもに向けられた話し言葉）を使う．ファーナード（Fernald, 1992）によれば，CDSの音律的な特徴は，それを聴く子どもに多くの影響を与える．たとえば，音律的特徴のおかげで，子どもは言葉を理解できない段階でも親の感情（たとえば，受容的か否定的か）を理解することができる．また，話せる段階に入ると，音律は文章の内容や文構造を理解する際の助けになる．

たとえば，親は強調したい語を誇張したピッチで表現し，子どもの注意を喚起する．図4.3.3は，いくつかの言語で母親と父親が子どもや大人に対してどのようなピッチで話しかけているかを示している．図4.3.3は，子どもや大人に対して話しかけるときの基本周波数（各時点での周波数特性を集約したもの）を求め，それを各言語の話し手全体でまとめたものである．各棒の中の横線は平均で，棒の長さは個人差を意味する．図4.3.3をみると，言語によって多少の違いはあるが，母親と父親の両方とも，子どもに話しかけるときは大人に話しかけるときよりもピッチが上がる．

『現代心理学［理論］事典』IV部3章で説明したBRS理論（biologically relevant signals theory, 生物学的適切信号説）によれば，CDSの特徴は，子ど

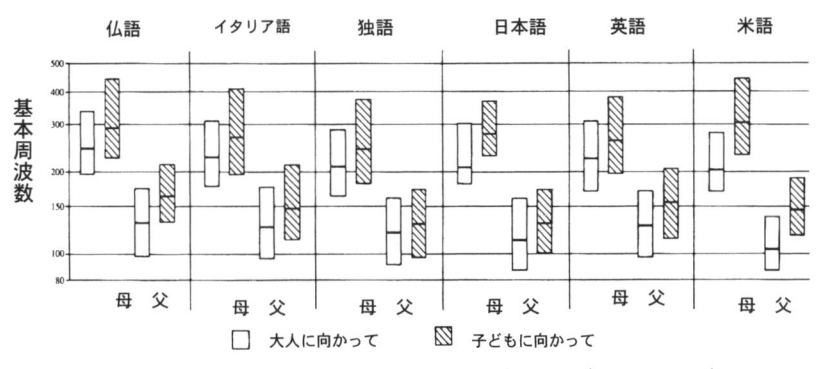

図 4.3.3 子どもへの話しかけと大人への話しかけ（Fernald, 1992）

も側のバイアスをもった反応（バイアス理論）によって生かされる．バイアス理論とは，乳幼児は他の刺激に比べて言語刺激に偏った（バイアスをもった）感受性をもっている，とする理論だ．

2) バイアス理論

バイアス理論の事例として一番わかりやすいものは，ワーカー（Werker & Mcleod, 1989）の研究である．18～30週齢児を対象にしたこの研究では，子どもの前にビデオ・モニターを置いて，二つの映像を左右並べて提示した．たとえば，大人へ話しかける場面を録画したものと子どもに話しかける場面を録画したもの（CDSの特徴をもっている）を同時に提示した．そして，このとき，モニターの上にある覗き穴から観察者が被験児の視線を観察して，赤ちゃんがどっちを見ているか調べた．もし，どちらかの映像をもう一つの映像に比べて長い時間見るということがわかれば，赤ちゃんは，二つの映像を違ったものと理解していること，しかも片方に特別の興味をもっていること（バイアスがあること）が証明されたことになる．

図 4.3.4 は実験の結果である．話し手が女性の場合も男性の場合も，大人に向けられた話し方よりも子どもに向けられた話し方に乳児は視線を向ける．また，子どもに向けられた話し方の場合，男性よりも女性のほうが注目される．ただ一つお断りすると，この実験で使われた映像は，実際に母親や父親が大人や子どもに話しかけたものではない．訓練された男女の俳優が，決まったテキストを使って子どもと大人に話しかけた場面を演じて録画したものである．

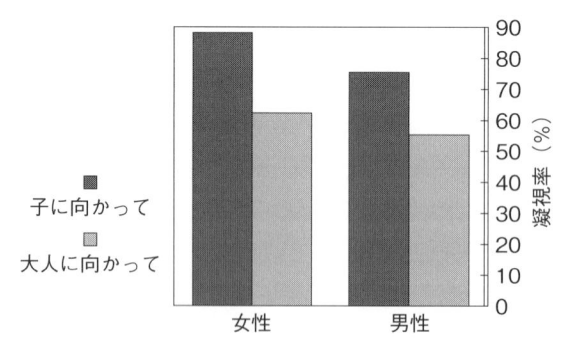

図 4.3.4 「子に向かった話し方」と「大人に向かった話し方」の魅力度
（Werker & Mcleod, 1989）

第 3 章　言語獲得理論の［適用事例］　　　*301*

　ワーカーらの研究に似たものに，クラーク（Clark, 1973）の研究事例がある．この研究では，1 歳半頃の子どもの前に小さな箱とネズミのぬいぐるみを置いた．そして次の（6）（7）の文を与えて，子どもにその文にあった動作をしてもらった．

　　（6）　Put the mouse in the box.（ネズミを箱の中に置いて）
　　（7）　Put the mouse on the box.（ネズミを箱の上に置いて）

　すると，どちらの場合でもネズミを箱の中に入れる傾向があった．前置詞を無視しているのか，それとも前置詞は意識しているがその意味をまだ十分理解していないのか，などこの結果だけでは解釈は多様である．しかし，子どもは偏った反応をしているのは確かである．

　その他，乳児期の音素弁別を扱ったアイマスら（Eimas et al., 1971）の研究も，バイアス理論の事例に含めることができる．この研究では有声子音 b と無声子音 p の弁別が 4～6 ヵ月児でも可能かを調べた．実験ではシンセサイザーを使って VOT（voice onset time，音声開始時間）値を変化させて音を作った．

　VOT 値とは，子音要素の後どの位遅れて有声要素を聞かせるかの値である．たとえば +20 では子音要素の後 20 ミリ秒遅らせて有声要素を聞かせる．大人の実験では +20（たとえば，b と聞こえる）と +40（たとえば，p と聞こえる）の間に境目があるといわれている．

　実験の結果，4 ヵ月児でも，b（VOT 値 = +20）と p（VOT 値 = +40）の間では音の区別をしていたが，同じ時間差である p（VOT 値 = +60）と p（VOT 値 = +80）の間では音の区別をしていなかった．すなわち，生後 4 ヵ月頃の乳児は，人間の言語知覚に有利な形で，特定の VOT 値に対して偏った敏感さを備えていることになる．

　バイアス理論の事例となるワーカー，クラーク，アイマスの研究は，理論事典で説明した RR 理論の事例ともなる．これらの研究は，カミロフ-スミス（Kamiloff-Smith, 1992）の主張する，発達初期の領域固有の発達過程を示す事例といえるからだ．

b. 臨界期説の事例

『現代心理学［理論］事典』IV 部 3 章で述べた臨界期説の事例として，古典的なレネバーグ（Lenneberg, 1967）の研究を表 4.3.2 に紹介する．表 4.3.2 はそれまでに紹介された子どもの失語症の事例をまとめたものである．

表 4.3.2 から 11 歳前後に回復可能性の有無で一つの線が引けることがわかる．その線以前の場合には回復する可能性がある（可塑性がある）のに対して，その後の場合には回復が困難なことがわかる．

その後，この研究に触発されて多数の研究が実施された．たとえば，『現代心理学［理論］事典』で述べたニューポート（Newport, 1991）の ASL（American Sign Language）を使った第 2 言語獲得に関する研究である．その他，ベイツ達は発達初期に局部脳損傷を受けた 53 名の幼児を，生後 10 ヵ月〜 44 ヵ月の間，縦断的調査を実施して次の点を明らかにした（Bates et al., 2001 ; Stiles et al., 1998）．

① 言語理解とシンボリックな身振りの使用の遅れは，右半球損傷の子どものほうが大きい
② 表出言語での遅れは損傷が左側頭葉に及ぶほうが起りやすく，この影響は 5 歳頃まで続くが，それ以降は左右差はなくなる

表 4.3.2　失語症状の回復（Lenneberg, 1967）

発症年齢	発症後の病状		
	3 ヵ月	1 年	2 年以上
7	あり	回復	回復
8	あり	回復	回復
8	あり	あり	回復
9	あり	あり	あり
10	あり	回復	回復
11	あり	回復	回復
12	あり	あり	あり
13	あり	あり？	あり？
14	あり	あり	あり

③ 前頭葉損傷の影響は左右にかかわらずみられる．

臨界期に関連して，最近は言語発達と脳の発達の関連を扱った研究が増えてきている．たとえば，キムら（Kim et al., 1997）の研究によれば，初期の段階から二つの言語を同時に獲得していったバイリンガル（二言語併用者）の場合には，言語発話の中枢であるブローカ領域が使われる場合，二つの言語で共通部分が使われるのに対して，二言語の獲得時期がずれるバイリンガルでは使われるブローカ領域の部分が違っていた．

c. 社会認知理論の事例

『現代心理学［理論］事典』執筆以降の理論的発展の中で，最も大きな特徴は，社会認知理論の台頭である．最後にこの新しい理論について概説し，その事例を紹介する（岩立，2005）．

社会認知理論（social cognition theory）とは，人間的環境（社会）と認知との関係を重視する考え方で，「社会←認知」の方向性と「社会→認知」の方向性の二つがある．言語発達研究での社会認知理論は，後者（社会→認知）を重視する．

社会認知理論の代表的な研究者は，トマセロ（Tomasello, M.）である．トマセロ（Tomasello, 2003）は自分の理論を「使用に準拠した言語獲得理論（a usage-based theory of language acquisition）」とよんでいる．

トマセロの社会認知理論を理解するために，彼の動詞発達の研究とそのとき出された「動詞‐島仮説」（verb island hypothesis）について理解する必要がある（Tomasello, 1992）．動詞‐島仮説は，動詞獲得の初期相で大人の文法ではひとくくりにされる動詞群（たとえば，他動詞）が，離れ小島のように独立して使用される，という主張である．

もう少し詳しくいえば，2歳前後のある時期には各動詞は独自の項構造をもつと想定されている．たとえば，「蹴る」という動詞は，「蹴る人」「蹴る対象」という名詞句（これを項とよぶ）を付加して，「子どもが石を蹴った」という表現が可能である．しかし，ある子どもは「動作者＋動詞」（たとえば，「子どもがけった」）と言っても，「対象＋動詞」（たとえば，「石をけった」）と言わない．2歳台の1人の日本語児の実際の例を表4.3.3に示す．大人から見てか

なり変則的なことがわかる．どうしてこのようなことが起こるのか？

トマセロらは，このような現象を説明するために，人工的な動詞を複数作成し，それを一定の項構造で子どもたちに例示する一連の実験をした（Olguin & Tomasello, 1993）．

動作者が例示される動詞の場合，「動作者＋動詞」や「動作者＋動詞＋被動作者」の文型で話しかけた．たとえば cham という動詞の場合，

(8) See that? Earnie's chamming!（あれ見て，アーニーがチャムしてる）

というふうにである．すると，自発発話では「動作者＋動詞」の語順にそった表現が多く出た．それに対して，動作者の例示がない動詞の場合には，「動詞のみ」や「動詞＋被動作者」の文型で話しかけた．たとえば，

(9) Oh look! Goffing!（あ，見て，ゴーフしてる）

というふうにである．すると，動作者を正しい語順で使うことが少なくなった．英語で通常使わない「動詞＋動作者」や「被動作者＋動詞＋動作者」という語順も生じた．このような一見間違った語順は，トマセロが調査した女児の自然発話でも生じていた．

その後も，トマセロらは同じような実験をくり返し，同じような結果を得ている．この種の実験は，短期間のもので，人工的な状況でのものである．したがって実際とは違っているかもしれない．しかし，これらの結果は，社会的環境（言語環境）によって言語発達が変化することを示唆する．

その他，トマセロ（Tomasello, 1999）は，語をおぼえるとき子どもは人の視線を利用することを明らかにした．図 4.3.5 のように，大人が対象を見て「飛行機」と言った場合，11〜14ヵ月になった子どもは大人の視線の行方を追っ

表 4.3.3　ある日本語児の初期の動詞発達（岩立，1994）

・ジロー　リンゴ　食べる．	○
・ジロー　リンゴ　描く．	×
・ジロー　リンゴ　食べる．	○
・リンゴ　ジロー　食べる．	×
・ジロー　食べる　リンゴ．	×

○　実際に生じた文型　　×生じなかった文型

対象

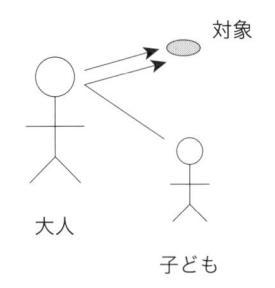

大人

子ども

図 4.3.5 大人の視線に合わせて対象を見る子ども（Tamasello, 1999）

て飛行機を発見し，それが飛行機であることをおぼえる．大人がどんなことに関心があるかを視線から読み取って，語をおぼえるわけだ．人の心を読んで，その知識を使って言語を発達させることは人間の幼児の重要な特徴である．社会認知理論はこのメカニズムを重視している． 〔岩立志津夫〕

文　　献

Bates, E. & Roe, K.（2001）. Language development in children with unilateral brain injury. In Nelson, C. A. & Luciana, M.（Eds.）, *Handbook of developmental cognitive neuroscience*. The MIT Press. pp.281-307.

Bever, T. G.（1970）. Cognitive basis for linguistic structures. In Hayes, J. R.（Ed.）, *Cognition and the development of language*. John Wiley & Sons. pp.279-352.

Bickerton, D.（1981）. *Roots of language*, Ann Arbor: Karoma.（筧寿雄・西光義弘・和井田紀子（訳）（1985）. 言語のルーツ　大修館書店）

Bickerton, D.（1984）. The language bioprogram hypothesis. *Behavioral and Brain Sciences*, **7**, 173-221.

Braine, M. D. S.（1963）. The ontogeny of English phrase structure : The first phase. *Language*, **39**, 1-13.

Brown, R. & Fraser, C.（1964）. The acquisition of syntax. In Bellugi, U. & Brown R.（Eds.）, The acquisition of language. Monographs of the Society for Research in *Child Development*, **29**（1）, 43-79.

Clark, E. V.（1973）. Non-linguistic strategies and the acquisition of word meaning. *Cognition*, **2**, 161-182.

Eimas, P. D. et al.（1971）. Speech perception in infants. *Science*, **171**, 303-306.

Epstein, W.（1969）. Recall of word lists following learning of sentences and of anomalous and random strings. *Journal of Verbal learning and Verbal Behavior*, **8**, 20-25.

Fernald, A.（1992）. Human maternal vocalizations to infants as biologically relevant signals : An evolutionary perspective. In Barkow, J. H., Cosmides, L., & Tooby, J.（Eds.）, *The adapted*

mind: Evolutionary psychology and the generation of culture. Oxford University Press. pp.391
  –428.
Hyams, N. (1986). Language acquisition and the theory of parameters. D. Reidel
岩立志津夫 (1994). 幼児言語における語順の心理学的研究　風間書房
岩立志津夫 (2001). 言語獲得の理論　中島義明（編）現代心理学［理論］事典　朝倉書店
  pp.449-467
岩立志津夫 (2005). 古典的言語発達研究――「派生の複雑度の理論」と「知覚の方略」　岩
  立志津夫・小椋たみ子（編）よくわかる言語発達　ミネルヴァ書房　pp.84-87.
岩立志津夫 (2005). 言語発達の理論5　社会認知理論　岩立志津夫・小椋たみ子（編）よく
  わかる言語発達　ミネルヴァ書房　pp.20-21.
Kamiloff-Smith, A. (1992). *Beyond modularity : A developmental perspective on cognitive science.*
  The MIT Press.
Kim, K. H. S., Relkin, N. R., Lee, K., & Hirsch, J. (1997). Distinct cortical areas associated with
  native and second languages. *Nature*, **388**/10, 171-174
Lenneberg, E. (1967). *Biological foundation of language.* John Wiley & Sons.
Newport, E. L. (1991). Contrasting conceptions of the critical period for language. In Carey, S.
  & Gelman, R. (Eds.), *The epigenesis of mind: Essay on biology and cognition.* Lawrence
  Erlbaum Associates. pp.111-130.
Olguin, R., & Tomasello, M. (1993). Twenty-five-month-old children do not have a grammatical
  category of verb. *Cognitive Development*, **8**, 245-272.
Savin, H. B., & Perchonock, E. (1965). Grammatical structure and immediate recall of English
  sentences. *Journal of Verbal Learning and Verbal Behavior*, **4**, 348-353.
Stiles, J. E., Bates, E., Thal, D., Trauner, D., & Relly, J. (1998). Linguistic, cognitive and
  affective development in children with pre- and perinatal focal brain injury: A ten-year
  overview from San Diego Longitudinal Project. In Rovee-Collier, C, Lipsitt, L. & Hayne
  H. (Eds.), *Advances in infancy research.* N. J. : Ablex. pp.131-163.
Tomasello, M. (2003). *Constructing a language : A usage-based theory of language acquisition.*
  Harvard University Press.
Tomasello, M. (1992). *First verbs: A case study in early grammatical development.* Cambridge
  University Press.
Tomasello, M. (1999). *The cultural origins of human cognition.* Harvard University Press.
Werker. J. E., & Mcleod. P. J. (1989). Infant preference for both male and female infant-directed
  talk : A developmental study of attentional and affective responsiveness. *Canadian Journal of
  Psychology*, **43**, 230-246.

V

臨床的理論の［適用事例］

第1章

カウンセリング理論の［適用事例］
—— 一つの統合的アプローチ ——

1.1 は じ め に

　カウンセリングや心理療法のアプローチは，周知のごとく，これまで数多く開発されてきた．『現代心理学［理論］事典』Ⅵ部第2章「カウンセリングの理論」（倉光, 2001）では，それらのなかで，C. ロジャース，A. エリス，そして私のアプローチを取り上げ，それぞれの理論と問題点について略述した．ここでは，私のアプローチについて，（理論を適用したというよりも）その考え方によって説明できるような模擬事例を提示したい．

　私はこれまで自分のアプローチの呼称を変化させてきた．『現代心理学［理論］事典』が出た頃に用いていた「基礎統合的心理療法」という名は，このアプローチが他の多くのアプローチの基礎的部分を統合していることを強調するために使った．しかし，このアプローチの第1のエッセンスは，いわゆる「心の病」の症状や問題行動と関連する「心の傷」，すなわち，愛情欲求や優越欲求などの基本的欲求が傷つくイメージ（回想・予想・空想）をより深くより的確に理解しようと努めることなので，かつて私はそれを「理解療法」と呼んでいた．カウンセラー（セラピスト）は，こうした基本的欲求を代理的・代償的にある程度満たす役割をとることも多いが，たいていのケースでは，傷ついた欲求を完全に満足させることはできない．

　私のアプローチの第2のエッセンスは，そうした理解に基づいて，たとえ，心が傷ついていても，クライエント個人の価値観に照らしてこれからなすべき

と思われること（個人的当為）をともに探求し，その実行に対してポジティブ・フィードバックすることである．最近，私はこのアプローチを「個人的当為を探求するアプローチ」ともよんでいる．個人的当為の実行は，倫理的欲求や創造欲求などの高次欲求を満たし，基本的欲求の傷つきから派生する症状や問題行動の克服につながると考えられる．

心が傷つくイメージや個人的当為は，クライエント一人ひとり，またそのときどきで微妙に異なっており，カウンセラーは言語だけでなく，表情や動作，絵画や箱庭，遅刻やキャンセルなどさまざまな媒体を通して，それらを精緻に捉える努力をたゆみなく続けねばならない．

以下の事例は，このようなアプローチを不登校の子どもとその母親に対して試みた場合の経過を，これまでの臨床経験を踏まえて創作したものである．

1.2　事　　　例

クライエント：純一（仮名）　来談時10歳　小学校5年生
主訴：不登校
家族：母親（37歳）．パート社員
　　　　父親（45歳）．会社員
問題歴・生活史：出産は正常．乳児期からアトピー性皮膚炎に悩まされる．小学校4年の6月，皮膚炎が悪化して，周囲の子どもたちから嘲笑される．また，ランドセルの中身をひっくり返されたり，ノートに「お化け」と落書きされたり，通りすがりに「死ね」と吐き捨てるように言われたりして，深く傷つく．成績は上位だが，体育が苦手．いじめられたことについては，報復を恐れて，教師や母親には言わなかった．しかし，「気分が悪い」などという理由で，4年生時は五月雨的に欠席している．

5年生の5月の連休明けに，登校時に腹痛を訴えて不登校がはじまる．医者に診てもらうが異常なし．腹痛が収まっても登校しない．母親が「学校で嫌なことでもあるの」と聞いても「別に」と言うのみ．7月になって，ようやく，4年生のときにいじめられたこと，さらに，そのときの加害者が同じクラスにいることを母親に打ち明けた．母親は担任にそのことを告げて善処できないか

問い合わせたが，担任は，「このクラスではいじめはありません」と言うのみ．夏休みを経て，9月になっても登校しないので，母親が地域の大学の心理教育相談室に子どもを連れていく．

1.3 面接過程

初回（X年9月15日）

はじめに室長が純一君と母親の同席面接をする．純一君のセラピスト，母親のカウンセラーも陪席している．2人は大学院生である．室長は，これまでの経過を母親から簡単に聞き，純一君に「今のお母さんの話で，ちょっと違うと思うということがありますか？」と尋ねる．純一君が首を横に振るので，「じゃあ，純一君は〇〇先生とプレイルームに，お母さんは〇〇先生とカウンセリングルームに行ってくれますか」と促す．

（以下，クライエントの言葉は「　」内に，セラピストやカウンセラーの言葉は〈　〉内に記す）

【純一】

プレイルームに入って，セラピストが〈お母さんは，ここの相談室についてどんなふうに説明したのかな〉と聞くと，「学校に行けないんだったら，〇〇大学の相談室に行こうって」と答える．〈そうか．こういうところには来たくないと言う子もいるんだけど，A君はどうかな〉と聞くと，黙っている．そこで，〈喜んで来たわけじゃないよね．でもよく来たね〉と言うと，少しほほえむ．

〈ここでは困っていることや，つらかったことについて話してもいいし，ゲームをしたり，絵を描いたり，あそこにある箱庭を作ったりしてもいいんだよ〉と言うと，箱庭のほうを見る．セラピストはそばに行って，砂に触り底の青い部分を少し見せて，また砂を元通りに平らに戻し，〈ここにあるミニチュアをこの箱の中に自由に置くんだけど，やってみる？　水を使って砂を固めてもいいよ〉と言うと，しばらく見ているが，動こうとしない．しばらくして，棚のほうを見て「将棋はある？」と聞く．〈あるよ．やってみる？〉と聞くと頷くので，取り出してはじめる．

やりはじめると，結構強い．セラピストの完敗である．〈強いなあ〉と言うと，まんざらでもない様子．しかし，「友達はもっと強いよ」と言う．

【母親】

カウンセラーが〈さきほどは，お子さんの前では言われなかったけれども，いま，私が聞いておいたほうがよいことはありますか〉と尋ねると，「実は，夫との関係がよくなくて」と話しはじめる．「家庭内離婚と言ってもよいくらいなんです」．しかし，そう言ってしばらく黙っているので，カウンセラーが〈もしかして，それ以上話しにくいということであれば，秘密になさってもいいのですが，ご両親の関係がお子さんの不登校に影響しているように思われるのでしょうか〉と聞くと，「ええ，不登校の原因は，学校か子どもか親かどれかでしょう」と言われる．〈そんなに簡単に区分できるケースはまずありません．たしかに両親が不仲で家庭でくつろげず，学校に行くどころではないというケースもありますが，家庭がごたごたしていても登校を続けている子も多い．なかには，家にいるよりは学校に行くほうがましだという子もいます．それに，純一君の場合は，学校でのいじめがきっかけで不登校になっている可能性も高い．けれども，ひどいいじめに耐えて学校に行っている子もいる．おそらく，不登校の原因といっても，さまざまな要因が複雑に絡まって生じてくるので，一人一人事情が違う．いずれにしても，原因を特定して，それを機械の部品のように交換することはできないんです．だから，「悪者探し」をするよりも，それぞれの立場で実行できる「よいこと探し」をするほうがうまくいくと思います〉「そうですか．では，私は私の立場でできることを」〈そう，そう思います〉「でも，先生…何をしたらよいか」〈ともかく，まず，現状を確認しましょう．この一週間は，お母さんと純一君の間で起こったやりとりをできるだけそのままメモしてきてくださいませんか．それに基づいて，こういう状況になったときにはどうしたらいいか一緒に考えましょう〉「そうですね．そうします」〈でも，メモをとるといっても実際はなかなか難しいので，できなければ，次回は覚えておられることだけでもいいし，想像してみるだけでもかまいません〉「わかりました．では，よろしくお願いします」〈こちらこそ，よろしくお願いします〉

第2回（9月22日）
【純一】

開口一番,「今日は箱庭をやる」と言う.〈そうか,やってみる?〉「うん」.
砂箱の前で深呼吸をして,黙々と作りはじめる.向かって左端に置かれた学校の前で,二手に分かれた軍隊が戦っている.学校の隣には病院が建っている.その向こうには森があって羊と馬がいる.（写真では見にくいが）恐竜が顔をのぞかせている.箱庭の右手奥には山をつくる.学校のある左手の地域と右手の山の間には川が流れており,赤い橋が架けられる.橋を渡ったところに鳥居を置き,山頂に観音像を置く.川の両側にはビー玉が置かれ,川は手前の海に注いでいる.海にはヨットが浮かんでいる.浜辺では,若者が頭をかかえてうずくまっている.その後ろに,子犬が1匹いる.最後に,海に大きな波を置く.

しばらくして,「これでいい」と言う.セラピストは我に返ったような感じで,「そうか」と言い,時計をみると,終了のちょうど5分前である.〈作ってみてどうだった?〉「おもしろかった」〈こんなアイテムがあるといいのにと思ったことはない?〉「鳥が空を飛んでいるところが作りたかった」〈そうか,じ

図 5.1.1

ゃあ，この世界に一羽の鳥が飛んでいるところを想像するね〉「うん」「後で写真を撮って片付けるから，このままにしてくれる？」と言うとうなずく．

　箱庭療法では，一般に（とりわけ，クライエントが子どもの場合は），セラピストは自分の「解釈」をクライエントに伝えない．それは，セラピストの推測が後のクライエントの内界表現にバイアスを与えることを恐れるからである．しかし，もちろん，セラピストはクライエントの作品の制作過程に寄り添いながら，そのイメージが示唆することを推測している．すなわち，クライエントの世界に入り込んでいくような感じで作品を眺め，とくに，クライエントが感じてきたであろう苦痛について解釈し続けている．たとえば，次のように．

　『…純一君にとって学校は，あるいは，世界の中心は戦場なのだろうか．だとしたら，気が休まることはないだろう．たとえ，平静を装っていても，1人になればぐったりして，どれほど疲れていたのか実感する．この戦場では二つの軍が戦っているけれども，純一君はその一方にいるというより，戦いを眺めておびえているのかもしれない．それに，恐竜も顔を出している．こんな世界にいたら，どんなにか怖いだろう．

　病院は大学の相談室のイメージかもしれない．しかし，本当の癒しは，赤い橋の向こうの聖なる世界につながるときにもたらされるのではないだろうか．観音や鳥は，全体を見守るセラピストのイメージと重なる可能性もある．頭を抱えてうずくまっている若者と沖に向かって進んでいくヨットは，彼の現状と進むべき道を象徴的に表しているように見える．平穏な海は大波となって彼を打ちのめすかもしれない．この時点では，航海がうまくいくかどうかは「神のみぞ知る」である．』

【母親】

　開口一番，「純一は何を聞いても返事してくれません」と言う．「朝は一応間に合う時間に起こすのですが，起きない．『学校へ行かないの』と聞いても黙っている．『今日も行けないんだったら，お母さんが学校に電話しておくね』と言っても同じです．

　それから私は仕事に行きます．昼食は冷蔵庫に入れておくと食べているようだし，夕食は仕事から帰ってから作り，2人で一緒に食べます．塾がある日

は，純一が帰ってくるまで待ちます．夫は作っておいても，たまに食べるくらい．夫は仕事人間で，平日は11時をすぎないと帰ってきません．午前になることのほうが多いくらいです．たいていはお酒を飲んでいるし，浮気をしているような気もするのです．

純一は食事のときに話しかけても何も言わない．食べると，すぐ部屋に入ってしまうので，放っておきます．お風呂には適当に入るので，下着は部屋の前に置いておきます．夜は，2時頃まで起きているようですがよくわかりません．インターネットで遊んでいると思います．

……やっぱり，子どもは学校に行くべきだし，強く『行きなさい』と言うべきでしょうか．あるいはいまのまま，放っておくべきでしょうか．主人は無関心で，いじめには『やられたらやり返せ』の一点張り．『学校に行かなくなったのはおまえが甘すぎるからだ．そのうち自分から行くようになるだろう』と言うのですが．」

〈今の状態だと，「行け」と言っても行かないでしょうね．でも，だからといって放っておけばいいというものでもないと思います．今の対応でよいと思いますが，あえて付け加えるなら，朝，お母さんが出かけるときに，「今日は何か食べたいものはない？」と聞くのはどうでしょう．返事がなければ，「今日はカレーにしようと思うけれど，ほしいものがあったら，メモに書いてね」と言うのもよいかもしれない．願いはみんな叶えられるわけではないけれど，ある程度はかなえたいと思っていることを伝えるのはよいと思います〉

「怠けている子どもにそんな甘いことでよいのでしょうか」〈怠けているといっても，安楽というのでなく，やはり苦しんでいると思います．学校に行かないというより，行けないという感じも強いのではないでしょうか〉「そうですね．そうかもしれません」〈焦る気持ちはどうしても起こってくるでしょうが，ここは少し見守る感じで〉「はい，そうしてみます」

第3回～第10回（10月～12月）

【純一】

その後のセッションでは，純一のプレイセラピーは箱庭と将棋だけでなく，矢投げやサッカーなどもまじえて，次第に活発化した．第3回では，純一が飛車角を落としてもセラピストに勝利したので，セラピストはクライエントの強

さに感心するとともに，さすがに悔しくなり，少し将棋の勉強をして，第5回では飛車落ちだけでセラピストが勝利した．すると，純一も練習したようで，両者はともに次第に強くなっていき，第10回では公平なルールで1勝1敗の結果となった．

一方，サッカーゲームではPK戦をくり返すのだが，クライエントが「僕は子どもだから」と，自分に有利なルールを設定し，セラピストよりキーパーに近いところからシュートする．その結果，クライエントの圧倒的勝利になる．しかし，この場合は，セラピストは悔しくなく，むしろ，かわいいと感じる．

箱庭は，第4回と第8回でも作成された．第4回では中央に砂山を作り，ウルトラマンが怪獣と戦って，怪獣を埋める．しかし，ウルトラマンとその仲間がやられることもある．しかし，ウルトラマンも怪獣も殺されてはまた生き返り，対戦はくり返される．砂山の周辺には森も広がり，砂山を囲むように堀がある．最後に，山の頂上に十字架が置かれて「これで終わり」と宣言される．

第8回の箱庭では，中央に池が置かれ，魚が泳いでいる．アヒルの親子連れもいる．池の中の島には緑の橋が架かっている．左手のほうは空港で，周辺の道路には自動車が走っている．右手は，どちらかといえば田舎の感じで，藁葺家や寺が置かれる．地蔵と墓も置かれている．手前は草原で，馬や象がやはり，2匹ずつ置かれている．

池は，母性やエネルギーの源泉に触れられる感覚を与える．文明社会と田舎の連絡も取れる感じである．少しのどかな感じが生まれている．

【母親】

母親は努力を続けるが，純一はあまりそれには応じない．家では全然勉強している気配がない．テレビを見たりゲームをしたりするだけである．第7回の報告では，話しかけてもあんまり返事をしないので，「こんなにあなたのことを考えているのに，お母さんの気持ちがわからないの」と責めると，「お母さんだって，僕の気持ちがわからないじゃないか」と言い返してきた．〈返事をしたという点では，よかったですね．たしかに，子どもが不登校になったときは，たいてい，親の気持ちより子どもの気持ちがわかりにくいものです．親は子どもに学校に行ってほしいのですが，子どもがなぜ学校に行けないのかわかりにくい．学校でいやなことがあるのか，おもしろいことがないのか，学校に

行く意味が感じられないのか，あるいはそれら全部なのか，たいていの子は，なかなかうまく言えない〉「学校に行かなければ，将来，希望の大学にも行けないし，いい仕事にも就けないのに」〈行きたい大学はあるのですか〉「本人は何も言いませんが，夫は一流でないと大学でないと」〈やりたい仕事もはっきりしていないのではないですか〉「そうですね」〈ただし，学校に行かないと，教養が身につかないし，友達ができにくい．塾には行っているのですか〉「それはなんとか」〈それは大きな救いですね．成績はどうですか〉「塾では普通ですけれど，目標の私立中学には難しいと」〈私立を目指しているのですか〉「夫が公立ではだめだと．夫の親戚はたいてい私立中高から有名大学に行っていますし」〈でも，私立中学や有名高校に行けないのなら生きていく価値がないと思ったら，つらいかもしれませんね．大学では，優秀な研究者になれないなら死ぬしかないと思う人もいます〉「そうなんですか」〈子どもが自殺企図して初めて，もう，生きていてくれるだけでいいとお母さんが反省するケースもあります〉

第11回（X＋1年1月）

【純一】

何か元気がない．〈何かあったの？〉と聞いても，黙っている．少し涙ぐんでいるようだが，セラピストはそれ以上聞かず，そばでじっとしている．箱庭を作る．砂漠の中をラクダが3頭右から左の方向に歩いている．一頭は子どもである．右から左は，子宮や故郷への回帰，あるいは内界への方向といわれている．岩山が続くが，左上に池があり，少しは緑もある．オアシスだろうか．源に帰る必要があるのかもしれない．

【母親】

「やっぱり，夫は浮気しているに違いないと思います」と苦しそうに言う．夫の就寝中に携帯電話を調べてみると，「○子」からのメールが頻繁に出てきた．今朝，「この人は誰」と聞くと，「どうしてそんなことをするんだ．僕が信用できないのか」と怒鳴る．さらに，「おまえは，全然，応じようとしないじゃないか」と言うので，頭にきた．「この家は，私の父が買ってくれたものですから，出て行ってください」と言うと，黙っている．「○子さんのところへでも行けばいいのよ！」と鞄を放り投げたとき，純一が起きてきて，「お父さ

第1章 カウンセリング理論の［適用事例］ 317

ん」と呼びかけた．夫は，少し後ろめたそうにして出かけていった．
　「今朝は，かなり大声でけんかしたので，純一も聞いていたのではないかと思います．でも，純一からすればやはり父親．両親の喧嘩はつらいかもしれませんね．まして，離婚は避けたほうがよいに決まってますよね」〈でも，子どもが大きくなってから「あのときは子どものことを考えて離婚しなかった」と言われて，「そんなことなら離婚してほしかった」と嘆く子もいます．でももちろん，私は離婚を勧めているわけではありませんよ．それに，ご主人が本当に浮気しているという証拠はまだ十分ではありません〉「そうですね．夫は今日は帰ってこないと思いますが，これからどうするかはまだ，時間をかけて考えたいと思います．離婚すると経済的にも苦しいし，夫も休日は子どもと遊んだりすることもあるので，迷っています．性生活は，月に1度もありません．私も気持ちがついていけません」と一気に話される．
　一息ついて，「失礼ですが，先生は結婚しておられますか」と聞いてくる．〈臨床心理学を専攻する大学院生というと，とても恵まれた環境で育ってきたように見えて，こんな若造に何がわかるかというふうに感じる人も少なくないのですが，もしかしてそんなふうに見えますか〉「いえいえ，専門の勉強をしておられるのですから，わかっていただけるとは思うのですが」〈正直に言いますと，私には離婚経験があります．けれども，私の経験と○○さんの状況は同じではないので，私の個人的なことはこれ以上お話ししないで，○○さんのことだけを考えていきたいのですが〉「はい．よくわかりました．失礼なことを聞いてすみませんでした」〈いえいえ，どんなことを質問していただいても結構です．疑問に思ったことは聞いていただける方がうれしいくらいです．ただし，すべてに答えるわけではない〉．「わかりました」と母親はほほえむ．

第15回（2月2日）
【純一】
　この頃，友達と遊ぶので，こちらに来にくいと言う．将棋をする友達が同じ塾に入って，ときどき，彼の家に遊びにきてくれるらしい．〈そうか，じゃあ，相談室は3月いっぱいにするかな〉「うん，学校にも行っているし」〈えっ，本当？　それはすごいなあ．どうして行けるようになったんだろう〉「よくわからない」〈うん，まあ，理由はいいけど．そうなんだ．行けるようになったん

だ〉「うん」〈そうか，すごいなあ．よく行けるようになったね．じゃあ，今日は何をするかな〉「箱庭」〈いいよ〉

　作品は，さまざまな動物が左から右へ向かって大行進するところである．手前の森には恐竜もいるが，第3回のものとは異なり，ややかわいい印象を与えるアイテムが選ばれている．世界の脅威は多少緩和されたのかもしれない．

【母親】
　夫と言い争っていると，純一が「明日から学校に行くから，もう喧嘩しないで」と叫んだ．私も夫も言葉を失った．しばらくして夫が「純一，ごめんな」と言い，私が「無理して行かなくてもいいんだよ」と言うと，「わかってる．でも行くよ」と言う．そして，翌日から本当に学校に行くようになったんです．でも，いつまで続くかわからないので，ここにはもう少し来させてほしい．

　カウンセラーは母親と話し合って，一応，5月までは隔週で，それから3週間後に最後のセッションをもつという案を作った．面接後の話し合いで，純一君もこの案に同意した．

1.4　考　　　察

　この事例では，純一君が学校において深く傷つけられ，優越欲求が満たされなかったことは明らかである．当時は，学校に行けば，またいじめられることが予想されたであろう．また，彼の心の中には，一流大学に進むという父親から課せられた目標が達成できないのではないかという不安も起こっていたのではないかと思われる．そして，自分のふがいなさが両親の確執に関係しているかもしれないと考えたかもしれない．このようなネガティブ・イメージがクライエントの心中にわき起こり，ストレスフルな環境を回避する反応として不登校が生じたのではないだろうか．このような状況で，その苦悩を察し，友人の代理対象になるようなセラピストが登場したことには意味があっただろう．彼はセラピストに勝てたのである．

　しかし，純一君にとって最も重要な基本的欲求は，愛情欲求だったのではないかと思われる．すなわち，「たとえ能力が低くても，自分が生きていることに対して価値を感じてくれる人がいる」と心の底から実感できることが大切だ

ったのだ．現代社会では，家族といえども，互いに相手に対する要求が強く，存在そのものに対する愛情や関心はともすれば意識されにくくなりがちである．このような状況が顕在化したとき，「学校に行くから喧嘩しないで」という叫びと「無理して学校に行かなくてもいいよ」という許しの言葉が互いに投げかけられるところがこうしたケースの妙である．

　このようなケースはその後どのように展開するだろうか．事例自体が創作なのだが，この流れで少しイメージしてみよう．純一君は6年生の1学期は登校するが，やはり秋頃から不調になり，遅刻や欠席が増える．2月に私立中学を受験するが不合格になり，地元の公立中学校に進むことになる．中学校では懸命にがんばったが，やはり陰湿ないじめに遭い，2年生の5月以降，全欠席になる．以後，母親はスクールカウンセラーのコンサルテーションを受ける．純一君は高校への進学を望んだので，母親がサポート校を探しだし，見事合格．高校はほとんど皆勤で，私立大学に入学する．大学では，学生相談室のカウンセラーからサポートを得て，無事卒業．現在，司法書士として働いている….

　このような流れを全体として眺めると，多くのアプローチの基礎的要素として共通しているのは，クライエントが深く傷つき，「夢」が挫折し，ネガティブなイメージにとらわれていても，セラピスト（カウンセラー）がその苦悩をできるだけ的確にかつ共感的に理解しようと努め，クライエントなりの努力を見守り支えていくという点ではないだろうか．この過程でしばしば「新たな夢」が生まれ，それを達成するための当面の個人的当為が明らかになるのである．

　『現代心理学［理論］事典』Ⅵ部2章で述べたように，完全な共感的理解や無条件的受容は不可能である．しかし，クライエントの内的世界をありのままにとらえ，そのうえで望ましい方向を模索し続けることは常に可能ではないだろうか．専門的知識や技法の習得はもちろん必要であるが，私にはこのような姿勢を保つことこそ，多くのアプローチのエッセンスであるように思われる．

〔倉光　修〕

文　献

倉光　修（2001）．カウンセリングの理論　中島義明（編）現代心理学［理論］事典　朝倉書店　pp.679-696.

第2章

ゲシュタルト療法とエンカウンター・グループの[適用事例]

　『心理学［理論］事典』VI部5章（倉戸，2001）では，「相互作用を重視する理論」としてゲシュタルト療法とエンカウンター・グループの二つを論じた．そこで本章ではそれらの理論に基づいた実践例をあげたい．なお，事例やグループの記録は，登場するクライエントや参加者から掲載の許可を得ているが，プライバシー保護のために修正を加えてある．

2.1　ゲシュタルト療法の場合

　以下に紹介するものは，筆者がセラピストとしてかかわったゲシュタルト療法の場合であるが，いかに相互作用（relationship）を重視しているか，事例にそってみてみよう．

　まず，この事例はイメージ法によるものであり，かつグループ形式によったものである．すなわち，セラピストが，イメージ法を導入した後，「どなたか経験してみたい方はどうぞ」との治療的招き（therapeutic invitation）をするが，それに応じたクライエントのあるセッションでの逐語記録である．

　逐語記録に先立ち，まずイメージ法について簡単に述べておこう．イメージ法とは，自分の人生や問題や課題をかかえている現在の自分を何かのイメージに譬えてもらって介入していくものである．いわば投影法に似た方法であるが，たとえば，筆者の場合でいえば，教育分析中に，「エレベーター」に自分の存在を譬えて，「私はエレベーターです」と語り出したことがあった．そしてセラピストの〈そのエレベーターはいま，どうしていますか〉の介入に，

「人が乗ってきて8階へ行くようボタンを押されているので，8階へ行きます…．8階で降りてくれたので，ほっとしていると，12階のボタンが押されているのに気づく．そこで12階へと行くと，さらにB2のボタンが点灯している．」ここまで来て，セラピストからいま，何に気づいているか尋ねられたので，「24時間，休みなしで働いています．くたくたです．それが私です…．なんだか，自分の現実の姿を垣間見たようで，少々悲しくなります」と応えた．まさに，休めず，働きづめなのに，故障することが許されない．故障でもしたら，信用が丸つぶれになると，自分の生きざまをまざまざと感じる経験をした．これがイメージ法の一端である．

導入には，この他，「海に潜ってみる」「バラの花になってみる」「台所用品」になってみるなど，譬えるテーマ（guided imagery）があらかじめ用意されているものもある．このイメージ法の狙うところは，譬えた事物になってみて，すなわち自己を投影してみて，気づきを得ることにある．また，その理論的背景には，イメージ法におけるイメージであれ，夢に出てくる登場人物や事物であれ，それらは自己の投影したものに他ならないとするゲシュタルト療法の知見が基になっている．

さて，ここに登場するクライエントは50歳代半ばの女性で，医療老人ホームに勤務する指導員である．セラピーの場は研修所で，12人の参加者が一泊2日で，1セッション2時間を合計5セッションを経験するグループ・セラピーである．

a. 治療的招き

セラピーは，〈どなたかイメージ法を経験してみたい方はどうぞ〉というセラピストの治療的招きに応じたクライエントの発言からはじまる．
　　ク：「私は鶏です」
　　セ：〈ハイ．鶏なのですね〉
　　ク：「私は鶏でもチャボですので，檻の中に入っているのは大嫌いなんです」
　　セ：〈なるほど．しかし現在は檻の中に入っているのですか〉
　　ク：「現在は入っています…どこか飛び跳ねてみたいです」
　　セ：〈私は自由に飛び跳ねてみたいです〉
　　ク：「小さいときは束縛されましたので，束縛されたくないのです」

セ：〈私は束縛されたくありません〉
　　ク：「私は束縛されたくありません」

ここでは束縛されたくないというクライエントの気持ちが共に「今－ここ」で実感されるようセラピストが反射している．同時に，強調もされている．また，束縛という言葉であるが，言葉自体はセラピストにも了解はできている．しかし，目の前にいるクライエントが，小さいときとは言っているが，どのような束縛を受けたのか，そのプロセスや，またそれは何からなのかなどは，わかってはいない．すなわち国語辞典的には，あるいは一般論としては，了解できていても，独自の経験としてしゃべっているクライエントと共有できる言葉にはまだなっていない．そこで，共有すべく以下のように尋ねている．

　　セ：〈小さいとき束縛されたとおっしゃいましたが，どんな束縛をお受けになりましたか，思い出すことがありますか〉
　　ク：「両親が違いますので，顔色ばかり見て大きくなりました」
　　セ：〈なるほど…おいくつぐらいのときですか〉
　　ク：「はっきり意識し出したのは9歳のときです」
　　セ：〈ご両親が違うとおっしゃったのは〉
　　ク：「もらわれていきましたから．ちょうど1ヵ月くらいのときからもらわれていきました．9つまで私が自分の親だと思っていた人が死にましたときわかったんです」

このあたりも，クライエントの話す言葉をセラピストがズレることなく共有するための介入である．ゲシュタルト療法では，この言葉や経験を共有することがクライエント・セラピスト間の相互関係を醸成し，セラピーのプロセスを進展させる基になると考えている．それゆえ，わかったふりをせず，尋ねたり確認したりして，共有することをこよなく大切にしている．

　　セ：〈わかったときのお気持ちはいまでも覚えていらっしゃるかと思いますが，どんなお気持ちでしたか〉

b．「図」と「地」

気持ちや感情に気づくことも自己洞察につながると考えられている．すなわち他ならぬ自らの感情に気づき，自らと自らがコンタクトすることは，とりもなおさず，自分自身（authentic self）になることだからである．しかし，日常生活の中では，感情を押し殺して，その場に適応することが優先されている

ことが多いのではないか。感情を押し殺すということは，精神分析でいう抑圧の概念と近似値であるが，ゲシュタルト療法では，「地」に追いやることをさし，心残り，未完結の経験とよんでいる。それゆえセラピーでは，何を感じているか，どのような気持ちかなどに気づく介入をする。すなわち，「図」にのぼらせるかかわりをするのである。すると，

　ク：「私は，他にも兄弟がたくさんいたのに私だけなんで里子にやられたのか…それから後からきた人が，ちょっと水商売上がりの人で厳しかったので…」
　セ：〈後からきた人とは〉
　ク：「後添えにきたお母さんですが，その母がとても厳しかったので，辛い思いをしました。」
　セ：〈その辛いお気持ちをどなたにおっしゃりたいですか。死んでしまった方でもいいし，ご自身でもかまわないし，僕でもかまわないし，どなたに伝えたいですか。かりに伝えられるとしたら〉

　この介入も，ゲシュタルト療法の特徴かと思われるが，「図」にのぼらせるだけではなく「表出先（あるいは対象）」を模索することをする。すなわち，過去の押し殺した感情の表出先をイメージの中に登場させ，表出する。そして表出することによって表出先と，また自分自身とコンタクトをしながら洞察を得るのである。そして「今−ここ」というセラピーの場で心残りを取り去ったり，未完結の経験を完結していく。

　ク：「死んだ母親に伝えたい。生んでくれた母親に，私だけなんでひとり里子に出されたのかと思って，それだけは言いたいです」
　セ：〈わかりました。ところで，お母さんは亡くなられたのですか。（ク：うなずく）いくつのときですか〉
　ク：「18のときです」
　セ：〈ずいぶん昔のことですね〉
　ク：「はい，そうです」
　セ：〈かりに，お母さんがどこかで聞いていらっしゃるとしたら，そう想定して…どんなことをおっしゃりたいですか。お母さんに言いたいとおっしゃったけど。お母さんに話しかけてみませんか〉

　これはチェア・テクニックといわれているもので，古典的には空の椅子（空いている椅子）が使われる。その空の椅子に相手を座らせ対話するのである。この場合は，イメージのなかで母親を想定して対話がはじめられている。セラピーの場が日本間の場合は，座布団などが，空の椅子となる。

ク：「私だけどうして，兄弟が10人もいたのに，私だけどうして里子にやられる具合になったのか，聞きたいです」
セ：〈もう一度おっしゃいませんか〉
ク：「兄弟は10人もいたのに，私だけどうして里子に出されるようになったのか，聞きたいです」
セ：〈聞きたい想いがおありになると思いますが，どんなお気持ちからお母さんに聞いていらっしゃるのかしら．お母さんに伝えてみませんか．伝えられるとしたら〉
ク：「私はもらわれていったのですが，私はあまり幸福ではなかったので，自分を押さえるように押さえるようにしてきたのですよ．自由にふるまうことができなくって，もの言うときは，こう言えば，征伐されないかと，顔色ばかりをみて育ちました」
セ：〈そのような辛い経験をされたのですね〉
ク：「そして次から次へと年寄りの世話をさせてもらいまして，4人送りました．自分の親は見送ることができませんでしたが，義理のお父さんとお母さんと，義理のお母さんの両親を見送りました．」
セ：〈それをお母さんに伝えてみませんか〉
ク：「私はあなたを自分の手で見送ることができませんでしたが，後で，義理のお父さんとお母さんをあなただと思って見送ってきました」
セ：〈一ヵ月とおっしゃったから，お母さんの顔をおぼえていらっしゃらないかと思いますが…〉
ク：「おぼえています」
セ：〈おぼえていらっしゃる〉
ク：「たまにしか，1年に2回だけでしたが，内緒で会ってました」
セ：〈なるほど．そうするとお母さんの顔をおぼえてらっしゃいますか〉
ク：「はい．父の顔は知りません．おぼえがないです」
セ：〈お母さんの顔はおわかりになる〉
ク：「はい．私のように小柄で，色は黒いですが，後は同じです」
セ：〈私は小さなチャボのような鶏ですとおっしゃったのは，そして檻のなかに入れられたくない，自由になりたい，束縛されたくない，とおっしゃったのは，そういう経験がおありになるからですね〉
ク：「はい」
セ：〈いま，お母さんの顔を思い出すことができますか〉
ク：「はい」
セ：〈映ってます〉
ク：「はい」

セ：〈お母さんの顔がみえますか〉
ク：「はい」
セ：〈一度，そのお母さんになってみませんか〉

c.「今−ここ」でのかかわり

母親の顔がイメージのなかに思い出されるかどうかという介入は，五感を大切にすることが現実適応の鍵だと考えるゲシュタルト療法の特徴であるが，ここでは加えて，「今−ここ」でかかわるための臨場感を醸成するのがもくろまれている．そして，役割交代して母親になってみることを提案している．これは母親とのコンタクト，ひいては母親に対する自らの感情や思いに気づきをもつことを促進する介入である．

セ：〈実の娘から，その辛かった話をされて，どうして私だけ里子に出されたのかと言われて，お母さん，どんなことを感じたかしら．お母さんの気持ちが想像できますか．お母さんはどんなことをおっしゃるかしら〉
ク：「ひとつから，1ヵ月から大きくしてくれたお母さんは，生んでくれたお母さんの妹なんですね．それで女の子だから，大きくなったら嫁に出さなくてはいけない．おばちゃんのところやったら幸福になれると思って子に出したらしいです」
セ：〈話しかけてみませんか．お母さんの気持ちになって〉
ク：「はい」
セ：〈小さいときどんなふうに呼ばれてたのかしら〉
ク：「私は○○で生まれて○○で育ったので，小さいときは"こいさん"と呼ばれてました．」
セ：〈"こいさん"ですか．お母さんになったつもりで，"こいさん"と呼び掛けてみませんか〉
ク：「"こいさん"，おばちゃんのところやったら，あなたが幸福になれると思って手放したんやで…」
セ：〈そうだったのですね〉
ク：「いまのお母さんが死んでから，9つまで大きくしてくれたお母さんが死んでから，後のお母さんがきたとき取り戻そうとしたけど，できなかったと言ってました」
セ：〈はい〉
ク：「家にいるお父さんが私を手放せなかったと言ってました」
セ：〈お母さんとしては，引き取りたかったけれど，引き取れなかったわけです

ね．引き取りたかったけれど引き取れなかったお母さんのお気持ちはどん
　　　なお気持ちですかね．"こいさん"に話しかけてみませんか〉
　　ク：「可哀そうだと言ってました」
　　セ：〈おっしゃってみませんか．"こいさん"と話しかけて…〉

この介入は，なかなか対話ができず，「言ってました」と過去形で，しかも第三者的に表現しているクライエントに対するものである．対話とは，二者間の，しかも現在形でしゃべることを基本とする．

　　ク：「こんなに不幸になるんだったら子にやるんじゃなかった…」
　　セ：〈はい…"こいさん"に戻りましょうか．今度は，"こいさん"はどんなふう
　　　にお母さんに応えますか〉
　　ク：「私も帰りたかったけど，生みの親より育ての親とあるように義理に縛ら
　　　れて帰れなかった」
　　セ：〈私も帰りたかった〉
　　ク：「十分帰れるチャンスもあったように思うのですけど，私も，年老いたお
　　　父さんを置いて帰るわけにはいかないという頭がもたげて，年寄りに仕え
　　　てきました」
　　セ：〈最後まで義理に縛られてしまったということですね．ご自身でも帰りた
　　　かったけど〉
　　ク：（涙ぐむ…．）
　　ク：「だから私には青春がなかった」
　　セ：〈人生は 1 回きりしかないから，もう取り返しがつかない．どうにもなら
　　　ない．しかしもしもかりに，考えるだけでもばからしいことかもしれません
　　　が，かりに可能だとすれば，どんなことをやってみたかったですか．やれ
　　　なかったことなどありますか〉
　　ク：「今の時代でしたら，おそらく両親のもとに帰っていたと思います．しかし
　　　当時は割り切ることができなくて，押さえるようにしてきました．チャン
　　　スを逃してきました．」
　　セ：〈チャンスを逃したとおっしゃったけれど，どんなチャンスですか〉
　　ク：「兄弟とおしゃべりしたり…」
　　セ：〈なるほど，ご兄弟はいまは〉
　　ク：「○○にいます」
　　セ：〈お話になることがありますか〉
　　ク：「はい」
　　ク：「△にいるもののところへはいけないのですか．○○にいるものには電話を
　　　したり，こちらから会いにいきます．だけどこの前までは会いたい気持ち

第2章　ゲシュタルト療法とエンカウンター・グループの［適用事例］　　327

　　　を押さえて我慢していました．お互いに我慢してきました．だからやりた
　　　いことはできませんでした」
　セ：〈そのような兄弟との会話というか，可能なら話をしてみたいということで
　　　すね．その他に，もしもやりなおすことができるなら，どんなことをやっ
　　　てみたいですか〉
　ク：「自分で商売をしたいです」
　セ：〈どんな商売ですか〉
　ク：「家でも商売をしてましたので，手芸のお店を出したいです」

　セラピストはそうですかと頷きながら，どんな手芸の，どんなお店かなど，夢を語ってもらった．クライエントは声を弾ませ，目を輝かせて，まるでお店を開いているように語った．それは，現実には，イメージでしかなく，一瞬の楽しい時間でしかなかったが，クライエントには時空間を超越した心の安らぐ経験であったようである．そこで，セラピストは次善（second best）の策というか，いまからでも現実にできることはないか，クライエントとともに模索する．すなわち最善（best）なものは，もういまとなっては叶わないのであるが，現状の，限界のあるなかで，何かできないか．希望に繋がるものはないか，知恵をしぼるのである．セッションの終わりである．

d．理論からの振り返り

　以上がイメージ法によるセラピーであるが，ここでゲシュタルト療法の理論と照らし合わせながら振り返ってみよう．

　まず，クライエントの言葉や経験を共有するための介入があるが，つながりを重視するゲシュタルト療法の介入である．そしてクライエントの気持ちや感情に気づく介入がある．気持ちや感情は，このクライエントにとっては「押し殺して」きたところの「地＝無意識」の部分である．それは裏を返せば，「義理にしばられて…．」が，このクライエントの「図＝意識の前面」になり続けていたからである．その「地」の部分に焦点を当て，"今－ここ"というセラピーの場においてコンタクトをもち，「図」にのぼらせる介入が試みられている．いったん「地」にあったものが「図」にのぼってくるプロセスには感情が溢れ出て，生き生きしたエネルギーが放出される．このあたりは，図と地は相互作用しているということ，それは"今－ここ"において成就されるというゲ

シュタルト療法の理論的背景がセラピストの支えになっている．

　ゲシュタルト療法では「地」に追いやられるものはコンテンツ（事柄や内容）そのものではなく，「なにゆえに，私なのか」とか，「何故そうなったのか」など，コンテンツにまつわる感情であると考えられている．それゆえ，感情を「図」にのぼらせ，その感情にコンタクトをもち，気づきを促進させることが目的になる．ゲシュタルト療法は「気づきにはじまり，気づきに終わる」(Polster, 1973) セラピーなのである．そして気づきとは，"今-ここ"という現象学的場においてのみ可能になるのである．ひとたび気づきをもつと，いわゆる「図地反転」が起こるのである．「地」にあった経験のもうひとつの側面が浮かび上がってくる．

　それをさらに強化するために，「図」にのぼってきた感情の表出先を模索し，表出する．この事例の場合は「生んでくれた母親」であるが，その母親にイメージのなかでクライエントの感情が表出されている．そして表出してみて，感情を押し殺してきた意味を洞察し，気づきを得る．すなわち図地反転が起こる．換言すれば，固着していたものの視野が広げられ，セラピューティックな意味が出てくるのである．図地反転が起こると，心残りや未完結の経験が完結へと導びかれる．ここで使われている介入法がチェアー・テクニックである．イメーの中の母親に表出したり，役割交代して母親になってみて応えたりしているのがそうである．

　セラピー最後の介入は，気づきを得たクライエントが今まで逃してきた「チャンス」をイメージのなかで，いくぶんなりとも取り戻そうとする試みである．知恵を絞ったあげくに，かすかな希望が出てきている．それは微かでもあり，次善の策でしかないが，後述にあるように，このクライエントの人生を大きく変えるものへとつながっていくのである．

　後日このクライエントに再会する機会があった．それは1年後，掲載許可を得るためであった．もうすでに定年退職していたクライエントは許可を与えてくれただけでなく，後日談を話してくれた．

　たとえば，小さいときの苦労は報われたこと．それは，刺繍を指導員仲間や回復期にある入所患者さんたちとともに，はじめてバザーをして楽しかったこと．これは得意で，かつやりたかったことであったが，それが成就したこと．

また，入所患者さんが廊下で突然に大便を漏らした際，手際よくおむつを替えたり処理をしたため，他の若い指導員仲間から一目置かれるようになったこと．これには4人も世話をして，なかには寝たきりであった人の下の世話や看取った経験が活かされている．

結婚する指導員の着付けを頼まれて感謝されたこと．これは水商売上がりの2人目の義理の母親に着物を着せられていたり，厳しく育てられたので，着付けは雑作のないことであった．

このようなことで惜しまれて退職したが，その後も海外出張する医師家族の留守番を頼まれたり，出産した指導員の赤ちゃんのおしめの相談を受けたり，などで退職後も"引っ張りだこ"であること．

そして最後に，「人生は捨てたものではない．苦労がことごとく反転して生かされています」と笑いを浮かべて語ってくれた．

2.2 エンカウンター・グループの場合

エンカウンター・グループの例をあげよう．エンカウンター・グループは，『現代心理学［理論］事典』IV部5章5.3節（倉戸，2001）でみたように，ロジャース（Rogers, C. R.）の提唱する basic encounter group とシュルツ（Shultz, W.）のエンカウンター・グループ，また発展してきた歴史は異なるが，メイン州ベセルで試みられた Laboratory method や T-group などがある．

ここでは，ロジャースのものを基礎に，他のものも取り入れた筆者流のものである．そこでは，どこまで他者と，あるいは自分と出会えるか，を課題にしている．すなわち自己と他者，自己の中の自己という関係をみようとしている．そしてエンカウンター（出会い）を通じてグループ参加者の相互の関係性や成長が治癒力になるという仮説に基づいている．換言すれば，グループ内の自己受容や他者への配慮，対決，また許容度や凝集性などのグループの関係性の高まりが精神的癒しにつながるとしている．

さて，ここに紹介するものは，筆者が世話人としてかかわったある大学のゼミの記録である．

a. グループのはじめの模索を経験する段階

（開始早々から沈黙）
　　A：「だれが口火をきるか，待ってみようと思っていた．どれくらい沈黙に耐えられるか，時計をみていた．4分くらい沈黙してましたね．」
　　世話人：「そう．そんなに沈黙してましたか．なかなか鋭い観察ですね．だけど，結果的には君自身で口火を切ることになってしまった．」
　　A：「(笑) そのとおりです．結果的にはね．いらいらしてきましたから…」
　　世話人：「いらいらしていた．そう．それで口火を切る気になったのですね．」
　　A：「はぁ…」
　　B：「誰か，自己紹介したら…」
（隣の人にうながされて）
　　C：「自己紹介していい？ えっと，○○です．クラブは○○ですけど…（後略）」

　以上は一部の記述にすぎないが，世話人の教示が終わって，いよいよグループが開始されると，最初，ぎこちなさと沈黙，あるいは，何をどうしゃべったらよいか，またグループの目的が分からず当惑や混乱がよくみられる．それゆえ，この段階をロジャース（Rogers, 1970）は，模索あるいは右往左往の段階とよんでいるが，上記のような事情から，ありきたりの社交的な応答や自己紹介の提案などがなされる場合が多い．また，この模索の段階には，少し進展すると次のようなグループに共通な関心がみられる場合もある．

　　D：「…あの，話の途中で悪いのですけど，話している人の顔が見えないんです．ここから…こう縦長でしょう．声だけだとなんか変というか…」
　　E：「顔もそうだけど，こっち側にいたら，こっちの側の人の名前しか見えないし，何か遠い存在，むこう側の人．」
　　F：「私も，ぜんぜん端の人見えない．」
　　世話人：「ウン．なるほど．Dさん，Eさん，Fさんの3人はそれぞれ，おっしゃったように，そんな自分に気づいているわけでしょう．声だけだとか変だとか，遠い存在だとか，顔が見えないとか．それでさ，どうしたい．」
　　D：「みんなの顔が見たい．」
　　世話人：「うん．みんなの顔が見たいわけね…．Dさん，それじゃ，どうしたらみんなの顔が見えますか．」
　　D：「丸くなったら，見えると思います．」
　　E：「机の並べかた変えたらいい．」（後略）

　このように，「声だけだと変だ」「顔が見えない」からはじまったグループに共通する関心は，「丸くなったら」「机を並べ替えたら」という共通の作業へと

第2章　ゲシュタルト療法とエンカウンター・グループの［適用事例］　　331

展開していく．この共通の関心やその展開のみられる中で，それは必ずしもいつもスムーズにはいかないけれども，やがて信頼し合える仲間集団の形成に必要な「われわれ意識」とか「帰属意識」を醸成していくのである．

エンカウンター・グループ終了後，毎回 PMR（ポスト・ミーティング・リアクション）とよばれるアンケート調査をとっているが，ここのところの PMR には，「特定のテーマもない話し合いは難しい」「沈黙の時が重荷だった」「知らなかった人と知り合いになれた」「自分の内面と対話ができそう」「他人の話しを聞くことの難しさ」「不思議な時間を持ったという感じ」などがみられている．これら参加者の気持や気づき，また感想がこのころのグループの状況をよく物語っていると思われる．

b.　過去の経験の述懐

さて，このような出発をしたグループは，やがて，次の段階へと進む．すなわち，たとえば，クラブ活動における複雑な人間関係や，困難さ，下宿での話し，また旅行したときの経験など，「今–ここ」で起こりつつあるグループの経験と直接関係のない個人的なことがらや過去に経験した嬉しかったり嫌だったり，また悲しかったりしたこと，つまりロジャースのいう過去に経験した感情の述懐がみられるようになる．

F：「この間の連休にバイクで四国まで行ったんですよ．1人で．夜は海岸で寝袋にくるまって寝たけど，無性に寂しかった．わけはわからなかったけど…」

Y：「何が寂しかったのかな．僕も経験はあるけど．」

F：「何が，というのはわけがわからない．ただ寂しさが込み上げてきて，どうしようもなかった．」

Y：「そうか．わかるような気がする．」

世話人：「気持ちが通じ合っている感じなのかな．2人には通じる話なのですね．」

Y：「はい．僕もバイクで一人旅するので…」

世話人：「なるほどね．一つ聞きたいのだけど，F君は，バイクでの旅の話を，今日ここでどうして話したくなったのかな．よかったら聞かせてくれませんか．」

Y：「…（しばらくうつむいて沈黙）…海岸で1人寝てたらゼミのみんなの顔が浮

かんできた…気持ちが落ち着いた…それで…」
G：「なんか嬉しいな．そんな寂しいときにゼミのみんなの顔を思い出してくれて．」
B：「ほんとに嬉しいな．」
世話人：「嬉しいですね．みんなの顔が浮かんだことをおっしゃりたかったのかな．」
Y：「…（照れながら）…はい．」
グループの雰囲気が穏やかに

　この段階における世話人の役割の一つは，十分に聞き役にまわりながら，しかし，「今－ここ」での経験に関連づけるようかかわることである．なぜなら，「今－ここ」で起こりつつあることに焦点を合せることは，自己の感情や経験により明確に気づいたり，他者とのコミュニケーションをより促進するからである．

c. 自己にとって意味ある事柄の探求

　「今－ここ」での経験に焦点が合ってくると，やがて，参加者自身にとって，関心のあることや意味のある事柄は何か，その探求がはじまる．

G：「あのー，実は，さっきからね，キョロキョロして，まずHさんのほう見ていたらね，こっちのほう見て，にこっとしてくれて，気がついたかどうか知れないけれども…」
H：「うん．」
G：「…で，それから，○○さんが，やっぱり同じように見て，こう，にこっとしてくれて，それがすごく，どうも視線がぼくは気になるのね．すごく嬉しいんですけど…だから，しゃべるときは，目を見て話してくれたほうが良いと思ってるんですけど…」
H：「やっぱり目を見たほうが，すごく意志がよく伝わると思うんですけどね．」
G：「うん．全然違うと思う．」
H：「うん．でも，その反面ね，自分を全部見透かされてしまうんじゃないか，そんな恐怖みたいなものも，時に感じるんですけど…」
G：「あ…，見透かされる．で，怖いですか．」
H：「怖いです．なんか，すごく自分のことを知ってほしいと思う反面ね，やっぱり知られるのは怖いという気持ちもあるんです．」
G：「うーん．」
I：「ぼくなんかね．人の目を見て話せない方でね．だいたい話すときは伏目が

ちに，横向きながら話している方だから，目を見たらちょっと話せないみたいなところがある．」
J：「私も怖いんです．やっぱし，自分をわかってほしいと思うけど，自分は，全部は出せないから，その，やっぱりわかってほしくない面ていうのかなあ，そこまで見透かされたら嫌だっていう気持はすごくある．だから，やっぱり目を見て，私の話しを聞いてくれるっていうのは，すごいうれしいけど，あんまり，それが中のほうまでのぞき込むような目だったら，遠慮したくなります．」
H：「やっぱり人間っていうのは，人から，何っていうのかな，こう知ってる部分とか知らない部分とか，いろいろあるわけでしょう．だから，その全部を知られるのが怖い…うまく言えないけど．」
世話人：「うん．そやだね…わかるような気がする．ところでさ，自分を知られるのが怖いということだけど，他者というか，その知られる相手が，好きな人だったらどうだろ．」
H：「うーん．好きな人だったらね…別のことですけど．いま，気づいたのは，見透かされるのが怖いっていうのは，自分に自信がないからだと思います．」

以上の中で，まず，応答が，「今-ここ」で起こりつつあることがらにしぼられつつあるのがわかる．そして，表向きの自分（パブリック・セルフ）から，少しずつではあるが，より深い自分の内面を探ろうとしている様子がうかがえる．これは，おそらく，グループに対して，安心ができるようになり，したがってエネルギーを外に向ける必要がなくなり，自分に向けることができるようになって，多少なりとも自分について何か意味のあることがらを探求しはじめたと考えられる．

d. グループにおける治癒力の芽ばえ

自分自身について意味のあることがらの探求がみられ出すと，それに対して率直に感じたことを表明する空気がグループ内にみられるようになる．たとえば，「今のやりとりを聞いてて，感激した」「つまらなかった」「腹が立った」「○○さんって，すごいな」などであるが，ロジャース（Rogers, 1970）が「グループでの即時的対人感情の表明」とよんでいるものにあたる．

この率直な，しかも自由で許容的なグループの雰囲気は，参加者の心を開

き，苦い経験や苦しみ，悩みなどを打ち明けてもよいと安心感を助成するようである．以下はその一例である．

K：「…（前略）もし自分が，ガンだと宣告されたら，ジタバタして，こんな風に落ち着いて言ってないと思うんだけど…あの，いつだったか，何チャンネルだったか忘れたんだけど，テレビで，ガン患者，ガンを宣告された人，奥さんなんだけど，ご主人が献身的に尽くした実話のドキュメンタリーでね…」

L：（わっと泣きだす）

B：「ちょっといいかな．Lさんのお父さん病気で亡くなったんです．1年ぐらい前かな．」

世話人：「Lさん，ぼくの声，聞こえる．（L：うなづく）うん…知らなかったけど，そう…どうぞLさん，ここはこういう学習の場だから，よかったら勇気を出して，言える範囲で言ってみませんか．」

L：「はい…うちのお父さん…ガンで亡くなったんです．（泣く）ほんでね，（世話人：はい）…ものすごく死ぬのが嫌だって言ってたしね…（世話人：うん）（中略）それでね，私，すごい自分がいまね，いまでもね，楽しいときあるでしょう．そしたら，こんな楽しくっていいのかな，とかね，こんなにはしゃいでいていいのかな，とか思いながらね，生きてるからね，…楽しかったら悪いような気がしてね．」

世話人：「はい．悪いっていうのは，お父さんに悪いような気がするわけ．」

L：「はい．なんか，やっぱり自分の身近にそんな病気になった人がいたらね，私，そういうことが考えられて，今でもお母さんがちょっと具合が悪いときなど，私は大学へ行っていいのかなあって，やっぱり，お母さんに悪いと思えてね…」

世話人：「うん．そう．ずっとお聞きしていましたけど，いま，何を考えてる．今，何か思いめぐらしてる？」

L：「今は，ぱっとね．入院中のお父さんが廊下を歩いている姿を思い浮かべてた…骸骨が歩いているみたい…お父さんは怖い人だったんですね．だけど，そのお父さんがすごい弱々しかった…お父さんは急に悪くなって…それでも，寸前まで，クラブのこととかで迷惑かけてたんです．わがまま言ってね．合宿がちょうどあって，合宿行きたいと言ってね．泣かしたりしてね…死ぬちょっと前まで知らなかった…日曜日に家にいなかったんで，ほとんど話をした記憶がない．だから，いまでもね，クラブしながら，ほんとにクラブしててもいいのかなと思ったりね．思いながらやってるから，あんまり面白くないんです…（後略）」…急に泣き出して，恥ずかしい．」

世話人：「そう，恥ずかしいわけ…そう，そんな，Lさんの気持ち尊重したいけ

ど，ぼくとしては，恥ずかしいと思わないでほしい．話をしてくれたので，むしろLさんのことが知れたっていうのかな，あの，聞いていて痛みを感じました．Lさんも，お父さんも，家族の人もねえ，大変な経験やったんやなってことが感じられますけど，Lさんの経験を聞いてて，Lさんが近いというか，ぼくが，Lさんの近くにいたというか，思わず，一生懸命聞いていた…そんなぼくの気持をお伝えしたいんですけど．」

B：「私も恥ずかしいなんて思わないでほしい．私には，正直にしゃべってて，すばらしい．」

H：「…すごいつらかったよ．見てて…でも，なんかうれしかった．なんかLの本当の気持っていうのがわかって…」

D：「ものすごく身近に感じるようになってね．すごい今ね，すぐ横にいるって，そういう気がしているんですね．ほんと，大変な事だったんだと思うけど…人前で泣くっていうのはすごく勇気のいることやと思うねん…なんか，ほんとに友達になれそうな気がする．」

M：「痛々しさが，すごく伝わってきて，胸を締めつけられるような気がしてた…ただ今は，Lに頑張ってほしいと言いたい．」

N：「自分で出せるLがうらやましかった．」

O：「Lさんね，ぼくね，いま，Lさんの涙みてね，すごく感動しているんだけど…ぼくなんか，あの，男だから泣いたらあかんとかね．まわりの友達だって，そんなんばっかりですよ．で，ほんとに苦しいときにね，ほんとに自分つらいことあってもね，がまんしないとあかんとか，そんなんでやってきたから，なんか無理してもつっぱってね．で，そんなんで，すごい，そういう柔らかい気持ちにすごい感激しました．」

A：「あの，ぼく，今日，来るときに，大学まで駅からLさんと一緒だったけど，人のことにばかり気をつかって…もっと，肝心の自分の気持を大事にしてほしいと思う．」

L：「あの…みんな，ありがとう…そんなにみんなに，言ってもらってね…ありがとう．」

これは，1人の参加者が，グループにおける「ガン」の話題と自分の父親の死とを結びつけた心の述懐の記録である．なんともいいようのない痛ましい経験である．しかし，Lは自分の秘めていた心の傷を一気にしゃべった．それが，たとえ，どんなに，つらく，醜くあろうとも，そんな自分を今は，ありのまま受け容れようとしているかのように．

世話人である筆者は，一生懸命に彼女の経験を分かち合おうと努めた．他の

参加者も彼女の痛みをそのまま受け容れ，援助的にかかわっている．筆者は，彼女の自分を見つめる勇気をむしろ痛みを感じながらも心強く思い，また，グループに育ちつつある，いわゆる治癒力をうれしく思った．グループは，また参加者も，このような経験を経て，さらに高次の発達段階へと進んでいくのである．

e. 受講生の感想

以上のようなエンカウンター・グループは，参加者であるゼミの受講生にはどのような経験であったのであろうか．彼らの感想文からいくつかあげてみよう．

　私はグループに参加する前から，そしてグループに参加していくうちに，少しずつ自分に疑問をもつようになっていた．『ほんとうの自分なんてない．他からの役割を演じているだけだ．ありのままの姿を知れば誰もが私から去っていくだろうし，自己を防衛するためにはカラに閉じこもり，他者からの役割を演じつづけるしかない』と考えていた．そして，あるセッションで，ふとしたことから，私はそんな自分の中の矛盾について語りはじめ，世話人の励ましによって自分の真実の姿を示すことになった．その時の興奮，感動がいまでもはっきりと心に残っている．武装をしたとき，自分の弱点を素直に受け容れることは私にとって決して容易ではなかったし，非常に勇気のいる危険な冒険だった．
　しかし，裸になった私に対して皆の暖かい心があれほど嬉しかったことはない．私にとって『本当の自分がいるんだ．ほんとうに他者とふれ合っている』と，真に感じることのできたはじめての経験である．それは，今まで味わったことのない，苦しい経験であると同時に，私に大きな希望を与えてくれたすばらしい経験だった．そのとき，私は独りではないと，つくづく感じた．
　だからといって，その経験により私の孤独感が完全に解消されたわけではない．また，いつでも他者に心を開き，真実の自己を示しているとは限らない．しかし，エンカウンター・グループで私は，より多くの弱点をもち，不十分である自分をより正しく見つめることができたし，ありのままの自分を受け容れることのすばらしさに気づき，真実の自分を示すことによって，はじめて，人との真のふれ合いが生まれることを知った．少なくとも以前の深い孤独感，絶望感にとらわれつづけていた私に，少しずつではあるが，私の中でなんらかの変化が起きていることは疑いない．　　　　　　　　　　　（Nさんの感想文より）

　評価する態度を捨てること．それが私のグループでの課題であった．以前，

私は相手の言い分を聞く前に，自分の価値基準ですべてのものを判断してしまい，相手が自分の考えと相容れないものであれば，相手の意見を聞く耳をもたない，という状態だった．そのために，私の周囲の多くの人間から私を遠ざけていた．

他方，私は他人から評価されることを最も嫌っていた．周囲の評価がいつも私をしばりつけていたし，私を監視し，私が自分の意志で自由に行動することを妨害していたから．他人の評価をそれほど嫌っていた自分が他人を評価してしまっていたと気づくことは，私にとって，大きな驚きであった．

他人には自分と違った生き方，感じ方，考え方があること．それを理解したうえで相手の気持ちをわかること．共感的に理解することの困難さを私はグループ経験の中でいやというほど思い知らされた．しかし，徐々に，他人の自分とは違った意見を拒絶してしまうのではなく，相手を1人の人間として尊重したいと思い，相手の言い分を，そして相手の気持を理解しようとする姿勢が，最近になってやっともてるようになれたと思う．そして，いままでうまくいかなかった友人，そしてとりわけ両親との人間関係に新しいものが生まれている．

(Ｉさんの感想文より)

あまりにも忙しすぎて，他者の，そして自分の感情にふれられることの少ない，あまりにも肩ひじを張った仮面だらけの私の生活の中で，久し振りに，ほんとうに久し振りに他者との気持のつながりを実感できたのは嬉しい．他者のつらさ，苦しさがありありと心を伝わり，私自身をつらく，苦しくさせ，グループの中で坐っているのが，たまらなくしんどかったときがある．また，互いにわかり合えたときなど，ほっとし，嬉しく思った．これが『ともに感ずること』なのだと実感できた．これらの経験を日常の他者とのかかわりの中に生かしていきたい．

(Ｓさんの感想文より)

私は勇気を出して自分の気持を正直に言えたときの経験を決して忘れない．私はいままで自分が選択しなければならない場に直面したとき，これほどまで自分に正直になってきただろうか．本当に自分の意志で何かを選んできたことがあっただろうか．ゼミでは自分の気持を偽わらずにいうことのできた正直な自分．そんな自分に感動しているが，そんな自分があった．(後略)

(Ｍさんの感想文より)

以前の私は，社会の規範，親や周囲の人間の自分に対する期待の枠の中で，自分の感情を押し殺しながら生きていた．つまり，『すばらしい自己像』を築き，それが本来の自分であるかのようにふるまっていた．そこには自由に自己を表現し，ありのままの自己の感情を受け容れる姿勢は何もない．しかし，グ

ループが進んでいくにつれて，私は少しずつ変化していったように思う．周囲の評価を恐れずに，まず，自分の感情に気づくことの大切さを知っていった．
（後略）
　　　　　　　　　　　　　　　　　　　　　　　　（Ｙさんの感想文より）

　以上，いくつかの感想を取り上げてみたが，これらの他に，たとえば，「しんどくなったり，緊張するのは，自分の期待どおりにいかないときだとわかったので，開き直ると少し楽になった」「自閉的であった友人と心のレベルで話せるようになってきた」「今では，否定的感情を含めて，ずいぶんと自分を認められるようになり嬉しく思っている」「人と接することがうんと楽しいものになった」などをあげることができる．これらは，どちらかといえば，エンカウンター・グループに意味を感じたり，肯定的あるいは建設的な経験をした感想文である．

　しかし，中には，役に立ったとしながらも一方においては，「まだまだ即時的にスムーズに他者にかかわれない」「否定的感情を口に出していうには勇気が要ってできない」「なかなか『ノー』とはいえない」など，少数ではあるが，未消化であったり，今後の問題として残されているものもみられる．これらのうちの一つを紹介すると以下のごとくである．

　　グループというのは本当に不思議な場です．こういう場が私に与えられたことには大きな喜びを感じています．けれど，それは私にとって，反対に苦しさをも増大させるものでした．日常生活に戻ってみて，いま，自分がグループのときと比べものにならないほど，消極的な人間になっているのを感じ，自分に対して腹立ちを覚えるのです．グループでは自由に言えたのに，日常生活ではものすごく口が重くなっているのを感じるのです．なかなか口を開けないし，開いてもかすれた重苦しい声しか出てこないのです．こんな自分に対して，「どうしたの！」「声を出して言えばいいじゃないの！」と内から声をかけてみるのですが，やっぱり口は閉じたままなのです．そんな自分に腹が立ち，もどかしさをも感じています．
　　　　　　　　　　　　　　　　　　　　　　　　　　（ある感想文より）

　以上は，エンカウンター・グループと日常生活とのギャップを経験している例といえるが，このような経験を報告したものは他にもある．また，筆者自身にも思い当たる経験がある．それは最初のグループ経験後やたらと敏感になりすぎ，他者の弱さや欠点が目につき，また自分の醜さを気にしたことがあった．これではグループを経験しなければよかったとも思ったことを思い出す．そのような状態を筆者が脱皮できたのは，その後何回か納得のいくまでグルー

プの経験を積み重ねたことと，筆者の気持ちを，世話人であった人に打ち明け，聞いてもらったことにもよる．このグループの経験をどう日常生活に生かしていくかについては課題であるが，筆者はなんとかしたいと思って，継続的なグループ経験やフォローアップの機会の提案をして，模索している．

f. エンカウンター・グループの可能性

　さて，上記のようなエンカウンター・グループは，とくに米国において人間性を回復しようとするヒューマン・ポテンシャル・ムーブメントの流れにそって，展開をしてきた．日本においても，同様の流れが見られる．幼稚園から大学院までの公式の学校教育の過程においては，客観的な知識や理論については学習するが，人生のもう一つの側面というか，たとえば，何かに失敗したとき，悲しいとき，障害に遭遇したとき，愛する人と離別や死別するとき，恋愛や結婚の問題，すなわち，人間の生々しい生活の現実の問題についてはふれられる機会はほとんどない．

　これらの人生の問題については，かつては，一人前の村人になるための「若衆宿」や主婦学を学ぶ「娘宿」（柳田，1948）などが存在していた．それらの"宿"に入宿すること自体が"通過儀礼"であり，そこでの"教育"や"訓練"あるいは生活自体が"通過儀礼"であったのである．若者はそれらを通して大人になり，一人前の村人や主婦になったが，そこにはそれら社会システムが存在していたのである．しかし，現代においては，それらのシステムが消滅してしまっている．それらに代わる社会システムが存在しないか，希薄になってしまっている．

　しかし，人生の問題は相変わらずあり，問題に遭遇し苦慮するときどう解決したらよいのか，若者にとっては，「どのようにして大人になるのか」などの問題は個人に押し付けられている感が強い．すなわち，一人で遭遇し，一人で解決しなければならなくなっている．それが，ときとして，加重の負担になっていたり，脅威になっていたりして，いまや社会病理現象といえるものとなっている．エンカウンター・グループに参加希望するものが増えている現実は，これらの現象の裏返しで，いわば，現代の"通過儀礼"の意味をもっているのではないかと思わされる．筆者のグループに関与した経験や世話人の経験がそ

う感じさせている.

　一方，パソコンや携帯電話に依存する現代は，仮想現実（バーチャルなリアリティ）でしかないものを，現実（アクチャルなリアリティ）と錯覚する傾向があろう．そこでは現実に適応するところの自我は育たない（倉戸，1983，2003）ことが危惧されている．たとえば，メールでは「デートの申し込みができても実際に顔を合わすと言葉が出ない」（倉戸，2003）など，はそのありさまを如実に物語っている．

　これらについても，エンカウンター・グループは格好の学習の場を提供できるのはないかと筆者は考えている．それは，いわずもがなであるが，他者と出会い，自分と自分が出会う機会と"すべ"を提供してくれるからである．

〔倉戸ヨシヤ〕

文　献

倉戸ヨシヤ（1979）．集団の心理　鈴木清・深山富男（編）教育心理学概説　ミネルヴァ書房　pp.194-217.

倉戸ヨシヤ（1981）．心理学における一つのシステマティックな教育の試み　甲南学園通信「一点鐘」，**11**，101-123.

倉戸ヨシヤ（1983）．心理臨床からみた集団　氏原寛・倉戸ヨシヤ・東山紘久（編）臨床教育心理学　創元社　pp.78-114.

倉戸ヨシヤ（2001）．相互作用を重んじる理論　中島義明（編）現代心理学［理論］事典　朝倉書店　pp.746-766.

倉戸ヨシヤ（2003）．パーソナリティの形成と崩壊　学術図書出版社

Perls, F. (1974). *Gestalt therapy eye witness*. Science & Behavior Books.（倉戸ヨシヤ（監訳）（1990）．ゲッシュタルト療法　ナカニシヤ出版）

Polster, E., & Polster, M. (1973). *Gestalt therapy integrated*. Brunner/Mazel.

Rogers, C. R. (1970). *Rogers on encounter group*. Harper & Row.（畠瀬稔・畠瀬直子（訳）（1982）．エンカウンター・グループ　創元社）

柳田國男（1948）．婚姻の話　岩波書店

第3章

内観療法の［適用事例］

　内観療法は日本人が生んだ心理療法の一つであるが，ドイツやオーストリア，中国や韓国など海外にも広まりつつある．内観療法は自分の対人関係を，「世話になったこと」「して返したこと」「迷惑をかけたこと」の3視点から探究するという単純明快な方法であるが，自己や他者への理解を深め，精神的健康を向上し，精神的な苦悩の解決に効果を発揮する．自分の歴史を振り返り，自分の心の声に耳を傾ける方法とでもいえよう．内観療法ではカウンセラー役の人を面接者，クライエント役の人を内観者と称することが多いので，小論でもそのように記す．

3.1　事例1：「妻への謝罪文」

　［目的］　とくに心身に問題をもたない健康な人々も，内観をすると思いがけない発見があるという事例を紹介したい．
　［内観者］　Aさん，男性，40歳代前半．とくに自覚的な問題はなく，会社から「1週間の休暇を提供するから，どこへでも好きなところで研修をしてきてよろしい」といわれ，縁あって私たちの研修所に精神修養や自己啓発のために来た．
　［集中内観の過程］　Aさんの場合，とくに問題はないと思っていたが，内観をしていくと，妻と最近うまくいっていないが，亭主関白で妻の頭を押さえつけて，文句を言わせないでいたことに気づき，妻に対する自分に重点を置いて内観した．

私たちの研修所では終了に際して，体験の感想文を求めているが，Aさんは帰りを急いでいたので，その時間がなく，後日，書いて送ってくださった．それが次に紹介する「妻への謝罪文」である．

[妻への謝罪文]

○○殿

（1）婚約と結婚について：私はあなたと婚約しながら，自分の長年の夢を捨てきれず，1年後に渡米し，ペンフレンドの家に半年間ホームステイし，都合1年半もの長い間，あなたを苦しめてしまいました．

また，彼女の家からアパートに出て，あなたを呼び寄せるとき，長女であるあなたを二十数年間育て上げたご両親の心情を少しも理解せず，逆に約束どおりアメリカに呼び寄せてやるのだというような横柄な気持ちでおりました．しかも，花嫁衣装も結婚式もない肩身の狭い結婚を強要いたしました．悪い夫でございました．

　解説：ペンフレンドというのは若いアメリカ人女性でしたから，日本にいた婚約者は心穏やかではなかっただろう．そして，そのアメリカ人女性は彼に好意をもち，彼はガールフレンドと楽しい生活を送っていたことを，内観してやっと気がついた．妻の両親は娘の花嫁姿を見たかったであろうが，彼は自分の主張を押し通し，簡素な結婚を強行してしまったことを反省している．そして妻は英語をほとんどしゃべれず，渡米するときたいへん心細かっただろうと気づき，それでも彼との結婚を喜んでくれた妻の愛情に感謝している．

（2）出産と育児について：あなたは十月十日と出産の苦しみに耐えて，長男と次男を出産してくれました．私は結婚した女性が子どもを作るのはいままで，当たり前のことだと思っておりました．

しかし，内観中それが当たり前でないことに気がつきました．美しさをいつまでも保ちたい女性にとって，身体の線を崩し，皮膚をたるませ，妊娠縞を作り，血管を浮かせるということが，非常に大きな犠牲であることに気づきました．

もし男性も子どもを作るたびに，身長が3センチずつ縮んでいくというような大きな肉体的犠牲をともなうとしたらどうだろうと考えると，出産と育児の評価がまったくできなかった自分は，思いやりのない悪い夫であることに気づきました．申し訳ございませんでした．

解説：面接者（善彦）も，出産と育児に関して妻の大きな苦労に思い至らず，Aさんの内観から教えられ，深い感慨にふけった．

(3) 子宝について：内観4日目の朝，ふと目が覚め，子どもたちのことを考えておりました．いまもし家が火事になったら子どもたちは無事に逃げられるだろうかと思うと，自分の宝物はビデオでもパソコンでもない，子どもたちなのだと思いました．

この宝物を，自分は一体いくらくらいのお金を積まれたら神の前に生贄として出すことができるだろうなどと考えておりましたら，子どもは金銭には換えられない宝物であると気づきました．こんな大きな宝物をもたらしてくれたあなたをバカにしていた私は，男尊女卑の権化のような悪い夫でございました．

解説：子どもをビデオやパソコンと比較し，お金と交換に神の生贄として出すという発想そのものに，子どもを愛する女性はついていけないであろう．子どもの大切さに気づき，妻を尊重していなかったことの自覚はAさんにとって大きな発見であった．

(4) 教育について：長男が小学校4年の算数につまずき，あなたが勉強を見てやってほしいと言ったとき，「小学生時代は母親の責任だ．本でも読んで研究しろ」と言って，素直に取り合いませんでした．いまから思えば，つまずいたときに的確に軌道修正しておれば，わが家の教育問題はもっと軽症で済んだと思います．あなたが出してくれた黄信号や赤信号を無視して，独善的な持論を振り回していた私は悪い夫でございました．

解説：日頃は忙しくて考えないことにたっぷりと時間をかけて振り返っていくと，いろいろな問題点に気づいていくことを，Aさんの例から教えられる．

(5) 家庭について：私たち夫婦の人間関係が悪循環をはじめてからは，お互いにみじめな思いをして苦しみました．そんな中にあっても，あなたは母とよく話をしてくれました．父を亡くして何かと孤独になりやすい母にとっては，女のおしゃべりがなによりの気晴らしと喜んでおりました．

今反省しますと，昔からあなたには温和な家庭に育った温かさと謙虚さがありました．ところが，私には常に理屈を説き，人を非難し，対立を招き，人間関係を悪循環に導くようなところがありました．ほんとうに悪い夫でございました．申し訳ございませんでした．

解説：自分の理屈っぽい攻撃的な性格にひきかえ，妻の温和で謙虚な性格にど

れほど助けられていたか，しみじみと感じている．

X年Y月Z日　署名○○

　以上がAさんの謝罪文である．結婚している男性なら少しは思い当たる節があり，女性はぜひとも夫に読ませたいと思うことであろう．これを講演などで聴かせたいと思い，録音テープに吹き込んでもらいたいとAさん宅に連絡すると，ちょうど夫人が電話口に出られた．「内観から1年ほど経ちますが，あの謝罪文を覚えておられますか」と尋ねますと，ほがらかな声で「忘れるものですか，あれは私の宝物です」との答え．それはそうだ．Aさんがまた自分勝手なことをしたら，この謝罪文を「はい」と差し出せば，「ははあ！」と平伏し，水戸黄門の葵のご紋のような働きをするであろう．「その後，いかがですか」と尋ねると，「夫はほんとうに優しい人になりました．ありがたいことです」との答えであった．また，本人からは会社での人間関係も良好になり，長年希望していた外国勤務ができるようになったとの報告があった．

　[考察]　「汝自身を知れ」とは古来より私たちに課せられた命題である．心理療法はクライエントの苦悩を軽減し，苦悩に直面する力を強化するが，そのためには自分自身を深く知ることが前提となる．その意味で心理療法は「汝自身を知る」方法，つまり自己探求法であるといってよい．すでに述べたように内観療法では三つの命題について具体的な事実を調べていく．その結果，会社員Aさんは日頃はあまり問題視していなかった妻との歴史についてじっくりと考え，具体的な事実に基づいて，自分の女性観や夫婦関係や親子関係のあり方について反省することができ，その結果，日常生活にもそれが反映されているといえよう．

3.2　事例2：内観で家庭生活と職場の人間関係を改善

　[目的]　社員研修の一環として集中内観を体験した男子社員の内観のプロセスと，その後の職場と家庭での変化を示し，社員研修としての集中内観の意義を明らかにしたい．

　[内観者]　Bさん，男性，30代後半．幼少期に父母が離婚し，母は仕事に精を出し，祖母に育てられた．結婚し，子どもが一人いる．単身赴任中．会社

第3章　内観療法の[適用事例]

では中堅幹部として活躍．社員研修として内観に来たが，これを契機にしっかりと自分を見つめ直したい，という強い動機づけをもっていた．

[集中内観の過程]（内観研修日記より引用）

1日目　「仕事の心配事や，やっておかなければいけないことなど，そっちのことばかりがちらついて，集中できませんでした．」

2日目　「ようやく少しずつ思い出せるようになってきましたが，本当に意識せずに生きてきたのだなと思います．初日，死んでしまったおばあちゃんのことを思い出したときは，とても悲しかったのですが，後は思い出すことに必死で，前後関係があやふやで，苦労しました．」

3日目　「ようやく深いところに入りはじめたかなというところです．今日は妻に対する内観と嘘と盗みについての内観を行いました．妻とは付き合い9年，結婚10年です．なんと結婚10周年であったことを，ここで気づく始末です．」「恩を仇で返してきた自分にいま，つけが回ってきているように感じました．」

4日目　「会社，仕事，上司には非常に恵まれていたにもかかわらず，自己中心的な考えで，恩を恩と感じず，相手の気持ちを無視して行動していました．また再度，母に対する内観をしますと，最初にしたときよりも，たくさんのお世話になったことや迷惑をかけたことが出てきました．というよりもこれくらいは当然と思っていたものが，実は母の愛情や自分を育てようという思いであったことに気づきました．…そんな母の苦労を知ろうとせず，あまり会話もしなくなったいまの状況を深く反省しました．自分は生かされていたのだと…．」

5日目　「妻に対する自分を調べました．なんと自分のことだけ考え，身勝手にやってきたか，思い知らされました．よくこんな自分をいままで愛想を尽かさないで面倒を見てくれたなと思います．ここから帰って，この思いを伝えるのはちょっと大変と思いますが，日頃の行動を変えて，感じてもらえたらいいかなと思います．」

6日目　「自分が本当に多くの方にお世話になり，よくしてもらいながらも，それを当然のように思い，お返しもせず，する必要も感じず生きてきたことがよくわかりました．出会いと別れの中で『恩』だけ受けて，返さず，その

ままという状況です．ですから，付き合いが長くなると，なにかおかしくなってしまうのです．これからきちんと返します．お世話を受けたことは，当然でなく，ありがたく感謝します．まず自分がそれを実践し，みんなにわかってもらいます．そうすれば，職場も家庭もきっと変わっていきます．」

[集中内観の感想]「はじめて1週間の集中内観をして，今までの人生の掃除や整理ができたという感じです．」「人生のスランプの脱出法として，非常にいいものを手に入れたと思います．ありがとうございました．」

[その後の経過①]（内観5ヵ月後）

「内観に行ったことで大きな二つの悩みが解決され，直属の上司からも『お前は変わった』とはっきり言っていただけるほど効果が出ています．」「悩みの一つは家庭のことです．妻の愛想のない対応や生半可な返答，言葉づかいなどが気になり，『こんな嫁さんではやっていけん』とまで考えましたが，内観3日目くらいで，自分のなかで解決しました．原因はすべて自分だと．自分次第でどうにでもなると．その結果，今はとても仲良くできています．いい奥さんだと心から思っています．」

「人間関係（上司とも部下とも）は，今までの中でもないくらい，うまくいくようになりました．自分が上司にとって必要とされれば，自分にとって必要とする部下ができる．そう確信しました．意見を述べるときも，ただ主張するだけでなく，まとめ方がわかるようになり，心の余裕ができたせいか，今までよりも少し先を見た考え方ができるようになりました．」「体も規則正しい生活を1週間続けたお蔭で，98kgあった体重が内観から帰ったとき4kgやせて，その後，3ヵ月で12kgやせました．まさに内観のお蔭で身も心も健康になりました．ほんとうにありがとうございました．」

[その後の経過②]（内観13ヵ月後）

（学会発表の承諾をお願いする手紙を書き，補足の質問とその後の様子をうかがった）

　　質問：現在の体調はいかがでしょうか．
　　答え：身長は173cmで，内観前は体重が98kgありました．内観直後94kgで，その後，ほんとうにゆるやかに3ヵ月で12kg減少し，その間もきっちりと食事をとりました．そして，82kgまで落ちて，その後は安定．少々戻った時期もありましたが，現在は80kgです．75kgが理想ですね．

質問：以前の調査のとき，奥様や上司との関係が改善したとの報告がありましたが，その後はいかがでしょうか．単身赴任ですが，お子さまとの関係は？
答え：継続できていると思います．問題が起こりにくく，たとえ起こっても，解決が早いと感じています．子どもとの関係も良好です．大切だと思うのは，心の距離ですね．家からの距離に関係なく，心に余裕があるいまが，一番良好です．
質問：その他，自由な感想を．
答え：内観研修に行かしていただいてから，ほんとうに人間関係が良好になったと感じています．また規則正しい生活習慣，考え方が身につきました．いま，会社全体で環境について取り組んでいますが，内観の考え方と環境の考え方に，とても多くの共通点を感じています．お世話になったことに感謝する，自分以外のことを考える，必要以上の物を獲らない，していただいたことにお返しをする，後のことを考える等々です．内観の心，環境の心，より多くの人に伝えていきたいと思います．このことが私生活や会社経営や地球にとってよくなるように！　ありがとうございました．

[**考察**]　社員研修としての内観の意義は，①忙しい仕事から離れて，ゆっくりと時間をかけて人生を回想し，人生を見つめ直すことができる．②家庭や職場の人間関係を相手の立場に立って考えることにより，相手からの愛情や思いやりを感得し，自分の自己中心性を自覚し，感謝や謝罪の気持ちが素直に浮かび上がってくる．③自分から積極的に愛情や思いやりをかけ，家庭を大切にし，職場で積極的に職責を果たす意欲がわいてくる．④社員教育として内観を活用するには，まず社長や幹部社員が研修してその意義を認め，職場の雰囲気を改善すれば，部下も内観の意義を感じて，研修に積極的になるであろう．この会社の場合もまず研修担当の幹部が内観をして，その成果を聞いた社長が内観を経験し，それから幹部社員に社員研修の一環として内観を体験するシステムにして，業績を上げている．

3.3　事例3：内観で摂食障害を改善

[**目的**]　機能不全家族の一員として育ち，結婚後は夫との不仲などを契機に摂食障害（過食と拒食）になり，4年後に離婚したが，その後も食生活は改善せず，機会を得て集中内観を体験した女性の内観のプロセスとその後の変化を

示し，彼女にとっての集中内観の意義を明らかにしたい．

[内観者] C子さん，20代後半．家族歴と病歴について彼女は，次のように語った．

「幼少期から両親の厳しいしつけと，暴力が飛び交う中で育ち，小学校2年のとき父の運転中に大事故に遭い，父・母・長兄・次兄と私が負傷した．とくに次兄は8ヵ月間意識不明で，高次脳機能障害となる．自責の念に苦しむ父，行き場のない苦しみでヒステリーとなった母と，両親に叱られないように『いい子』を演じる私をひがんで暴力的な長兄との生活．両親は次兄に対して体罰を加えて自立を促す．さらに，私は小学生時代に長兄から性的虐待を受け，勇気を出して母に訴えるが，母は長男の否定を信じ，助けの言葉もなかった．そのため，私は家族に恐怖と不信と軽蔑と反抗の念をいだいて育った．高校を卒業後，20代前半で結婚したが，夫と不仲で，過食（拒食は一時的）がひどくなった（40kgが4年後には53kgにまで増加）．離婚後もストレスで過食は続き，半年後に，思い余って集中内観を体験することにした．」

[集中内観の過程]（内観研修日記より引用）

1日目　「子どものころの心情や記憶は思い出せず，思っていたよりあやふやで，こんなに少なかったのかと困惑してしまいました．」

2日目　「気が散り，傷つき辛かった思い出ばかりや他のことを考えてしまいますが，何度もテーマに戻り，ちょっとしたことでいいから昔の父や母に心の中で出会い，受けた愛情を再確認したいと思います．」

3日目　「今日は嘘と盗みについて内観し，普段では考えもしなかった目線から過去を見つめ直し，決定的なことに気づかされました．私が罪深い考えをもち，悪循環の歯車を回し，どんどんとよくない方向へと向かってきたか…．兄のことや環境や周りの人，親のせいにして生きてきました．自分を律し，感謝の気持ちをもっと大事にして，きちんと自分を守っていくことをせずして，裏切ってばかりだったと思います．悲劇的な結果を作ってきたのは，私自身でした．」

4日目　「父や母に怒られまいとか気に入られようとか，その場をおさめるために自分というものをごまかして，表面的に取り繕って，その結果，異常を来した状態で，失敗や不完全な始末の自分を作り出し，自信をなくす一方で

した．自分の進むべき道を見えなくして，苦しいほうへばかり追いやっていたのかと思います．こうして内観しているうちに少しずつ私の間違った思いをほどき，正しい道を見つけ出せそうな気がします．」

5日目　「小さいころの兄のことをずっと伏せて置きっぱなしにしていたことが私自身の心を投げやりにし，その場しのぎのいい加減な行動へ発展させていたのか，自分をどれだけ大切にしなければならないか，がわかった気がします．親が一生懸命に働き，何よりも大事に育て生かしてもらっているのに，過食をくり返し，与えてもらった身体をないがしろにして迷惑をかけ続けてきたことを，ほんとうに申し訳なく思いました．」

6日目　「元・配偶者の両親や仕事の上司や仲間を内観していくと，『なぜもっと早く相手の想いや立場を素直に思いやれていなかったのか，しまった…！』というショックや後悔がぐるぐる回ってきました．…また長兄に対する内観をして，誤解していた気持ちも和らぎ，次兄には体中が熱くなるほど，子どものように泣かせていただきました．兄たちに対するわだかまりが解けていきました．」

[その後の経過①]（新しい事業をはじめるにあたって，4年半後に再度内観に来られ，その後の経過が判明した）

「集中内観後は，ほぼ過食をしないで日常生活を送ることができるようになり，ときには気が滅入ってたくさん食べてしまうことはありましたが，嘔吐はありませんでした．4年後半後の現在はまったく過食をしなくなりました」とのことであり，摂食障害から解放されたといってよかろう．

そして，筆者の求めに応じて，内観前と内観後の過食に対する気持ちの変化を記してくださったが，その一部を紹介しよう．

　　質問：過食に対して内観前はどのような気持ちでしたか．
　　答え：自暴自棄，孤独を埋める，いらだち，怒りなどで過食に走っていました．さらに自責の念で死んだほうがましなどの荒んだ気持ちで過食をしていました．
　　質問：内観後の気持ちの変化はいかがでしょうか．
　　答え：自分がさまざまな人に愛されていたことを知り，自分は一人じゃないことに安心しました．親が大切に苦労して育ててくれた身体を自分も大事に思えるようになりました．さまざまな不満が和らぎ，むしゃくしゃしにく

いなどの良い変化を感じています．

[その後の経過②]（2回目の内観から半年後，つまり1回目の内観から5年後に 学会発表の承諾を求める手紙を書き，補足の質問とその後の様子をうかがった．）

質問：現在，過食はありませんか．
答え：過食はありません．以前の過食行為は私の命をつないでくれた大切な作業でありましたので，それ自体を悪いものとして，人間失格のように許せず，責めたりしなくなり，今では過食をする必要がないですし，勝手に身体の反応も拒んでくれている感じです．身長は157センチ，体重は52キロです．

質問：長兄に対する気持ちは内観によってどのように変化したでしょうか．
答え：私自身の醜さや未熟さを知り，兄を責める気持ちが消えました．兄の仕事に役立つお客様を紹介し，兄との交流も深まりました．兄の痛みやつらさを思いやれる余裕もあり，兄の好意や優しさを受け入れられています．

質問：ご両親との関係はうまくいっていますか．
答え：5年前の内観以降，親や兄弟ともたいへん仲よくなり，両親ともさまざまな心境を話し合えて，解放されたようにお互いに自然体に日々を歩んでおり，周りにうらやましがられるほど，力になってくれ，大事にしてもらっています．お店のオープン前は毎週故郷から来てくれて，泊まり込みで手伝ってくれました．オープン後も月に一度以上は楽しみに出てきてくれます．

質問：今年3月に開業すると仰っていましたが，事業の進展はいかがでしょうか．不況の折り，たいへんだとは思いますが…．
答え：お店のほうはお蔭様で，元気に順調にやらせてもらっています．80％はリピートしてくださり，クチコミ紹介にも恵まれ，すばらしい方々との深いご縁に助けていただいて，収入にも困らず，楽しくさせていただけています．

質問：ご自由に現在の心境を．
答え：反省点をとことん思い知れたお蔭で，何事も人に対しても内観によって観点が変わり，自分も周りも裁いたり責めたりして，周りのせいにしなくなりました．そして傲慢な性格から，許せなかった自分や他人にも，許しと感謝ができるようになりました．過去も周りも多くのことが自分のすべての身になって，支えられていることに幸せを感じて暮らしています．大切な一人の人間として生き方をお教えくださり，先生方には心から感謝しております．

[考察] 摂食障害は短期間では治りにくい症状といわれている．しかし，内観のテーマにそって人生を回想していくと，家族をはじめ周囲の人々にいだいていた他者像が変化し，彼らの愛情や思いやりを感得し，孤独感や怒りが解消し，過食や拒食という手段で自らを痛めつけることを止め，自分を大切にするようになるのであろう．

C子さんは2回目の内観でより深く自分自身を見つめ，その結果を現実の生活に生かしている．機能不全家族で育ったという事実を，内観によって，その意味づけを変化し，健全な家族へと変化させている．「過去の事実は変えられなくても，その意味づけは変えられる」ことを証明する一つの事例といえよう．

3.4 事例4：子育て支援としての内観の効用

[目的] 親が子どもを虐待する事件が増加し，「子育て支援」の必要性が強調される昨今である．内観によって母親が子どもを虐待しなくなり，夫婦関係も改善した事例を紹介し，内観が子育て支援の一技法になることを報告したい．資料として，内観前後のアンケート，内観研修日記，その後の電子メールや電話の記録を引用する（もちろん，ご本人の許可を得ている）．

[内観者] 30代前半の専業主婦のD子さんは，4歳の娘を育てているが，気分が落ち込み，家事をすることがおっくうで，家の中は散らかり放題で，冷蔵庫の中には腐った食物が入っているありさま．イライラして娘を叩き，食事を満足に与えず，会社員の夫とのけんかが絶えない．心が重く真っ黒な鉛をかかえているという感じで，自分は不幸だと思い込み，泣き暮らす毎日．離婚寸前の状態で，内観に来ることになった．

集中内観に来る前日，D子さんはあまりにも苦しかったので，面接者の一人（潤子）によるカウンセリングを受けた．内観後のアンケートに「もし，カウンセリングを受けずに集中内観を受けても不安で，どうすればよいかわからず，落ち着いた気持ちで内観できずに，今みたいな成果は出ただろうかと思います．内観に入る日，希望と期待を胸にこの奈良内観研修所に来ました．そして，少しの緊張と私は内観をがんばったら，きっと何かを得ることができるの

だという期待で，うれしかったです．」と記しているように，カウンセリングによって過剰な不安が解消され，内観への動機づけが強まったようである．

[内観の過程]（内観研修日記より引用）

1日目　「母に対する生まれてから高校中退までを内観して，気づいたことは，子育て期間中，母はなんて疲れてストレスの多い，そして誰も助けてくれない，つらい子育てだったのだろうということです．父方祖母と同居でしたが，祖母はあまり上手なベビーシッターではなかったらしいので，役に立たなかっただろうし，父は仕事で手一杯で手伝わなかったし，母は家事と父の仕事の手伝いと子育てをやっていたのです．いままでは，ヒステリーで怒ってばかりいる恐い母親と思っていましたが，一番つらかったのは母親だったと思いました．」

　　解説：D子さんは内観直後のアンケートに「最初，母に対する内観をしてくださいと言われて，私は母を恨んでいるのに，世話になったことを思い出してくださいと言われても，イヤなことしか思い出せないよと考えていました．でも一生懸命やろうと心に言い聞かせて考えていきました．すると，あんなに恨んでいた母親にでもしてもらったことが出てくるので，驚きました．（母に怒られたこと，心を傷つけられたこともたくさんあったので，つらかったですが，）精一杯考えるように努めました．」と述べている．このように内観は選択的に記憶を想起することにより，他者像を変化させる働きをもつ．

2日目　「母に対して現在まで内観．嫌な思い出ばかりかなーと思っていましたが，思いもよらず，母にしてもらっていたことが毎回の年代で出てきたので，母は母なりに一生懸命やってくれていたのだと思います．それに気づかず，母に恨みの感情を持っていた私は内観するうちに，母もつらかったのだ，いや母のほうがつらかったのだと思い，母に申し訳ないことをたくさんしてしまったという思いが出てきました．

私の人生も平坦な人生とは言えませんが，母の人生もつらく厳しいものだったと思います．いまは母に会ったら，いままでの母に対する仕打ちを心から謝りたいです．母に対する内観は，私にとって見たくないものを見なくてはいけない作業でした．つらかったけれど，内観して今まで見えなかったことが見えてきて，とてもよかったです．

そして，いままでほとんど人に言えなかったことを三木先生ご夫妻に聞いて

いただいたことにより，何か心につかえていたものを吐き出したような清々しいというか，すっきりしました．先生ご夫妻にはどんな話でも不思議とリラックスして伝えることができました．

　母に対する内観が一通り終わり，父に対する内観に入ったときは，父には小さいときに可愛がってもらったし，恨んでいることもないので，母のときよりはたいへんではないけれど，あまりかかわりがないというか，あまり父とのことをおぼえていないので，思い出すまでに時間がかかりました．」

　　解説：このように内観の課題にそって内心を観察していくと，母親像が一変し，母親を共感的に理解するようになっている．そして，面接者を信頼し，内心を語ることによるカタルシスを経験している．

3日目　「父に対する内観をして，驚いたことに，父と中学時代から23歳の10年間，ほとんど口を利いていないことを思い出しました．そのわりには今日の父との関係でも涙が出ました．父親にも愛情を与えてもらっていたのだということに気づいたら，私のいままでの態度を考えると，とても身勝手で，ずうずうしく，頑固で，人の気持ちがわからない人間だったのだなあと，恐ろしくなりました．

　私はいままで判断力のまったくない，自分を不利なほうへと追い込む決断ばかりしてきたのだということが内観してわかったし，かなり行き当たりばったりというか，何も考えていないというか，バカだったなーと思います．

　これからの人生では子ども（娘）の人生がかかっているので，もっとしっかり考え，真剣に生きて行かなければなりません．今までの甘えや人が何とかしてくれるという気持ちは捨てて，しっかり自分の人生を歩んで，子どもにも不幸な道は歩んでほしくないので，私はこれから変わっていきたいです．

　嘘と盗みのテーマは，もっと簡単に思い出せるかと思ったけれど中学3年まではなかなか思い出せず，苦労しました．私は自分で嘘はよくついたし，盗みもよくしたと思っていましたが，思い出すのには時間がかかりそうです．明日も集中して，内観に取り組みたいです．」

4日目　「嘘と盗みについて，高校時代から内観したのですが，とてもつらく，あまり思い出したくないことが思い出されてきて，つらいし，考えていても，ちょっと気を抜くと雑念がわいてくるし，この嘘と盗みという課題は私

にとっては，とても厳しかったです．もうほとんど逃げ出したいというか考えたくなかったけれど，考えるのが必要だから考えないとだめだと思った．」

解説：内観後のアンケートに「私が一番つらかったのは，嘘と盗みの課題でした．このときはつらくて，私はなんてひどい，ずうずうしくて，がんこで汚い奴だと，すごく恥ずかしくなって，こんな奴でも生きていてよいのだろうかと本当に思いました．いっそのこと死んでしまいたい，でも私には主人と子どもがいるので，反省して違う自分になりたいと思いました．」と記しているように，D子さんにとって嘘と盗みという課題は自己像の変革を迫るものであったようである．

5日目　「母に対する2回目の内観を現在までしました．私は母を恨んでいました．母は疲れがたまってくると，ヒステリーになって，怒り散らして，ひどいと掃除機で叩かれた記憶もあり，とても怖くて，怒りだしたら怒りが鎮まるまで我慢するしかないと考え，私の中の母は鬼のようなイメージでふくれあがっていたのです．

しかし，1日目から母に対する内観をして，母は母なりにたいへんで苦しんでいたのではないか，子どもだった私はそれに気づかなかったけれど，ほんとうに苦しく誰にも助けてもらえない母はつらかったのだろうなと思うと，なんだか母がかわいそうに思えてきました．

母に対する2回目の内観をすると，不思議にも今度は母にしてもらったことで，楽しかったこと，幸せだったことが思い出されてきて，母は私たち子どものことを愛してくれていたのだ，私のことを恨んでいたわけではなかったのだと思うと，とてもうれしくて，晴々した気分になれました．

いま，大人になっても母が私に対してビクビクしていたのは，私が母を恨んでいて，母がしゃべるたびに気分が悪くなれば，母に怒ったりしていたから，母が私を怖がっていたのだということに気づきました．」

解説：母に対する2回目の内観で，さらに母親に対する共感が深まり，母親からの愛情を実感している．

6日目　「父に対する2回目の内観を現在まで．私は父のことも恨んでいたのだということに気づきました．私が恨んでいる母をかばう父が，私には許せませんでした．私はなんと恐ろしい人間なのでしょう．

父も母も恨んでいたから高校中退から非行に走るまで，越えてはいけない一

線を越えてしまった．2人を恨んでいなければ，そのようなことはできなかったと思いました．でも，それも過去のことなので，どんなに悔やんでも，過去は変えられません．私は結局，自分で罪を作って，それが自分に返ってきたのだということに気づきました．とても恐ろしいことですが，私はそのときは天罰が当たったのだと思っておりました．でもそれは自分で罪を作っていたのです．私は両親になんて罰当たりな失礼なことをしてしまったか，ようやく気づくことができました．

　夫に対する内観をして，私が彼と娘を巻き込んでひどいことをしてしまったと思います．主人は本来やさしくて，いい人なのに，私がつらい目に合わせていたのだ，これからは主人にも娘にもいままでつらい思いをさせたぶんも努力して，やさしく接していけたらよいなと思います．

　この内観をして，たくさんのことを気づかせてもらって，こんな私でも生きていてよいのかと落ち込みましたが，私には家族がいるので，家族のためにも生きていかないといけません．これからは前を向いて生きていきます．」
　　解説：父も恨んでいたことを驚きながら洞察し，恨みから解放されている．夫の本来の姿に気がつき，娘への虐待を反省している．

　(今後の行動計画)「私は主人と娘に彼らの気持ちを考えて，あまり怒らずに，穏やかに，やさしく接していきたいです．いままでひどいことをしてきたので，その償いをして，家族のために家の掃除や洗濯やご飯も作って努力していきたいです．努力して，なんとか今までとは違う人間になって，楽しく，不平不満を言わず，感謝して生きていきたいです．父や母にも恨んで親不孝をしていたこと，謝ります．

　これからはどれだけ努力できるか，家族のためにがんばれるかが勝負です．私はもう一歩も過去には戻りたくありません．もうあんな苦しく意味のないことはこりごりです．

　もう少し人間が良くなって，落ち着いてきたら，心理学の勉強もしてみたいです．そして，できるなら高校卒業の資格をとれたらいいのにと思っています．」

　(内観直後のアンケート)「今までは，あの人がこの人が悪いと人のせいにばかりしてきましたが，そんなことを言ってふてくされて努力をせずにいると，

結局自分のところに返ってきて，自分で自分の首を絞めるということに気づきました．そのことで私の人生をどれだけメチャクチャにしてしまったかと思うと，後悔してもしきれません．みなさんにも，早く内観を知っていただいて，自分のことを考えて，私のように過ちを犯さないでほしいです．

　私は高校生のとき，職員室で先生が保護者の方に内観の説明をしておられるのをたまたま聞いて知っていました．行きたいと思いましたが，まさか自分が来るとは夢にも思っていませんでした．知人の方に紹介してもらって，内観に来られて，私はほんとうに恵まれているなと思わずにはおれません．ご指導をありがとうございました．」

　　解説：その後，本人の希望で，アフターケアとして1ヵ月に1度程度，カウンセリングを実施した．

[内観前後のSCT（文章完成テスト）の比較]

　参考までに，内観前後に実施したSCT（短い刺激語の後に自由に自分の気持ちを書き込んでいく心理テスト）の一部を紹介しておこう．

「私の母」
内観前：私の母は祖母と同居でうまくいってなく，いつもストレスでイライラし，我慢できなくなると，ヒステリーになっていた．
内観後：私の母は愛情はあるが，表現が下手くそで，昔は働きすぎて疲れており，とてもつらかっただろうと思う．
「妻」
内観前：妻として，私は何の責任も果たしていなかったし，自分が楽になれるようなことばかり考えていた．
内観後：妻とは夫を支え，夫の疲れをいやし，夫のご飯を作り，家を掃除し，子どもを育て，家を守る者である．
「私の父」
内観前：私の父は11歳のときに父親を亡くし，5人の姉弟を食べさせるために若いころから必死で働き，私が小さいころ，とてもやさしかった．
内観後：私の父はやさしくて，あまり怒りません．いつもニコニコしてとても愛想のいい人です．私も子どものことも可愛がってくれます．
「夫」
内観前：夫は，とても頭が良いのですが，私の気持ちはあまり理解できないようで，私が泣いていても，何で泣いているのか理解できませんでした．

> 内観後：夫はきっと私のことが好き!?で，本来はやさしくて，私がやさしくなれば，彼もきっと私にやさしくしてくれると思います．

［考察］内観前後の反応を見ると，その相違は明瞭である．解説を加えるまでもない．

［その後の経過①］

　内観2ヵ月半後に，D子さんのその後の様子を夫に電話で尋ねた結果は，次のとおりである．

内観前	内観後
ほとんど家事をしなかった．	⇒ 家事はかなりやっている．
家の中が汚くなったまま．	⇒ ちょっと汚れたら，すぐきれいにする
保育園の送り迎えしなかった	⇒ 送り迎えをしている．
子どもに食事をあまり食べさせていなかった	⇒ きちんと食べさせている
夫が夜遅く帰ったとき寝ている．	⇒ 起きて待っている
外食が多かった	⇒ 毎日の食事作りが習慣になっている
冷蔵庫のものが腐っていた	⇒ そのようなことはない
夫の両親に会いに行ったとき，娘も妻もぐったり疲れて帰ってくる	⇒ 2人とも楽しそうに帰ってくる
家族3人で歩いているとき，娘が両親の手をつなごうとしていた	⇒ 娘が真ん中に入って歩く
娘は私たちの顔を見たら，「喧嘩したらあかん」と言っていた	⇒ いまはほとんど言わなくなった

　夫から見て，D子さんの状態は大幅に改善していることがわかる．内観によって得た洞察が現実の行動となっていると考えてよかろう．

［その後の経過②］（内観8ヵ月後に夫の仕事の関係で在米しているD子さんにメールでその後の様子を尋ねた．）

　彼女の報告によれば，その後も良好な状態が続いている．つまり，家を片づけ掃除をし，食事を作り，夫婦げんかもなくなり，娘も笑顔が増えている．夫も帰宅するのが楽しみになっているという．もちろん，離婚話は消えている．

　とくに娘に関しては，次のように語っている．

「集中内観前は，常にイライラし，夕方になると限界に達し，そんなにたいしたことではないのに娘に怒って，思い切り叩いて泣かせていました．最近でも，イライラして怒ってしまうときもありますが，気がついたときに，抱きしめて『大好きよ』と愛情を表したりしています．娘が寝ているときに，この子のお蔭で寂しくないし，成長させてもらえるし，何よりもこの子がいるお蔭で主人と別れずにすんだと思い，感謝の気持ちがわいてきました．ほんとうにありがたい存在だと感じています．」

このように虐待のおそれはない．

[考察]　母親が両親からの愛情を実感し，恨みを解消し，理解を深めたとき，虐待の世代間連鎖を断ち切ることができる．そして，子どもに対する母親として，夫に対する妻としての役割に目覚めていく．子育ては子どもの人生を左右する大事業である．そのためには親が精神的に健康であることが大切である．内観は子育て支援の一助となることをこの事例は示している．

3.5　全体的考察

1) 内観療法の適応範囲

内観療法の適応範囲は広い．まず第1に，自己啓発として心身ともに健康な人々が利用している．ふつうに社会生活を送っている人なら，誰でもできる．ときには社員研修の一環として利用され，教師や医師や看護師や学生が自己分析の一つとして，あるいは心理技法や教育技法として活用するためにまず自身が体験する例も多い．第2に，心理療法として心理的トラブルに悩む人々が利用している．成人の場合は，家庭や職場の人間関係の不和，うつ状態，薬物依存，心身症など．子どもの場合は，非行，不登校，摂食障害などが多い．

適応が困難な症状としては，内因性精神病といわれる気分障害や統合失調症や人格障害などが上げられよう．もっとも，それらの場合でも，内観療法の実施法を工夫し，家族が内観を体験して患者への接し方が変化して，好転した事例がある．

2) 限界

① 内観療法の魅力の一つは短期間の研修で済むことであるが，これはまた欠点にもなる．根深い問題をもつ人や人間不信の強い人，治療への動機づけの

低い人の場合は，内観療法の前後に薬物療法やカウンセリングに相当の時間をかけ，治療の一環として内観療法を適用する必要があろう．

② 内観のテーマは自己探求の有効な道具の一つであるが，人間性は多面的重層的で，一筋縄では解決できない．内観のテーマでは意図的に省略されている「迷惑をかけられたこと」を十分に語らなければ，次のステップに進めない人もいよう．また，精神的に自他の分離ができていない人にとって，内観のテーマは困難であろう．

③ 研修所での内観は日常生活から遮断された状況で行われるため，自己の内的世界に没入でき，過去経験もよみがえりやすく，感動も深い．しかし，ひとりで現実生活に戻った内観者を支えるシステムは不十分である．私たちの研修所では必要に応じてカウンセリングを実施しているが，家族や学校や医療機関など社会的資源と協力関係を結んで，アフターケアのためのネットワークづくりが必要である．

④ 小論では内観療法の成功事例のみを紹介したが，面接者と信頼関係が結べずに途中で挫折する例や，新たな発見や洞察もなく空しく帰る人もいる．また，一見，成功事例として発表された人も，長期間その経過を追ってみると，うつ状態や非行が再発した事例も見受けられる．また，失敗と思われた事例も年数を重ねると成果が見られることもある．また，欧米やアジアでも内観療法が実施されているが，その成果の相違も検討すべきであろう．それらを詳細に分析し，内観療法をより効果のある心理療法に発展させていくことが期待される．

〔三木善彦・三木潤子〕

文　　献

三木善彦（1976）．内観療法入門　創元社
三木善彦（2001）．内観療法　中島義明（編）現代心理学［理論］事典　朝倉書店　pp.768-773.
三木善彦・三木潤子（1998）．内観ワーク　二見書房
三木善彦・真栄城輝明（編著）（2006）．内観療法の現在——日本から生まれた心理療法　現代のエスプリ，**470**　至文堂
三木善彦・真栄城輝明・竹元隆洋（編著）(2007)．内観療法（心理療法プリマーズ）　ミネルヴァ書房

# 第 4 章

森田療法の [適用事例]

4.1 森田療法の対象

　伝統的な森田療法のもともとの適応は，いわゆる森田神経質であるが，現在はその典型例が少なくなってきている．それに代わって軽症ではあるが遷延化・慢性化した不安障害や抑うつ神経症の大部分を含むような持続性うつ状態，ひきこもりの青年たち，さまざまな年齢層にわたる種々の不適応，人生の行き詰まりから生じる悩み，それに生き方をめぐる問題の解決を求めて訪れる人々が増えている．これが現代の臨床風景である．

4.2 治療技法の変化

　また，上記の状態に即応して，臨床の現場では技法面でも変化が生じている．まず第一に，従来からの慣行であった入院治療方式の重みが減少し，逆に外来での治療が主体になってきた．いわゆる外来森田療法である．これは完全に標準化され，定式化されているとはいいがたい．目下のところ，それぞれの治療者が森田療法の治療原理の枠組みの中で，自分なりのやり方で外来治療を行っているというのが現状であろう．ここで重要なのは治療の原則であり，また治療技術によって達成される臨床的効果がどの範囲まで及ぶかということであろう．この意味では必ずしも形式にこだわる必要はないと思われるが，それにしても一応の標準法というものがあってもよいと思う．

4.3 森田によるパニック障害の治療例

さて以上述べたことを前提として,これから自験例について述べるが,その前に,この治療法の創始者である森田自身による事例報告を紹介したい（森田,1921/1974）.

これは1915年にパニック障害に対して行ったもので,森田が臥褥期からはじまる入院森田療法を完成させたと一般にいわれる,1919年以前の外来での治療である（近藤,1996）.ここではただ1回の面接で,長年にわたって悩んできたパニック発作が,ほとんど跡形なく消えうせたというのである.

1915年8月初診.元来丈夫で健康な男性.20歳のときに,同年の親類の者が肺炎にかかり看病したことがあった.その後しばらくして,ある日の夕食後,だしぬけに心悸亢進の発作が起こり,脈搏が120から150にもなった.死の不安に襲われ,倒れ伏したままで,ものを言うこともできない状態であった.すぐに駆けつけた医師の治療により,およそ2時間後には落ちついてきた.その後,同じような発作が,はじめはほとんど毎日,主として夕方に起こった.

後になって発作の回数は月に数回程度になり,この状態が3年ほど続いた.軽快したことも一時あったが,しばらくすると再発し,同じように月に数回の発作に悩まされるようになる.最近では仕事中に倒れて以来,夜中になると毎日発作が起こり,そのつど医師の注射によって回復するのが常であった.そのため,いつも近くに医師がいないと安心できないという状態が続き,またあまりにも頻回に発作を起こすことから,今回主治医にともなわれて来院することになった.

この事例は現在の用語でいうパニック障害であろう.このような発作がどのようにして起こったか,そのメカニズムについて森田は次のように説明する.

「ささいなことから胸中に不快感を起こすと同時に,かつて見た人の死の苦悶が思い出され,自分は心臓病だという誤った考えと結びついて,そこに恐怖が生じる.恐れる気持ちは生理的に心悸亢進を起こすものであるから,悩む人はますます心悸亢進を感じ,この感じが恐怖を起こして,心悸亢進と恐怖との交互作用でますます不安となり,死の苦悶を引き起こす.」

では，森田はどのような治療を行ったのであろうか．まず彼は患者の脈をとってこう説明する．脈が最初に速く，後で正常になったのは，はじめのうちは彼の診断を恐れ，後になると安堵したからだ，と．同様に，階段を数回昇り降りさせて，脈に変化がないことに気づかせる．このように，脈搏の変化に感情の動きが関係することを体験させ，また心臓の疾患は別にないことを証明して，身体的変化と恐怖の交互作用をわかりやすく説明する．そして，

「あなたは今までものに驚いたことがあるか．過去10年来心臓病と考えていたのは，この驚きとまったく同一のものである．驚くのを驚かないようにしたり，恐ろしいのを恐れないようにと努力するのは，かえって不合理なことだ．それはまるで，暑いのに無理して暑くないと考えたり，腹痛があるのをわざわざ痛くないと思おうとするようなものである．むしろ，進んで恐怖があれば自然に恐怖した方がよい．ただこの不安や苦悶に対しては，そのまえ耐え忍んで軽快するのを待つようにすればよい．…今日からはまったく医薬を止めなければならない．もしも発作が起きても，けっして医者を呼んだりしないように．次に発作が起きたときには，私の言うとおりにすれば，注射を受ける半分の時間で軽快することを経験できて，しかも私が言ったとおりだと確証できる．今すぐには信じられなくても，一度自分から進んで実験してみれば，このことを証明できる．」

というように話しをする．

その後，主治医の報告によれば，森田の診察を受けてから発作は消失し，すでに5年は経過した．2年後に1回発作が起こっただけで，健康に農業に従事しているという．細かい言辞のひとつひとつはともかくとして，この診察の骨子は肯けいにあたるというか，急所をついた治療のやり方といってよい．つまり，パニック発作を作り出す悪循環の打破ということに焦点が当たっており，まさに短期治療法の典型ともいうべきものである．このような介入は，不安に対する態度と理解の枠をつけ直して，違った視点からもう一度見直させる．そして実際に身をもってそれを体験させ，患者の変化が確実に起こるようにする段取りをつけた．

これを具体的に説明すれば次のようになる．

① 不安はわれわれにとって，きわめて当たり前の感情であること．
② 不安を感じまいとすればするほど，強く感じるようになること（不安の逆説）．

③自分から不安のなかに入り込んで，それに耐えるという体験から何が見えてくるか（不安への直面と予期不安の打破）を指示し，その間の体験過程を通して患者のパニック発作を取り除くことができた．

つまり，不安そのもののなかに入り込むことにより，パニック発作の引き金となった予期不安を解消させる．こうして不安を起こすまいとしては逆に不安を温存し，かつそれを強める結果になった悪循環を修正したのである．これは現在，米国などで行われるようになったパニック障害の精神療法の先取りともいうべきもので，森田は80数年前にすでに実施していたことになる．その背景には，自らのパニック発作の体験があったことはいうまでもなかろう．

4.4 筆者の外来治療の基本的枠組み

筆者の行う外来森田療法は，短期療法の枠組みに従って進行する．その枠組みを述べれば，

① 問題をはっきりさせる，ということである．患者が来院した正確な理由を特定するのがまず第一歩である．これは最初の2～3回の予備的な面接で決まってくる．
② 事実を確認する．すなわち患者の人格・症状，環境面の困難などを，あらゆる源泉から情報を集めることによって確認する．
③ 疾患が形作られる中で，人格がいかなる役割を果たすか．
④ 全般的な精神病理学的説明．
⑤ 治療の経過中，社会的・環境面での変化に留意すること．
⑥ 定期的に洞察の確認や強化を行う．
⑦ 治療者は6週目ぐらいごとに，進歩の定期的な再吟味を行う．
⑧ 薬物の使用．

といったことなどがその要点である．

こうした治療段階を経る中で，大まかにいえば，前半は症状ないしは疾患そのものをめぐって行われる．森田療法ではこの場合，症状といわれるものをどう考えたらよいか，具体的には，自分がそのために苦しんでいる症状の理解の枠組みを変えるよう導く．不安の逆説の体験を通じて，どう生きればよいかに

ついて理解を深めることが，治療者との共同作業になる．こうして治療段階の後半は，どう生きるかということが最大の主題となる．

以上述べてきたことを，事例によって明らかにしていきたい．

4.5 自　験　例　I

a.　前半の治療段階（初回面接および1～3回目の面接）

前述した治療の大枠の中で，①から④までの段階に相当する．

27歳の男性K．2歳のときに脊椎カリエスが判明．病院通いをするようになった．このこともあって万時に神経質，内向性．その反面，負けず嫌いで完全欲が強いところもある．同胞5人中の第4子で次男として出生．高校卒．父親は本人が16歳のときに亡くなったが，母親は健在．現在でも独身で，家業を継いでいる．

高校生のころからガス・放屁恐怖，また頻尿恐怖の傾向があり，ことに後者については人前で，公共の場とか乗り物に乗っているときなどに尿意を催すのではないかと強い予期恐怖を起こすようになってきた．こうした悩みは自分に特有のもので，大きな弱みと考えて，そのことをだれにも相談することができなかった．

また，これとは別に自分の肺活量が極端に少ないことを知り，これを契機に始終不安が生じるようになった．ひどいときは反復性の重篤な不安発作が起きたこともある．息がとまるのではないかと不安になり，息苦しさのほかに動悸，胸痛，めまいおよび非現実感などの突発がある．そのほか絶えずいらいらする，からだのふるえ，筋緊張，発汗，頭のふらつき，常時心窩部に不快感があると訴える．すぐにでも重大な病気になるのではないか，事故にあうのではないかという恐怖がまとわりついて離れない．これはいろいろな心配事とか，不吉な予感とともに訴えられる．これらの訴えは，なにか環境上の心配事やストレスがあるたびに，いっそうその強度を増すことになる．

去年の暮れごろから以前からあった体のしびれ——とくに両側下肢——が徐々にひどく感じられるようになり，整形外科を受診したがよくならない．そのうち不安，焦燥感，抑うつ気分，集中力と意欲の低下，食欲不振，不眠の傾

向などが出現．自分でも「神経症の問屋」と自称する．

以上のような，いわゆる森田神経質の標準ともいえるような事例に対する治療の手順は次のようである．

1) K氏の葛藤をはっきりと同定する

森田の用語では，注意と感覚の悪循環で，いわゆる「精神交互作用」（森田，1921/1974，1926/1974）とよばれるものがそれである．つまり，心身の不快な現象（彼の場合はとくに緊張したときの放屁・頻尿恐怖，その他もろもろの心気的訴え，など）を除去しようとすればするほど，自分の注意がまさにその点に集中してしまう．そのために，このような心身の状態をいっそう強く，かつ鋭敏に感じて，その結果，ますます注意がそこに引き付けられてしまう．森田は，このような感覚と注意の悪しき循環が原因で症状がつくられ，固着すると述べている（森田，1921/1974，1926/1974）．

こうした現象の多くは注意と感覚のやり取りにとどまらず，もっと広い範囲に拡大する．また，北西（2001）が指摘するように，認知療法家のいう感情と認知（あるいは，「自分はきっとそうなるにちがいない」という考え方）の悪循環も存在する．つまり，緊張する場面に接すると，彼はだんだん，こんな場合にはたとえば尿意を催すとか，放屁をするようになるとか考えるようになる．それが彼の注意を自分の恐れる対象そのものに向かわせる．この予期するところから恐怖が生じ，それがさらに緊張を高め，尿意なり放屁傾向を強めていく．そのほかの心気的訴えについても同様のことがいえる．できればこうした場面を回避しようとすればするほど，いっそう緊張場面に対する恐怖がつのるばかりである．まさに，「身体，感情，思考，行動を巻き込んだ悪循環過程」（北西，2001）にほかならない．

そこで筆者は，彼に次のように告げることを常としている．この理屈からわかるように，自分で自分の症状を作り出しているのだから，これ以上このような悪循環の中に入りこまないことだ，と．このことは，多くの患者に容易に納得してもらえる．この悪循環を指摘されると，「なるほどそのとおり」とわかってもらえる．まずこのやり方が最初の治療目標である．

2) 自縄自縛の現状からの脱却

前述したような葛藤状況の背後には，自分の心がけや行動のために，かえっ

て自分自身動きがとれなくなっているようなところがある．つまり，自分でも知らず知らず，不自然な生き方を身につけてしまっているのである．Kさんは，緊張する場面で尿意や放屁恐怖をおぼえる経験をした．それからというものは，この状態がますます一般化し，強まる一方であった．彼のかかえる問題の争点は，これがごく自然のことと受け取らずに，かえって否定したり排斥したりすることである．自然な心身の反応を生存上不利である，弱点であるとしてなんとか取り除きたいと願う．このような態度を森田は「思想の矛盾」と称した．すなわち，「現実に存在するさまざまの現象を，こうあるべきではないと観念的に否定し，それを取り除こうとする心的態度」をいうのである．

　Kさんは，前述したように森田神経質という性格の持ち主である．この性格の特徴は，内省的で心身のささいな異変にとらわれやすいと同時に，「自分は人前で緊張してしまうような弱い人間であってはならない」という信念に見られるような，気の強い面を併せもつところにある．森田療法の治療原則は，精神交互作用の悪循環を断ち切り，人間が本来もっている自然な心身の働きの発動を期待することである．そうだとすれば，人前で緊張する自分，そしてそのためにさまざまの心身の変化を起こしてしまうような状態――自分ではそれを弱味とか欠点と信じているのであるが――を，そのまま受け入れる「あるがまま」という心構えなり態度の励ましは，まさにKさんにとって虚をつかれる思いであろう．それと同時に，迷いを去って真理を知るといったある種の悟りのように，彼の心に深く感じ入るにちがいない．

　彼はこの悩みのために，長い間，他人に自分の弱みを見せまいとして，ひたすらがんばってきた．頻尿なり放屁の恐怖を，そのために余計強める結果になることも気づかずに，である．周囲の人間はだれしもそう思っていないのに，みんなに自分の弱みがわかってしまい，そのためにバカにされるのではないか，いやな人間，へんな人間と思われはしないか，と四六時中症状のことばかりに注意が向く．とらわれが固定するにつれ，仕事には身が入らずミスを重ねることになる．それがまた，ますますKさんの自尊心を傷ける．

　弱味でもなんでもない，こうしたことに悩むのは事実でなく観念と取り組む姿勢，つまり完全欲のとらわれと関係がある．完全で強い自分をいつでも追い求めているのである．「自分の欠点をありのままに認めることも必要なのでは」

という治療者のことばに，敏感に反応する事例は少なくない．Kさんもそのひとりであった．

　この前半の治療の中で問題として取り上げたのは，①葛藤の悪循環，②日常の現実の中での行き詰まり，の2点である．Kさんの事例では，彼がいままでに森田療法を実施しているクリニックでの通院歴があること，それに神経症を体験した人たちの自助グループで活動していたこともあり，この2点についての理解と合意が円滑にはかどった．

　それとともに重要なのは，Kさんの性格上の問題点である．これは治療の大枠（4.4節）のところで述べた③と関係するが，現在の葛藤が積年の性格上の問題点の延長と考えられるのかどうかである．Kさんは自分の性格の弱点を認識する必要がある．そうしてこそ，ストレスの多い状況にはまり込まずにすむのである．それと同時に，その弱いところをなにか絶対的なもの，固定したものと考えないようにすることの指摘も重要であろう．筆者はよく肉体的な特徴——たとえば顔のこととか，とがったあごとか——を引き合いに出す．

　これをようするに，現在のKさんの心理的葛藤だけにとどまらず，彼の生き方をめぐる問題点にまで入りこむことになるのである．これらのことを，Kさんと治療者がともに共有し合うことが重要である．

　また，森田療法は短期精神療法の枠組みからとらえることは前述した（近藤，1996）．そこで適応を選び，6ヵ月以内で大きな改善を得ることを目標とする．Kさんの場合も，短期間で問題の解決の，少なくともその方向へ向けての変化だけはつけることが当面の目標と伝え，彼も協力を約した．はじめのうちは半信半疑だったようであるが，具体的に解決の方法，段階ごとのそのつどの目標とか期限を示すことが，彼の信頼を得る手がかりになったらしい．

b. 後半の治療段階

　治療も後半に入ると，日々をどう生きるかという，Kさんの生き方をめぐる問題が前面に出てくる．これはなにも，「いかに生きるか」というテーマを最初から真正面に掲げて話し合うのではない．森田療法では病者に日記を書いてもらうことがある．筆者は書き方についてとくに制限を設けたりはしないが，なるべく毎日の生活をどういうふうにすごしたか，そこで感じ思ったことも含

めて，具体的に記してもらうよう勧める．それを話題にしながら治療者と話し合うのである．

そこでは当然，症状のために仕事や人間関係，その他もろもろの生活の中で卑近に起きる出来事が問題として取り上げられることになる．その過程の中で，Kさんが自分の症状とどう取り組んできたか，その性格とか価値観，人間関係の築き方，さらに進んでは生き方そのものの姿が，おのずから現われてくるのである．

こうした日記療法は伝統的なものであるが，最近ではそれを簡略化したものとか，メモ風に書き記したもの，あるいはファックスなどを利用する場合もある．治療者がそれらにコメントを加えて渡したり，送り返したりすることもある．いずれにしても，患者自身が日常生活を送るなかで体験する，さまざまの葛藤状況を生生しく書き記すことに治療的な意義があると思われる．

c. 治療段階の要約

ようするに前半の面接では，患者の病理の見立てを行い，患者との話し合いのなかでそれにつり合う治療方針と目標を決めて，共有する．北西（2001）のいうように，多くの患者はそこで具体的ではっきりした治療目標とそこに到達する過程，そして治療者との共同作業の内容を告げられることで安堵する．ここに強固な治療同盟が成立するからである．

患者との合意ができれば，次の面接までの課題を設定し，その問題と取り組むようもっていく．治療的介入はあくまで，そのつどの患者の状態や治療の進行と合わせて行うのはもちろんである．課題の設定であるが，治療の大枠（4.4節）で述べた，⑥の定期的な洞察の強化に相当する．各面接ごとにそこで学習したことを治療者が要約し，これをくり返すよう患者に要請し，間違いを訂正する．次回の面接時，前回学習した事項についての説明を求める．誤りはその場でただちに訂正し，再度その改訂版を患者がくり返すということをするのである．こうして絶えず治療の戦略化と終結の意識（北西，2001）が，ここで行われる外来森田治療の基本的な骨格であり，要点である．

4.6 自 験 例 II

次に，遷延性のうつ病者に薬物治療に加えて，森田療法アプローチを行った例を報告する．

a. 患者と治療歴の概要

男性の事例であるSさん，38歳．3ヵ月以上になろうとする入院生活を終え，ある程度の改善が得られたので退院．外来に通いながら職場復帰をはかろうということで，筆者のところに紹介された．

単極性うつ病の遷延例で，主訴は思考・判断力，意欲などの回復が十分でない，人との接触に消極的で，なおおっくうである．それと食欲・睡眠の障害がある．

現病歴は，30歳でうつ病が初発し，そのときは抗うつ剤の治療と自宅休養で軽快した．33歳時再発．この病期が遷延化する．2～3ヵ所で治療を受けるがはかばかしくなく，某総合病院で外来治療をしばらく続けた後に入院した．

ここは森田療法の専門施設ではなく，総合病院の精神科病棟という制約があるので，当然のことだが臥褥期，軽作業期，作業期という段階はない．しかし，かねて筆者が作り上げたうつ病者，とりわけ遷延例，慢性例に対するある治療システムがあった．それは，入院直後の1～2週間はほぼ決まりきった仕事として抗うつ剤の点滴治療を行う．この間はできるだけ安静にして，心身の休養をとらせるように努める．いわば森田療法の臥褥期に相当する．

多くの場合，点滴治療の終了後には若干の意欲や気分の改善が期待できるが，まだこの時期には，多少なりとも，うつ病による抑止状態が持続するのが通例である．このような状態のときから，必要な症例では——その多くはいわゆる神経症的色彩の濃い遷延性のうつ病者であるが——，日記による治療を併用しながら環境調整を含めた個人精神療法が行われる．それとともに，患者の意欲の改善に見合った病棟スケジュールに徐々に導入する．すなわち，陶芸，習字，絵画・連句などの集団による一連の行事がそれである．ときにわれわれが作った，グループ運動表現療法と称するものを適用することもある．詳細は

成書にゆずるが，これはうつ病治療のある時期に，身体的な動きに，自己表現を加えた治療法をいうのである．あるいは医師や臨床心理士による集団療法を行うこともある．これは心理教育的方式に基づいて実施される．森田療法での軽作業期，作業期に当たる．

Sさんが入院した病棟は，うつ病や神経症の患者の入院が全体の70〜80％を占めることもある．開放的な雰囲気とあいまって，受容的，共感的な治療風土を作り上げている．患者どうしの情緒的交流，遊び，情報交換が活発に行われているので，こうしたことがうつ病者の認知や行動面に好ましい影響を及ぼしているであろう．

b. 日記療法の概要

この患者は2週間の抗うつ剤点滴終了後，その5日後から日記療法を併用した．この治療は入院から引き続き，退院後の外来通院に切り換わっても本人の強い希望で行われている．以下は，外来通院時の日記治療の抜粋と治療のコメントを示したものである．なお，コメントのやり方としては，通常日記中に記された患者の文章に，赤で傍線や下線を引いてコメンテーターの意中を強調して表現する．そしてそれに，コメントを付け加えるのである．

　　　通院15日目：「…小さなことにも喜びを見出せるだろうか．自信はほとんどない．逆になにかを見たり，自分でやったりするにつけ，ああおれはなんて無能な人間だろうと思ってしまう．この日記の字にしても，こどもっぽくて乱れている．それに文章もダメ．」

　　　通院20日目：「…ときどき頭がじんじん，くらくらしてくる．そんなときどうすればよいのか！　膝がふるえている．口がどもってしまうので，とてもうまく喋舌ることができない．こんなことはしょっちゅうだ．病気のことから気をそらそうとすればするほど，自分の思いはそれとは逆に，病気に集中するばかり…．」

　　　コメント：　それが，いつも話しに出るとらわれの悪循環．そのままにしておく．そして不安や心配のあるまま，自信のないままに，目の前の必要事を果たしていくだけ．

この場合，日記の内容について，あるいはコメントの意味するところについ

て，治療者や患者双方の理解の不足があれば，それは面接の中で確かめたり，補う必要があろう．

　通院27日目：　退院してからもう4週間たってしまったが，調子のよいときもあるがそれでも安心はできない．また悪くなることがあるからだ．こうしてよかったり，悪かったりの状態はいつまで続くのか．それを考えるといやになってしまう．ますます自分で自分を縛ってしまっている．ときには口ごもる．あるいは口のなかでもぐもぐ言ったり，口ごもる，どもるという感じが強くなってしまうようなことがある….」

　この患者は，もともと優秀な資質と技量の持ち主で，頭もよく職場の上司からも常日頃目をかけられていた．期待もされていた．それだけに，やっと職場に復帰を果たしたものの，頭の中には以前の，なんでもバリバリとできた自分のイメージが強く残っているためか，いまだに思うようにできない自分が情けなくて仕方がないという心境が長く続いているのであろう．現にそのことをいつも口にしており，もとの自分に戻れる日が再びくるのだろうかというのが，彼の最も気にかかることの中心であった．

　なお，この患者が優遇されていることと，職場の設備や対処の仕方が行き届いているためもあって，彼はかなり長い期間，軽勤務，つまり本格的に復帰するまでの準備期間が与えられていた．その間，会社に出かけても形ばかりの仕事に従事するだけという状況が，上述のこととも関係するかもしれない．いずれにしても，タイミングの問題も含めて，このことは社会復帰をめぐる微妙な論議の一つのテーマを提供するだろう．

　コメント：　よかったり，悪かったりの「三寒四温」の状態はしばらく続く．自分の心身の状態の測定器にならないこと．また，よくなっていないところばかりを問題にしないこと．これらが自縄自縛の原因．

　通院34日目：　今日は，思いきってちょっとした部内会議の司会を買って出た．その結果であるが，まずは無事に終わったと喜ばなければならないんだろう．でも素直にそうはなれない．午後はなんとかいまの自分なりに，役割を果たせたという偽わらざる気持ちがあるせいか，誘われたので久しぶりに囲碁をやってみた．これは一局2時間ぐらいかかるが，その間は病気のことからすこし気が離れるみたい….」

コメント：　一方ではそういう主観的事実があり，他方ではともかくも仕事を果たしたという客観的事実がある．その両方とも事実である．

　この間に，再三訴えられる抑うつ気分に対しては，「気分の波間に漂いながら，少しでもよくなってきた点に目を向ける」などとコメントをする．そして，「大事なことはうつに逆らわないで，それを受け入れる」態度の助長に努める．また，そのつどつどに出現する抑うつ思考を指摘して，それにもかかわらず現実に改善した点に患者の注意を喚起する．また，現実に適合した建設的な行動をとったとき，治療者はちゅうちょなく賞讃し，それに積極的に取り組むよう励ます．

　また，公私を問わず，さまざまの人間関係にできるだけ参加して，そこでの他人との相互の交流を通して，意欲や損なわれた自己評価が次第に回復していった．それとともに，失われた自身も，「この調子で，つまり一進一退の調子でやっていけば，なんとか一応の段階に到達できるかもしれない」という心持ちが生まれてくるにつれて，少しずつであるが取り戻せるようになってきた．ここから，家族や職場，仕事関係の人間との交流へと対人関係が広がっていった．職場の当事者，産業医，治療者との話し合いで本格的な仕事への復帰が決まった．その直後，再び不安におそわれた患者は，「予期不安と現実不安は別．いまは自信を十分もてないままにやるように」という治療者のことばを受け入れ，「そのことばは心に刻みつけました」と述べて完全な復帰に踏み切った．

〔近藤喬一〕

文　　献

北西憲二（2001）．短期・戦略的森田療法　こころの臨床，**20**（1），17-23．
近藤喬一（1996）．短期精神療法と森田療法　神経質，**6**，47-61．
近藤喬一（2001）．森田療法の理論　中島義明（編）現代心理学［理論］事典　朝倉書店　pp.773-780．
森田正馬（1921/1974）．神経質及神経衰弱症の療法　高良武久（編集代表）森田正馬全集 1　白揚社　pp.239-56．
森田正馬（1926/1974）．神経衰弱及強迫観念の根治法　高良武久（編集代表）森田正馬全集 2　白揚社　pp.71-282．

事項索引

和文

ア

愛情欲求 318
明るさ 117
アクションレディネス 198
アトキンソンのモデル 215
アトピー性皮膚炎 309
アナロジー 3, 4, 192
アラビア語 71
アリストテレスの錯覚 140, 141
アルゴリズム 191
安全運転中央研修所 135
安全な移動の場 128
安定性 200
——の度合い 64
暗箱 22

イ

イエス・ノー実験法 122
怒り 198, 199
意思 155
意識主義 10
意識の国際比較 69
意思決定 76
異種感覚モダリティ 148
一意性定理 58
1次モード／2次モード 77
一般因子 8, 15, 17
移動の時代 124
イベントインデックス・モデル 175
今-ここ 322, 323, 325, 328, 331, -333
意味の生成 86
意味の表象 167
イメージ表象 191

イメージ法 320
色と距離感 142
因果連鎖分析法 165
因子分析法 10
インター・ローカル 77
隠蔽 229

ウ

ヴィゴツキー理論 21, 26, 34, 50
ウェーバーの法則 114
右往左往の段階 330
嘘と盗み 345, 348, 353, 354
内なる人 12
——の口 12
——の頭脳 12
——の目 12
運動視差 144
運動表現療法 369

エ

英語 71
エイムズのゆがんだ部屋 143
エキスパート 45
エスノメソドロジーの認知心理学 14
エフェクタンス動機づけ 215
エンカウンター・グループ 329
援助行動 200

オ

大きさ 146, 147
大澤の規範理論 78, 84
奥行き 145
大人 45
——の媒介による子どもの読みの指導 46

驚き 213
おばあさん細胞仮説 104
「オフィス」メタファ 7
オペラント条件づけ 227
重さの弁別閾 114
表向きの自分 333
音韻ループ 11
音声開始時期 301
オントロジカル 3, 6

カ

外化 23
解決過程 187
外言 22, 250
外的支援的解釈 270
外的精神物理学 114
概念的知識 188
下位目標 185
外来森田療法 360
カウンセリング理論 308
科学論 26
確実性 197
学習アルゴリズム 24
学習カード 24
学習環境 24, 44
——のデザイン論 48
学習環境論 37
学習理論 227
獲得 254
かくれんぼ課題 34
「加工」メタファ 5
過去経験 139
過去に経験した感情の述懐 331
重なり合う波理論 286
過疎 79, 94
仮想現実 340

下側頭皮質　105
過疎地域の活性化　83
課題成功の魅力　216
課題の性質　219
カタルシス　353
価値中立的　77
価値低減法　239
活動理論　23, 78, 79
可能な法則　62
感覚運動期　43
感覚記憶　7
間隔尺度　61
感覚要素　11
環境問題　125
関係文　187
観察言語　78
感謝　347
感受性 d'　121
感情　196
　　──と情報処理方略　208
　　──の帰属理論　199
　　──の生起　197
干渉効果　16
感情情報説　205
間身体的連鎖　84
間接経験　10

キ

記憶　5, 153
　物語の──　160
機会設定子　238
機械論　8, 10, 15–17
幾何級数的増加　115
幾何平均値　118
危険予測　130
記号論の三項関係　39
基準　4
偽造データの検出　70
帰属意識　331
基礎統合的心理療法　308
期待　144
期待-価値理論　216
気づかざる前提　77
気づきにはじまり，気づきに終わる　328
擬同型　4
機能的磁気共鳴装置　98
機能不全家族　347

規範　76, 85
　　──の生成　86
　　──の伝達　86, 87, 92
規範理論　92
ギブソンのドライビング理論　128
希望　198, 200
疑問指示　264
虐待　351
　　──の世代間連鎖　358
逆行条件づけ　232, 233
強化　212
強化子　238
教授のシーケンス　25
教授理論　22, 24
共同活動　42
共同注意　38, 41
恐怖　198, 199, 200
共有できる言葉　322
極限法　113
局所的　77
金銭的報酬　222
キンチュのモデル　167

ク

空間的状況モデル　173
空間的リハーサル　11
「空間」メタファ　6
空主語パラメータ　297
具体的操作期　25
グループ・ダイナミックス　76
クレオール　298
群因子　8, 15

ケ

軽作業期　370
形式的操作段階　25
形成実験　253
形態的シンボル・システム　177
系統発生　253
計量心理学　54
ゲシュタルト療法　320
結果的事象　238
原因の所在　199, 200
研究枠組み　33
言語　28
言語獲得理論　293, 297, 303
言語ゲーム　263

言語的知識　188
幻肢　139, 140
現実不安　372
言説空間　78
現代の言語獲得理論　297

コ

行為群　85
行為主体性　278
抗うつ剤　370
光学的流動　131
好奇行動　213
高次精神（過程）　26, 28, 30
高次精神機能　32
高次の視覚処理　104
高次の視覚処理経路　106
恒常法　113
交渉　206
構成主義　11, 284
構成-統合モデル　167
構造安定性　63
構造的関係　189
交通危険学　129
交通問題　125
行動主義　30, 50
行動主義学習理論　28
行動主義心理学者　212
行動主義理論　34
行動的ホメオスタシス　15
行動の典型性　163
行動の歴史的研究　252
幸福感　198
公理的測定理論　57
国際比較可能性　65
誤警報　170
心の傷　308
心の病　308
心の理論　38, 278, 280, 282
心を内蔵した肉体　84
語順方略　296
語順方略実験　295
誤信念課題　280
子育て支援　351
個体的な経験　254
個体発生　253
コーディネーター　44
コーディネータ・モデル　33, 44, 47

事項索引

コーディネート 48
古典的言語獲得理論 293
古典的条件づけ 227
ことばの根源的対話性 268
子どもに向けられた話し言葉 299
コネクショニスト原理 167
小人化主義 13
小人と人食い鬼問題 185
個別メタファ 8,9
コレクト・リジェクション 120
根源的な社会性 268
混合交通型シミュレータ 137
コンピテンス 224
コンピュータ・ゲーム 224
根本隠喩 8

サ

最近接発達領域 26,37
サイコドラマ 13
最小停止ゾーン 128
差異性 9,10
再生的思考 181
再認知覚 153
再媒介 48
サイバネティックス 23
作業期 370
サブメタファ 8
作用圏 86
サリー・アン課題 281
三項関係 38
算術級数的増加 115
算数 183

シ

視角 146,147
視覚処理（高次の） 104
視覚処理（低次の） 99,100
視覚的効果 225
視覚的な共同注意 38
視環境の方向 149
視空間スケッチパッド 11
刺激 120
刺激閾 113
刺激感連合 228
刺激強度 113
資源理論 16
事故 132

「思考と言語の研究」（ヴィゴツキー） 22
自己啓発 341
自己決定性 224
自己実現 11
自己推進性 278
自己制御 259,268
自己像 354
自己探求法 344
自己中心性 347
自己中心的言語 249
自己中心的言語係数 251
自己分析 358
指示表現 263,265
自助グループ 367
視線追従 41
自然の学習環境 44
思想の矛盾 366
自尊心 200
視聴能力 48
実行機能 281
失語症状の回復 302
失敗回避動機 217,218
質問文 187
して返したこと 341
視点の転換 162
自動車 124
自発的回復 235
自分自身 322
自閉症児 281
シミュレーション説 282
社員研修 344
社会化 250
社会構成主義 76
社会性 249
社会的参照 42
社会的事象の場 131
社会的認知 41
社会的報酬 222
社会認知理論 303
社会・文化的アプローチ 35,51
社会レベルの解釈 271
車間距離 133
車間時間 133
車間時間保持行為 136
尺度 59
　——の種類 60
　——の表現理論 58

謝罪 347
写像過程 193
視野の形 148
集合主義的 271
集合体 76
集合的行動 76
集合流 76
集団的独語 251
集団療法 370
集中内観 344
重要性 197
重力の方向 149
主観的輪郭 99
熟達者-初学者 182
熟知した大きさ 147
主体 197
主体的体制化 6
手段-目的分析 185,192
種に特有な防御反応 242
種の経験 254
馴化／脱馴化法 276
順序尺度 61
順応水準（理論） 15
ジョイント・アテンション 281
障害の度合い 197
障害物 128
状況定義 263
　——の社会歴史性 269
状況的認知論 14
状況の望ましさ 197
状況モデル 168,170,173
状況理解 261
条件刺激 228
条件づけ 212
条件反応 228
上側頭溝 108
焦点刺激 145
使用に準拠した言語獲得理論 303
情報処理モデル 185
情報通信技術 48
情報的機能 223
情報の統合可能性 108
初期状態 184,187
助詞方略 296
処理水準モデル 6
処理の深さ 6
進化心理学 283

新近性効果 14
神経順応法 107
神経生理学的理論 98
神経表象 99
　——の符号化 100
信号検出理論 113, 119
人工物 31
　——による媒介の三角形 31, 32
　——による媒介モデル 40
斟酌情報 145
斟酌理論 144, 148
身体性 289
身体の「溶け合い」 84
身体の方向 148
新ピアジェ派 286
シンボル 28
心理学的理論 2
心理教育相談室 310
心理的道具 26, 27, 29, 33
　——による媒介の三角形 28, 30
　——の媒介 50

ス

図 323, 327
垂直水平錯視 148
数詞 118
数理心理学 55
スキーマ 160, 161, 186, 203
スキーマ的な表象 201
スキーマ理論 160
スクリプト（理論） 162
スクリプト・ポインター・プラス・タッグ仮説 162
図形知覚 155
図地反転 328
スティーヴンスのべき乗法則 63
ステレオタイプ的判断 209

セ

成功の確率 216
生産的思考 181
精神間機能 250
精神交互作用 365
精神修養 341
精神内機能 250
精神内平面 269

精神物理学 113
精神物理学的測定法 113
精神物理学的法則 114
精神物理学理論 113
精緻化（モデル） 6
正当性 197
生得的生成文法理論 297
生得的モジュール説 283
生物学的制約 243
生物学的適切信号説 299
生物プログラム仮説 297
制約 275
制約充足 167
「整理棚」メタファ 6
『世界仮説』 8
世界観 18
責任のシフト 259
摂食障害 347, 349
絶対尺度 61
ゼロ分のイチ村おこし運動 90
世話になったこと 341
宣言的知識 187
潜在制止 231
潜在的危険源 130
潜在的な変数 10
センスメーキング 76, 83, 92
選択的な記憶想起 352
全地球測位システム 133
前方照応的指示 173

ソ

相互作用 34, 320
相補性原理 66
総誘因価 216
贈与と略奪 93
阻止 229
素朴理論 284
存在定理 58
ソーン尺度 58

タ

第1次視覚野 99
第三の経験 254
第三の身体 86
対象中心の共同活動 39
対象の永続性 276
対人関係の場 131
対数間隔尺度 61

対数法則 114
体制化 6
代理対象 318
多義図形 153
ターゲット問題 192
ターゲット領域 3
他者 86
他者制御 258
他者像 352
多重資源理論 16
多層評価理論 201
達成行動 216
達成動機 216
　——の高い人 218
脱中心化 282
妥当な行為 85
譬えるテーマ 321
単一資源理論 16
短期記憶 7, 13
短期精神療法 367
短期療法 363
短縮された指示 258
単純感情 11
単純性 4
断片図形 154, 155

チ

地 323, 327
知覚的習慣 150
知覚的シンボル理論 177, 178
知覚的推理 139
知覚的推論 157
知覚と行為の相互関係 127
知覚の方略理論 295
知識の表象 183
智頭町（鳥取県） 88
知的行為の多段階形成理論 22, 27
知能の因子構造論 15, 17
知能のシンクロファゾトロン（加速器）計画 24
注意 5, 153, 155
注意活動 197
中央実行系 12
注視 257
抽出過程 193
中性点 15
長期記憶 7, 13

調整 48
調製法 113
挑戦性 225
丁度可知差異 113
直接経験 10
治療的招き 320, 321
治療同盟 368
沈黙 330

ツ
通過儀礼 339

テ
提示 42
低次の視覚処理 99, 100
ティーチング・マシン 23
ディノーメン 130
ディノーメンゾーン 130
ディノーメンプロセス 130
適応的な行動傾向 199
テキストベース 168, 170
適疎 79, 94
デコーディング 101
手続的知識 185
電気ショック 117
典型的な行動 162

ト
同一感覚モダリティ 144
動機づけ機能 198
同期の符号化説 102
道具 28
道具性 220
──の理論 219
道具的条件づけ 227
動詞-島仮説 303
当事者と研究者の協同的実践 76
統制可能性 200
統制的機能 223
同席面接 310
道路 128
通り道 128
特殊因子 8, 15, 17
特性論 9
特徴正値弁別 238
トラウマ（記憶） 203
努力の予期 197

ナ
内観療法 10, 341
内言 22, 250
内的精神物理学 114
内発的動機づけ 222
内面化 23

ニ
二次モード 77
二重課題法 16
二重貯蔵モデル 5
日記療法 368
日本人の国民性調査 65
人間科学 76
「人間関係」メタファ 6
人間発達の生態学 39
認知科学 56
認知過程 193
認知行為 185
認知心理学 3, 23
認知的概念 4
認知的距離 147
認知的動機づけ理論 212
認知的評価次元 197
認知的評価理論 197, 223
認知表象 185
認知療法 365

ネ
ネオ・ヴィゴツキーアプローチ 26
ネオ・ヴィゴツキー派 36
ネットワーク表象 202

ノ
ノイズ刺激 120
脳波 98

ハ
バイアス理論 300
媒介 24, 26, 27, 29, 87
──の三角形 27, 28, 30-32
媒介過程説 31
媒介概念 27
背側経路 106
バイリンガル比較調査 71
パヴロフ型条件づけ 227
パズル構成課題（母子による） 255
箱庭 310, 312
バック・トランスレーション 71
発生的研究 253
発生領域 253
発達心理学 26
発達段階説 34
発達段階の普遍性 274
発達に対する社会歴史的アプローチ 248
発達の最近接発達領域 248, 267, 270
発達のパラドックス 47
発達理論 33
バッドレーのモデル 11
バートレット理論 160
パニック障害 361
場の理論 128
場面設定子 238
パラダイム（論） 21, 26, 33
パラダイム転換 35
判断 113
──の基準 120
判断基準 β 120, 121
反転図形 153
反応出力貯蔵庫 7

ヒ
ピアジェの発達段階説 24, 26
ピアジェの認知（発達）理論 25, 33, 50
比較器モデル 236
非形態的シンボル・システム 177
ビジネス中心 43
微視発生（的方法） 253, 286
ビジョンを描く技法／ツール 78, 79
ピジン 297
人による媒介 33
──の三角形 35-37, 51
「人」メタファ 7, 12
ヒューリスティックス 191
標準正規分布型 120
表象 38, 289
──のレベル 170
知識の── 183

表象発生　289
表層構造　167
　──の強度　171
評定実験　123
比例尺度　61
頻尿恐怖　364

フ

不安　199
　──の逆説　362
不安障害　360
不一致　213
フェヒナーの精神物理学　114
フェヒナーの法則　64, 114
フォーガスの感情混入モデル　206
フォーミズム　8, 9, 15-17
フォーム　9
フォールス・アラーム　120
腹側経路　106
腑に落ちる　76
普遍的　77
プライド　200
プレイルーム　310
プログラム学習　22
プロダクション・システム　185
雰囲気　76
文化化説　283
文化心理学　31
文化多様体解析　65
文化的解釈　270
文化的発達　254
　──の一般的発生法則　36, 46, 255
文化・歴史的アプローチ　50
文章完成テスト　356
文章理解理論　160
分析単位　37
文法記述研究　293
文法の実在性　295
文脈効果　151-153
文脈主義　8, 13, 15, 17

ヘ

平衡水準　15
ベキ関数　116
ベキ指数　116, 118
ベキ法則　116, 118

ベース問題　192, 193
ベース領域　3
変動　10
弁別閾　113, 114

ホ

錘状顔領域　105
法則らしさの度合い　64
放屁恐怖　364
方略　207
方略的知識　191
母子によるパズル構成課題　255
ポスト・ミーティング・リアクション　331
ポピュレーションコーディング　101

マ

マグニチュード推定法　117
マクロ構造　167
マザリーズ　299
「マルタ十字」のモデル　67

ミ

味覚嫌悪学習　242
味覚嫌悪条件づけ　228
見かけの大きさ　146
見かけの奥行き　145
見かけの距離　146
未完結の経験　323
ミクロ構造　167
三つ山課題　34
ミラーニューロンシステム　109

ム

無意識的　145
無条件刺激　228
娘宿　339
ムード
　──とステレオタイプ的判断　209
　──と説得文　208
　──と創造的思考　210
ムード一致効果　205, 206
無報酬　222

メ

明暗の分布とその奥行き感　142

名義尺度　61
命題　167
明箱　23
迷惑をかけたこと　341
メタ認知　12
メタ表象能力　281
メタファ　2, 3
メタフォリカル　3
メタ理論　76
メンタル・モデル　187

モ

もう一人の私　13
網膜の垂直子午線　149
目的論的スタンス　279
目標指向性　278
目標状態　184, 187
目標設定理論　221
目標の困難度と明瞭度　221
物語カテゴリー　165
物語の記憶　160
物語文法　164
模倣学習　42
森田神経質　360
森田療法　360
問題解決課題　172
問題解決過程　182
問題解決の心理学研究　181
問題空間　184
問題スキーマ　182, 190
問題の構造的理解　190

ユ

誘意価　220
有意味性　58, 63
優越欲求　318
有機体（論）　8, 11, 15, 17
有機体的構造　11
有能な乳児　285
融和性　4
ユニバーサル　77
指さし　41

ヨ

要素主義　11
予期不安　363
抑うつ思考　372
抑うつ神経症　360

事　項　索　引

予示　270

ラ

ランダム多角形　215

リ

理解過程　187
リハーサル　14
領域一般性　274
領域固有性　275, 284
両眼網膜像差　145
両眼立体視　145
理論言語　78
理論説　283
臨界期説　302

輪郭線図形　156
輪郭の明瞭度（ボケの程度）と距離感　142

ル

類型論　9
類似性　9, 10
類推　192
ルート・メタファ　8, 9, 21, 50
ルビンの杯　153, 154

レ

歴史的世界　13
レスコーラ-ワグナーモデル　230

ロ

連合強度　227, 228
ローカリティ　77
論理実証主義　76

ワ

若衆宿　339
ワーキング・メモリー　7, 11, 12, 202
割合文章題　183
割当文　186
われわれ意識　331

欧 文

A

a usage-based theory of language acquisition　303
abbreviated directive　258
adaptation-lever（AL）　15
agency　278
AL　15
Ames' distorted room　143
amodal　177
analogy　4
anaphoric reference　173
appropriation　254
artifact　31
authentic self　322

B

basic encounter group　329
BBS 理論　299
behavioral homeostasis　16
binocular retinal disparity　145
biologically relevant signals theory　299
blocking　229
bisiness-oriented　43

C

CAI　23
causal chain　165
CDS　299
child-directed speech（CDS）　299
cognitive distance　147
consilience　4
constraints　275
constraint satisfaction　167
construction-integration model　167
contextualism　8
correct rejection　120
CR　228
creoles　298
CS　228
CULMAN　65
cultural development　254

D

d'　120
decision-making　76
decoding　101
degree of lawfulness　64
difference threshold　113
domain specificity　275

E

EEG　98
egocentric speech　249
electroencephalogram（EEG）　98
equilibrium level　15
executive function　281

F

false alarm　120, 170
familiar size　147
feature-positive discrimination　238
Fechner's psychophysics　114
fMRI　98
formative experiment　253
formism　8
Foundations of Measurement Theory　57
functional magnetic resonance imaging（fMRI）　98
fusiform face area　105

G

gaze　257
gaze following　41
Gefahren-lehre　129
genetic domains　253
global positioning system（GPS）　133
goal-oriented　278
GPS　133
GPS 運転者行動記録システム　133
grand-mother cell　104
guided imagery　321

H

habituation-dishabituation method　276
Handbook of Mathematical Psychology　56
homunctionalism　13

I

imitating learning　42
inferior temporal cortex（IT）　105
inner speech　250
interaction　34
IT　105

J

jnd　113, 115
joint attention　38
joint engagement　42
joint object centered activity　39
joint visual attention　38
Journal of Mathematical Psychology　56
just noticeable difference（jnd）　113

L

laboratory method　329
Language Bioprogram hypothesis　297
levels of processing　6
locus　199
logarithmic law　114
long-term memory（LTM）　13
LTM　13

M

macrostructure　167
magnitude estimation method　117
management by objectives（MBO）　221
Mandler-Sarason Test Anxiety Questionaire（TAQ）　218

mapping 4
MBO 221
meaningfulness 58, 63
mechanism 8
mediation 29
method of adjustment 113
method of constant stimuli 113
method of limits 113
microgenesis 253
microgenetic method 286
microstructure 167
minimum stopping zone 128
mirror neuron system 109
modal 177
motherese 299

N

neural adaptation 107
neutral point 15
n 分布 120

O

object permanence 276
obstacles 128
occasion setter 238
ontogenesis 253
optical flow 131
organicism 8
organization 6
overlapping wave theory 286
overshadowing 229

P

path 128
phantom limb 139
phylogenesis 253
pidgins 297
PMR 331
pointing 41
population coding 101
power function 116
power law 116
primordial dialogism of discourse 269
principles of complementarity 66

prolepsis 270
proposition 167
Psychological Review 62
psychological tools 29
Psychometric Society 55
Psychometrika 55
PTSD の生起 203

Q

question directives 264

R

receiver operating characteristics curve 122
recognition perception 153
referenctial expressions 265
referential expression 263
rehearsal 14
relationship 320
remediation 48
R-O 連合 240
road 128
ROC 曲線 122
root metaphor 8

S

scale 59
schema 160
script 162
script-pointer-plus-tag 162
SCT 356
self-propelled 278
sense-making 76
short-term memory (STM) 13
showing 42
simplicity 4
situation model 168
sn 分布 120
social referencing 42
sociocultural history 253
sone scale 58
source domain 5
SPAARS 203
species-specific defense reaction (SSDR) 242

SOP モデル 232
SPAAS モデル 201
SP + T 仮説 162, 163
S-R 図式 28
S-R 連合説 228
S-S 連合説 228
SSDR 242
standard operating procedure 232
stimulus threshold 113
STM 13
story grammar 164
STS 108
subjective organization 6
superculture モデル 65, 66, 69
superior temporal sulcus (STS) 108
surface structure 167

T

T-group 329
TAQ 218
TAT 218
textbase 168
Thematic Apperception Test (TAT) 218
theory of mind 38
therapeutic invitation 320

U

US 228
——の意外性 230
——の価値低減 228

V

verb island hypothesis 303
voice onset time (VOT) 301
VOT 301

W

world view 18

Z

zone of proximal development 248

人名索引

ア 行

アイゼン（Isen, A. M.） 210
相場 均 117
東 洋 22
アダムス（Adams, C. D.） 240
アトキンソン（Atkinson, R. C.） 5, 14
アトキンソン（Atkinson, J. W.） 216, 218
アルトマン（Altman, I.） 18
アンダーソン（Anderson, R. C.） 161

稲垣佳世子 275
イネルデ（Inhelder, B.） 25

ヴィゴツキー（Vygotsky, L. S./Vygotskii） 22, 26, 248
ヴィーゼル（Wiesel, T. N.） 99
ウェーバー（Weber, E. H.） 114
ウェルトハイマー（Wertheimer, M.） 181, 190
ウッドラフ（Woodruff, G.） 280
漆原宏次 233
ヴルーム（Vroom, V. H.） 219
ヴント（Wundt, W. M.） 10, 55

エイムズ（Ames, A., Jr.） 144
エヴィングハウス（Ebbinghause, H.） 55
エプスタイン（Epstein, W.） 295
エリコニン（Elkonin, D. B.） 24
エルスワース（Ellsworth, P. C.） 197
エンゲストローム（Engeström, Y.） 78

大澤真幸 78
オオニシ（Onishi, K. H.） 283
苧阪直行 113, 116

カ 行

加藤義信 289
カーポフ（Karpov, Y. V.） 36
神谷之康 102

ガルシア（Garcia, J.） 241
ガルペリン（Gal' perin, P. Ya.） 22
カンヴィッシャー（Kanwisher, N.） 105

木下孝司 285, 289
ギブソン（Gibson, J. J.） 127
キュニョー（Cognot, N. J.） 125
ギルフォード（Guilford） 17
キンチュ（Kintsch, W.） 163, 167, 170

グッデール（Goodale, M. A.） 108
グットマン（Gutman, D.） 155
クラーク（Clark, M. C.） 6
グラッサー（Graesser, A. C.） 162
クランツ（Krantz） 57
クルックス（Crooks, L. E.） 127
グレイ（Gray, C. M.） 102
クレイク（Craik, F. I. M.） 6
クレッチマー（Kretschmer, E.） 9
クロエ（Clore, G. L.） 205
クーン（Kuhn, T. S.） 21

ケーミン（Kamin, L. J.） 229
ゲルゲリー（Gergely, G.） 278

コール（Cole, M.） 44
コルヴィル（Colwill, R. M.） 239
ゴールドマン（Goldman, S. R.） 165

サ 行

サイモン（Simon, H. A.） 182
サガード（Thagard, P.） 4
サーストン（Thurstone, L. L. & T. G.） 8, 15, 56

シーグラー（Siegler, R. S.） 285, 287
シフリン（Shiffrin, R. H.） 5, 14
ジャネ（Janet, P.） 254
シュヴァルツ（Schwarz, N.） 205
シュルツ（Shultz, W.） 329

人 名 索 引

ジョンソン-レアード（Johnson-Laird, P. N.）187
シンガー（Singer, W.）102

スウェッツ（Swets, J. A.）119
菅井勝雄　22
杉田陽一　99
スキナー（Skinner, B. F.）22
スコット（Scott, D.）57
スティーヴンス（Stevens, S. S.）57, 62, 113, 116
ストラウブ（Straub, J. J.）228
スピアマン（Spearman, C, E）8, 17, 55
スミス（Smith, C. A.）197

ソーンダイク（Thorndyke, P. W.）164

タ 行

ダイムラー（Daimler, D.）125
ダヴィドフ（Davydov, V. V.）23
タナー（Tanner, W. P.）119
田中啓治　105
ダニエルズ（Daniels, H.）24
ダビッドソン（Davidson, D.）163
タルイジナ（Talyzina, N. F.）22, 23
タルヴィング（Tulving, E.）6

チェン（Chen, Z.）287
チブラ（Csibra, G.）278
チョムスキー（Chomsky, N. A.）47

ツワーン（Zwaan, R. A.）175, 178

ディシ（Deci, E. L.）222
ディッキンソン（Dickinson, A.）240
デネット（Dennett, D. C.）280
デーラー（Daehler, M. W.）288
デルグレイッシュ（Delgleish, T.）201

トマセロ（Tomasello, M.）303
トラバッソ（Trabasso, T.）165

ナ 行

ニューウェル（Newell, A.）182

ノルヴィック（Norwich, K. H.）64

ハ 行

バウアー（Bower, G. H.）6

バウアー（Bower, T. G. R.）275
バウトン（Bouton, M.）235
バヴロフ（Pavlov, I. P.）212
バーサロー（Barsalou, L. W.）178
波多野誼余夫　275
バートレット（Bartlett, F. C.）160, 186
パーナー（Perner, J.）280
バーライン（Berlyne, D. E.）213
ハル（Hull, C. L.）56
ハーロウ（Harlow, H. F.）212
バロン-コーエン（Baron-Cohen, S.）281

ピアジェ（Piaget, J.）11, 25, 249, 274, 276, 282, 289
ピアース（Pearce, J. M.）229, 232
ビッカートン（Bickerton, D.）297
ヒューベル（Hubel, D. H.）99

ファンツグル（Pfanzagl, J.）57
フェザー（Feather, N. T.）218
フェヒナー（Fechner, G. T.）55, 113, 114
フォーガス（Forgas, J. P.）206
フォダー（Fodar, J.）47
フォード（Ford, H.）125
フォンデルハイト（von der Heydt, R.）99
ブゲルスキー（Bugelski, B. R.）6
フライダ（Frijda, N. H.）198
ブランスフォード（Bransford.）161
ブレイン（Braine, M. D. S.）293
ブレス（Bless, H.）208
プレマック（Premack, D.）278, 280
フロイト（Freul, S.）252
プロタゴラス（Protagoras）64
ブロードベント（Broadbent, D. E.）6
ブロンフェンブレンナー（Bronfenbrenner, U.）39

ペパー（Pepper, S. C.）7, 21
ベーバー（Bever, T. G.）296
ベラージョン（Baillargeon, R.）276, 283
ヘルソン（Helson, H.）15
ヘルダー（Hölder）57
ヘルムホルツ（Helmholtz, H. von）56, 57, 139
ベンツ（Benz, K.）125

ボウルズ（Bolles, R. C.）242
ボーデンハウゼン（Bodenhausen, G. A.）209
ホランド（Holland, P. C.）228, 237

383

ホール（Hall, G.） 232

マ 行

マクナマラ（McNamara, D. S.） 171
マクニコール（McNicol, D.） 120
マズロー（Maslow, A. H.） 11
マッキントッシュ（Mackintosh, N. J.） 231
マッツェル（Matzel, L. D.） 237
マローン（Malone, T. W.） 224
マンドラー（Mandler, J. M.） 164

水越敏行 23
ミルナー（Milner, A. D.） 108

ムンシュ（Munsch, G.） 130

森田正馬 361
モロー（Morrow, D. G.） 173

ヤ 行

柳田國男 339

ラ 行

ラッセル（Russell, J.） 282

リヴィングストン（Livingstone, M.） 106
リンク（Rinck, M.） 173, 176

ルース（Luce, R. D.） 56, 62

レアリィ（Leary, D. E.） 2
レオンチェフ（Leont'ev, A. N.） 22, 254
レスコーラ（Rescorla, R. A.） 230, 239
レネバーグ（Lenneberg, E.） 302

ロゴフ（Rogoff, B.） 18
ロジャース（Rogers, C. R.） 329, 330, 333
ロス（Ross, R. T.） 237
ロック（Rock, I.） 155
ロック（Locke, E. A.） 221
ロックハート（Lockhart, R. C.） 6
ロメトヴァイト（Rommetveit, R.） 270

ワ

ワイナー（Weiner, B.） 199
ワーカー（Werker, J. E.） 300
ワグナー（Wagner, A. R.） 230, 232
ワーチ（Wertsch, J. V.） 249, 255, 261, 270
ワロン（Wallon, H.） 289

編者略歴

中島 義明
(なかじま よしあき)

1944年　東京都に生まれる
1972年　東京大学大学院人文科学研究科博士課程心理学専門課程退学
　　　　大阪大学大学院人間科学研究科教授を経て
現　在　早稲田大学人間科学学術院教授
　　　　大阪大学名誉教授
　　　　文学博士

現代心理学[事例]事典　　　　　　　　定価はカバーに表示

2012年4月15日　初版第1刷

編　者　中　島　義　明
発行者　朝　倉　邦　造
発行所　株式会社 朝　倉　書　店
　　　　東京都新宿区新小川町 6-29
　　　　郵便番号　162-8707
　　　　電　話　03(3260)0141
〈検印省略〉　　　　　　　　　　　　　FAX 03(3260)0180
　　　　　　　　　　　　　　　　　　　http://www.asakura.co.jp

ⓒ 2012〈無断複写・転載を禁ず〉　　　シナノ印刷・渡辺製本

ISBN 978-4-254-52017-0　C 3511　　　Printed in Japan

JCOPY　＜(社)出版者著作権管理機構 委託出版物＞

本書の無断複写は著作権法上での例外を除き禁じられています．複写される場合は，そのつど事前に，(社)出版者著作権管理機構 (電話 03-3513-6969, FAX 03-3513-6979, e-mail: info@jcopy.or.jp) の許諾を得てください．

早大 中島義明編

現代心理学［理論］事典

52014-9 C3511　　A 5 判 836頁 本体22500円

心理学を構成する諸理論を最先端のトピックスやエピソードをまじえ解説。〔内容〕心理学のメタグランド理論編（科学論的理論／神経科学的理論他3編）／感覚・知覚心理学編（感覚理論／生態学的理論他5編）／認知心理学編（イメージ理論／学習の理論他6編）／発達心理学編（日常認知の発達理論／人格発達の理論他4編）／社会心理学編（帰属理論／グループダイナミックスの理論他4編）／臨床心理学編（深層心理学の理論／カウンセリングの理論／行動・認知療法の理論他3編）

海保博之・楠見　孝監修
佐藤達哉・岡市廣成・遠藤利彦・
大渕憲一・小川俊樹編

心理学総合事典

52015-6 C3511　　B 5 判 792頁 本体28000円

心理学全般を体系的に構成した事典。心理学全体を参照枠とした各領域の位置づけを可能とする。基本事項を網羅し、最新の研究成果や隣接領域の展開も盛り込む。索引の充実により「辞典」としての役割も高めた。研究者、図書館必備の事典〔内容〕Ⅰ部：心の研究史と方法論／Ⅱ部：心の脳生理学的基礎と生物学的基礎／Ⅲ部：心の知的機能／Ⅳ部：心の情意機能／Ⅴ部：心の社会的機能／Ⅵ部：心の病態と臨床／Ⅶ部：心理学の拡大／Ⅷ部：心の哲学

理研 甘利俊一・前京医大 外山敬介編

脳科学大事典

10156-0 C3540　　B 5 判 1032頁 本体45000円

21世紀、すなわち「脳の世紀」をむかえ、我が国における脳研究の全貌が理解できるよう第一線の研究者が多数参画し解説した"脳科学の決定版"。〔内容〕総論（神経科学の体系と方法、脳の理論、脳の機能マップ、脳の情報表現原理、他）／脳のシステム（認知、記憶と学習、言語と思考、行動・情動、運動、発達と可塑性、精神物理学と認知心理学）／脳のモデル（視聴覚系・記憶系・運動系のモデル、認知科学的アプローチ、多層神経回路網、パターン認識と自己組織化、応用、最適化、他）

◆ 現代人間科学講座〈全3巻〉 ◆

「総合学」として確立しつつある人間科学の全容を紹介

早大 中島義明・早大 野嶋栄一郎編
現代人間科学講座 1
「情報」人間科学

50526-9 C3330　　A 5 判 256頁 本体3800円

総合学としての歴史を刻みつつある人間科学を情報という視点からアプローチ。〔内容〕認知過程／感性情報・非言語的情報の認知／情報教育行動学／安全行動学／情報工学／認知工学／生活支援行動工学／倫理とデザイン／加齢の人間科学，他

早大 中島義明・早大 根ヶ山光一編
現代人間科学講座 2
「環境」人間科学

50527-6 C3330　　A 5 判 264頁 本体3800円

総合学としての歴史を刻みつつある人間科学を環境という視点からアプローチ。〔内容〕地球環境論／生態学的環境論／人間の内的環境／環境と行動／人間と建築環境工学／人間と社会環境／歴史と環境／文化と環境／地域文化環境論

早大 中島義明・早大 木村一郎編
現代人間科学講座 3
「健康福祉」人間科学

50528-3 C3330　　A 5 判 232頁 本体3600円

総合学としての歴史を刻みつつある人間科学を健康福祉という視点からアプローチ。〔内容〕健康福祉を支える基礎医科学・臨床医科学／健康福祉を支える臨床認知・行動学／健康福祉を支える工学／健康福祉を支える福祉

上記価格（税別）は 2012 年 3 月現在